Fred David

Im Club der Milliardäre

Die geheime Welt
der Privatbankiers

Hoffmann und Campe

Die Deutsche Bibliothek – CIP-Einheitsaufnahme
David, Fred: Im Club der Milliardäre:
die geheime Welt der Privatbankiers / Fred David.
– 2. Aufl. – Hamburg: Hoffmann und Campe, 1998
ISBN 3-455-11198-X

Copyright © 1998 by Hoffmann und Campe Verlag, Hamburg
Schutzumschlag: Thomas Bonnie
Satz: Dörlemann Satz, Lemförde
Druck und Bindung: Graphischer Großbetrieb Pößneck
Printed in Germany

Inhalt

Anstelle eines Vorworts:

Der Nachmittag beim Enkel des Zinnkönigs

Wir saßen bei einer Flasche erdschwerem »Rhoneblut« und einer Holzschale voller Baumnüsse. Ein milder Wind trug den Duft von frisch geschnittenem Arvenholz über die Veranda seines Chalets. In der Ferne konnten wir die gerötete Schneespitze des Mont Blanc erkennen. Kein Motorenlärm drang aus den Tiefen des Val de Bagnes zu uns herauf. Zwischensaison im schweizerischen Unterwallis. Verbier schlief. Und vor dieser überwältigenden, irgendwie unwirklichen Landschaftskulisse sprachen wir über – Geld.

Eigentlich hatte ich den Kunstsammler George Ortiz in seinem Bergrefugium aufgespürt, um ihn über seine Ausstellung antiker Kunstwerke zu interviewen. Er arbeitete gerade an Plänen, wie er seine Exponate im Alten Museum in Berlin am effektvollsten aufbauen könnte. Kunstkenner rühmen seine Sammlung als »eine der konsequentesten vollendeten Kollektionen des Jahrhunderts«. Sie vereinigt archäologische Meisterwerke aus den wichtigsten Epochen, jeweils aus der Zeit, als die Kulturen in ihrem Zenit standen: das Fragment einer griechischen Statuette um 480 vor Chr., an der sich der Übergang von der Aristokratie zur Demokratie ablesen läßt; ein seltenes, vielleicht einer authentischen Vorlage nachempfundenes Marmorporträt aus dem 2. bis 3. Jahrhundert von Prinz Siddhartha, der als Buddha eine Weltreligion begründete; ein Kristallbecher aus Babylon mit 3800 Jahre alter Inschrift.

Aber wir sprachen nicht von Babylon, wir redeten über Geld. Es lag an mir, nicht an ihm. Ich wollte wissen, wie ein Privatmann dazu kommt, überall auf der Welt Kunstschätze zusammenzukaufen, um die ihn die berühmtesten Museen der Welt beneiden. Jahrzehntelang gewährte er nur wenigen Insidern Zutritt zu seiner Villa am Genfer See, um sie die kostbaren Stücke betrachten zu lassen. Stets arbeitete er ohne Berater, weil er ganz am Anfang auf Fälschungen hereingefallen war: Er hatte sich auf Expertisen verlassen. Seitdem verläßt er sich nur noch auf sich selbst. Inzwischen melden sich archäologische Museen bei ihm, wenn sie vor einer Neuerwerbung Rat suchen.

Ein reicher, zurückhaltender, unscheinbar wirkender Mann schuf sich seinen eigenen Kosmos, in dem er ruht, wie ich nur wenige Menschen, eigentlich niemanden sonst, je habe in sich ruhen sehen.

Den Katalog zu seiner ersten Ausstellung blätterte ich mehrmals durch. Die Abbildungen mit den erklärenden Texten fesselten mich; die Originale sah ich erst später. Aber typisch Journalist: Ich fragte ihn zunächst nicht nach dem ideellen Wert seiner Sammlung. Ich fragte nach Geld: »Wie reich, Mister Ortiz, sind Sie wirklich?« – »Neben Bill Gates bin ich ein armer Schlucker, neben meinem Postboten ein sehr reicher Mann.« Ein paar Millionen seien schon noch da, meinte er in seinem vom rollenden Latino-Akzent durchzogenen Englisch. Er nahm mir nicht übel, der Versuchung zu widerstehen, den allseits beschlagenen Kunstkenner zu mimen. Vielmehr schien er Vergnügen dabei zu empfinden, daß ich ganz einfach seiner Lebensgeschichte hinterher war, der Story über einen steinreichen Mann.

»Ich habe das Glück, aus einer reichen, wirklich sehr, sehr reichen Familie zu stammen.«

Sein Vater, Botschafter in Den Haag und Paris, Sproß einer der angesehensten Aristokratenfamilien Boliviens, gesegnet mit uraltem Grundbesitz, der in die Anfänge der spanischen Eroberung zurückreichte. Der Vater seiner Mutter hieß Simon Patino. Sie nannten ihn den Zinnkönig. Er entdeckte die größten Zinnvorkommen der Welt. In seinen Minen schufteten 5000 Arbeiter. Er galt als der mit Abstand reichste Mann Lateinamerikas.

George war Patinos erster Enkel. Die Geburt zelebrierte der Großvater wie die eines Thronfolgers. Die 5000 Arbeiter erhielten einen bezahlten Tag Urlaub. Simon Patino, ein Dreiviertel-Indio, aus erbärmlichen Verhältnissen zum Milliardär aufgestiegen, konnte sich solche Gesten leisten. Er kontrollierte via London nicht allein den Welthandel an Zinn, ihm gehörte auch die größte Bank Lateinamerikas, der Banco Mercantile in Bogotá. Doch auf dem Höhepunkt seines Reichtums erkrankte »der König« schwer und wechselte von seinen Zinngruben aus 5000 Meter Meereshöhe in tiefere Regionen; er verließ das Land. Seine Direktoren wirtschafteten schlecht ohne die Knute des patriarchalischen Patrons. Sie provozierten eine Revolution. 1952 wurden die Patino-Gruben vom Staat konfisziert, ebenso die riesigen Ländereien. Der Banco Mercantile war gleichfalls weg.

Als sei nichts geschehen, führte George Ortiz weiterhin das Leben eines Herrensohns. Noch immer waren die Auslandskonten der Patinos überaus satt gefüllt. Acht Jahre lang schrieb der Kronprinz ohne Thron sich an allerlei amerikanischen High-Schools und Universitäten ein, pokerte mehr, als er studierte, achtete aber streng darauf, jeweils zum Jahresende seine Bilanz als Spieler mindestens plus/minus null abzuschließen. Es kam, wie's oft kommt: Spätestens in der dritten Generation siegt die Neigung der Erben sehr großer Vermögen über die von den Gründervätern eingehämmerte Vernunft; die Hinterlassenschaft wird verplempert.

»Ich lehnte mich gegen meine Familie auf. Bei reicher Herkunft weiß man wirklich nicht viel vom Leben. Man muß sich nicht bewähren, viele Jahre lang jedenfalls nicht. Man lebt in einer Kulisse. Das war die Erfahrung meiner Jugend. Ich war wie gelähmt durch das Übermaß an Geld. Ich fühlte mich nicht frei.«

Der Enkel des Zinnkönigs sympathisierte mit dem Marxismus: »Eine wundervolle Idee, nur funktioniert sie leider in der Praxis nicht. Aber das erfuhr ich erst später.«

Von einer romantischen Flucht nach Jugoslawien kehrte er geheilt heim:»Ich sah, wie Menschen mit Maschinengewehren zur Arbeit getrieben wurden. Es war wie in meiner kapitalistischen Heimat. Nur viel schlimmer.«

In der Zwischenzeit starb Simon Patino. Um sein Erbe entflammte eine fürchterliche Familienfehde. Man stritt sich durch alle Instanzen der Gerichte mehrerer Staaten: um den Zinnhandel in London, um Bergwerke in Malaysia »und um ein paar andere Dinge«. Unter den Schlägen des eigenen Clans krachte 1976 der Patino-Trust zusammen. Vom einstigen Glanz blieb nicht viel übrig.

Den Ereignissen Rechnung tragend, entdeckte George Ortiz seine merkantile Ader. »Mit viel Glück gelang es mir in meinem Leben immer wieder, die großen finanziellen Verluste, die ich erlitten habe, auszugleichen«, untertreibt er seine Erfolge als Geschäftsmann. 1990 reiste der entthronte Kronprinz erstmals seit Jahrzehnten wieder nach Bolivien, inkognito freilich. Die Bergwerke fand er in erbärmlichem Zustand, die private Eisenbahn des Großvaters fuhr noch mit denselben alten Lokomotiven. In der heruntergekommenen Milliardärsvilla, jetzt ein Museum, lagen auf dem Boden verstreut Fotos aus dem Familienalbum. Eines zeigte George im Alter von zwei Jahren auf den Knien des Patriarchen.

»Ist Ihre Sammlerleidenschaft die Antwort auf den Niedergang Ihrer Familie?«

»Vielleicht«, sagte er. »Ja, kann sein.«

Wir schwiegen eine Weile.

Das Sammeln unsterblicher Kunstwerke und Kultgegenstände begann er ohne jeden Plan, keinerlei edle Motive trieben ihn an. Erst mit der Zeit spürte er, daß da etwas mit ihm passierte, was er nicht erklären konnte. Er kaufte die Einzelstücke seiner Kollektion ausschließlich nach Gefühl, ohne Expertise: »Ich entscheide mich innerhalb von Sekunden, ob ich ein Objekt kaufe. Ich glaube nicht, daß es Zufall ist, daß mich mein Gefühl so selten trügt. Es kommt nicht allein auf die Qualität an, sondern darauf, daß genau die richtigen Meisterstücke zusammenfinden, die eine fundamentale Bedeutung für die jeweilige Kultur und Epoche haben. It sings together. Das kann man nicht planen. Meistens war ich zur richtigen Zeit am richtigen Ort, die Dinge kamen zu mir.«

Über dem Mont-Blanc-Gipfel hatten sich dünne Wolkenfetzen gebildet, in denen das Licht der Sonne des Spätnachmittags spielte, eine Kitschkulisse in Kodacolor. Angesichts dieses Naturschauspiels und in Erwartung des weiteren Gesprächsverlaufs ahnte ich, daß unsere Unterhaltung in philosophisch verschwommene Sphären wegzugleiten drohte. Dabei hatte ich noch immer vor, über Geld zu reden.

»Es klingt etwas mystisch«, sagte ich, um vorsichtige Kurskorrektur bemüht.

Energisch wandte er sich mir zu: »Nein! Nein! Überhaupt nicht! Halten Sie mich für einen Träumer? Ich meine, daß es heute völlig unmöglich wäre, eine solche Sammlung zusammenzutragen. Erstens, weil man kaum mehr an solche Originale herankommt, zweitens, weil auch ich sie nicht mehr bezahlen könnte. Ich hatte sozusagen die allerletzte

Chance, diese Kollektion zusammenzutragen. Dieser Gedanke, nennen Sie es Vorsehung, klingt in unserer rationalen Zeit fremd, ja absonderlich.«

Wir wandten uns wieder den mehr praktischen Seiten des Lebens zu. Er erzählte, wie er vier Jahre zuvor seine erwachsenen Söhne zusammenrief, alle drei Akademiker, die aber nicht so recht auf die Schiene fanden. Er stellte, jetzt selber ganz Patriarch, ein Ultimatum. Wenn sie mehr als nur den Pflichtteil erben wollten, müßten sie sich gefälligst anstrengen: »Wenn schon nicht als Wissenschaftler, dann sucht euch eure Bewährung wenigstens als Geschäftsleute.« Die Frage war nur: wo? »In den USA? Das ist nichts. Zuviel Dekadenz, ein Brutkasten, von dem man nicht weiß, was darin ausgebrütet wird. Japan? Gehört den Japanern, die brauchen keine Ausländer. China? Ist mit sich selbst beschäftigt. Australien ist uninteressant und Westeuropa zu alt: zuviel Wettbewerb, zuviel ungenützte Fähigkeiten, zuviel Bürokratie.« Blieb Osteuropa.

Der Vater gab das Startkapital, verbunden mit einer sanften Drohung, die Kindern aus anderem Haus nach einem Seniorenscherz klingen würde: »Wenn ihr das Geld verliert, ist es euer Pech.« Seine einzige Bedingung: »Keine Korruption, das ist unehrenhaft.«

Sie gingen nach Rußland, kamen zurück und sagten: »Ohne Korruption ist dort nicht das kleinste Geschäft möglich.« Also wichen sie nach Litauen aus, packten einen Sattelschlepper mit Lebensmitteln voll, mieteten einen Laden. Den Boden mußten sie selber schrubben. In ihrem Apartment hingen Eiszapfen von den Heizkörpern, weil wieder einmal Leitungsrohre geplatzt waren. Aber es ging voran. Bald besaßen die Ortiz-Junioren eine Ladenkette in Vilnius und beschäftigten einige hundert Angestellte. »Sie zahlen sogar ehrlich Steuern, was ein beträchtlicher Wettbewerbsnachteil ist, weil dort kein Ausländer ehrlich Steuern zahlt.«

»Empfinden Sie Reichtum als solches Handicap, daß der Nachwuchs dieses Überlebenstraining braucht?«

»Und ob«, sagte er und rieb sich zufrieden die Hände.

Es war der richtige Zeitpunkt, zu meinem Kernthema zurückzukehren: Geld! »Welchen Wert hat Ihre Sammlung, Mister Ortiz?«

»Keine Ahnung. Ehrlich nicht. Bis vor vier Jahren wußte ich nicht einmal, wie viele Objekte meine Sammlung umfaßt. Ich habe sie ja bis heute nicht versichert. Für meine erste Ausstellung 1993 mußte ich dann ein Inventar machen. Ich hab's in ein kariertes Schulheft eingetragen und kam auf 1600.«

»Haben Sie ein Lieblingsstück?«

»Eine furchtbare Frage! Fragen Sie einen Vater von zwölf Kindern, wer sein Liebling ist! Vielleicht die fingergroße Terracotta-Figur einer weiblichen Schönheit aus Nordgriechenland.«

»Warum gerade sie?«

»Ein ungewöhnlich schön gearbeitetes Stück, vor achttausend Jahren geschaffen und noch immer voller Leben. Man kann daran zum Beispiel ablesen, daß der Mensch sich in Tausenden Jahren physiognomisch und biologisch kaum verändert hat.«

»Was ist daran so interessant?«

»Erst seit wenigen Jahrzehnten stellen wir markante Veränderungen fest. Ursprünglich hatte der Mensch 42 Zähne, nun haben viele nur noch 28, wegen der völlig veränderten Ernährung. Der Kiefer paßt sich an, mit ihm die Schädelform. Der Mensch wird wesentlich größer als noch vor wenigen Jahren, der Rücken krümmt sich. Das sind äußere Anzeichen einer gewaltigen Transmission, in der wir uns befinden. Wir gehen in eine neue Welt. Ein sehr schwieriger Prozeß steht uns bevor.«

»Das klingt pessimistisch.«

»Was Sie aus der Geschichte lernen sollten, mein Freund: Der Untergang vieler, eigentlich fast aller Kulturen setzte ein, weil die Balance zwischen Eliten und Massen aus den Fugen geriet. Dieser Ausgleich setzt das Verständnis von Humanität voraus, sonst wird das politische System der Demokratie nicht überleben.«

»Zweifeln Sie daran?«

»Die Trennung zwischen den Reichen und der Masse verschärft sich. Einzelne Vermögen sind unvorstellbar groß geworden. Geld, und das ist relativ neu, ist zum Selbstzweck geworden. Es kommt nicht mehr darauf an, was man damit macht. Es geht allein noch um das Haben, nicht von Gütern, sondern von Geld. Ein Ausdruck davon ist die unglaubliche Korruption.«

»Die gab es schon immer, in allen Kulturen.«

»Natürlich. Aber früher war nur eine kleine Schicht korrupt. Heute ist Korruption ein Massenphänomen. Das läßt sich nicht einfach durch ein paar neue Gesetze rückgängig machen. Ethik und Humanität kann man nicht per Paragraphen verordnen. Eine Gesellschaft muß spüren, daß sie beides braucht. Und sie muß es wollen. Das ist existentiell.«

»So redet ein Kulturpessimist.«

»Machen Sie es sich nicht so einfach! Nein! Durch meine Sammlertätigkeit habe ich mich sehr intensiv mit Aufstieg und Niedergang von Kulturen beschäftigt. Warum gehen wir so selbstverständlich davon aus, daß wir die einzige Kultur seien, die nicht untergeht? Es gibt genügend Anzeichen der Destruktion, die sich nahezu ausnahmslos im Abstieg aller untergegangenen Kulturen als Merkmale finden. Vielleicht wird bei uns alles eines Tages von Menschen übernommen, die eine bessere Ethik haben als wir, eine bessere Arbeitsmoral, einen gesünderen zivilen Geist, mehr Sinn für Verantwortung.«

»Sie meinen Asien, China?«

»Vielleicht, aber ich meine das nicht nur geographisch. Schneller, als wir ahnen, könnte eine neue Ideologie heranwachsen, die unsere Art zu leben nicht mehr akzeptiert und die uns jene Angst einjagen wird, wie unsere Ideologie sie anderen Kulturen eingejagt hat.«

»Es könnte ja auch ganz anders kommen, positiver.«

»Wir stehen jedenfalls an einer Schnittstelle. Das hat nichts mit der Jahrtausendwende und der albernen Mystik darum herum zu tun. Alles ist offen. Ein solcher Zustand ist selten, aber keineswegs einmalig in der Geschichte der Kulturen. Die Möglichkeiten der weltweiten Kommunikation geben Anlaß zu Hoffnungen. Aber wer sagt, daß wir es sind, die diese Kommunikation beherrschen werden? In diese Zweifel schließe ich die USA ebenso ein wie die Europäer. Man muß die Signale erkennen. Verstehen Sie jetzt, warum mir die Verbindung zur Vergangenheit so wichtig ist?«

Das Interview mit George Ortiz druckten mehrere große Zeitungen in Deutschland, in der Schweiz und in Österreich. Ich war überrascht über die Reaktion von Lesern, mehr noch über jene der sonst oft vom Umgang mit der täglichen News-Flut überreizten Redakteure. Der stille, reiche Mann in seinem eigenen Kosmos auf der Bergveranda hatte eine empfindliche Stelle getroffen. Später zeigte er mir die Besucherbücher, die im Alten Museum Berlins, in der Eremitage in St. Petersburg, im Puschkin-Museum in Moskau, in der Royal Academy in London während der Präsentation seiner Kollektion auslagen. »Faszination der Antike« hieß die Ausstellung mit deutschem Titel, und es war verblüffend zu verfolgen, wie Hunderte, ja Tausende Besucher, manche über eine ganze Seite hinweg und länger, festhielten, was dieser Ausflug in die Archäologie bei ihnen auslöste. Nichts Mystisches. Vielmehr sehr Reales: Lust auf Geschichte, Suche nach Erklärungen, Entdecken von Parallelen.

Das Gespräch auf der Veranda hat mich motiviert, in diesem Buch einen historischen Bogen zu schlagen, einen nicht so grandios angelegten allerdings, sondern einen chronologisch nachvollziehbaren. Das Wichtigste unseres Alltags – Geld – bleibt, wie ursprünglich geplant, das Kernthema, persönlicher Megareichtum überhaupt, wie er erworben und vertan, wie er für die Durchsetzung von Macht eiskalt mißbraucht und wie er sinnvoll zur Entwicklung großer Industrien und kultureller Errungenschaften verwendet worden ist und wird. Wohlstand ist eine abstrakte Größe. Erfaßbare Bedeutung erhält Reichtum erst, wenn Menschen Geld einsetzen, statt es nur zu besitzen.

Der rote Faden des Buches zieht sich entlang von Geschichte und Geschichten alter Bankiersdynastien, vorzugsweise jener, die bis heute ihre Selbständigkeit behaupten konnten und die eisern im Sinn haben, auch im nächsten Jahrtausend eine Rolle zu spielen – es sind mehr, als wir glauben; sie sind vitaler, als wir vermuten; sie sind reicher, als wir wissen; ihre Kreuz- und Querverbindungen sind intimer, als wir sehen. Kein Wirtschaftszweig erwies sich über die Jahrhunderte als so zäh in seinem Überlebenswillen wie die Gilde der Geldhändler, wobei die unauffälligen Metzlers in Frankfurt die letzten der Branche überhaupt sind, deren Privatbank auch nach Jahrhunderten noch ausschließlich im Besitz der Gründerfamilie ist. Warum schaffen es bei gleicher Begabung und ähnlichen Voraussetzungen die einen – und die andern nicht? Eine ewige Frage mit vielen Antworten.

Als Repräsentanten der einzelnen Epochen wählte ich Beispiele, die mir relevant für die jeweiligen Zeitabschnitte erscheinen. Historiker und Wirtschaftswissenschaftler werden andere Akzente setzen. Ich habe die Familien und ihre Unternehmen als Journalist betrachtet. Den Begriff »Privatbankier« verwende ich in subjektiver Auslegung: Banken, in denen die Eigentümerfamilien noch einen maßgebenden Einfluß ausüben. Manche Familien hätten natürlich eigene Kapitel verdient. Im Fall der Warburgs schiene es mir allerdings frivol, den 955 brillanten Buchseiten von Ron Chernow, 1993 veröffentlicht, noch mehr hinzuzufügen als einige bisher kaum bekannte Aspekte über Max senior und Siegmund George Warburg. Die Rothschilds spielen in Deutschland heute keine Rolle mehr; außerdem würde ihre spannende Geschichte den Rahmen dieses Buches bei weitem sprengen. Sie treten deshalb nur dort auf, wo sie im Zusammenhang mit andern Geldclans von Bedeutung sind.

Die überragende Bedeutung jüdischer Geldhändler und Bankiers durchzieht das Gewerbe seit seinen Anfängen. Selbst Dr. Johannes Eck, der ideologische Hauptgegenspieler Martin Luthers, war jüdischer Herkunft; er stand auf der Pay-roll der Fugger und trat als erster Herold des Shareholder-value auf. Die Fugger ebenso wie die Thurn und Taxis sind vermutlich ebenfalls jüdischen Ursprungs, was beide Familien bis heute energisch verdrängen. Den Warburgs war ihr Judentum eher eine Last. Die Oppenheims wandten sich von ihrer Herkunft opportunistisch ab. Daß sich das Vordringen jüdischer Bankiers in die bis dahin streng gehüteten Bastionen christlicher Geldhändler auf das Jahr genau datieren läßt – 1820 –, halte ich für eine erwähnenswerte Entdeckung. Daß der Einfluß international verflochtener jüdischer Bankiersfamilien auf alle Bereiche des Wirtschaftslebens der zwanziger Jahre enorm war, ist gleichfalls nicht zu übersehen; daraus erwuchsen abstruse Verschwörungstheorien, für die es keine Belege gibt. Für die Machtstrukturen jüdischer Bankiers freilich gibt es diese Belege. Daß auch jüdische Bankiers nicht immer im besten Licht erscheinen müssen, liegt in der Natur des Geschäfts; es sollte nicht mit der fiktiven Maßeinheit von Political Correctness gemessen werden.

Manche Namen kommen nicht vor, die es verdient hätten, und manche treten auf, die es nicht verdient haben. So ist das Leben. Daß Crash-Geschichten – Herstatt, SMH und andere – breiteren Raum erhalten, liegt daran, daß ihre Namen, wenn vielleicht auch unscharf, in Erinnerung geblieben sind, vor allem aber, weil oft erst Gerichtsvorgänge tiefere Einblicke hinter die vornehmen Fassaden erlauben. Hochglanzbroschüren und Jubiläumsschriften, von den Bankhäusern selbst herausgegeben oder gesponsert, taugen nicht als Grundlage. Zu offensichtlich sind die Lücken, zu ausgeprägt die Neigungen zur Schönfärberei. Keine andere Branche – das liegt in der Natur ihrer

Aktivitäten – zeigt sich bis heute dermaßen zugeknöpft wie jene der Privatbankiers. Die spärliche Liste der einschlägigen – unabhängigen – Literatur belegt es. Bankarchive stehen oft nur auf Herz und Nieren geprüften Interessenten offen, und auch dann nur unter Anleitung von Fachpersonal, das jeden auf den einzig wahren Pfad verpflichten will. Es erwies sich als angebracht, wählerisch zu sein. Stellvertretend für die Ausnahmen von der Regel seien die hilfreichen Damen des Instituts für Bankhistorische Forschung in Frankfurt erwähnt.

Ich danke all jenen, die Lust hatten, sich auf ein Gespräch einzulassen, und bitte all jene, die diesem Ansinnen widerstanden haben, um Nachsicht, daß ich trotzdem über sie schreibe. Ich danke jenem Schweizer Privatbankier, der mich nachdrücklich über den (tatsächlichen oder angeblichen) Einfluß von Freimaurern in der Zürcher Finanzwelt aufgeklärt hat, obwohl ich ihn gar nicht darauf ansprach, der mir überdies zur Bekanntschaft mit einer der teuersten Anwaltskanzleien Zürichs verhalf, prophylaktisch »und sicherlich auch in Ihrem Interesse«, wie man mir ebenso fürsorglich wie verbindlich nahebrachte. Den Wunsch nahm ich mir zu Herzen. Aber nicht allzusehr. Insgesamt empfand ich die Begegnungen mit Reichtum, wirklich großem Reichtum, als ausgesprochen faszinierend, oft überraschend, manchmal sogar offenherzig. Meist erwies sich die Konfrontation nur dort als unangenehm, wo ich mich anonymem, jeder Lebenslust und Sinnesfreude entwöhntem Reichtum gegenübersah.

Jakob Goldschmidt hätte ich gern kennengelernt, weil ich durch ihn eine der wichtigsten Phasen der neueren deutschen Geschichte erst wirklich begriffen zu haben glaube. Er starb 1955. Um so größer die Überraschung, zu dieser so farbigen und aufschlußreichen Gestalt der zwanziger und frühen dreißiger Jahre in der einschlägigen Literatur und in Archiven nur Halbsätze zu finden. Meist abschätzige. Die Parallelen zum Ende unseres Jahrhunderts sind verblüffend. Überzogene Bedeutung der Börsen, Mega-Mergers, Geld- und Machtkonzentration in immer weniger Händen, Korruption als Massenphänomen – alle diese Erscheinungen gab es schon einmal, wenn auch in ganz anderem Umfeld. Eine der heimlichen Absichten dieses Buches ist es, den Eindruck zu relativieren, daß persönlicher Reichtum, wirklich großer Reichtum, per se schlecht ist, wie uns die »68er« einzureden suchten; daß persönlicher Reichtum, wirklich großer Reichtum, aber auch nicht von vornherein einfach gut ist, weil er angeblich allen nützt, wie uns heute die geschichts- und gesichtslosen Helden der reinen Profit!Profit!Profit!-Ideologie weismachen wollen.

NL – Vrouwenpolder, im September 1998   Fred David

1

Höflich gewuchert, höflich gestohlen

Seine Durchlaucht Hubertus Fürst Fugger-Babenhausen, Herr zu Boos, Heimertingen, Wald, Wellenburg, Burgwalden und Markt, Graf von Kirchberg und Weißenhorn, nehmen nicht krumm, wenn man ihn republikanisch knapp mit »Herr Fugger« anredet. Für seine 130 Angestellten bleibt der fürstliche Bankier jedoch »Durchlaucht« (was eigentlich »Erleuchteter« heißt), ersatzweise entspricht auch die neutralere Anrede »Hoheit« der Hausetikette. Sein PR-Beauftragter achtet sorgfältig darauf, daß auch in der Geschäftspost mindestens das »S. D.« vor dem Namen steht, da ist man im jungen Management der Bank eigen. Fugger XVIII., Jahrgang 1948, ist weniger förmlich, aber er weiß natürlich um den Wert sowohl des Namens wie des adligen Brimboriums. Es entsteht der Eindruck, sein jungdynamisches Management, das seit Mitte der neunziger Jahre in forschem Tempo die biedere bayrische Landsparkasse in eine exklusive Privatbank umbaut, strapaziert etwas arg das fürstliche Ambiente. Dem Namensträger, der auf Schloß Wellenburg bei Augsburg lebt, sich aber am liebsten ganz nach Amerika zurückzöge, wäre etwas weniger fürstliches Gehabe und blaublütige Repräsentation vermutlich ganz recht.

Man scheint sich nicht sicher, wie weit »Fugger« sich als Markenartikel in die Werbestrategie einbinden läßt. Eine Personalisierung wie »Herrn Dittmeiers« Valensina-Werbung, »Herrn Darbovens« Idee-Kaffee-Spot oder »Herrn Meggles« Kräuterbutter-Werbetalk mit der eingeblendeten Marilyn Monroe (»Oh, Sie sind Herr Meggle, *der* Herr Meggle?«) findet Fugger auch im Bankgewerbe nicht abwegig, sofern das Ambiente stimmt. Bei dem Gespräch rutscht der junge PR-Berater von Durchlaucht etwas unruhig auf seinem Stuhl. Vorläufig gilt die

Linie: Hubertus Fugger soll sich rar machen, aber er soll sich bei sorgfältig ausgewählten Auftritten zeigen, und zwar als Fürst Fugger. Das erwartet die Klientel. So eröffnet er denn im Palais Montgelas in München eine Kunstausstellung, lädt im Damenhof zu Augsburg zum Sommerkonzert, obwohl, wie er zu verstehen gibt, die Darstellung nach außen nicht zu seinen bevorzugten Lustbarkeiten zählt.

Aber das Drum und Dran gehört nun einmal zum Image der kleinen Augsburger Bank. Man muß die Nische verteidigen, die man sich gerade mit beträchtlichem Aufwand freigeschlagen hat. Als Fugger-Kunde sollte man schon ein paar hunderttausend Mark, gern etwas mehr, mitbringen. Andernfalls wird man nicht gerade des Hauses verwiesen, aber als Normalsparer fühlt man sich denn doch als geduldete Minderheit unter der angestrebten exklusiven Kundschaft. Schließlich weiß man auch im Ausland mit Fugger etwas anzufangen, wenn auch die meisten Zeitgenossen nichts Präzises mit dem Namen in Verbindung bringen können, außer daß es einmal einen Fugger gegeben haben muß, den man den Reichen nannte und der seinen Beinamen wohl zu Recht trug.

Es existieren drei Linien Fugger: die Hauptlinie Babenhausen, die 1803 »gefürstet« wurde; die gräfliche Linie von Kirchberg und Weißenhorn sowie die von Glött, die kurz vor Torschluß, am Ende der Monarchie, 1913 noch schnell den Fürstentitel übergestreift bekam. Der derzeitige Fürst Fugger von Glött ist ein Adoptivsohn aus dem Hause von und zu Arco-Zinneberg: Unter befreundeten Familien hilft man sich gegenseitig aus, damit sich zumindest in der Hauptlinie nicht zuviel Bürgerblut beimischt und die Familie nicht ausstirbt. An frischer Zufuhr mangelt's nicht: Der deutsche Adel zählt noch immer an die 60 000 Blutspender.

»Unser Reichtum wird oft überschätzt«, wiegelt Hubertus Fugger-Babenhausen ab. Er ist die Nummer 18 in der Ahnenreihe nach Jakob und dessen Neffen Anton und zugleich Fürst Nummer 8 seiner Linie. Bei diesem Hintergrund wird er öfter mit abenteuerlichen Vorstellungen von den Fuggerschen Reichtümern konfrontiert. Man ist solide vermögend, aber nicht exzentrisch reich. Drei Schlösser? Tradition verpflichtet zwar, aber Heizungsrechnungen und Dachreparaturen für die enormen Etablissements gleichfalls. Die sechs von der Bank getrennten Forstreviere von rund 5000 Hektar werfen gerade einmal eine Rendite von 1,5 Prozent ab; es reicht für schwarze Zahlen. Die 140 Hektar Landwirtschaft, die dazugehören, kann ein einziger Bediensteter besorgen; die Fuggersche Brauerei, 1505 gegründet, wurde abgestoßen; der Golfplatz in der Nähe der Wellenburg, dem Wohn-, nicht aber Stammschloß des Babenhausener Zweigs, ist verpachtet. Der Wert der Fuggerschen Kernvermögen ist schwer zu beziffern, sicher liegt er über einer Millarde.

Zu ihren besten Zeiten waren die Fugger reicher und mächtiger als die 50 oder 100 größten Konzerne unserer Zeit, so genau läßt sich das heute nicht mehr festlegen. Die Zeiten, als der Hausspruch der Familie »Die Welt ist unser Feld« im Maßstab 1:1 auf das Fuggersche Imperium übertragbar war, sind seit ein paar Jahrhunderten vorbei. Die Erbgüter in bayerisch Schwaben dürfen nach Hausgesetz weder geteilt noch verkauft werden und müssen immer in der Hand des erstgeborenen Sohnes verbleiben, der auch den Fürstentitel erbt. Die Töchter werden anderweitig abgefunden. So geht das schon seit Jahrhunderten, wie es Anton Fugger, der Neffe des Reichen und unmittelbare Vorfahr des jetzigen Stammhalters, verfügte.

Aber mit der Bank hat das wenig zu tun. Die »Fürst Fugger Privatbank« liegt außerhalb des Stammbesitzes und ist zu 78 Prozent in Familieneigentum. 22 Prozent gehören der Nürnberger Versicherung. Die königsblauen Teppiche auf allen Etagen im Hauptgebäude an der Maximilianstraße in Augsburg zeigen die Lilie, die Wappenblume Anton Fuggers. Sie findet sich als Doppellilie auch am Kühler des fürstlichen Mercedes Kombi, statt des Mercedessterns.

Der Adel spielt im gesamten deutschen Bankgewerbe noch immer eine beträchtliche Rolle, obwohl jede Personalabteilung empört abwehrt: Man wähle, selbstverständlich, Mitarbeiter nicht nach dem Klang des Namens aus. Aber natürlich geschieht es, sonst wäre die ins Auge springende Ansammlung einschlägiger Namen im Bankgewerbe, insbesondere im privaten, nicht zu erklären. Bei der Bewältigung der Affäre des Bauspekulanten Jürgen Schneider spielte ein leibhaftiger Herzog bei der Deutschen Bank eine tragende Rolle.

Einen Fürsten leistet sich keine der Großbanken. Sie müssen sich ansonsten mit Scharen jungdynamischer Freiinnen, Barone, Grafen zufriedengeben: Titel dieser Art machen sich noch immer gut auf den Visitenkarten der Bankmitarbeiter. Am intimsten, so raunt die Branche, hält es von jeher die Bayerische Vereinsbank (seit der Megafusion von 1997 »Hypo- und Vereinsbank«) mit den »von« und »zu«: Sie gilt bis heute als blaue »Blutbank des bayerischen Adels«. »Von« und noch weit stärker »zu« vermitteln, wenn auch nur vordergründig, Stil und eine gewisse Bedächtigkeit im soignierten Umgang, auf den der einschlägige Kunde Wert legt, wenn er schon von einer bestimmten Größenordnung an sein Wichtigstes im Leben unbekannten Menschen anvertraut. Ein nackter Doktortitel signalisiert in diesem Gewerbe sowohl Besserwisserei wie Mangel an praktischer Erfahrung und schreckt die Kundschaft eher ab. Nahezu ideal, wenn auch sehr selten, ist die Kombination: »zu«, im minderen Fall »von«, samt Dr., aber um Himmels willen ohne h.c., denn *honoris causa* deutet auf respektable, aber nicht in Provisionen umsetzbare Ehre. Vor allem aber ist es ein untrüglicher Hinweis auf drohende vorzeitige Pensionsreife.

Völlig fehl am Platz und daher gleichfalls höchst selten im Bankgeschäft sind zwei Doktorentitel hintereinander: Hier konnte sich einer nicht entscheiden, hat zuviel Zeit an der Uni vertan und beschäftigt sich auch danach noch selbstverliebt mit akademischen Sphären. Das knapp, souverän und geheimnisvoll wirkende MBA (für Master of Business Administration), mit einem dezenten Schlag ins Extravagante, läßt hingegen auf Ansätze von Internationalität und auf stark entwickeltes Flair fürs Shareholder-value schließen. Das Optimum in der Unterabteilung »Schein & Sein« sowie eine Option auf gesunde Karriere verspricht in Privatbanken die Kombination »von« samt MBA. Ein »zu« gilt hier aber wiederum als »overdressed«, mit überflüssigem Ballast behaftet, es sei denn, es handle sich um den Inhaber der Bank selbst. In diesem Fall läßt »zu« auf überdurchschnittlichen Immobilienbesitz schließen, was beruhigende, mit Händen zu fassende Sicherheiten bedeutet. Schall? Rauch?

Neben den Fuggern der zweite leibhaftige Fürst in Deutschland, der zugleich der bürgerlichen Beschäftigung als Bankbesitzer nachgeht, außerdem ein »zu«, fährt, anders als der Mercedes-treue Fugger, BMW, allerdings ohne fürstliches Emblem am Kühler. Er residiert auf Schloß Castell zwischen Würzburg und Nürnberg, im unterfränkischen 700-Seelen-Dorf gleichen Namens. Albrecht Fürst zu Castell-Castell, ein würdiger Herr, Jahrgang 1925, mit schlohweißem, allzeit sorgfältig gescheiteltem Haar und einem Schnurrbart, erscheint zu offiziellen Terminen vorzugsweise im Trachtenjanker. Nur das burgunderrote Pochettchen signalisiert im Outfit, daß in seinem Haus dezent auf Form und Umgang Wert gelegt wird. Das »zu« im Titel macht deutlich: Hier hat man es mit deutschem Uradel zu tun, und dem darf sich nur zuzählen, dessen Adelsnachweis vor 1350 einwandfrei und per Urkunde dokumentiert ist. Alles andere, was danach kommt – und das betrifft weitaus die meisten deutschen Edlinge (so die altdeutsche Urform) –, ist nur Briefadel. Es wird noch feiner unterschieden: Nur wer auf dem Stammschloß seiner Altvorderen residiert, darf das aussagekräftige Kürzel »zu« im Titel führen. Blaublüter ohne entsprechendes Etablissement müssen sich mit dem gewöhnlichen »von« begnügen, wie immer sie auch zu ihren drei Buchstaben gekommen sein mögen.

Fürst Albrecht spricht nicht über Standesformalien, mit 23 Adelsgenerationen im Rücken hat er das nicht mehr nötig. Aber aus Andeutungen wird klar, daß er schon Wert auf den kleinen, feinen Unterschied legt. Die Castell lassen sich schließlich bis auf Graf Rupert de Castello um 1057 zurückführen. Die Beweise mit der ältesten Urkunde von 1224 ruhen sicher verwahrt im fürstlichen Archiv neben dem Stammschloß Castell, einem wehrhaften Bau aus dem 17. Jahrhundert mit mutmaßlich 100 Zimmern. Gezählt hat sie, wie Fürstin Marie-Luise, eine Prinzessin zu Waldeck und Pyrmont, einräumt, noch niemand. Die unverbindliche Angabe »100« nennt übrigens jeder Adlige, der auf sich hält, wird er mit der überaus bürgerlichen Frage nach der Zahl der Zimmer in seiner Behausung konfrontiert. Und da die Frage dauernd gestellt wird, heißt die Antwort dauernd: »Vielleicht 100?«, begleitet von dezentem Zucken der Schultern, leichtem seitlichem Neigen des Kopfes, bei geschlossenen Augen.

Im 11. Jahrhundert, als die Castell schon längst etablierte Landesherren waren, fingen die Habsburger gerade erst an, sich vom unteren Dienstadel hochzurackern: Ihr Stammsitz Habichtsburg (später auf Habsburg handlich verkürzt) bei Brugg im schweizerischen Kanton Aargau wurde 1020 fertig, ein paar Jahre früher zwar als das erste urkundlich erwähnte Kastell der Castell, aber dafür wohnt auf der Habsburg schon seit Jahrhunderten kein Habsburger mehr. Castell ist hingegen noch immer Castell, daher der stolze Doppelname. Von den

Fuggern gar findet sich in dieser Vorzeit noch keine Spur. Wahrscheinlich waren sie Leinenweber, Händler, jedenfalls noch für zwei Jahrhunderte ein unbekanntes Allerweltsgeschlecht, das sich mit der Hände Arbeit sein Brot verdiente, wenn auch schon recht früh als Großhändler, vorzugsweise in Textilien.

Es ist nicht so, daß man in Kreisen des Hochadels über solche Feinheiten lange debattieren würde; der Titel »Fürst«, auch wenn, wie bei den Castell-Castell, erst aus dem Jahr 1901 stammend und bayrischen Ursprungs, ist kein »Reichsfürst« (der topt nämlich noch den Landesfürsten); er markiert den zweiten Rang der obersten Liga des blauen Blutes. Darüber thronen nur noch die Herzöge; deren Titel ist allerdings oft zweifelhafter Herkunft, denn seit dem 13. Jahrhundert wurde er in Deutschland meist nur ehrenhalber verliehen, an Adlige, die keine Machtbasis besaßen, aber einer optischen Aufwertung dringend bedurften, um es den Trägern zu erleichtern, in dem komplizierten Titel- und Ranggefüge mitzuhalten. In diesen Kreisen, auch wenn längst mit bürgerlichen Einsprengseln behaftet, beachtet man diese oft äußerlich kleinen Unterschiede aufs genaueste. Auch heute noch. Man weiß, wer wohin und wer zu wem gehört, bei wem das Prädikat papierenen Ursprungs ist und wer auf historisch belegbarem Fundament ruht. Man nimmt zur Kenntnis und schweigt.

Castell-Castell ist übrigens nicht zu verwechseln mit der Linie Faber-Castell, die auf ihrem Bleistiftschloß Stein bei Nürnberg residiert. Das Vermögen der Schreibgerätehersteller-Familie wird, round about, auf eine halbe Milliarde geschätzt. Überhaupt: die Stillen im Lande … Etwa Emich Fürst zu Leiningen aus Amorbach, Landkreis Miltenberg, auch er ein Standesherr, baute eines seiner Schlösser in eine 160-Betten-Klinik um. Er ist in der Aluminium- und Maschinenbaubranche engagiert, keltert Wein in Kalifornien, züchtet Rinder und betreibt Forstwirtschaft in Kanada. Sein Vermögen dürfte bei 300 Millionen DM liegen. Oder Elsa von Staff-Ritzenstein in Ochsenfurt, die in der Plastikindustrie erfolgreich ist. Ihr Vermögen wird mit 250 Millionen DM angenommen. Die Vermögen sind sehr rudimentär geschätzt; Grund und Boden, insbesondere die Werte im Ausland, sind schwer zu taxieren (ein Wort übrigens, das wir derer von Thurn und Taxis verdanken). Die Steuerfahnder wissen davon ein Lied in den Bart zu brummen. Immerhin geben die genannten Summen einen Annäherungswert, dem auch der Fürst von Castell nicht widersprechen würde. Sein Vermögen liegt sicherlich nicht unter den genannten Peilungen.

Das Bankhaus, dem Fürst Albrecht und sein Vetter Siegfried Fürst zu Castell-Rüdeshausen gemeinsam mit ihren beiden »Thronfolgern« vorstehen (sie tragen den Titel eines Erbgrafen, bevor sie zu Fürsten mutieren), gehört je zur Hälfte den beiden Familienstämmen. Die »Fürstliche Castell'sche Bank Credit-Casse« ist im strengen Sinn keine Privatbank, weil die Eigentümer keine Befugnis zur Geschäftsführung besitzen; diese wird von Geschäftsführern besorgt, die kein Kapitalrisiko tragen. Aber ihrer Struktur nach läßt sie sich dennoch zu den Privatbanken zählen. Sie trägt ihren Namen mit den drei »C« stolz und ohne falsche Scham. Man bekennt sich zum bekömmlichen Dasein als Landsparkasse. »Wir betreiben eine Kirchturmpolitik«, sagt der Generalbevollmächtigte Dr. Roland Horster. »Dafür haben wir eine Corporate identity, die sich andere nicht leisten können«: ein Weinfest mit eigenem Wein, ein Konzert in der Hauskirche.

Das Schloß freilich ist auch für die feine Kundschaft tabu. Die Tafel am Eingangstor klärt höflich, aber bestimmt auf: »Das Schloß ist 1686–1691 unter Wolfgang Dietrich Graf und Herr zu Castell von Landesbaumeister Peter Somer erbaut. Es wird von der Familie des Fürsten zu Castell-Castell bewohnt und kann nicht besichtigt werden.« Daß die Untertanen für das ansehnliche Etablissement in Fron geschuftet haben und die Ortsbevölkerung das bis heute nicht vergessen hat, räumt der Fürst ein: Man lebt »in unserer Situation halt nicht nur mit dem Erbe, sondern auch mit den Sünden der Väter«. Und »mit mancher Voreingenommenheit meiner Casteller Mitbürger dem Schloß gegenüber«.

Die Castellsche Bank ist überschaubar: 19 Filialen 1,5 Milliarden Bilanz, drei Millionen Gewinn nach Steuern und 84 Millionen DM Eigenkapital, ein Überschuß von sieben Millionen DM (1996). Den Eigentümern verbleiben rund 10 Prozent, wobei die Bezugssumme nebulös »nach Steuern, Kapitalerhöhung und Rücklagen« umschrieben wird. Aber dafür ist man ja Privatbank. Nicht jede nette Kleinigkeit muß in der Bilanz aggressiven Fremdaktionären offengelegt werden – und hausfremden Neugierigen schon gar nicht. Immerhin hat sich die Bilanzsumme zwischen 1980 und 1990 verdoppelt. In den achtziger Jahren stammte die Hälfte der fürstlichen Einkünfte aus dem Geld-

25

haus; heute dürften es drei Viertel sein. Die Bank ist zweifellos »das Schicksal« des Fürstenkonzerns.

»Nachhaltigkeit«, ein Begriff aus der Forstwirtschaft, spielt daher in der Strategie eine wichtige Rolle. Man nimmt sich Zeit für persönlichen Service – die Nische für die Kleinen und Feinen. »Ich bin Bankier, Beichtvater und Hausarzt in einem«, sagt der Generalbevollmächtigte. »Die Globalisierung hat bei unseren Kunden zu einer Gegenströmung geführt: hin zum persönlichen und individuellen Rat eines Bankiers, den man kennt.« Von einer Million DM Kredit an garantiert man »persönliche Beratung durch einen der drei Geschäftsführer«. Besonders gefragt ist die individuelle Bankseelsorge bei Nachfolgefragen in mittelständischen Unternehmen. Intime Insiderkenntnisse dieser Art, verbunden mit strategisch verteilten Aufsichtsratsmandaten, festigen die regionale Position der Fürstenbankiers nachhaltig.

Der Hauptsitz in Würzburg, im historischen »Hof Castell« am Marktplatz 1, ist zugleich Schaltzentrale eines überaus bodenständigen Fürstenkonzerns, der mit der offiziellen Bezeichnung »Fürstl. Domänenamt« nur sehr vage umschrieben ist. Eines der größten Weingüter Deutschlands – mit über 70 Hektar – verbirgt sich dahinter, 90 Prozent davon sind fränkisch-trockene Lagen auf tonhaltigem, mineralstoffreichem Keuperboden. Das reicht für eine Million Bocksbeutel oder 700000 Hektoliter. Auch hier wuchert man gern mit der Tradition. Manche der hauseigenen Lagen (wie Hohnart, Reitsteig, Trautberg, Schloßberg) sind schon seit 1258 nachweislich in Familienbesitz. Die erste Silvanerrebe, bis dahin weit und breit unbekannt, wurde am 5. April 1659 gesetzt. So verkündet es ein Gedenkstein im Weingut.

Der Weinchef der Familie, Wolfgang Castell-Castell, ein Vetter des Fürsten, experimentiert erfolgreich mit lieblichen Eisweinen. Beträchtlicher, wenn auch nicht sonderlich rentabler Waldbesitz gehört dazu, verteilt auf sechs Reviere im Steigerwald und im Main-Spessart-Gebiet, mit etwa 4000 Hektar sowie 320 Hektar Landwirtschaft; die Castells zählen mit zu den größten Grundbesitzern im Land. Nach einer Statistik des Verbands Bayerischer Grundbesitzer von 1907 standen sie auf Platz 7 in Bayern, heute liegen sie weiter vorn, wo genau, lassen sie offen; Nummer 1 in Sachen bayerischen Grundbesitzes sind nach wie vor die Thurn und Taxis. Aus der Waldfläche läßt sich im übrigen die Dachfläche der fürstlichen Behausungen errechnen. In

26

Zeiten, aus denen der Waldbesitz stammt, galt die Faustregel: ein Quadratmeter Dachfläche historischer Gebäude benötigt zum dauerhaften Unterhalt ein Hektar Waldfläche. »Alles schuldenfrei«, wie der Fürst gern betont. Allein die altehrwürdigen und von Grund auf renovierten stattlichen Gebäude, in denen die Bankfilialen untergebracht sind, repräsentieren einen fürstlichen Wert.

Die Castell wie die Fugger zehren von ihrem historischen Erbe, auch wenn das Adlige im Alltagsgeschäft nur noch als vornehme Fassade dient. Dem profanen Verkaufsaspekt, dem Marketing, würden die drei Fürsten zwar energisch widersprechen, wahr ist es aber trotzdem. Lieber würden sie vom Geist reden, der ihre Familien und ihre Vermögen über Jahrhunderte zusammengehalten hat und der auch ihr heutiges Unternehmertum bestimmt. Dabei würden sie auch leicht ins Schwärmen geraten über die Tugenden der alten »Standesherren«. So nennen darf sich vom Adel nämlich nur – wieder der kleine Unterschied –, dessen Familie wirklich einmal regiert hat und deren Hauschefs über Leben und Tod ihrer Untertanen geboten. Für die Fugger, die Castell wie die Thurn und Taxis trifft das zu, wenn sie es auch für lange Zeit nur zum Grafen brachten und, wie im Fall Castell, gerade ein Ländchen von 28,6 Quadratkilometern mit 108 Städtchen und Dörfern und 9903 Untertanen (nach der Volkszählung von 1806) beherrschten – allerdings über mehr als sieben Jahrhunderte. Geblieben ist davon nur das Vorrecht des – evangelischen – Fürsten, den katholischen Pfarrer auszuwählen. Den evangelischen bestimmt die Synode.

Manchmal redet Fürst Albrecht den Seinen von der Kanzel ins Gewissen. Im Schloßhof predigte er »zur Jugend-Radltour der Vereinigung der Deutschen Adelsverbände«; in der Casteller Schloßkirche sprach er über die Ehe; in Gerolzhofen wagte er sich aus gegebenem Anlaß an Markus 10,25 und damit an jenes mysteriöse Rätsel, mit dem der Evangelist die Reichen seit nahezu 2000 Jahren quält: »Es ist leichter, daß ein Kamel durch ein Nadelöhr hindurchgeht, als daß ein Reicher in das Reich Gottes eingeht.« Natürlich liegt die Lösung nicht in der Armut, weiß der fürstliche Prediger und hält tapfer mit 1. Mose 13,2 dagegen: »Abraham war aber sehr reich an Herden, Silber und Gold.« Noch passender zur Situation Vers 14: »Und Gott sagte zu Abraham: Das ganze Land, das du siehst, will ich dir geben. Und er nahm seinen Wohnsitz bei Hebron: Dort baute er dem Herrn einen

Altar.« Irgend etwas muß demnach der heilige Markus mit dem Kamel und dem dazugehörenden Nadelöhr falsch verstanden haben. Jedenfalls gilt: In Zweifelsfragen pekuniärer Natur sticht Altes Testament Neues Testament.

1806 haben die Wittelsbacher als Könige von Bayern (und von Napoleons Gnaden!, wie man in nichtbayrischen Adelskreisen gern und ziemlich spitz hinzufügt) den Castell die schöne Standesherrlichkeit weggenommen, nicht ohne Entschädigung freilich. Bei Castell ist das aber kein Thema. Der Fürst war von 1980 bis 1986 schließlich Präsident der Deutschen Standesherren e. V., des Lobbyvereins des echten Uradels, und seit 1983 sitzt er im Verwaltungsrat des Wittelsbacher Ausgleichsfonds, der das beträchtliche Vermögen der Ex-Königsfamilie verwaltet. Die Wittelsbacher waren übrigens nie besonders geschäftstüchtig. So hatte der erste Bayernkönig im Blick auf ewige Herrschaft 1818 die Unvorsichtigkeit begangen, den gesamten beweglichen und unbeweglichen Familienschatz dem Staatsgut einzuverleiben. Auf sehr bayrische Art wurde nach dem Sturz der Monarchie dann doch noch ins trockene gebracht, was sich irgendwie retten ließ: 9000 Hektar Grundbesitz, Wohnrechte bis zum Aussterben des letzten Wittelsbachers – einer bis heute äußerst vitalen Familie – auf dem Würzburger und dem Nymphenburger Schloß; ferner die Schlösser Hohenschwangau, Fürstenried und einige saftige Münchner Immobilien, davon als Glanzstück das Theater am Gärtnerplatz. Daß die Wittelsbacher den Freistaat ausgeblutet hätten, läßt sich jedoch nicht behaupten: Der Ausgleichsfonds hatte bei der Gründung 1923 einen Schätzwert von gerade einmal 15 Millionen Goldmark. Im Vergleich dazu waren – und sind – Angehörige des niederen Adels oftmals sehr viel wohlhabender als die Repräsentanten des Hochadels. So versteuerten die von Hohenlohe-Oehringen laut Steuererklärung von 1907 immerhin 151 Millionen Reichsmark an Vermögen. Sie standen damit auf Platz 4 der reichsten Preußen. Rang 1 belegten die Rothschilds mit 216 Millionen RM, im Abstand gefolgt von den Krupps mit 187 Millionen RM (Steuerveranlagung jeweils von 1908) und dem Fürsten Henckel von Donnersmarck mit 177 Millionen (1907).

Der Fürst zu Castell-Castell ist zudem Ehrenpräsident des Verbands Bayerischer Grundbesitzer, dessen Vorsitzender, Albrecht Fürst zu Oettingen-Spielberg, wiederum mit den Fuggern verschwägert ist.

Das sind nicht nur Ehrenämtchen, die stille Lobbyarbeit des Adels ist nicht zu unterschätzen. Der beträchtliche Grundbesitz, der dahintersteht, verleiht entsprechendes Gewicht. Der Fürst und die Seinen sorgten dafür, daß kurz nach der Wende ihr Generalbevollmächtigter Roland Horster zum Aufsichtsratsvorsitzenden der Treuhandanstalt-Forstbetriebs GmbH ernannt wurde. Kein Zufall, denn die im Verband Bayerischer Grundbesitzer versammelten Eigentumsansprüche beschränken sich keineswegs auf Bayern.

Die bundeseigene Forstbetriebs GmbH, damals mit dem Castell-Chefmanager an der Spitze, regelte die Auflösung von DDR-Waldbesitz: zwei Millionen Hektar, 1000 Forstbetriebe, 5000 Wohnungen. Die Hoffnung, per Dekret der Sowjetverwaltung vom 11. Juni 1945 enteigneter Adelsbesitz werde nach der Wende privatisiert, trog gründlich. Die Forstgüter gingen zumeist in den Besitz der Länder und Gemeinden über, nach dem Grundsatz: Was die Sowjets vor der Staatsgründung der DDR 1949 enteigneten, geschah unter Besatzungsrecht und entzieht sich der Verantwortung der Bundesrepublik als Nachfolgestaat der DDR. Und Bonn ist über diese handliche Juristenformel überaus froh und zufrieden, obwohl man das natürlich niemals einräumen könnte und würde. Der juristisch in der Tat fragwürdige Federstrich erspart viel Ärger und noch mehr Kosten.

Entschädigungslos enteignet wurden im Rahmen der von den Sowjets verfügten »Boden- und Industriereform« 7100 Großgrundbesitzer und Pächter mit Betrieben über 100 Hektar. Weitere 4300 Eigentümer von kleineren Betrieben erlitten das gleiche Schicksal, wobei die sowjetische Besatzungsbehörde sie der Einfachheit halber zu »Kriegs- und Naziverbrechern« erklärte. Müßten bundesdeutsche Gerichte aus dieser Altlast herausdestillieren, welche Enteignungen damals zu Recht erfolgten und welche reiner Willkür unterlagen, würden am Ende wohl nur Heerscharen von Rechtsanwälten triumphieren: Die Prozeßlawine wäre unüberschaubar. Allein die Erfahrungen mit Wort- und Rechtsungetümen wie dem »Verwaltungsrechtlichen Rehabilitierungsgesetz (VwRehaG) zum Zweiten SED-Unrechtsbereinigungsgesetz« von 1994 – die deutsche Sprache eignet sich hervorragend für solche Vergangenheitsbewältigung – läßt die Bundesregierung (jede Bundesregierung, egal welcher Couleur!) davor zurückschrecken, dieses Knäuel aufzurollen.

Die Folgen solcher gutgemeinten Gesetze können endlos sein, ganz abgesehen von der Brisanz, die dahintersteckt und über die selten öffentlich diskutiert wird. Lothar de Maizière, CDU-Mitglied und letzter Ministerpräsident der DDR, kannte die Stimmung in Ostdeutschland sehr genau, als er resümierte, »eine Revision der Eigentumsordnung in der DDR (hätte sich) zum sozialen Sprengstoff entwickelt«. Helmut Kohl verweist dunkel auf Verabredungen mit seinem Freund »Michail« (Gorbatschow), mit dem er leider, leider habe vereinbaren müssen, die Beschlagnahmen und Enteignungen der Jahre 1945 bis 1949 nicht anzutasten. Dies sei eine unerläßliche Bedingung der Sowjets für die Wiedervereinigung Deutschlands gewesen. Der Privatier Gorbatschow weiß freilich nichts von solchen Vorbedingungen: »Nein, das stimmt nicht«, korrigierte er ziemlich ungehalten Freund Helmut. Und auch Gorbatschows damaliger Außenminister Eduard Schewardnadse, mehrfach zum gleichen wunden Punkt befragt, sagte sehr eindeutig: »Vorbedingungen in bezug auf die Vereinigung haben wir nicht gestellt.«

Auch große Politik ist halt ein Geschäft voller kleiner Winkelzüge. Daß sich ein veritabler Fürst in dieser kühlen Welt des Interessenschachers nicht wohl fühlt, ist verständlich. Ihre Casteller Hoheit schimpfen das Ganze einen »Skandal« und finden deutliche Worte über das Gebaren der republikanischen Machthaber. 10000 Familien sei schweres Unrecht geschehen: »Die Bundesrepublik hat sich an über drei Millionen Hektar ehemals privatem Grundbesitz und den dazugehörigen Wirtschaftsgebäuden, Gutshäusern und Schlössern mit allem Inventar und Kunstbesitz bereichert. Die Verwaltung der Flächen kostet pro Jahr 350 Mark pro Hektar Wald und über 2000 Mark pro Hektar Landwirtschaft.« Pech für den Adel: Dem Fürsten ist niemand in der Bundesregierung bekannt, der »diese sonderbare Eigentumsauffassung« korrigieren wollte.

»Ich bin eben nicht nur eine Person, sondern eine Institution«, sagte Albrecht zu Castell-Castell in einem seiner raren Interviews über seine vielfältigen Aktivitäten, »ich bin auch ›der Förscht‹ hier und das Schloß.« In einem Vortrag vor dem Lions Club in Würzburg formulierte er 1992 sein Selbstverständnis als Fürst in einer Republik: »Burgen, Schlösser, Herrenhäuser sind feste Plätze, an denen man sich orientieren kann. Richtpunkte, manchmal auch Scheuerpfähle für das

Umland, für die Gesellschaft. Sie wirken stabilisierend allein durch ihr Vorhandensein. Und wenn in ihnen Familien leben, die sich noch an die alten Tugenden des Adels halten und versuchen, treu-wahrhaftig – im guten Sinn konservativ – zu leben, dann bewirkt das ein Stück Stabilität.«

Hubertus Fugger sieht es weniger pathetisch. In seiner Familie hält man sich seit je ans Merkantile, wenn auch über die Jahrhunderte mit wechselhaftem Erfolg. Der Name der Familie steht für eine der eindrucksvollsten Unternehmensgeschichten Deutschlands. »Die meisten haben ja gar keine Ahnung, daß es unsereinen noch leibhaftig gibt«, nimmt der hochgewachsene Chef des Hauses das Unwissen erstaunt zur Kenntnis.

Der bedeutendste Fugger-Sproß, Jakob, war einst der reichste Mann Europas. Im legendären, während des Zweiten Weltkriegs zerstörten Goldenen Büro (in Wahrheit war es ein Saal) Jakob Fuggers in der Augsburger Altstadt gingen Kaiser und Fürsten ein und aus. Meist als Schuldner. Hier schrieb der Ur-Fugger nach salbungsvollen Einführungen (»Allerdurchlauchtigster, Großmächtigster Römischer Kaiser, Allergnädigster Herr!«) massivste Drohbriefe an seine hochwohlgeborenen Schuldenmacher: »... Es ist auch wissentlich und liegt am Tage, daß Eure Majestät die römische Krone ohne mich nicht hätten erlangen mögen ...« Schließlich hätte er ja auch die französische Kandidatur finanzieren können, schob Fugger unmißverständlich nach. In diesem Ton verkehrte der Bankier immerhin mit Karl V., der sich selbst als Herrn der Welt und sein Imperium ohne falsche Bescheidenheit als »monarchia universalis« bezeichnete. Über ihm stand nur noch Gott. Hinter ihm sein Bankier.

Der sagenhafte Wohlstand Jakob Fuggers des Megareichen (1459 bis 1525) gründete auf einem ebenso einfachen wie wirkungsvollen Prinzip: Einer erfolgreichen Augsburger Kaufmannsfamilie entstammend, lieh er den Besitzern kleiner Silber- und Kupfergruben in Böhmen, Ungarn, Tirol Geld und sicherte sich zugleich die exklusiven Handelsrechte für ihre Rohstoffe. Bald kontrollierte er mit seiner seltenen Mischung aus eiskalter Berechnung und politischem Instinkt Gewinnung, Verhüttung, Transport und Vermarktung dieser Stoffe. Er handelte mit Sklaven, auch mit Heilholz gegen Syphilis. Die Fugger finanzierten die Kaiserwahl Karls V. und die Königswahl Ferdinands I. (erstere mit 500000, die zweite mit einer Million Gulden), ebenso sämtliche Bischofswahlen in Deutschland, manche sogar zwei- und dreimal. Sie kontrollierten den Ablaßhandel der katholischen Kirche, mit dem sich arme Sünder von dem Fegefeuer freikaufen konnten; Fugger teilte sich, je zur Hälfte, die höchst irdische Provision des Seelenhandels mit dem Papst und verwaltete dessen Vermögen im Deutschen Reich sowie in Ost- und Nordeuropa. Sein Imperium reichte bald von Tirol bis nach Südamerika. Er trieb die Kurse an den Börsen Venedigs und Antwerpens durch Manipulationen hoch oder ließ sie durch gezielt verbreitete Gerüchte absacken.

Er bezahlte ganze Feldzüge, lieferte auch gleich die nötigen Rohstoffe und die Ausrüstung mit und besorgte den einträglichen Rücktransport von Beutegut der Offiziere. Geldanweisungen seiner Bank über große Distanzen, ein kompliziertes und risikoreiches Geschäft, funktionierten pünktlich und auf den Zehntel Gulden genau innerhalb von ein, zwei Wochen. In den peniblen, teilweise erhaltenen Abrechnungen ist aucht die Überweisung der beträchtlichen Einkünfte von Soldatengehilfinnen (»Elisabeth von Günzburg, Christina Puecherin von Bern, Marketenderinnen, 675 Dukaten«) aufgelistet. Die Potentaten, zumeist in Geldnöten, bezahlten ihre Schulden selten, gaben im günstigen Fall Ländereien zu Pfand oder verliehen Handelsprivilegien, die sie nichts kosteten, das Fuggersche Imperium jedoch gewaltig vergrößerten. Bereits Jakob Fugger erhielt vom Kaiser den begehrten Grafentitel verliehen, aber die Beifügung »der Reiche«, zudem kostenlos, war dem Kaufmann verständlicherweise wichtiger; den Grafentitel verwendete er nie. Darin drückt sich der Stolz des erwachenden Großbürgertums aus: Man empfing nicht mehr nur Gnadenerweise, man erteilte selber welche, und die waren handfesterer Art als salbungsvolle Titel.

Fuggers souveräner Umgang mit gekrönten Häuptern legte zugleich die Schwächen der Obrigkeit bloß. Der Kaiser war im Grunde ein schwacher Mann. Er war nach altgermanischer Überlieferung nur ausführendes Organ des Reiches und konnte von den Kurfürsten, die ihn wählten, auch jederzeit seines Amtes enthoben werden. Seine Macht beschränkte sich im Kern darauf, das Recht zu schützen und Privilegien zu verteilen. Kein Wunder, daß die Korruption ein fester

Bestandteil seiner Verwaltung war. Je mehr die Bedeutung von Geld gegenüber dem reinen Warentausch zunahm, um so mehr wuchs der Einfluß derjenigen, die das Geld selbst erwirtschafteten und es in Umlauf brachten, und das war nicht der Adel.

Die Fuggerschen Stammländereien reichten weit hinein nach Elsaß-Lothringen. Allerdings blieb davon schon bald nichts mehr übrig: Louis XIV, der Sonnenkönig, nahm den Augsburgern die Länder jenseits des Rheins wieder weg, schickte ersatzweise immerhin zwei Messingleuchter, die noch heute im Familienzweig Fugger von Glött aufbewahrt und Besuchern mit empörten Kommentaren vorgezeigt werden. Joseph Ernst Fugger von Glött, Nummer 17 der zweiten Hauslinie und ständig in Geldnöten (er bewohnte bis zu seinem Tod eine Dreizimmerwohnung seines Schlosses in Dillingen mit gleichfalls – natürlich geschätzten – 100 Zimmern), rechnete einmal nach, womit die Habsburger bei seiner Familie inklusive Zins und Zinseszins in der Kreide standen: Er kam auf 250 Milliarden DM. Theoretisch.

Der 1981 verstorbene Joseph Ernst Fugger von Glött hat übrigens eine Rolle im Widerstand gegen den Nationalsozialismus gespielt. Falls der Umsturz am 20. Juli 1944 gelungen wäre, hätte er die Aufgabe eines »Reichsverwesers« für Bayern übernommen. Er erinnerte sich: »Als wir nach der Urteilsverkündung des Volksgerichtshofs im grünen Polizeiwagen mit der üblichen Polizeibegleitung nach Tegel zurückfuhren, herrschte eine merkwürdig ausgelassene Stimmung, obwohl sechs von uns zum Tode und drei zu Zuchthausstrafen verurteilt worden waren. Die uns begleitenden Polizisten, die unsere Urteile kannten, konnten unser Verhalten nicht begreifen. Psychologisch erklärt sich das wohl als Reaktion auf die lange erwartete Entscheidung. Dann kamen die Tage, an denen einer nach dem anderen weggeholt wurde.« Der wackere Fugger von Glött war einer der wenigen Fugger der Neuzeit, die sich in die Politik einmischten.

Für Stammvater Jakob Fugger war Politik auf höchster Ebene hingegen selbstverständlicher Bestandteil seiner Unternehmensphilosophie gewesen. Er besaß, wie jeder gute Politiker, Sinn für Selbstdarstellung und Public Relations in eigener Sache. Nur so ist es zu erklären, warum sich eine Legende bis heute hat halten können: Jakob Fugger habe, so die historische PR-Version, vor Karls V. Augen dessen

Schuldverschreibungen ins Kaminfeuer geworfen. In der Augsburger Bank, wo im Direktionszimmer ein Gemälde aus dem 19. Jahrhundert die angebliche Verbrennungsszene in heroischer Pose vorführt, weiß man's besser: Die Depotquittungen über die Wechsel des Kaisers sind erhalten geblieben. So gut kennt man die Herrschaft und deren bewegte Geschichte im Haus denn allemal. Ein Bankier, schon gar ein Fugger, vernichtet nie im Leben Schuldscheine ohne Gegenleistung.

Mit solch rührenden Mildtätigkeiten hätte Jakob Fugger es ja kaum innerhalb weniger Jahrzehnte zu seinem weltweit tätigen Rohstoff- und Handelsimperium gebracht. Sein Reich funktionierte besser als jeder damalige Staat, der venezianische vielleicht ausgenommen. Der Konzern besaß ein europaweites Filialnetz samt Bank und eigenem Transport-, Nachrichten- und Kurierservice. Ein Geheimnis seines Erfolgs war die Einführung der doppelten Buchführung, ursprünglich eine seit dem 13. Jahrhundert nachgewiesene Erfindung von Mönchen, später von lombardischen Kaufleuten perfektioniert. In Venedig verbrachte Fugger seine Lehrjahre. Eine wahre Innovation: Das dort erlernte Abrechnungssystem ermöglichte erstmals einen genauen Überblick über weltumspannende und langwierige Geschäfte. Fuggers Chefbuchhalter Matthäus Schwarz galt denn auch als wichtigster Mitarbeiter der 100 000 Mann starken Fuggerschen Belegschaft; er ist der einzige Bankbuchhalter der Geschichte, dessen Zahlenakrobatik noch nach Jahrhunderten gerühmt wird. Schwarz, der sich selbst als »Kleidernarr« bezeichnete, gebärdete sich als ziemlich arroganter Yuppie, der immer nach dem allerletzten Schrei der Mode im Kontor herumgockelte. In Italien nicht nur in dieser Disziplin, sondern auch in Controlling gut ausgebildet, erwarb er schon mit 20 eine führende Stellung im Fugger-Konzern und stieg de facto zum Stellvertreter und Liebling des Konzernchefs auf.

Die Einführung der differenzierten Buchhaltung kam im damaligen Handelsgeschäft der Einführung des Computers in unserer Zeit gleich. Wer die neue Technik rasch und konsequent beherrschte, sicherte sich einen riesigen Wettbewerbsvorteil. Das Rechnen in langen Zahlenkolonnen mit dem Gänsekiel war noch kaum bekannt. Als Hilfsmittel dienten in besser ausgestatteten Kontoren Rechentische, wie man sie schon in der Antike kannte. Auf einer Tischplatte, für den mobilen Einsatz als Laptop des Mittelalters auch auf Tüchern, war ein Zählsystem eingeritzt oder aufgemalt. Es bestand aus Linien und dazwischenliegenden Feldern. Darauf wurden Steine oder Münzen gelegt. Die Wertigkeit der Linien und Felder war durch Zeichen bestimmt; die Steine oder Münzen hatten den Einheitswert »1«. Nach ihrer Anzahl und nach der Position, wo sie auf den Linien und Feldern standen, ergab sich ein bestimmter Zahlenwert. Schriftliches Rechnen war den meisten Menschen, auch Kaufleuten, bis zur Erfindung des Buchdrucks um 1445 unbekannt. Auch danach dauerte es noch lange, bis sich mit Adam Ries, dessen Name erst später ein »e« zugefügt bekam, die buchhalterische Arithmetik langsam durchsetzte.

Schwarz, der Fuggersche Jungdynamiker mit dem Modetick, machte sich gern über die bedächtige Konkurrenz lustig und zeigte dabei gleichzeitig, daß er es mehr mit Zahlen als mit der deutschen Sprache hielt: »Etliche Kaufleute, zu träge und hinlässig, wollen es im Kopf tragen, trauen ihnen selbst zuviel, zeichnen ihre Handlungen in schlechten Recordanzen und auf Zettel, kleben es an die Wand und halten Rechnung am Fensterbrett.« Nicht so bei Fugger & Co.: »Das Buchhalten vergleicht sich einem Sparhafen, ist eine wirkliche, artliche, ordentliche, richtige, kurzweilige, schöne und kurz erdachte Kunst.« Der betont flapsig auftretende Shooting-Star des Unternehmens konnte sich auch freche Wahrheiten erlauben. Ihm galt Gewinn aus Zins als »höflich gewuchert« und »höflich gestohlen«. Das Brockhaus-Lexikon führt denn auch den Namen Fugger auf das Wort »Fukker od. Fuckerer (zu Fugger), alte Berufsbezeichnung für Großhändler, später auch Wucherer« zurück.

Den wichtigen Schritt vom Familienbetrieb zur fest verankerten Handelsgesellschaft modernen Zuschnitts besiegelten die Fugger-Brüder Ulrich, Georg und Jakob am 18. August 1494 in einem Vertrag. Vermutlich zum erstenmal in der deutschen Wirtschaftsgeschichte wurde aus einer persönlich geführten Firma ein Konzern, in dem das Unternehmensinteresse deutlich über den Interessen der einzelnen Familienmitglieder stand. Kapital und geschäftliche Möglichkeiten wurden gebündelt und erhöhten die Schlagkraft des neuen Unternehmens beträchtlich. Es konnte nicht mehr einfach jeder der Mitbesitzer dem Unternehmen Kapital entnehmen, wie es ihm paßte.

Schon zuvor hatten die drei Fugger-Brüder eng zusammengearbeitet; der jüngste, Jakob, bestand nun aber auf einer klaren Unternehmensverfassung. Der Gesellschaftsvertrag weist deutliche Ähnlichkeiten mit dem heutigen Handelsrecht auf. Und vor allem: Er ist Wort für Wort klar und verständlich. Offenbar durfte sich an ihm noch kein Rechtsgelehrter in später branchenüblichem Juristenchinesisch austoben.

Beraten wurden die Fugger gleichwohl von einem Experten, der für die Firma auch sonst eine wichtige Rolle spielte: dem Augsburger Altertumsforscher und Stadtschreiber Konrad Peutinger. Als exzellenter Kenner des Römischen Rechts und der Geschichte hütete er eine einmalige Kostbarkeit, die für den europaweiten Handel der Fugger eine enorme Bedeutung besaß: eine alte römische Karte mit sämtlichen Straßen des Römischen Reiches, die sogenannte Peutinger-Tafel; seit 1888 wird sie in Wien verwahrt. Da sich das mittelalterliche Wegenetz – von Straßen konnte man kaum sprechen – in den großen Strängen weitgehend mit der von den Römern geschaffenen Infrastruktur deckte, wenn auch viele ihrer Bauwerke längst zerfallen waren, bedeutete deren Kenntnis für einen Kaufmann wertvolles Insiderwissen, das sich unmittelbar im Geschäft anwenden ließ.

Im Fugger-Vertrag von 1494 (Übertragung von Fugger-Forscher Max Jansen) heißt es:

1. Die Handlung solle auf sechs Jahre fortgesetzt werden, und jeder der Vertragsschließenden solle sein Hauptgut nebst Gewinn, welches er augenblicklich habe, im Handel lassen und während der sechs Jahre entsprechend dem eingelegten Gute am Gewinne Anteil haben.
2. Die Handlung solle unter dem Namen »Ulrich Fugger und Gebrüder von Augsburg« geführt werden.
3. Jeder der Vertragsschließenden vertritt die Handlung vollrechtlich nach außen, zeichnet Schriftstücke, nimmt an und entläßt die Gehilfen (Diener, Faktoren).
4. Keiner der Vertragsschließenden darf außer dieser gemeinsamen Handlung besondere kaufmännische Geschäfte betreiben und hat den Genossen von allen Geschäften Kenntnis zu geben.
5. Das Geld, dessen jeder für den Unterhalt oder für das gemeinsame Geschäft bedarf, darf dem Handel entnommen werden. Jenes wird dem Genossen zur Last geschrieben, dieses geht auf die allgemeine Rechnung.

6. Auch kann einer gegebenenfalls den vierten Teil seines eingeschriebenen Hauptgutes zu vorteilhafter Verwendung für sich und seine Familie dem Handel entziehen.

7. Wollen die Gesellschafter nach sechs Jahren den Vertrag nicht mehr erneuern, so soll geteilt werden. Bei Streitigkeiten entscheiden zwei gegen den Dritten.

8. Stirbt einer der Gesellschafter vor Ablauf der sechs Jahre, so müssen dessen Erben das Kapital noch drei Jahre im Handel lassen. Sie müssen des Verstorbenen Papiere ausliefern, haben auf den Handel keinen Einfluß und erhalten auf Wunsch die Mittel zum Unterhalt, deren Betrag ihnen jedoch bei der Schlußverteilung abgezogen wird. Die beiden noch lebenden Gesellschafter verfahren, als wenn der Dritte noch in der Handlung wäre, machen gewissenhafte Abrechnung, und was sie den Erben als Gewinn ansagen, haben diese ohne Widerrede anzunehmen. Über die Fristen der Auszahlung an die Erben sind genaue Bestimmungen gegeben.

9. Stirbt auch der zweite Gesellschafter vor Ablauf der sechs Jahre, so gelten, sinngemäß geändert, auch die Bestimmungen des vorigen Abschnitts. Der letzte Gesellschafter berechnet den Gewinn und zahlt, wenn es ihm innerhalb dreier Jahre gut scheint, die Erben aus. Die Schätzung aller liegenden oder stehenden Habe (Häuser, Bergwerke, Kleinodien) liegt in des Überlebenden Hand.

10. Die Gesellschafter verbinden sich, alle die oben genannten Punkte getreulich zu halten.

Der Vertrag von 1494 begünstigte eindeutig den Jüngsten, Jakob, obwohl die Company nach dem Ältesten, Ulrich, hieß. Jakob übernahm nach dem Tod der Brüder (Georg starb 1506, Ulrich 1510) für 15 Jahre die alleinige Kontrolle über den Konzern und bescherte ihm eine stürmische, wenn auch sehr wechselhafte Entwicklung.

Bei allen geschäftlichen Erfolgen spielte für Jakob Fugger eine menschliche Schwäche, für die er nichts konnte, eine nicht unbedeutende Rolle: Er war impotent. Mutmaßlich jedenfalls, einen einwandfreien Beleg gibt es nicht. Wie denn auch? Dieser körperliche Mangel hat ihn bis in den Tod verfolgt, und womöglich ist Impotenz die Triebfeder gewesen, auf geschäftlichem Gebiet ein Nonplusultra zu erreichen. Manche seiner Aktivitäten trugen mitunter irrwitzige Züge. Ein Indiz für den von ihm empfundenen Makel ist die Art und Weise, wie er, ein sonst verschlossener und im Alter verbitterter Mann, seine offenbar sehr souveräne Ehefrau behandelte: mit ausgesuchtem Respekt, was keineswegs zeittypischem Verhalten entsprach. Zudem ließ ihm der Gedanke keine Ruhe, daß sie sich einen Geliebten halte, was wahrscheinlich war: Kurz nach seinem Tod verließ die rüstige Witwe das Fugger-Haus, zog zu ihrem Jugendfreund Konrad Rehlinger und heiratete ihn noch vor Ablauf des offiziellen Trauermonats, nicht ohne einen beträchtlichen Teil des Schmucks mitgenommen zu haben, mit dem ihr unglücklicher Ehemann sie überhäuft hatte.

Allein von der Stadt Basel kaufte Jakob Fugger für 40000 Gulden Geschmeide, soviel, wie sein gesamtes Geschäftskapital wenige Jahre zuvor umfaßte. Die Eidgenossen hatten den Schmuck Herzog Karl dem Kühnen von Burgund abgenommen, den sie 1476 vernichtend geschlagen hatten; die Beute dürfte der größte Privatschatz seiner Zeit gewesen sein. Die Basler wußten jahrzehntelang nicht, was sie damit anfangen sollten. Vor allem fürchteten sie den Neid der übrigen Eidgenossen, die ihren Basler Bundesgenossen schon immer als vigilanten Krämerseelen mißtrauten. Sie hatten Grund dazu, denn die cleveren Basler verschafften sich unter der Hand einen weit größeren Anteil an der Kriegsbeute, als ihnen zustand.

In aller Heimlichkeit klopften sie am Goldenen Büro Jakob Fuggers an: Die erste staatlich sanktionierte Goldwäsche der Schweizer wird damit aktenkundig. Fugger fackelte nicht lange und kaufte, obwohl ihm die Schweizer nur Zeichnungen der Pretiosen vorlegten, ein Vorgang, wie er nicht allein im Fugger-Konzern ungewöhnlich war. Der Chef zahlte trotzdem, in Raten zwar, erhielt aber die Stücke immer erst ausgehändigt, nachdem das Geld im Beutel der Schweizer klingelte. Die Pretiosen sperrte Fugger in eine Truhe seines Büros, wo sie jahrelang blieben. Nach seinem Tod fanden die beglückten Erben in diesen Schatzkisten auch Goldklumpen, groß wie Kindsköpfe. Jakobs Frau durfte den Schmuck nur gelegentlich und auch nur im Haus tragen. Das kostbarste Stück, »Die drei Brüder«, ein kristallklarer Diamant, groß wie eine halbe Baumnuß, mit drei Rubinen, die zusammen eine Zierschnalle mit Anhängern bilden, kam über viele Umwege in den Londoner Tower, wo es als Teil des britischen Kronschatzes zu bewundern ist. Die Edelsteine stammten vom Herzogshut Karls des Kühnen (1465).

Unter kaufmännischen Gesichtspunkten war es für den knallhart kalkulierenden Tycoon, mangels Zinsen, ein schlechtes Geschäft. Nicht so für die Schweizer. Sie konnten schon damals mit kunstvollem

Geschmeide wenig, mit klingender Münze dafür um so mehr anfangen: Mit dem Fugger-Geld als Grundkapital in Form einer Staatsbürgschaft gründeten die Basler eine der ersten, wenn nicht die erste Staatsbank nördlich der Alpen. Gleichzeitig wurde damit die Schweizer Bankiers bis heute nachgesagte Tradition der unbedingten Diskretion in allen, wirklich allen Geldangelegenheiten bereits im Mittelalter begründet: Von dem Fugger-Handel findet sich in Basler Archiven keine Spur. Die Bank existiert immer noch: als Kantonalbank.

Die erste Staatsbank überhaupt hatte die Stadtrepublik Genua 1408 gegründet: die Cassa di San Giorgio. In Basel selbst hatte schon eine marktbeherrschende Privatbank bestanden, unter einem merkwürdigen Namen: Meltinger-Zscheckabürlin oder Große Gesellschaft. Der Name deutet auf einen jüdischen Ursprung hin. Dieses Unternehmen wurde 1495 aufgelöst. Die Begründung lautete, die Bank habe durch ihre überragende Finanz- und Handelsmacht die Allgemeinheit geschädigt. Dahinter stand offener Antisemitismus. Den Vorwurf, als Monopolist die Konkurrenz zu unterdrücken, mußte sich 27 Jahre später auch die Fugger-Company vom höchsten Staatsgericht gefallen lassen; das Haus Fugger war damals allerdings schon viel zu mächtig, um von solchen Manövern beeindruckt zu sein. Auch der Kaiser hätte die Fugger, selbst wenn er gewollt hätte, nicht mehr in die Schranken verweisen können. Unverkennbar war gleichwohl, daß sich die aufstrebenden Multis wachsendem Druck ausgesetzt sahen. Das Mißtrauen dem Großkapital gegenüber wuchs und verband sich oft mit antijüdischen Ausschreitungen.

Vor allem in den Städten nahm sich das selbstbewußte Bürgertum nun des Geldgeschäfts an. Bis zum 15. Jahrhundert lag das Wechslergeschäft auch nördlich der Alpen fast ausschließlich in den Händen jüdischer, lombardischer und südfranzösischer Händler. Nach und nach begannen einzelne Städte jedoch, das von der Kirche für Christen verfügte strenge Zinsverbot aufzuheben. Bis dahin hatten christliche Bankiers nach kanonischem Recht bei Krediten lediglich eine Entschädigung für Aufwand und Risiko verrechnen dürfen, Zins war als »ungöttlich« und »wucherisch« untersagt. Erst mit der Lockerung der Gebräuche und dem Segen der Kirche kam das Kreditgeschäft in Schwung. Neben dem üblichen Konsumkredit verlangte vor allem der aufstrebende Fernhandel nach neuen Finanzierungsmöglichkeiten.

Von eigentlichen Banken konnte man erst sprechen, wenn die Handelshäuser fremdes Geld annahmen und als Kredit weitergaben. Die Fugger-Bank zahlte für Einlagen vier bis fünf Prozent, verlangte für kurzfristige Kredite zwischen fünf und zehn Prozent. Bei risikoreicheren Darlehen stieg der Bankzins bis höchstens 14 Prozent. Einer der ersten großen Bankkunden Fuggers war Erzherzog Sigismund von Tirol, der sich 150 000 fl auszahlen ließ; fl stand als Kürzel für Florin, auch Goldgulden. Bei unsicheren Schuldnern, die nicht wie Sigismund Silber- und Erzbergwerkanteile als Sicherheit hinterlegen konnten, wurden Konsortien gebildet. So machten die Augsburger Konkurrenzunternehmen Fugger, Gossenbrot, Paumgartner und Herwart 1496 Maximilian I. gemeinsam ein Kreditangebot über 60 000 fl.

Die Fugger waren also keineswegs die einzigen Augsburger, die groß im Fernhandel tätig waren. Das Vermögen des Welser-Konzerns überstieg am Ende des 15. Jahrhunderts noch deutlich die Kassenlage von Fugger & Söhne. Sie standen in scharfer Konkurrenz mit zum Teil schon seit Jahrzehnten eingeführten Handelshäusern wie denen der Imhof, Rehlinger, Manlich, Höchstetter, Rosenberger, Langenauer, Haug, Link – alles Namen bedeutender Gesellschaften, die vor allem mit dem Handel von Baumwoll- und Barchentstoffen (ein Mischgewebe aus Baumwolle und Leinen) groß geworden waren und Augsburg zu einem Zentrum des europäischen Textilhandels entwickelt hatten. Urahn Hans Fugger war 1367 noch als kleiner Weber aus dem Dorf Graben nach Augsburg zugewandert und zahlte in jenem Jahr gerade 44 Pfennig Steuern.

Der geschäftliche Erfolg der Familie spiegelt sich im raschen Aufstieg der Stadt, die um 1500 über 40 000 Einwohner in ihren Registern führte: eine der größten Städte Europas. Im provinziellen Deutschland zählten nur gerade 5 Prozent der Städte mehr als 3000 Einwohner. Zur selben Zeit lebten im Handelszentrum Venedig 200 000 Menschen. Die Stadtrepublik an der Adria bildete die Quelle des Wirtschaftsbooms der süddeutschen Handelsstädte Augsburg, dann Ulm, Memmingen und Nürnberg. Sie dienten als Umschlagsorte für den Handel zwischen Mittelmeer und den Hansestädten an Ost- und Nordsee. In Venedig betrieben die süddeutschen Unternehmen ein bedeutendes Welthandelszentrum, den Fondaco dei Tedeschi, wo die einzelnen Firmen sich Kontore mieten konnten.

Der atemberaubende Aufstieg Augsburgs erfolgte innerhalb weniger Jahrzehnte, die Steuerbücher belegen es. Als vermögend galt, wer 3600 fl und mehr versteuerte. Zum Vergleich: Bartholomäus Welser, einer der reichsten Stadtbürger, versteuerte 1545 166000 fl. Von 1470 bis 1500 stieg die Zahl der Vermögenden um über 600 Prozent, das Gesamtvermögen der Bürger wuchs um das 22fache. Ursache war unter anderem eine spürbare Liberalisierung des Geld- und Warenverkehrs. Die Produkte konnten nun auch in großen Mengen in weit entfernte Gegenden exportiert werden.

Parallel zur stürmischen wirtschaftlichen Entwicklung machte die »Software« jener Jahre enorme Fortschritte: die kaufmännische Mathematik. Eine wichtige Grundlage dazu schuf der Leipziger Professor Johannes Widman(n). Seine Erfindung war genial einfach und bestand aus drei Strichen: Als erster verwendete er Plus- und Minuszeichen. Diese Symbole, die »Computersprache« ihrer Zeit, bildeten die Voraussetzung zur systematischen Entwicklung der modernen Mathematik. Plus und Minus finden sich erstmals in einem deutschen Rechenbuch von 1489. Die »Festplatte« der damaligen Mathematik war ein dickes Buch, 20 mal 22 Zentimeter groß, auf 834 Seiten mit Texten aus mehreren Jahrhunderten; der älteste stammt von etwa 500 und enthält Rechenexempel in arabischer Sprache. Dieser Wissensschatz befand sich im Privatbesitz eines Erfurter Arztes; er stellte das Buch dem »Rechenmeister« Adam Ries(e) zur Verfügung. Ries starb 1559, 24 Jahre nach Mega-Fugger, der schon mit Plus und Minus virtuos umging. In dem Buch lassen sich noch heute Randnotizen von Ries entziffern, unter anderem Rechenaufgaben, die er aus dem Lateinischen übersetzte. Die Mathematik war bereits wissenschaftlich orientiert, legte aber auch großen Wert auf Praxisnähe. Die Professoren, noch etwas demütiger als ihre Nachfahren, empfanden sich als unmittelbare Wegbereiter der Praktiker. Das funktionierte hervorragend.

Die in Umlauf stehende Geldmenge vergrößerte sich nun rasant, wozu nicht zuletzt die Fuggerschen Silberminen beitrugen. Hinzu kam, daß sich durch das Machtstreben der zwei dominierenden Herrscherfamilien Europas die Handelsräume rasch ausdehnten. Die französischen Valois und die österreichischen Habsburger erhoben 1519 zugleich Anspruch auf die deutsche Kaiserkrone. Die Augsburger

Handelshäuser und Bankiers mußten unentwegt zwischen den beiden Machtzentren taktieren, damit sich keine Seite benachteiligt fühlte und am Ende mit Boykottmaßnahmen reagierte. Den Fuggern lag das politische Geschäft stärker im Blut als ihren Konkurrenten, wie sich auch in handfesten Dingen zeigte: Als erstem gelang es Jakob Fugger, mit der Stadt Augsburg einen Steuerfestbetrag auszuhandeln. Damit war der Fugger-Konzern für viele Jahre von einer Vermögensdeklaration befreit. Seine Inhaber mußten nicht mehr jedes Jahr den Schwur auf ihre Steuerehrlichkeit leisten, wie es sonst üblich war.

Die größte Ausdehnung erreichte das Fugger-Imperium unter Jakobs grüblerischem und bleichgesichtigem Neffen Anton (1493 bis 1560). In der Geschichtsschreibung steht er immer im Schatten des Alten, obwohl er es war, der den stürmisch gewachsenen Konzern erst richtig konsolidierte. Er war keineswegs der Liebling des Reichen, und das Unternehmen stand wieder einmal vor einer seiner geschäftlich-politischen Krisen, als am Sterbelager des Patriarchen mit dessen Segen der Stabwechsel erfolgte. Die Krise, wie andere zuvor schon, war eindeutig auf das sprunghafte Handeln des autoritären Seniors zurückzuführen.

Mit seinen 32 Jahren brachte der unauffällige Anton vielfältige Managererfahrung mit. Er hatte in leitender Stellung in den Filialen Rom, Venedig, Nürnberg, Breslau und Tirol Erfahrungen gesammelt und rückte danach in die Konzernführung auf. Den Geschichtsschreibern der Bismarck-Ära, später der Nazis, galt er als kolonialer Versager, weil es ihm nicht gelang, sich fürs deutsche Vaterland in Übersee festzusetzen, obwohl er die Voraussetzungen dazu besaß. Doch Anton Fugger war ein kühler Realist. Mehr als das großartige Gerede von der Globalisierung und den Riesenchancen, die sich daraus ergäben, interessierte ihn, was greifbar war und sich in der Gewinnrechnung des Konzerns unmittelbar ausdrücken ließ. Das war vor allem die sogenannte Maestrazgo-Pacht: die reguläre wirtschaftliche Auswertung der von der spanisch-habsburgischen Krone vergebenen ehemaligen, oft sehr reichen Ordensgüter, ein äußerst handfestes und gewinnträchtiges Betätigungsfeld für die Company.

Anton trug als oberster Manager den Titel »Regierer und Schaffierer«. Er gab dem Konzern eine moderne Struktur, schrieb vor, daß nach seinem Tod das Unternehmen nicht mehr von der Familie, sondern von zwei gleichberechtigten Managern zu führen sei, die unabhängig von der Familie entschieden, und er sorgte für die notwendige Kapitalisierung. Das waren für damalige Verhältnisse, als Fürsten ihre Staaten und Kaufleute ihre Unternehmen als ihr alleiniges, frei verfügbares Privateigentum betrachteten, ungewöhnliche Schritte. Bei der Gesamtinventur von 1527 – wahrscheinlich der ersten dieses Umfangs in Deutschland – ergab das Geschäftskapital einen Wert von 1 824 411 Gulden, 1533 waren es zwei Millionen, 1550 über fünf Millionen: Ausnahmesummen, nicht nur für ein einzelnes Unternehmen, sondern auch gemessen am Budget von Staaten.

Die Geschäftsentwicklung zeigt auch, wie sehr Fugger nach modernen Geschäftsmethoden arbeitete: kontinuierliche Gewinnentwicklung bei immer neuen Investitionen. Einmal errechnete die Firma einen Jahresreingewinn von 15 Prozent des eingesetzten Eigenkapitals und gab diese Zahl bekannt, wenn auch nur innerhalb der Familie, aber dieser Kreis war inzwischen sehr umfangreich. Auch darin erwies sich Fugger als verblüffend moderner Manager: Kommunikation ist das halbe Geschäft. Nur war die genannte Zahl weit untertrieben. Selbst darin blieb Anton Vorbild für heutige Managergenerationen: Immobilien, Rückstellungen und stille Reserven erwiesen sich als viel zu niedrig bewertet.

Daß ausgerechnet ein Kardinal, Melchior von Meckau, sich als wichtigster stiller Teilhaber im Konzern etablierte – sein Anteil von 300 000 Gulden lag höher als der aller Fugger-Brüder –, und das noch mit teilweise veruntreutem Geld seiner Diözese Brixen in Südtirol, war ein Schönheitsfehler, schadete dem Unternehmen aber nicht. Christenmenschen, erst recht Kirchenobere, sollten nach der Lehre der Kirche die Finger vom Zinsgeschäft lassen, offiziell zumindest. Der in Marketingfragen äußerst versierte Kardinal zeigte keinerlei Mühe, seine diesbezüglichen Fähigkeiten inoffiziell umzusetzen. Den nur fingergroßen Beleg für seine stille Einlage fand man übrigens beim Tod des geschäftstüchtigen Kirchenmanns in dessen Ärmelaufschlag; zeit seines Lebens hatte er sein Riesenvermögen auf sich getragen. Der Hintergrund der strategischen Beteiligung ist auch aus Sicht der Fugger plausibel: Via Kardinal wollten die Fugger im römischen Machtkartell um Papst und Kurie einen Fuß im Spiel haben, was ihnen auch sehr nachdrücklich gelang.

In Antons Zeit fällt eine stürmische Globalisierung der Wirtschaft. Sie führte zu gewaltigen wirtschaftlichen und gesellschaftlichen Auf- und Umbrüchen. Soziale Unruhen mündeten in Bauernkriege und die Reformation – zumindest in einigen Begleiterscheinungen eine wenig beruhigende Parallele zur Globalisierung am Ende des 20. Jahrhunderts. Ständig wachsende Steuer- und Abgabenlasten trieben Bürger und Bauern auf die Straße, während die Großkonzerne ihre Gewinne stetig optimierten. Noch eine aufschlußreiche Parallele zur Postmoderne: 1522 setzte der Reichstag eine Untersuchungskommission zur Rolle der Monopole in der Wirtschaft ein. Der Bericht des beauftragten Reichskammergerichts klingt vertraut: Die Konzerne würden »allenthalben den Kern (aus den Handelsgeschäften) für sich ziehen und die Spreu den andern lassen«. Man müsse ihnen »ein Deckel und Hütlein« aufsetzen, denn nur »viele Verkäufer bringen guten Kauf und wohlfeile Ware«.

Martin Luther mißfielen die einflußreichen »Papistenfreunde« aus Augsburg ohnehin. Sie förderten schließlich einen seiner schärfsten Widersacher, Dr. Johann Eck aus Eck (Egg) an der Günz. Eck, der vom Judentum zum Katholizismus gefunden hatte und eigentlich Maier oder Mayer hieß, stand auf Fuggers Pay-roll und verteidigte als Theologe in feierlichen Disputen nicht nur die katholische Lehre, sondern ebenso wortreich Leihzins und Kapitalgewinn seines Förderers. Geld sei »ein neu Ding, das nit jeder begreift«, predigte der fromme Lobbyist mit merkantilem Instinkt. Der Gottesmann öffnete einer neuen Ökonomie die Tore. Das war ein wichtiger Aspekt im Kampf von Reformation und Gegenreformation. Hinter dem gut drei Jahrzehnte lang geführten heftigen Diskurs über die Rolle wirtschaftlicher Monopole stand ein neues Denken, das sich langsam durchzusetzen begann und das dem Kapitalismus den Weg ebnete. Das Schaffen für den alltäglichen Bedarf, verbunden mit einer von allen geforderten Gemeinnützigkeit, bestimmte nicht länger Handel und Wandel, wie in den Jahrhunderten zuvor. Der Erwerb persönlichen Reichtums als Motor der Wirtschaft und als erstrebenswertes Ziel des einzelnen wurde zu einer neuen Ideologie geformt. Kapitalismus ohne Beifügung auf der einen und Gemeinwirtschaft mit dem Staat als Schiedsrichter auf der andern Seite – zwischen diesen beiden Polen wogten die Diskussionen hin und her – eine vertraute Konstellation. Einer der ersten Chefideologen der Bewegung, sozusagen der erste Neoliberale, war Johann Eck. Seine Förderer und gelehrigsten Adepten hießen Jakob und Anton Fugger.

Die Gegenposition zu der Fronde der Ideologen des freien Marktes hielt Martin Luther – in dieser Sache nicht in der Rolle des Reformators, sondern als Gegenreformator. In seiner bildhaften Sprache, die auch einfache Leute verstanden, riet er zu scharfen Maßnahmen gegen die Macht der Multis: Man müsse der Fugger Company und dergleichen Gesellschaften »einen Zaum ins Maul legen«. Als oberste Kapitalgrenze einer Gesellschaft sollten, so beschied das Gericht, 50 000 Gulden festgesetzt werden; außerdem sollte keine Firma über mehr als drei auswärtige Lager verfügen, damit sich Warenhortung und Inflation in Grenzen hielten. Alles in allem eine in Beamten- und Juristenköpfen ausgebrütete Idee. Sie mochte gut gemeint sein, um die unruhig und neidisch auf den Erfolg ihrer Großkaufleute reagierende Bevölkerung zu beschwichtigen. Der Vorstoß erwies sich jedoch von vornherein als undurchführbar. Denn Fugger schrieb zur Abwendung der Sanktionen jenen Drohbrief, den er mit den zeitüblichen Schmeichelformalien einleitete: »Allerdurchlauchtigster Großmächtigster Römischer Kaiser ...« Natürlich war die Intervention erfolgreich.

Zunächst versprach die neue Entwicklung unerhörten Wohlstand für alle, dank unerschöpflich scheinender neuer Rohstoff- und Absatzmärkte. 1492 schuf der Astronom, Kaufmann und Weltreisende Martin Behaim in Nürnberg den ersten Globus der Welt und wies den Amerika-Fahrern den richtigen Weg. Fugger orientierte innerhalb kürzester Zeit die Geschäftsbasis neu. Nicht mehr Ostsee und Mittelmeer, sondern Atlantik und Indischer Ozean waren nun die wichtigsten Aktionsfelder. Spanien stand im Zentrum. Antwerpen, gleichfalls unter habsburgisch-spanischer Kontrolle, entwickelte sich als erste Börse Europas, mit den Fuggern als wichtigsten Brokern. Ihr Kupfer und Messing aus Mitteleuropa ging nun über Spanien nach Indien und Afrika. Das für ein neu entwickeltes Silberschmelzverfahren wichtige Quecksilber kam aus dem südspanischen Almadén, Textilien aus dem Raum Augsburg wurden nach Übersee verschifft.

Der Welser-Konzern, schärfster Konkurrent von Fugger & Co., dessen Management Holding in derselben Straße Augsburgs saß, sicherte sich ganz Venezuela als Monopolmarkt. Die Gebrüder Anton und

Bartholomäus Welser schickten schon mit den ersten portugiesischen Eroberern eigene Schiffe mit, sie bauten in Lissabon Hafenanlagen, Lagerhäuser und Faktoreien und entsandten ihren Bevollmächtigten, den Konstanzer Ambrosius Ehinger, auf eigene Entdeckungsfahrten an die unbekannten Küsten Lateinamerikas. Ehinger bekam die Anweisung, 4000 Negersklaven zu höchstens 50 Dukaten pro Kopf zu kaufen, um Kupfergruben auf Haïti auszubeuten und Schmelzrechte in der Kolonie Santa Marta am Golf von Mexico wahrnehmen zu können.

Im Unterschied zu Fugger verfügten die Welser aber nie über ausgezeichnete politische Drähte. Sie standen im Schatten der Konkurrenz, was sie zu immer gewagteren Spekulationsgeschäften antrieb. Die Fugger erhielten die Westküste Südamerikas, von Peru über Chile bis Feuerland, zur Kolonisierung, gingen aber weniger forsch vor als die Welser. Den Augsburger Binnenländlern blieb die Neue Welt ein fremder, dunkler Kontinent, wo das geordnete System der doppelten Buchführung total versagte; sie hielten sich lieber an die kontrollierbaren Machtstrukturen in Europa.

Anton Fugger, auf dem Höhepunkt seiner Macht, wenn auch noch nicht seines Reichtums, ahnte, daß sein Bank- und Handelskonzern die Möglichkeiten eines Familienunternehmens langsam sprengte. Schon Jahre vor seinem Tod schrieb er seinen Erben vor, den Konzern nach seinem Abgang aufzulösen, woran sie sich dann freilich nicht hielten und prompt Schiffbruch erlitten. Das komplexe Gebilde hielt sein Schöpfer, CEO Anton, der Chief Executive Officer, auch bei aller hochkarätigen Spezialisierung seines Managements, für nicht mehr führbar. Trotz eines scharfen und ausgeklügelten Controllings entwikkelten die Tochterunternehmen, Faktoreien und Agenturen ein Eigenleben, sprangen ohne Absegnung durch die Zentrale großzügig mit Krediten um und verwickelten sich in Schmiergeldaffären und politische Intrigen, die aus dem Ruder liefen. Die Zerrüttung des Kirchenstaates, die Korrumpierung der Katholischen Kirche und im Gefolge die Reformation mit ihren Religionskriegen hängen unmittelbar mit solchen Machenschaften zusammen.

In klarer Voraussicht des sich anbahnenden Niedergangs zog sich die Fugger Company auf Initiative ihres Chefs aus Südamerika zurück. Konzentration auf die Kerngeschäfte Bank, Bergbau, Textil hieß die

Devise. Den Erlös investierte man in Süddeutschland zur Sicherheit in jene ausgedehnten Immobilien, die noch heute den Grundstock des Fugger-Vermögens bilden. Dies geschah aus zwei Gründen: um die verstärkten Bankaktivitäten mit entsprechendem Grundpfand zu stützen, aber auch, um eine eigene politische Herrschaftsbasis aufzubauen. Die Frage drängte sich geradezu auf: Warum immer nur den Fürsten Geld leihen? Warum nicht entsprechende Territorien kaufen und selbst Fürst werden? Anton Fugger plante tatsächlich, es seinen großen Vorbildern gleichzutun, den Medici, in ihren Anfängen gleichfalls Bankiers und Kaufleute, die sich einen Territorialstaat, das spätere Herzogtum Toscana, zusammenkauften, -raubten und -ertrogen und Florenz glanzvoll zu ihrer Herrschaftsbasis ausbauten, wo ihnen Könige, Kaiser und Päpste lange Zeit nichts anhaben konnten.

Auch Fugger ließ eine Reihe von Schlössern errichten, von denen Babenhausen mit seinen Renaissancebögen das großzügigste ist. CEO Anton liegt dort begraben, nicht in Augsburg, wo er seine größten Erfolge erlebte, wo er den Kaiser des Heiligen Römischen Reiches Deutscher Nation während der Reichstage 1530 für Monate beherbergte, wo Tizian, einer der begabtesten Künstler seiner Zeit, die Staffelei aufbaute und wo die Familie bombastische Hochzeiten arrangierte: Eine Fugger-Braut wurde 1591 mit 345 Reitern und 40 Wagen in die Stadt eskortiert. Aber für einen Medici-Staat erwies sich die erdenschwere alemannisch-bayerische Provinz eben doch nicht als geeignet, weder vom bedächtigen Menschenschlag her noch von der Verkehrslage.

Das Verhältnis der reichen Handelsstadt zu ihrem noch viel reicheren Tycoon blieb ambivalent. Einmal ließ sich Anton Fugger als Demutsgeste eine Nacht im städtischen Gefängnis einschließen, was einem Medici niemals in den Sinn gekommen wäre. Fugger, stets auf der Seite der katholischen Habsburger, hatte sich in einer Auseinandersetzung zwischen Katholiken und Protestanten ungeschickt verhalten, auch wenn er nur am Rand beteiligt war. Er verstand sich als Manager, nicht als Politiker. Pragmatiker und begabter Geschäftsstratege, der er war, fehlte ihm zum Intriganten die Verschlagenheit. Die Flexibilität im heftig wogenden Kampf zwischen Reformierten und Katholiken schien ihm unabdingbar für seine vielfältigen Geschäfte. Und so kam es: Statt nach der Schmach im Gefängnisturm in stiller

Rache gegen die mit den Protestanten fraternisierende Stadt seine wirtschaftliche Macht auszuspielen, ließ er sich auch noch zu einem öffentlichen Kniefall vor seinem Gast und Oberschuldner Karl V., der Speerspitze der Katholiken, überreden: Er bat für Augsburg, das zwischenzeitlich beim Kaiser in Ungnade gefallen war, um Milde. Die demütigende Szene, später zu einer grandiosen Bürgertugend verklärt, ließen die Fugger lebensgroß auf die Fassaden ihrer Handelshäuser am Weinmarkt, der späteren Maximilianstraße, malen, als stetige Mahnung an die Mitbürger: Das war das allerletzte Mal, daß wir uns für euch auf so was einlassen! Das Gemälde wurde bei einem Luftangriff 1944 samt dem Haus zerstört. Heute ist in dem wiederhergestellten Hauptbau die Zentrale der Bank untergebracht.

Die Nachfolgefrage für den Vorsitz im Aufsichtsrat des Familienunternehmens ließ sich nur schwer lösen. Antons Söhne waren zu jung, die Neffen lehnten den Streßjob rundweg ab, der schnelle Reichtum hatte sie träge gemacht. Sie verstanden sich als Großaktionäre und Couponschneider, die sich möglichst aus dem operativen Geschäft heraushielten. Nach 70 Jahren ging mit ihnen das Zeitalter der Fugger zu Ende. Zwar schaffte man noch saftige Umsätze und Gewinne, aber die täuschten über den tatsächlichen Zustand des Unternehmens hinweg. Die bequeme, aber einseitige Ausrichtung auf den Spanien-Handel – er brachte zwei Drittel des Umsatzes – rächte sich nun.

1614 ging der Konkurrent, die Welser Company, pleite; sie hatte alles auf die Südamerika-Karte gesetzt. Die Fugger Company und mit ihr die Bank erloschen am Ende des Dreißigjährigen Krieges, 1648, sang- und klanglos, ohne Konkurs und ordentlich abgewickelt. Das Genick brach den Fuggern als Unternehmern letztlich ihr Hauptschuldner, Philipp II. Der Habsburger auf dem Spanierthron legte den ersten offiziell eingestandenen Staatsbankrott der Geschichte hin.

Kriege und verarmte Staaten markieren allerdings nicht jene Zäsur im Wirtschaftsleben dieser Zeit, wie sie die Geschichtsschreibung gern vermutet. Für die Banken jedenfalls bedeutete diese bewegte historische Phase keinen Rückschlag. Sie kamen, einmal mehr, von allen am günstigsten weg, konnten ihre wirtschaftliche und gesellschaftliche Position sogar noch ausbauen: Ohne ihre Anleihen vermochte kein Landesherr mehr Krieg zu führen. Und zum Aufbau der zerstörten Länder waren die Monarchen wiederum auf die Banken angewiesen.

Die Bank gewinnt immer: Diese platte Casino-Weisheit späterer Generationen nahm hier ihren Anfang. Bankiers wie die Bethmanns in Frankfurt oder die Oppenheims in Köln bildeten im 18. und 19. Jahrhundert eine neue, einflußreiche Schicht, die teilweise die Funktion eines ausgelaugten und oft verarmten Patriziats übernahm. Für die Fugger galt dies alles nicht mehr, ihre große Zeit war vorbei. Nach der ganze Fugger-Generationen prägenden Erfahrung mit dem Ende ihrer Company zogen sie sich auf ihre Latifundien zurück, verlegten sich aufs bequemere Dasein als Landadlige und ließen die Finger vom Geldgeschäft. 1658, zehn Jahre nach der Totalliquidation, besaßen sie noch 60 Dörfer, ein Städtchen und 43 Ortschaften, kein Imperium, aber es reichte für ein beschauliches Leben. Der schwer ermittelbare Wert der Immobilien aller drei Fugger-Linien dürfte heute zwischen einer und zwei Milliarden D-Mark liegen. Aber diese Frage, selbst wenn sie wollten, könnten auch die Fugger nicht genau beantworten.

Man ist unter seinesgleichen, wenn die Fugger-Familien, wie im Mai 1993, in der dem heiligen Leonhard geweihten Hauskapelle zur Feier des 500. Geburtstags von Anton dem Manager bitten, mit »Missa Laudate Dominum de coelis«, Motetten zu sechs Stimmen und Bläserensemble des Domorchesters. Als Ehrengast konnte »Seine Königliche Hoheit Prinz Franz von Bayern« begrüßt werden, ganz selbstverständlich, als wäre die Zeit in der alten Standesherrlichkeit stehengeblieben.

St. Leonhard gehört zur Fuggerei in Augsburg, der ersten Sozialsiedlung der Welt, 1519 von Jakob, dem Multi-Gründer, geschaffen. Mit dem »Evangelium des Pöbels« hatte er zwar nie etwas im Sinn gehabt, spürte aber doch, daß der wachsende soziale Druck von seinem Konzern ein klares Zeichen forderte. Der gern zum Hymnischen ansetzende Hauschronist der Fugger, Götz Freiherr von Pölnitz, lobt das Werk überschwenglich als »menschlich-christliche Großtat. (...) Diesen unvergänglichen und grundlegenden Werken seiner Menschlichkeit, diesen Heiligtümern abendländischer Kultur zu dienen, ist auch die wiedererstandene Fuggerei berufen«, schrieb der Freiherr 1981.

Die übermenschliche abendländische Großtat kostete Jakob Fugger 25 000 Gulden. Das war fast genau die Summe, die er zur gleichen Zeit für einen einzigen Edelstein bezahlte, um ihn zu den vielen andern in die Schmucktruhe seiner Frau zu legen: für den Stirndiamanten des Sultans von Kairo. Für hundert Familien war die Siedlung gedacht, sein Unternehmen beschäftigte aber 100000 Menschen. Auch ohne die üblichen Verklärungen: eine fortschrittliche Tat war es allemal.

Die Miete der 67 Häuschen und Apartments, so bestimmt es die Stiftungsregel, kostet wie vor fast 500 Jahren noch immer einen Gulden oder 1,72 DM, symbolisch natürlich. Die glücklichen Mieter der modernisierten Wohnungen, meist Seniorinnen und Senioren, werden nach sozialen Gesichtspunkten ausgewählt. Die Fugger-Stiftung, der alle drei Linien angehören, überwacht die sorgfältige Beachtung der Stiftungsregel. Und die bestimmt nicht nur auf immer und ewiglich den Mietzins, sondern auch die entsprechende Gegenleistung. Die Fuggerei-Bewohner sind auch heute noch gehalten, für das Seelenheil der Herrschaften zu beten, und zwar nicht zu knapp, nämlich jeden Tag.

Kein Banker der Welt kann sich einer auf so hoher Ebene abgeschlossenen Rückversicherung für allerlei Schadensfälle rühmen. Ein hübsches Argument für die Marketingabteilung, und Fürst Hubertus, der jetzige Haus- und Bankchef, räumt denn auch ein, daß Gebete als flankierende Maßnahmen nicht schaden würden. Denn das private Bankgeschäft ist weit zäher geworden, als es von außen scheinen mag. Die alten Fugger stiegen 1648 ernüchtert aus dem Geldbusineß aus, erst der Vater von Fürst Hubertus, ein in Potsdam geborener späterer Panzerjägeroffizier, belebte 306 Jahre danach, 1954, die Tradition wieder: mit der Neugründung der Fugger-Bank.

Sie ist im frisch restaurierten Stadthaus in Augsburg untergebracht, in dessen mächtigen Gewölben schon die Ur-Fugger Handel trieben. Vom Speisesalon im dritten Stock, in den der fürstliche Privatbankier zum Arbeitsdinner lädt, geht der Blick auf den historischen Damenhof, wo der arabische Brunnen plätschert, an dem einst die Fuggerinnen, vor Volkes Blicken geschützt, unter italienischen Renaissancebögen lustwandelten. Heute werden dort für eine handverlesene Klientel Konzerte gegeben. Das ist Teil des Marketings.

Man ist daran, den Staub der fürstlichen Landsparkasse abzuschütteln und ins Outfit einer exklusiven Privatbank zu schlüpfen. Filialen in idyllischen Orten wie Burgau, Kempten, Kaufbeuren, Babenhausen oder Mering hat man verkauft und sich dafür im feinen Montgelas-Palast in der Münchner City einquartiert, wo jungdynamische Banker jetzt, statt magere Zinsen in Sparbüchlein nachzutragen, »Research« und »Back office services« für eine erlesene Kundschaft treiben. Die totale Umstrukturierung hat ihren Preis: Bei 700 Millionen DM Bilanzsumme schaute 1995 nur ein Gewinn von 500000 DM heraus. »Für eine Bank im Privatbesitz ist so etwas ein gewaltiger Kraftakt«, meint Fürst Hubertus, der sich aus dem operativen Geschäft heraushält und sich mehr um die Strategie kümmert: »Aber wir machen unsere Abschreibungen ohne sonst übliche Taschenspielertricks.«

Man hat die »jüngeren Erben« im Auge, »eine Zielgruppe, aggressiv in der Erwartung«. Vor allem, was die Rendite betrifft. Unter 500000 DM sollte man sich gar nicht erst zur Fuggerschen Vermögensverwaltung bemühen. Wer risikoreich anlegen will, ist willkommen, muß aber entsprechende Sicherheiten vorweisen. Die prüft man nicht am Schalter oder im Besprechungszimmer, sondern im hauseigenen Dining-room bei einem gepflegten Sancerre zur glasierten Entenbrust: »Wir schauen uns jeden einzelnen genau an. Bei uns wird nicht allein nach Zahlen entschieden.« Privat-Banking sei schließlich auch ein gutes Stück Psychologie. Im Fondsgeschäft ist man stark engagiert. Man arbeitet auf Provisionsbasis, ein Anreiz für beide Seiten. Der Anlagenmix von Aktien, Devisen, Rentenpapieren wird je nach Risikolust und Gewinnerwartung gestreut. Von 100000 DM an und mit einer Laufzeit von fünf Jahren liegen 13 bis 17 Prozent drin, rechnet eine Hochglanzbroschüre des Hauses vor, natürlich ohne Garantie. Es sind »Erfahrungswerte«, und die klingen, mit Verlaub, Durchlaucht, denn doch arg optimistisch.

Aber der Konkurrenzdruck in diesem noch engen Nischengeschäft ist enorm. Da genügt es nicht, wie Durchlaucht leger einräumen, »den Fürsten heraushängen zu lassen«. Die Bankenszene steht vor den größten Problemen der letzten Jahrzehnte. Als kleines Haus müsse man sich radikal umstrukturieren, wenn man seine Unabhängigkeit verteidigen wolle. Flexibilität und persönlicher Umgang sei die Stärke der weniger als zwei Dutzend – wirklichen, nicht sogenannten – Privatbankiers, die es in Deutschland noch gibt: »Bei uns braucht es nicht 14 Unterschriften für einen Vorgang wie bei den Großen.« Als Hausbank für Unternehmen ist man nicht zu fein, jedoch zu klein. Man legt keinen besonderen Wert auf das heute mehr denn je riskante Kreditgeschäft: Pro Kunde darf die Grenze von 40 Prozent oder 22 Millionen DM des Grundkapitals (1995) ohnehin nicht überschritten werden. Das genügt auch einem Mittelständler oft nicht.

Doch bei Fuggers denkt man in Generationen, die schwäbisch-alemannische Bodenhaftung zählt da mehr als die Anziehungskraft des Namens. In Alabama (USA) sicherte sich Hubertus Fugger weitläufigen Grundbesitz, vor allem mit Kiefernholz für die Möbelindustrie. Drei Monate im Jahr verbringt er mit seiner Ehefrau, einer Prinzessin Oettingen-Oettingen Oettingen-Spielberg (im imposanten Namen verbirgt sich über tausend Jahre alter schwäbischer Uradel), öfter begleitet von seinen Kindern, auf seinem Besitz in Palm Beach. Dort ist er, anders als in der Bank, weder »de Förscht« noch »Ihre Durchlaucht«, sondern Hubert Fugger; die unverfängliche Aussprache des Namens fällt amerikanischen Zungen schwer genug. In Stonewall South, eine Stunde nördlich von Atlanta, bastelt er, weit weg von den Stammlanden, am eigenen kleinen Imperium. Nicht ererbt, selbst geschaffen, darauf legt er Wert, und es sieht denn auch ein wenig wie eine temporäre Flucht vor dem gar nicht so leichten Erbe der Väter aus: eine 1300 Hektar große Kiefernfarm, die viermal mehr Rendite abwirft als das Holz zu Hause, weil man mit dem Fällen der Bäume nur 30 Jahre warten muß, nicht 110 wie in Öko-Deutschland.

Barnsley Gardens, ein halbverfallener Herrensitz eines Baumwollhändlers von 1850, wird zur Recreation Area samt Golf, Konferenzzentrum und Bungalows entwickelt. »Das kann 20 Jahre dauern.« 17 Generationen im Vorlauf, bei Fuggers kann man sich Zeit lassen. Das nötige Bare für das Projekt fließt neben dem Holzhandel nach und nach aus klein- und mittelständischen Beteiligungen in den USA: Medizintechnik, Industriepumpen, eine Firma, die Jachtstapler herstellt.

Der Fürst, der an der Universität St. Gallen Betriebswirtschaft studiert hat, räumt ein, in jüngeren Jahren einen »etwas lockereren Bezug« zu seiner Herkunft gehabt zu haben. Beinahe wäre er deswegen zum Dauerobjekt bunter Majestätspostillen geworden. In der Bank denkt man heute noch mit Schaudern daran. Das lag an einer recht heftigen, aber kurzen Liaison mit der Tankererbin Cristina Onassis. Der junge Fürst jettete nach deren Privatinsel Skorpios in der Ägäis, kehrte aber rasch geheilt und von der Familie mit Nachdruck erwartet ins brave Bayernland zurück. Als Bilanz der stürmischen Episode läßt er sich lediglich entlocken: »Es war unbeschreiblich!«

Vielleicht hat ihn das Beispiel eines lebenslustigen Standesbruders zu dieser Expedition ins levantische Märchenreich animiert – und ebenso rasch wieder davon weggebracht: Fürst Johannes von Thurn und Taxis (1926–1990), gleichfalls Sproß aus uraltem Unternehmeradel, hat den Niedergang seiner Bank nicht mehr erlebt, obwohl er mit seinem extravaganten Lebensstil erheblichen Anteil daran hatte. Die kleine, exklusive Fürst Thurn und Taxis Bank in München, die 1991 eine Bilanzsumme von 850 Millionen DM auswies, wurde im Juni 1992 von der SchmidtBank in Hof geschluckt. Es war der vorläufige Höhepunkt in der Regelung eines hochkomplizierten Fürstenerbes, dessen Basis ein halbes Jahrtausend zuvor gelegt wurde. Fürst Johannes starb im Dezember 1990 nach seiner zweiten Herzoperation. Er hinterließ ein grandioses Chaos, freilich mit goldenem Kern, den herauszuschälen eine ganze Managerriege verschliß.

Fürst Johannes residierte auf seinem riesigen Regensburger Stammschloß St. Emmeram, einem ehemaligen Benediktinerkloster, im 7. Jahrhundert gegründet; es war eine der ältesten Abteien dieses Ordens in Deutschland. »Ora et labora« sind längst als fromme Hausregel außer Funktion. Seit knapp 200 Jahren ist das gottesfürchtige St. Emmeram überaus weltlicher Sitz der T&T-Familie und zählt, um auch hier diese Frage gleich zu klären, »über 500 Zimmer« – und selbstverständlich hat auch sie niemand gezählt. Immerhin wird darauf verwiesen, daß man etwas mehr Platz hat als die Herrschaften in Buckingham Palace und etwa gleich viel wie einst die Bourbonen in den noch erhaltenen Teilen von Schloß Versailles. Ein einladendes Ambiente also für die legendären Feste mit tausendundein Gästen, auf denen Fürst TT (das Kürzel benutzte seine Bank) die Dienerschaft in Livree aufmarschieren ließ: ein barocker Landesherr, der ins falsche Zeitalter hineingerutscht zu sein schien.

Mit der Hollywood-reifen Prunkhochzeit am 31. Mai 1980 wurde noch einmal die alte Sisi-Herrlichkeit fürs Publikum und zum Wohl des eigenen Prestiges belebt: Die gerade 20jährige Marie Gloria Gräfin von Schönburg-Glauchau, Tochter von Joachim Graf von Schönburg-Glauchau und Beatrix Gräfin Széchenyi von Sárvár und Felsövidék, heiratete den 54jährigen Johannes Baptista de Jesus Maria Louis Miguel Friedrich Bonifazius Lamoral 11. Fürst von Thurn und Taxis, Fürst zu Buchau und Fürst von Krotoszyn, Herzog von Wörth und Donaustauf, gefürsteter Graf zu Friedberg-Scheer, Graf zu Valle-Sássina, auch zu Marchtal, Neresheim usw. Seine Mutter war die Infantin von Portugal, Doña Maria Anna Prinzessin von Braganza. Der 1983 geborene Sohn und Erbe, um auch hier korrekt zu bleiben, hört laut Familienbuch auf den Namen Albert Maria Lamoral Miguel Johannes Gabriel. Er ist Fürst Nummer 12 und in der Ahnengalerie Nummer 18, eine beachtliche Wegstrecke, wenn man bedenkt, daß die Nummer 1 des Hauses noch mit dem vergleichsweise übersichtlichen Namen Roger Dachs zurechtkommen mußte.

Die späteren Namensungetüme der Familie sind nicht allein Wortbombast. Sie haben viel mit dem Wettbewerb zu tun, den die Thurn und Taxis schon vor Generationen begannen: T&T wollte bis tief ins 20. Jahrhundert hinein immer glanzvoller auftreten als die Konkurrenz, die Wittelsbacher des ehemaligen bayrischen Königshauses. Die Regensburger schafften es jedoch nie, trotz bemühten Aufwands. Hubertus Fugger über diesen Zwist im deutschen Hochadel: »Eine permanente Gegenolympiade ...« Die übrigen Standesgenossen beobachteten das Spektakel zu St. Emmeram aus kühler Distanz, obschon man sich auf Familienfesten immer wieder trifft, schließlich ist man kreuz und quer vielfach verwandt und verschwägert. Im Stammbaum von Fürst 12 finden sich imposante Namen von direkten Vorfahren wie kaum bei einem anderen deutschen Adligen: Maria Theresia von Österreich, Carlos II. von Spanien, Don João V. von Portugal, Max Joseph I. von Bayern, Doña Carlota Joaquina von Bourbon, Maria Dorothea von Württemberg, Aloys III. von Liechtenstein usw.

Dem Publikum gefielen die höfischen Inszenierungen im einstigen Refugium des heiligen Benedikt. Gloria, die junge Ehefrau von Fürst Johannes, beherrschte bald die Headlines der Klatschpresse; ihre Talk-Show-Auftritte in extravaganten Designerroben und schrillen Frisuren machten das Haus Thurn und Taxis zum bestaunten Unikum des sonst zurückgezogen lebenden deutschen Hochadels. Phantastische Zahlen über den Fürstenreichtum steigerten den Unterhaltungswert von T&T noch weiter. In Boulevardzeitungen, aber auch in vergleichsweise seriösen Blättern wie dem »Spiegel« war zu lesen, sein Vermögen werde auf fünf Milliarden Mark geschätzt. Mindestens! Alles war maßlos übertrieben. An seinem Ringfinger funkelte ein Saphirring, der später auf einer Auktion 40000 DM bringen sollte. Die Thurn und Taxis avancierten zum leicht antiquierten Glamour-Symbol des hedo-

nistischen Zeitalters der siebziger und achtziger Jahre. Der joviale
Fürst tat selbst alles, sich und seine Entourage in gleißendem Licht
erscheinen zu lassen, empfing illustre Gäste wie den Edelnackedei-Fo-
tografen Helmut Newton, ließ seine Gattin auf einer sündhaft teuren
Harley-Davidson Heritage Fx ST (SoftTail) 1984 durch den Schloßpark
brausen, veranstaltete grandiose Wildschweinjagden und entwickelte
auch noch den Ehrgeiz, sich als moderner Unternehmer zu profilieren.

1986 verkündete er vor der Presse, er wolle sein beträchtliches Vermögen nun einer Art Vorstand übertragen, der das Unternehmen Thurn
und Taxis wie einen Konzern führen werde, irgendwie. Seine Bank
sei »eine Perle« unter Ertragsgesichtspunkten, seine Ländereien in den
USA und in Kanada, seine Firmengruppen in Bayern verfügten über
großes Entwicklungspotential, alles sei unter bester Kontrolle. Eberhard Crain, den der Fürst von der Hoechst AG abgeworben hatte und
der sich später mit seinem Arbeitgeber überwarf, sah es völlig anders:
»Es war wie im Mittelalter, als wir herkamen.« Der Fürst habe in
Wahrheit keine Ahnung vom Wert seines Vermögens gehabt: »Er
meinte, es müsse sich auf ungefähr fünf Milliarden Mark belaufen. Bei
unseren Aufstellungen kamen wir dann auf gerade mal 2,1 Milliarden
für die Aktiva des Unternehmens. Der Fürst war sehr enttäuscht.«

Die Kontakte zwischen ihm und dem Vorstand liefen manchmal
wochenlang nur via Fax: von der Hochseejacht zum Regensburger
Schloß und retour. Der Ertrag der Wirtschaftsunternehmen war offenbar weit geringer, als alle, den Chef des Hauses eingeschlossen, annahmen: zwischen 1978 und 1987 durchschnittlich 8,3 Millionen
Mark. Die prächtige Hofhaltung kostete jedoch nach Schätzungen
von Insidern jährlich 10 bis 20 Millionen Mark. Der größte Teil des
T&T-Konzerns war in Ländereien und Immobilien festgelegt: 29000
Hektar deutscher, 8200 Hektar amerikanischer Forst, 60000 Hektar
Landwirtschaft im In- und Ausland, sechs Schlösser samt Hofbiblio-
thek mit 225000 Bänden.

Der Fürst begegnete seinem quengeligen Management mit wachsendem Mißtrauen. Die Manager begannen, wie man die eilige Sanierung vornehm umschrieb, mit einer »defensiven Vermögenspolitik«.
Man verkaufte das Elektronikunternehmen Unidor, dann für 230 Millionen DM Forst- und Landwirtschaft aus dem Stammbesitz, nahm
weitere Kredite auf und investierte damit in Gewerbeimmobilien in

den USA und Kanada, was sich jedoch bald als beträchtlicher Flop erwies. Zwischen 1987 und 1989 verdoppelten sich die Schulden auf 479 Millionen DM. Der kränkelnde 63jährige Fürst fühlte sich betrogen und entließ nahezu den gesamten Vorstand. Von Mißmanagement und Intrigen bei Hofe war die Rede. Das geschaßte Vorstandsmitglied Crain sieht das im nachhinein anders: »Ich glaube, der Verfolgungswahn am Ende seines Lebens kam von seinem schlechten Gesundheitszustand. Die Dinge glitten ihm aus der Hand, und ein eingefleischter aristokratischer Instinkt erwachte: ›Die Bürgerlichen wollen uns alle nur ausnützen.‹« 1990 verbesserte sich die Lage, die fürstliche Güterverwaltung wies wieder einen kleinen Gewinn von etwa zehn Millionen DM aus, was gemessen am Gesamtvolumen und am Aufwand der Hofhaltung noch immer bescheiden war.

Als der Fürst im selben Jahr plötzlich starb, war das Erbe nicht geregelt. Denn der für das Kernvermögen einzig Erbberechtigte, Fürst 12, zählte gerade sieben Jahre. Nun prallten die Gegensätze von mittelalterlichen Hausgesetzen mit den Bedürfnissen der Betriebswirtschaft krachend zusammen. Die Fürst Thurn und Taxis Bank München bediente sich eines in der deutschen Bankengeschichte zumindest höchst unüblichen Kunstgriffs. 1991 wurde die Bank von einer offenen Handelsgesellschaft (was volle Haftung mit dem gesamten Privatvermögen einschloß) in eine Kommanditgesellschaft umgewandelt, um, so die nichts Gutes versprechende Begründung, »nach dem Tod von Fürst Johannes die Haftung für den minderjährigen Erben Albert von Thurn und Taxis zu begrenzen«. Der faktische Inhaber war inzwischen gerade einmal acht Jahre alt. Keine idealen Voraussetzungen, um Vertrauen in die angeschlagene Privatbank zu wecken. Verkaufsgerüchte schwirrten in der Branche. Die Geschäftsleitung dementierte im Februar 1992 tapfer: »Die Bank bleibt eigenständig.« Vier Monate später war sie verkauft, an die SchmidtBank in Hof an der Saale. Die jahrhundertealte Tradition der Bankiers von Thurn und Taxis endete abrupt, wenig ruhmreich und sehr bürgerlich. Dabei hatte der jugendliche Haupterbe noch Glück. Was von seiner Bank blieb, ist gut aufgehoben.

Die SchmidtBank, eine der stillen Großen im Land und außerhalb Bayerns kaum bekannt, ist immerhin die zweitgrößte Privatbank Deutschlands mit einer stolzen Bilanzsumme von 9,3 Milliarden DM,

40 Millionen Eigenkapital und einem Gewinn vor Steuern von 23 Millionen DM: ein in den letzten Jahren stürmisch gewachsenes Familienunternehmen. Die Bank legte 1992 um 35 Prozent, 1993 noch einmal um 10 Prozent an Volumen zu, Zuwächse, für die der Chef einer Großbank im Wirtschaftsteil der »Frankfurter Allgemeinen« mit hymnischen Elogen bedacht würde; außerhalb Nordostbayerns nahm's kaum einer zur Kenntnis. 1800 Mitarbeiter betreuen immerhin 130 Schmidt-Filialen (1996). Hinter den Zahlen verbirgt sich ein mutiger Unternehmersprung nach Osten. Bereits im Februar 1990 eröffnete die Bank ein Büro in der damaligen DDR-Grenzstadt Plauen. Nach Öffnung der Grenzen schwärmten die SchmidtBankiers aus und sicherten sich in der unterversorgten Ex-DDR eine Filiale nach der anderen, jetzt sind es über ein Dutzend. Im grenznahen Tschechien kamen weitere Niederlassungen hinzu. Völlig gegen den Trend hält sich das Familienunternehmen als prosperierende Landsparkasse, natürlich auch mit einem ebenso branchenüblichen wie praktischen Ableger in Luxemburg sowie dem Bankhaus Karl Schmidt in München für die betuchte Kundschaft. Schmidt ist auch Hausbankier der Festspiele in Bayreuth, aus Gründen des Marketings, aber auch aus Neigung. Er wird in Wagner-City als Kunst- und Musikmäzen geschätzt.

Die Bank gehört den zwei Hofer Familien Schmidt und Becher, wobei die Schmidts den Ton angeben. Neben anderen sind Senior Karl Gerhard Schmidt und seine zwei Söhne Karl Matthäus und Christian Karl Komplementäre. 1994 nahm man mit einer Minderheitsbeteiligung zwei familienfremde Kommanditaktionäre auf: die Bayerische Landesanstalt für Aufbaufinanzierung (LfA) und die Merkurgesellschaft für Beteiligungswerte, eine Tochter der Colonia und der Nordstern-Lebensversicherung. Der Frage, ob diese Minderheitsbeteiligungen auf ein Ende der Selbständigkeit hinwiesen, widersprechen die Schmidts energisch. Im Gegenteil: Das Engagement besonders der LfA sei erforderlich gewesen, um der Familie auch in sechster Generation die Führung der Bank zu garantieren. 1997 wagte man ein zaghaftes »going public«: 6600 Kunden erwarben 16,5 Prozent des Bankkapitals. Die Anteile dürfen nur bankintern gehandelt werden, an einen Börsengang ist nicht gedacht.

Tradition ist nicht auf blaue Blutzufuhr, aber doch auf zähe Familienbande angewiesen: Hinter der SchmidtBank, hervorgegangen aus einem 1828 vom Ururgroßvater des heutigen Hauptinhabers in Wunsiedel im Fichtelgebirge gegründeten Lokalbänklein, steht eine jener unauffälligen Erfolgsstorys, von denen es im mittelständischen Bereich in Deutschland, insbesondere im Süden, weit mehr gibt, als die Öffentlichkeit wahrnimmt. Über die ersten Aufzeichnungen aus dem Gründungsjahr der Bank heißt es: »Die Ziffern sind klein und zeigen, daß Karl Schmidt ohne wesentliches Vermögen begann.«

Insbesondere in Franken konnten sich aus bescheidenen Anfängen einige private Kleinbanken erstaunlich gut behaupten: Max Flessa & Co. in Schweinfurt, gegründet 1924, heute mit 20 Filialen, oder Schilling & Co. in Hammelburg, gegründet 1923, mit 13 Stützpunkten. Die Gründer beider Häuser waren Mitarbeiter bayerischer Großbanken und übernahmen in einer Krisenphase deren wenig rentable Filialen in Eigenregie.

Deutsche Medien, fixiert auf Vorgänge und Personalien in den vier oder fünf höchsten Frankfurter Bankentürmen, nehmen solche Unternehmen kaum wahr, obwohl die agilen Jungbroker aus der City, mit den Handys an ihren sonnenstudiogebräunten Gesichtern, auf dem Land noch einige nützliche Fertigkeiten lernen könnten, zumal man dort sogar ohne Sonnenbank bräunen kann.

Ein Privatinstitut wie die SchmidtBank mit 130 Filialen in sechster Generation über die Jahrtausendschwelle zu wuchten ist ein bemerkenswerter Kraftakt, zumal die aufwendige technische Innovation aus eigener Substanz finanziert werden muß. Vor allem aber: Das Risiko läßt sich nicht auf ein anonymes Heer von Shareholdern abwälzen. Die Eigentümer müssen persönlich gradestehen. Das Haftungskapital der Bank liegt bei 200 Millionen DM. Obwohl den SchmidtBankiers die Öffnung der DDR-Grenze wie ein Himmelsgeschenk ins Kontor schneite, ist die Konsolidierungsphase nach der scharfen Expansion keine Routineübung. Dies nicht allein wegen der hohen Kosten eines ausgedehnten Filialnetzes, das auch weit größeren Banken wie ein Bleigewicht am Sprungbein hängt, sondern auch wegen der Abhängigkeit vom zunehmend zäher laufenden Kreditgeschäft. Schleifspuren der hektischen Expansion sind denn auch an den Ertragszahlen zu erkennen. Die SchmidtBank verdient vier Teile mit Zinsen, nur einen Teil mit Provisionen aus Vermögensverwaltung und Wertpapiergeschäften, was für eine moderne Privatbank ein ungewöhnliches Mischverhältnis bedeutet. Zudem zählen die in der Region zahlreichen Mittelständler aus der Glas-, Porzellan- und Textilbranche nicht gerade zu den Zukunftsindustrien, was die Risiken der Bank erhöht. Die Schmidts gleichen es mit einem Ring von Tochterunternehmen in den Bereichen Investment, Immobilien, Leasing und Versicherung aus, den sie ihrer Bank wie einen Sicherheitsgurt verpaßt haben, der offensichtlich zuverlässig über Wasser hält; jedenfalls wächst das operative Geschäft beachtlich.

Letztes Jahr wagte der stille Riese aus der Provinz außerdem einen Schritt Richtung Internationalisierung: Die Schmidts kauften sich in einer geschickt eingefädelten Nacht-und-Nebel-Aktion die Frankfurter Metallbank, eine Tochter der wegen Spekulationsgeschäften vorübergehend ins Zwielicht geratenen Metallgesellschaft, in deren Besitz sich die kleine Universalbank 90 Jahre lang befunden hatte. Über Kaufpreise sprechen Bankiers selten, Privatbanken nie. Die Metallbank ist seit langem eingeführte Händlerin an der Frankfurter Wertpapierbörse, das machte ihren besonderen Reiz aus, ein Schmuckstück in der bodenständigen Bankensammlung der Familie Schmidt.

Manchmal jedoch schrammen auch die vorsichtigen Bankiers aus der bayerischen Provinz nur knapp an Abstürzen vorbei. 1997 wagte man sich auf das heiße Bankenpflaster Zürichs, einer Stadt, wo es mehr Banken als Bäckereien gibt und wo der Umgang mit Geld die Weihen einer höheren Sinnlichkeit erfährt. Für die feine Klientel aus Bayern, Sachsen und Thüringen wollte man sich mit Blick auf den Euro und damit verbundene Fluchtbewegungen in den Schweizer Franken einen sicheren Hafen schaffen, nicht für Hochseekreuzer, eher für teure Binnenseejachten. Man hatte sich die kleine, 127 Jahre alte Rinderknecht-Bank ausgesucht, die kleinste aller Zürcher Privatbanken. Der Kaufvertrag war bereits unterzeichnet, als die Schmidts bemerkten, daß sie über den Tresen gezogen werden sollten. Im Verwaltungsrat saß nur einer statt der drei vorgeschriebenen Verwaltungsräte, und der eine war der Sohn des 81jährigen Hauptaktionärs Willi Hirt. Noch ganz alte Schule, fühlte sich der alte Herr verantwortlich für das angelegte Geld seiner Kundschaft. Es fiel ihm schwer, die 30 Millionen Verluste auszubügeln, die die Bank innerhalb weniger Tage einstecken mußte. Prozeßrisiken von 47 Millionen Franken standen an. Die Bank hatte sich auf ein in der Branche keineswegs unübliches Wettspiel mit externen Vermögensberatern eingelassen. Kunden können dabei auf den Börsenindex wetten. Sie schließen dafür einen Vertrag. Bewegt sich der Kurs in der festgelegten Bandbreite, gibt es Geld für den Wettspieler. Riskante Positionen kann der Kunde vorzeitig zurückkaufen. Dabei geht Geld verloren. Die Rinderknecht-Bank wettete nicht selber, kassierte aber Provisionen. 1997 fielen dann die saftigen Verluste aus den Derivatgeschäften an. Die Bankenkommission entzog den »Rindern«, wie sie im Zürcher Börsen-Slang hießen, die Lizenz. Was die Schmidts von diesen – legalen – Börsenspielereien wußten, behalten sie für sich. Jedenfalls gelang es ihnen, noch rechtzeitig aus dem Kaufvertrag wieder auszusteigen. In Hof atmete man auf, das Abenteuer auf dem glitschigen Zürcher Bankenplatz ohne große Verluste überstanden zu haben.

Der aus einem Landbänklein herangewachsene Schmidt-Konzern steht heute auf soliden Beinen, wenn er auch mit der beträchtlichen Bilanzsumme von zehn Milliarden DM allmählich in jene kritische Größe hineinwächst, die als Familiengesellschaft nicht mehr ohne weiteres zu bewältigen ist. Vorteil der Schmidts ist zweifellos, sehr nahe am Kunden zu sein. Diese Stärke weiß auch jener Großkunde zu schätzen, den die fixen Provinzler samt dessen Privatbank gleich mitgeschluckt haben: die Thurn und Taxis.

Die Verbindung der Fürstlichen mit den Bürgerlichen scheint sich zu bewähren. Fürstenwitwe Gloria nahm nach dem Debakel Anfang der neunziger Jahre jene Geschäfte energisch selbst in die Hand, von denen sie ihr Gatte zeit seines Lebens ebenso energisch fernhielt. Sie reduzierte den persönlichen Hofstaat von 27 auf zehn Bedienstete und kündigte gleich auch die Fürstenloge im Regensburger Stadttheater, die mit 25 000 DM im Jahr zu Buche schlug. Aus der flippigen Fürstlady ist eine zurückgezogen agierende Unternehmerin geworden, die ihrem Management gelegentlich den Bayerischen Defiliermarsch bläst. Ihre persönliche Assistentin, Etikette muß sein, trägt den Titel »Hofdame«. Aber ganz so vornehm geht es nicht mehr zu. Als Nachlaßverwalterin für ihren Sohn jagte Gloria dem einen und andern Ex-Manager den Staatsanwalt auf den Hals, freilich ohne Erfolg.

Beraten unter anderem von Hubertus Fugger, konsolidiert sich, wenn auch auf deutlich niedrigerem Niveau, der noch immer schwer überschaubare Fürstenhaushalt. Die Fürstliche Gesamtverwaltung wird von einem dreiköpfigen Management geführt, das sich die drei Bereiche Land-, Forst-, Holzwirtschaft, ausländischen Grundbesitz sowie die Finanzverwaltung teilt. Über dem Ganzen thront ein Beirat als eine feinere Form des Aufsichtsrats, dem auch die Fürstenwitwe angehört. Nach einer Phase des Aufbruchs umweht heute wieder ein Hauch von Dornröschenschlaf den Fürstenkonzern. Einstmals hatten etwa 120 kleine Ortsbrauereien zum T&T-Konglomerat gehört; T&T gilt als Erfinder des Roggenbiers. Davon ist nichts geblieben. Das Stammhaus in Regensburg wurde 1997 geschlossen. Der fürstliche Brauname lebt nur noch im Reich des Münchner Bierkönigs Jörg Schörghuber (u.a. Paulaner) als vornehmes Label weiter.

Im Oktober 1993 lud Gloria gar zu einem Edelflohmarkt auf St. Emmeram und machte damit deutlich, daß sie die Sanierung ernst nimmt, um so mehr, als es die Schloßherrin nun »unzeitgemäß« findet, »wie in einem Antiquitätengeschäft zu leben und bei jeder Gelegenheit darauf achten zu müssen, daß nicht einer was umwirft«. Der Grund für die Großversteigerung war profaner Natur: Die Fürstin brauchte dringend Bargeld. Während die Zeitschrift »Capital« von »700 bis 800 Millionen Schulden« schrieb, sprach Gloria vornehm von einem »Fremdkapitalanteil von 400 Millionen Mark«. Happige Erbschaftssteuern, die der bayerische Staat nun einforderte, zwangen zu weiteren unkonventionellen Maßnahmen. Nach langwierigen Verhandlungen fand man eine elegante Lösung. In einer ersten Rate kassierte das Land Bayern 44 Millionen DM und verrechnete Sammlungen der Postillionsfamilie von Münzen, Briefmarken, Musikalien und Gemälden, die in T&T-Schlössern der Öffentlichkeit zugänglich gemacht wurden.

Die Versteigerung organisierte Christoph-Archibald Graf Douglas, damals Chef von Sotheby's Deutschland, außerdem Urururenkel des Großherzogs von Baden, der allerdings eine morganatische (nicht standesgemäße) Ehe geschlossen hatte, aber immerhin ist Douglas verwandt mit den Habsburgern, dem Herzog in Bayern und dazu noch ein Abkömmling des Herzogs von Marlborough: Auf der größten Auktion, die Sotheby's in Deutschland je durchgeführt hat, kam wieder einmal zusammen, was glaubt, von Blutes wegen zusammenzugehören. Das breite Angebot des Edelflohmarkts ließ darauf schließen, daß man bei T&T den Fürstenhaushalt vom Dachboden bis in die tiefsten Keller gründlich entrümpelt hatte und daß der Geldbedarf wohl ziemlich dringend war: von der Eismaschine (»deutsch, 20. Jahrhundert«) über Tausende Flaschen Wein bis zu den 13 Pariser Abendgarderoben und historischen Kostümen (»Modell Marie Antoinette, mit stark gestütztem Elfenbeinsatinmieder«), die einst von der lebenslustigen Fürstin Margarethe, Urgroßmutter von Nummer 12, eine leibhaftige Erzherzogin von Österreich, einem staunenden Ballpublikum präsentiert worden waren.

Auch Krimskrams fand sich im Angebot: mehrere Scheiben aus Fürstin Glorias Schallplattensammlung, signiert von Keith Harris, zu 250 DM das Stück. Der Barde war übrigens ein gerngesehener Schloßbesucher, wie Helmut Newton, von dem Sotheby's ein Schwarzweißfoto aus dem fürstlichen Fundus versteigerte, den überaus dicht behaarten Unterarm Seiner Durchlaucht zeigend, anschmiegend an die zartblasse Haut seiner jungen Gattin. Sonst sah man eher Gediegenes und Praktisches unter den 3500 Auktionslosen: 75 Spiegel, 350 Schreibtische, 940 Stühle, zusammengetragen aus 25 Schlössern in Ungarn, Böhmen und Deutschland, die einst der Familie gehört hatten. Auf besonderes Interesse stießen die 75000 Flaschen aus dem fürstlichen Weinkeller. Das imposante Alkoholikalager hatte Fürst 11 als eiserne Reserve für seine Hoffeste angelegt. Als edelster Tropfen stand ein Château Lafite 1949 CB Pauillac 1er Cru Classé mit 1000 DM im Katalog. Die Auktion erbrachte zusammen mit einer weiteren Versteigerung in Genf über 20 Millionen DM. 10 Prozent davon mußte Gloria an Courtage dem Auktionshaus abliefern, 15 Prozent auf den Zuschlagswert hatte der Bieter zu bezahlen. Beim fröhlichen Steigern mischte sich übrigens auch unauffällig die Konkurrenz unters Publikum: Die Fugger-Bank holte sich eine antike T&T-Geldtruhe mit kompliziertem Schloßmechanismus ab. Das Prachtstück steht jetzt im Cheftrakt der Augsburger Bank als unauffälliges, leicht süffisant präsentiertes Mahnmal, wohin es führen kann, wenn fürstlicher Übermut über die Stränge schlägt.

Das beachtliche Inventar der Thurn und Taxis häufte sich in einer über 500 Jahre dauernden Firmen- und Fürstengeschichte an. Der Urahn aus dem Norditalienischen nannte sich noch Ruggerio (di) Tasso, was übersetzt schlicht Roger Dachs heißt (der Dachs = il tasso; zool. taxus). Der »plumpe Sohlengänger«, so die zoologische Zuordnung des

Kleinraubtiers, findet sich im Wappen der Familie und sieht dort eher wie ein pummeliges Ferkel aus, das man später allerdings links und rechts mit Löwen aufwertete. Während in Augsburg Jakob Fugger seinen Aufstieg vorbereitete, kämpfte sich am Ende des 15. Jahrhunderts Ruggerio Tasso mit seiner Pferdepost über die Alpen und sorgte für einen regelmäßigen Briefservice zwischen Italien und Tirol.

Die Firmengeschichten der Thurn und Taxis und der Fugger sind eng miteinander verwoben: Ein Unternehmen wäre ohne das andere kaum möglich gewesen. Ruggerios Brüder stiegen ins prosperierende Geschäft ein, einer von ihnen, Janetto, wurde Geschäftsführer des Kurierservice in Augsburg. Ein weiterer Bruder, Francesco, baute die Brüsseler Zentrale auf. Zusammen mit der Hafenstadt Antwerpen war Brüssel damals für den Handel das wichtigste Zentrum des Habsburger Reiches und einige Jahrzehnte der Mittelpunkt der Alten Welt.

Durch die Heirat Kaiser Maximilians I. mit Maria von Burgund erweiterten sich die habsburgischen Erblande beträchtlich, die großflächige Kommunikation erhielt nun erste Priorität. Francesco Tassi oder auch Francesco di Tasso, der sich flämisch-deutsch nun Franz von Taxis nannte, spielte für seine Familie die gleiche Rolle wie Jakob Fugger für die seine: Er schuf aus dem Familienbetrieb einen weitverzweigten Konzern, in dem er die von mehreren Verwandten unabhängig voneinander aufgebauten Postnetze miteinander verband. Auf einer Sonderbriefmarke der belgischen Post von 1952 ist Francesco abgebildet: ausgesprochen feist, mit enormem Doppelkinn und behäbigem Blick. In der linken Hand hält er stolz, ja triumphierend, das Grundkapital seines Familienkonzerns: die Ernennungsurkunde zum kaiserlichen Postmeister. Sein Neffe, Johannes Baptista, verhalf dem Unternehmen zu Weltruf wie zur gleichen Zeit Jakob Fuggers Neffe Anton dem seinen.

Die überschäumende wirtschaftliche Aufbruchstimmung jener Jahre spiegelt sich in den Karrieren dieser beiden Manager: Anfänge des Kapitalismus. Verbürgt ist, daß die Fugger im Jahr 1548 in staatlichem Auftrag in Frankfurt am Main auf Wechsel 250 000 Dukaten eintauschten. Das Bargeld versandten sie via Thurn und Taxis nach Brüssel. Nach heutigem Wert wären das immerhin 100 Millionen Mark. Sie kamen an. Es handelte sich vermutlich um den Sold für die spanisch-italienischen Truppen in den Niederlanden.

Die Taxis betrieben keineswegs den ersten oder einzigen Kurierservice dieser Art. Fürstenhöfe, Kaufmannsgilden, auch Universitäten unterhielten eigene Dienste. T&T waren aber bald erfolgreicher als andere, weil sie sich Staatsaufträge sicherten, beispielsweise auch die umfangreiche Post des Papstes europaweit austrugen, und sich daher ein größeres Netz leisten konnten. Für 12000 Gulden im Jahr verbanden sie die Höfe Spaniens, Frankreichs und der Habsburger mit ihrem Service. Die Effizienz verblüfft: Ein Brief zwischen Brüssel und Paris wurde innerhalb von 24 Stunden ausgeliefert, zwischen Brüssel und Innsbruck in fünfeinhalb Tagen (im Sommer), zwischen Brüssel und Granada in 15 Tagen, bei den maroden Verkehrsverhältnissen eine gewaltige Leistung.

Die Memminger Chronik von 1490 gibt Auskunft, welches ausgeklügelte Effizienzdenken dem Kurierdienst zu einem florierenden Wirtschaftsunternehmen verhalf. Entlang der Kurierstrecken waren in Abständen von fünf Meilen (etwa 37,5 Kilometer) Ablösestationen eingerichtet. Die Routen wurden meist an den Städten vorbeigeführt, weil diese ihre Tore nachts schlossen und damit den 24-Stunden-Betrieb des Vorläufers des United Parcel Service behinderten – schon damals störte offenbar ein rigoroser »Ladenschluß« die Dynamiker unter den Kaufleuten. Ein Post (abgeleitet von: der Posten; später in weiblicher Form Einzahl als Sammelbegriff für das einschlägige Gewerbe gebräuchlich) mußte pro Stunde mindestens 7,5 Kilometer zurücklegen, das entsprach einer Meile. Geritten wurde Tag und Nacht, wer die knappen Zeitvorgaben nicht schaffte, hatte mit Lohnkürzung zu rechnen. Um möglichst wenig Zeit zu verlieren, bliesen die Kuriere in ein Horn, sobald sie sich der Station näherten. Die Ablösung mußte dann bereits im Sattel sitzen: eine perfekte Stafettenkette vor immerhin 500 Jahren. Ihr Funktionieren verblüfft noch heute, es deutet darauf hin, daß der Sinn für Dienstleistung in hiesigen Breitengraden erst später gründlich verschüttet worden ist, durch welche rätselhaften Einflüsse auch immer.

Später kam noch die Personenbeförderung hinzu. Eine geheime Abteilung besorgte außerdem, getrennt vom übrigen Verkehr, die militärische Nachrichtenübermittlung. Weil die Dienstleistungen so gut klappten, galt von 1512 an der Name Franz von Taxis als offizielle Bezeichnung der kaiserlichen Post. Das »von« war ökonomisch und strategisch von größter Bedeutung. Das hatte weniger mit Ehre zu tun als vielmehr damit, daß man nun dank des Adelspatents den Zugriffen der niederen Gerichtsbarkeit entzogen war. Das bedeutete: Man konnte mit dem Adel direkt verhandeln. Die Taxis trugen den Titel Kaiserliche Postmeister, blieben aber private Unternehmer, deren Wohlstand sich dank der auf Generationen garantierten Einnahmen nun gewaltig vermehrte. Von 1615 an war das lukrative Postregal sogar auf den erstgeborenen männlichen Nachkommen der Familie vererblich. Das wäre vergleichbar, wie wenn man heute Bill Gates auf Generationen die Telekoms der größten europäischen Länder zur freien Nutzung überschriebe.

Eine herausragende Rolle beim Aufstieg des Unternehmens spielte eine lustige Witwe: Alexandrine von Taxis (1598–1668). Sie leitete 40 Jahre lang den Transportkonzern, was in den Wirren des Dreißigjährigen Kriegs beträchtliches diplomatisches Geschick erforderte. Zudem stieß die reichlich unklare Herkunft der Dachs alias Tasso alias Taxis, in Brüssel residierend, in den von ersten nationalistischen Fieberschüben geschüttelten deutschen Ländern auf zunehmendes Befremden: Warum ausgerechnet Ausländern, womöglich jüdischer Abstammung, die gesamte Post des Heiligen Römischen Reiches Deutscher Nation anvertrauen? Die Taxis zogen schleunigst ihre Lehren aus den Intrigen, verheirateten und verschwägerten sich mit allen möglichen Herrschergeschlechtern kreuz und quer durch Europa, um ihr Postregal möglichst breit zu verankern. Zur Untermauerung ihres dynastischen Anspruchs ließen sie in aufwendigen und gutbezahlten Gutachten herbeischreiben, daß schon immer blaues Blut in ihren Adern geflossen sei. Quelle sei ein Nebenzweig der Torriani aus der Gegend von Bergamo gewesen. Diese hatten es als Adelsfamilie de la Torre in Mailand zu großem Ansehen gebracht. Aufgrund dieser angeblichen oder tatsächlichen Verwandtschaft fügte man den altertümlich germanisierten »Turm« als »Thurn« in den Firmen- und Familiennamen ein. Es machte sich entschieden besser als nur »Taxis«: eine frühe Form von Corporate identity.

Dem Geschäft bekam diese PR- und Vermählungsstrategie. Ein Nachkomme der rührigen Witwe Alexandrine verlegte den Konzernsitz 1728 nach Frankfurt und bezog wenig später das neuerbaute Palais an der Eschersheimer Gasse. Alexander Ferdinand von Thurn und Taxis entfaltete hier grandiosen höfischen Prunk. Das italienische Urbedürfnis nach Glanz und Gloria, phantastischen Uniformen und imposantem Trara spielte auch bei späteren Generationen eine Rolle: Man lebte auf größtmöglichem Fuß und zeigte seinen Wohlstand freimütig, was im bürgerlich-kommerziellen Frankfurt freilich nicht so gut ankam.

Der Haushalt umfaßte 160 Bedienstete inklusive Zeremonienmeister, Kammerdiener und Orchester. 80 Pferde zur persönlichen Verwendung standen in den Stallungen. Die Buchführung erwies sich hingegen als weit weniger akkurat als die der Fugger. So ist man bei der nachträglichen Bilanzprüfung weitgehend auf Mutmaßungen angewiesen. In der Mitte des 18. Jahrhunderts, auf dem Höhepunkt des T&T-Konzerns, standen etwa 20 000 Menschen im Dienst der Firma und noch weit mehr Pferde. Die Bruttoeinnahmen aus dem gesamten Post- und Kurierdienst betrugen um die 20 000 Gulden pro Tag, der Nettoverdienst der Inhaber lag bei vier Millionen Gulden im Jahr.

Aus politischen Gründen verlegte man den Firmensitz 1748 nach Regensburg, wo man fünf Jahre später das für die fürstliche Hofhaltung umgebaute Kloster St. Emmeram bezog. Alexander Ferdinand stieg zu höchsten Ehren auf und trat als ständiger Vertreter des Kaisers beim immerwährenden Regensburger Reichstag auf. In ihren prachtvollen Schlössern entfremdete sich die Familie nun zunehmend dem mühsamen Postgeschäft auf den staubigen und unbequemen Straßen; der Niedergang des Konzerns ließ sich nicht mehr aufhalten. Das einst über halb Europa ausgedehnte Postnetz blieb im Lauf der Zeit auf das deutsche Kernland beschränkt. Zwischendurch setzte man noch einmal auf Innovation und kaufte für eine irrwitzige Summe den Frankfurter Konkurrenten, der Familie von der Heyden, den Betrieb der Poststrecke Frankfurt–Köln ab; sie galt als profitabelste im ganzen Reich.

Das zersplitterte Deutschland zählte 1806 vier Dutzend verschiedene Postverwaltungen, die mit Ausnahme Sachsens, Bayerns, Preußens und einiger kleinerer Länder von den Thurn und Taxis auf Pacht betrieben wurden. Aber das Geschäft erwies sich als zunehmend mühselig. 1848 warf die geschrumpfte Firmengruppe noch einen Gewinn von einer Million Mark ab. Durch eigene Briefmarken versuchte T&T das Geschäft noch einmal anzukurbeln. 1867 verstaatlichte Preußen das, was vom Konzern übrig war, gründete vier Jahre später die Deutsche Reichspost, entschädigte die Postlerfamilie mit drei Millionen

Talern und übernahm deren 5000 Postpferde. Die abgehalfterten Postmeister im Fürstenstand verlegten sich nun aufs Immobiliengeschäft,
gründeten und kauften Brauereien und widmeten sich der eigenen
Bank.

Um welche Dimensionen es dabei ging, zeigt ein Blick in das »Jahrbuch des Vermögens und Einkommens der Millionäre in Württemberg mit Hohenzollern« von 1914. Der ehemalige Regierungsrat im
Reichsamt des Innern, Rudolf Martin, hatte sich der Mühe unterzo-
gen, diese Outingliste zu veröffentlichen, ein aufschlußreiches »Who's
who« der Besserverdienenden am Ende einer Epoche. Albert VIII.
Fürst von Thurn und Taxis und seine Gattin, Margarethe Erzherzogin
von Österreich, scheinen in diesen famosen Charts des Reichtums mit
einem Vermögen von 270 Millionen RM und einem Jahreseinkommen
von fünf Millionen RM auf. Zum Vergleich: Der Landesherr, König
Wilhelm II. von Württemberg, mußte sich mit einem Vermögen von
36 Millionen RM und einem Jahreseinkommen von 2,9 Millionen RM
bescheiden. Die Liste – sie ist nur eine von 24 im ganzen Deutschen
Reich – notiert in Württemberg einen Thurn- und Taxis'schen Besitz von 18 415 Hektar, davon 16 022 Hektar Wald in 129 Steuergemeinden. Allein das Schloß Taxis bei Dischingen im Härtsfeld, noch
heute Sommerresidenz der Familie, wies 8079 Hektar aus. In Bayern:
St. Emmeram (6925 Hektar). Es folgen: Wörth, Oberpfalz (9656 Hektar); Sulzheim, Unterfranken (949 Hektar); Hofmarschallamt, Oberpfalz (68 Hektar). Hinzu kamen Ländereien in Krotoschin (Posen),
Banija (Kroatien), Leitomischl, Reichenburg, Chitieschau (alle drei
Böhmen). »Summa«, addierte der fleißige Regierungsrat a. D. Martin:
1 237 765 Hektar, davon 91 239 Hektar Wald, in 493 Steuergemeinden.
Fürst TT war damit der größte Grundbesitzer des Reiches.

Mangels Notwendigkeit und anderer Beschäftigung gab man sich
ausschließlich dem Hofleben hin, die Führung der Unternehmen überließ man Domestiken. Die Bälle mit allerlei Frivolitäten mitten im katholischen Regensburg waren berühmt und bei Nicht-Eingeladenen
berüchtigt. Der große Ballsaal wird in einem Reiseführer der Jahrhun-
dertwende beschrieben:»Mit seinen vielen Lichtern und seiner mär-
chenhaften Atmosphäre zeigt er wie das ganze Schloß unglaublich
viele Kunstschätze und wertvolle Gegenstände aller Art (...) ausneh-
mend teuer.« Die kostbare Holztäfelung und die Tapisserien hatte man

aus dem Frankfurter Palais mitgebracht. Prinz Albert, der Urgroßvater des minderjährigen Prinzen, wird in einer Dokumentation der Familie auf Fotos als femininer Dandy präsentiert, mit zentimeterbreiten Ringen an den Fingern und Goldkettchen am Handgelenk. Ein etwas verschämter Text dazu gibt Auskunft: »Wollte man Kritik anlegen, könnte man sagen, seine Räume seien eher die Wohnung einer Dame als eines Herrn.« Dieser Bombast mit seinem unverkennbaren Schlag ins Absurde kontrastiert herb mit dem nicht weit entfernten Castell, wo man mit Thurn & Taxis zwar auf gleicher Fürstenebene verkehrte, aber doch ganz andere Vorstellungen vom adligen Dasein pflegte.

Castell, Fugger, Thurn & Taxis – drei Geschlechter, drei sehr unterschiedliche Banken-, Firmen- und Familiengeschichten, die eines vereint: Zähigkeit und Fähigkeit zugleich, über Generationen, Kriege und Katastrophen hinweg ihre Domänen zusammenzuschweißen.

Am deutlichsten wird das bei den Castell, einem der ältesten Adels- und Familienunternehmen Deutschlands: erdverwachsen, pietistisch und mit enormem Sendungsbewußtsein gesegnet. Der Stil ist ein völlig anderer als bei den extrovertierten Thurn und Taxis oder den zurückgezogen lebenden Fuggern. Das liegt nicht nur an der dörflichen »Hauptstadt« Castell mit ihren gerade 700 Einwohnern. Der 74jährige Hausherr Albrecht Fürst zu Castell-Castell legt Wert auf die Feststellung: »Ich bin im beruflichen und familiären Bereich eine Autorität.« Das klärt die Lage nachhaltig.

Die Stellung als Nummer 24 in der Ahnengalerie bringt eben eine naturgegebene Souveränität mit sich, da braucht man nicht lange über Legitimation zu reflektieren: Sie waren bei der letzten Jahrtausendwende schon da, und sie sind bei der nächsten immer noch da – und so intakt wie kaum je zuvor. Der Fürst steht der pietistischen Herrnhuter Brüdergemeine nahe, einer streng evangelischen Religionsgemeinschaft, die den Gemeinschaftsgedanken pflegt und 1751 mit der »Gemein-Credit« in Neuwied am Rhein, südlich von Bonn, eine der ersten Genossenschaftsbanken der Welt gründete. In eigener Sache will der Fürst den Gemeinsinn nicht so weit treiben, zögert aber nicht, in Ansprachen vor Bankgremien die Allmacht weder in der Chefetage der Deutschen noch der Bundesbank zu vermuten – was unter deutschen Bankiers sonst üblich ist –, sondern ein paar Etagen darüber. Bei manchen Einlassungen des Hausherrn merkt man deutlich, daß die Castell-Castell von 1228 bis 1806 das amtliche Prädikat »von Gottes Gnaden« im Titel führten. Spötter bezeichnen denn die Bank auch gern als bayerischen Banco de Spirito Sancto.

Der heutige Fürstenkonzern, dem 1992 Richard von Weizsäcker einen Quasi-Staatsbesuch abstattete, geht zu einem guten Teil auf Rechnung des Fürsten, die beträchtliche Ausweitung des Weinbaus ebenso wie die Konsolidierung der Bank. Gern verweist er darauf, daß dies, kriegsbedingt, mit seiner Ausbildung wenig zu tun habe: vier Jahre Volksschule, Privatunterricht, Landerziehungsheim in Schondorf am Ammersee, Reichsarbeitsdienst, schließlich Wehrmachtleutnant in der 2. Schwadron des Kavallerieregiments 31. Als er aus dem Krieg nach Hause kam und als Zwanzigjähriger Fürst und Hauschef wurde, war der Bestand des Erbes keineswegs gesichert. Im Schnellverfahren holte er zwei Jahre Landwirtschaftsschule nach, was dringend nötig war, Land- und Forstbetriebe befanden sich in einem maroden Zustand.

In der Chronik der Bank bis hin zum Zweiten Weltkrieg waren Irrläufe der Geschichte nichts Ungewöhnliches. Revolutionen, Inflationen, Kriege, Niederlagen und Siege hatte die »Cassa« überdauert, das eine und andere Mal stand man kurz vor dem Konkurs. 1774 als »Gräflich Castell-Remlingen'sche Landes-Credit Casse« gegründet, zählt die Bank zu einer der ältesten noch bestehenden Deutschlands. Um den Titel der allerältesten Sparkasse balgen sich seit Jahrzehnten die Sparkasse Detmold (1786) und die mutmaßlich wenige Monate später gegründete Landessparkasse Oldenburg. Die Castellsche ist zwar zwölf Jahre älter, aber erst seit 1899 als Sparkasse anerkannt. Man fühlt sich denn auch mehr in der Tradition des berühmten Banco Pubblico, 1621 »im neuen gwölb« unter dem Rathaus in Nürnberg gegründet und nach der 31 Jahre älteren Hamburger Firmengründung von Johann Berenberg (s. Kapitel 8, S. 321 ff.) die zweitälteste Bank Deutschlands; sie bestand bis 1827.

Die Grundlage für die Fürstenbank schuf der Castellsche Regierungschef Adolph von Zwanziger, der den Auftrag des Nürnberger Rats, den Banco Pubblico zu sanieren, ausschlug und lieber ein eigenes Institut von seines Herrn Gnaden eröffnete. In dem ländlichen Raum blühte mangels Konkurrenz der Zinswucher. Waren andernorts 4 Prozent üblich, mußten die Casteller in ihrem entlegenen Ländchen 6 Prozent hinblättern. Einfachste Abhilfe: die eigene Bank; eine Versicherung kam später hinzu.

Es war zunächst mehr eine staatspolitische als eine pekuniäre Angelegenheit. Die Anfänge liefen zäh, die Zeiten waren hart. Eben hatte man eine zweijährige Hungersnot überwunden, »wie das Vieh waren die Menschen genöthigt, das Gras auf dem Felde vor Hunger zu reißen«. Die Bäcker vermahlten Unkrautsamen zu Brot und stellten Wachen vor ihre Backstuben, weil sie sonst von verzweifelten Hungernden überfallen worden wären. Einziger nennenswerter Erwerb im Mini-Fürstentum war neben der Landwirtschaft der Abbau von Gips und Alabaster. Auch als es besser lief, ließen sich die Schuldner Zeit – um so mehr, je höher ihr Schuldenstand lag. Reichsgraf Josef von Schlick, Minister am Hof zu Mainz, nahm beispielsweise 1793 einen Kredit von 528000 Gulden auf, danach noch einmal 100000, für den Kauf Esterhazyscher Besitzungen in Böhmen. Die letzte Rate wurde 82 Jahre später getilgt, nach einem Rattenschwanz teurer Prozesse vor dem Landgericht in Prag.

Im Revolutionsjahr 1848 stürmten verunsicherte Sparer die Schalter. Innerhalb von vier Monaten mußten 254220 Gulden ausbezahlt werden. Die Bank ging darüber beinahe pleite, dementierte aber in einer Zeitungsanzeige »ausgestreute böswillige Gerüchte« unerschütterlich; die angelegten Kapitalien seien vielmehr »vollständig gesichert gegen genügende hypothekarische Sicherheit auf Grundbesitz ausgeliehen, und überdies auch noch durch den gesamten bis jetzt ganz hypothekenfreien, sehr beträchtlichen Grundbesitz etc. des Herrn Grafen zu Castell verbürgt«. Die allmähliche Industrialisierung verbesserte die Lage, das Wirtschaftswunder der Bismarck- und Vorkriegsjahre verwöhnte schließlich auch die kleine Bank mit gesunden Zuwächsen. 1913 wies man mit 290000 Mark den bis dahin höchsten Gewinn aus.

Darauf folgte wiederum eine Serie magerer Jahre, schließlich eine Dürreperiode. Aufschlußreich ist, wie die kleine Privatbank das Währungschaos von 1923 überlebte: Eine Billion Papiermark entsprach einer Goldmark. Damit klarzukommen hätte auch finanziell sehr viel besser ausgestatteten Instituten enorme Probleme verursacht. Nach einer Beruhigung der Lage forderten die Anleger den Aufwertungsgewinn ein. Größere Banken mit ihrer monopolartigen Struktur konnten die Ansprüche kühl zurückweisen. Kleine Banken unter Konkurrenzdruck mußten schauen, wo sie blieben. Castell zahlte 1927 auf alle Anlagen einen Aufwertungszuschlag von 12,5 Prozent, was immerhin 1,5 Millionen Mark kostete. Einmal mehr erwies sich der inflationsfreie Background in Festmetern Holz aus der fürstlichen Domänenverwaltung als lebensrettender Anker. Mehrfach mußten Verluste durch »Erübrigung des fürstlichen Besitzes ausgeglichen werden«, wie man später das haarscharfe Vorbeisurfen am Konkurs sanft umschrieb.

1937 übernahm Castell auch noch die Kitzinger Privatbank Joh. Mich. Meyer, ein Unternehmen jüdischen Ursprungs, und einen Teil von dessen Filialen. 56 Jahre später, im Mai 1993, lud der amtierende Fürst 29 überlebende Juden aus Kitzingen und Umgebung aufs Schloß mit der Bemerkung, daß sie in sein Haus kämen, erachte er als durchaus nicht selbstverständlich: »Wir haben nicht protestiert, wir haben Ihnen nicht geholfen, wir haben nichts für Sie getan. Ich bitte Sie um Vergebung.«

Seine Frau, Marie-Luise zu Waldeck und Pyrmont, räumte ein, aus einer Familie zu stammen, in der antisemitische Äußerungen zum Alltag gehörten. Was sehr vornehm formuliert ist. Josias Erbprinz zu Waldeck und Pyrmont, Jahrgang 1896, ein Neffe der holländischen Königin, war einer von Heinrich Himmlers ersten und eifrigsten »blaublütigen Rekruten« gewesen. Seit 1929 Mitglied der NSDAP, stieg er in der Nazi-Hierarchie rasch auf und wurde bereits 1930 Adjutant des SS-Führers. Drei Jahre später zum SS-Obergruppenführer ernannt, was dem Rang eines Armeegenerals entsprach, richtete er in Kassel ein »Büro für die Germanisierung der Ostvölker« ein. Während des Krieges unterstand ihm unter anderem die Jurisdiktion über das KZ Buchenwald. Ein amerikanisches Gericht verurteilte ihn in Dachau zu lebenslänglichem Gefängnis. 1950 kam er »aus gesundheitlichen Gründen« frei; er starb 1967.

Tritt faßte die Castellsche Bank erst wieder Jahre nach dem Zweiten Weltkrieg. Im Jahrzehnt des ungebremsten Wirtschaftsbooms, 1980 bis 1990, verdoppelte sich die Bilanz auf 688 Millionen DM. Man ist an der Nobis des Banques Sociétés Luxembourg mit 15 Prozent, an der CZ Computer Zentrale Gesellschaft für Datenverarbeitung und an der Bau 2000 GmbH Würzburg beteiligt.

»Crescit sub pondere palma«, philosophiert der Fürst in einem Buch, das ihm die Mitarbeiter zum 70. Geburtstag gewidmet haben. »Die Palme wächst unter einer Last.« Immerhin: Sie gedeiht, wenn auch herbes fränkisches Klima das Wachstum von Tropenbäumen nicht unbedingt begünstigt. Aber schließlich stammt der Wahlspruch von seinem Urururururururgroßvater Wolfgang Dietrich Graf und Herr zu Castell, und dem stärkten auch schon 18 namentlich bekannte adlige Ahnen den Rücken. Das gibt Gelassenheit, wie sie sich ein lohnabhängiger Bankchef, dem hungrige Aktionäre im Nacken sitzen, nicht leisten könnte. Diese innere Ruhe, die sich nicht in Renditeprozenten ausdrücken läßt, zieht sich bis heute durch die Geschicke der Bank.

Auch andere Details markieren den Unterschied: die periodisch erscheinenden »Casteller Nachrichten« beispielsweise, eine kuriose Mischung aus Betriebszeitung, Konzern-Nachrichten und Hofklatsch. Dafür, daß letzterer nicht ins Kraut schießt, ist gesorgt. Das Impressum weist Fürstin Marie-Luise als »verantwortlich für den Inhalt« aus. Die Empfänger des aufwendig produzierten Blattes können jeweils nachlesen, wohin es die übrigen Casteller verschlagen hat, die sich mit bürgerlicher Brotarbeit durchs Leben bringen müssen: Hubertus Graf zu Castell-Rüdeshausen wurde Berufsjäger für ein Safari-Unternehmen in Windhuk; Alexander zu Castell-Castell kaufte mit anderen Familienmitgliedern 1990 die Käthe-Kruse-Puppenfabrik in Donauwörth; William F. Castell, Onkel des Hauschefs, setzte sich als Flugzeugingenieur in Kalifornien zur Ruhe. Man erfährt, wer in der Bank zum »Fürstl. Castellschen Bankrat« ernannt wurde. Der verstaubte Titel ist offiziell und, da einzigartig, sehr begehrt. Bei Hochzeiten amtierender und künftiger Inhaber gibt's jeweils ein Titelfoto mit Brautpaar, wobei die Töchter in dieser nach Hausmaßstäben nicht unwichtigen Disziplin bisher erfolgreicher abschlossen als die Söhne: Stephanie mit Graf Khevenhüller-Metsch, Philippa mit Michael Prinz zu Salm-Salm, Johanna mit Johannes Prinz Lobkowicz, der versucht, auch das erfährt der Leser der Hauspostille, einen Teil der beträchtlichen Besitzungen in Böhmen für die Familie loszueisen. Mit größerem Erfolg übrigens als die deutsche Verwandtschaft. Der tschechische Staat gab das Lobkowicz-Schloß Drahenice mit 942 Hektar Wald, 92 Hektar Fischteichen und 100 Hektar mit Hofgebäuden und Stallungen an die Familie zurück. Sogar der Wertverlust zwischen 1948 und 1992 wurde verrechnet.

Die Erbfolge bei Castells ist en détail geregelt. Der jüngste Sohn, Ferdinand (Jahrgang 1965), wird Domäne, Schloß, Haus, Hof und Gut allein übernehmen, ebenso die Bank in Realteilung gemeinsam mit dem Chef des Hauses Castell-Rüdeshausen. Maximilian, der älteste Sohn von Fürst Albrecht und eigentlicher Erbe, verunglückte bei einem Autounfall tödlich. Der zweite, Alexander, ist geschieden, der dritte, Georg, heiratete bürgerlich; beides bleibt nicht ungeahndet. Beim Erben geht's bei Hofe noch härter zu und her als im bürgerlichen Leben. Hier erweisen sich nun allerdings die wahren inneren Werte des Adels: Sie schützen die nach bürgerlichem Recht nicht vorgesehene Möglichkeit des »Hausgesetzes«. Dieses ist im Wortsinn zwar nicht rechtsverbindlich, hält die Erben aber doch sehr erfolgreich auf Linie. Wer ausschert, bekommt es mit dem Chef des Hauses zu tun. Der hat durchaus wirksame Druckmittel zur Hand. Er regelt den Nachlaß früh und läßt die Nachkommen zeitig wissen, was sie zu gewärtigen hätten, falls sie das Hausgesetz nicht respektieren.

Kaum sind die Kinder volljährig, müssen sie den schweren Gang zum Notar antreten, um sich per Unterschrift froh und frei selbst zu enterben. Das Castellsche Hausgesetz von 1861 beruht auf der »Erbeinigung« vom 7. Oktober 1560 – Tradition bis zum letzten Atemzug. Das Hausgesetz verfährt mit Erben zweiten Ranges unnachsichtig: Vier Töchter und zwei Söhne des amtierenden Castell-Chefs mußten den »freiwilligen und notariellen Pflichtteilverzichtsvertrag der weichenden Erben« unterschreiben, ob's behagte oder nicht. Sie taten es ohne Pressionen und gern, wird versichert. Ihnen steht laut Vertrag nur gerade das Wohnrecht auf Lebenszeit im Schloß zu. Abgemildert wird dieser Erben-GAU heute allerdings durch beträchtlichen Besitz, der nicht zum Altvermögen zählt und daher vererbbar ist.

Das schönste Stück der edlen Erbmasse bleibt die Bank – allein schon, weil sie das Familienvermögen verwaltet. Bei der Vererbung der Bank greift das rigorose Hausgesetz. Damit der herbe Verzicht den leer ausgehenden Nachkommen etwas leichter fällt, spricht man in der Familie nicht von profanem Eigentum, sondern von »in Treuhänderschaft von Generation zu Generation weitergereichtem Familiengut«. Nur so, das besagt die schlüssige Erbideologie, kann für die nächsten 1000 Jahre zusammenbleiben, was in den letzten 1000 Jahren zusammengehörte.

2

»Amor hat mir eine völlige Niederlage beigebracht«

Liebesbriefe und irrationale Gefühlswindungen unsterblich Verliebter passen nicht zum nüchternen Geldgeschäft. Dennoch sind sie das Lesenswerteste, was von über 250 Jahren Geschichte der Frankfurter Bankhäuser Bethmann und Metzler geblieben ist. In dieser deutschen Romanze auf höchster Ebene war kein Platz für Romeo und Julia. Dafür war der Liebhaber zu alt, zu dick und zu mächtig, die Geliebte zwar voller Anmut, aber zu emanzipiert und alles andere als schicksalsergeben. Eine große Liebe ist aber trotzdem daraus geworden, und eine tragische noch dazu.

»Ach, wenn ich doch noch dort wäre, in Ihrer Nähe! Vor einem Jahre an diesem Morgen um 7 Uhr war es, daß Sie am Forsthause waren, die Truppen vorüberziehen zu sehen. Wie lebhaft erinnere ich mich an das Alles und an das, was ich fühle!!! Ich erinnere mich an jedes Wort. Diese glückseligen Erinnerungen werden erst mit meinem Leben aufhören, sie sind mir zu teuer, um mir nicht immer gegenwärtig zu sein.«

Hier schmachtet nicht der junge Werther, sondern ein preußischer König und Kriegsherr, 49 Jahre alt, Vater erwachsener Kinder, reichsbekannter Ehebrecher und Filou. Diesmal war es ihm allerdings wirklich ernst, wahrscheinlich das einzige Mal in seinem völlig unpreußischen, orgiastischen Liebesleben: Friedrich Wilhelm II. hatte sich unsterblich in die junge Bankierstochter Sophie von Bethmann-Metzler verliebt, Sproß einer der vornehmsten Familien Frankfurts: Die Bethmanns wie die Metzlers galten als die dominierenden Bankiersdynastien der freien Reichsstadt, wichtiger noch als die Rothschilds, die ihren Aufstieg in die oberste Bankiersliga im letzten Jahrzehnt des

18. Jahrhunderts erst langsam vorbereiteten. (Die Firma »Mayer Amschel Rothschild & Söhne«, die Keimzelle des späteren Rothschild-Imperiums, wurde 1810 gegründet.)

Die Briefe an seine Angebetete schrieb der liebeskranke Friedrich Wilhelm zwischen 1793 und 1796 – in der heißesten Phase sogar zweimal täglich. Obwohl sie zum Schönsten gehören, was Preußenkönige je an Schriftlichem hinterlassen haben, sind diese Briefe der Geschichtsschreibung kaum bekannt, wahrscheinlich, weil sie so gar nicht zum martialischen Image der Preußenpotentaten passen. Würde man seinem Großonkel, dem »Soldatenkönig« Friedrich Wilhelm I., der den Sohn eigenhändig vor versammelter Dienerschaft verprügelte, gehauchte Schmachtfetzen wie »Die Thränen der Liebe ersticken mich« zutrauen? Oder gar dem geprügelten Kronprinzen, dem nachmaligen Friedrich dem Großen, der es mehr mit Männern hielt und seine zum Schein angetraute Ehefrau Elisabeth Christine von Braunschweig kein einziges Mal über die Schwelle seines neuerbauten Refugiums Sanssouci ließ?

Der Neffe und Nachfolger Friedrichs des Geprügelten, Friedrich Wilhelm der Schwerenöter, erschien den prüden Preußen-Chronisten als »träger« und »sittenloser« Hohenzollernsproß. Als König und Heerführer zeigte er sich in der Tat nur mäßig erfolgreich. Dafür zählt er als Verfasser von Liebesarien zu den begabtesten Talenten des deutschen Adels seit Walther von der Vogelweide. Sein Briefwechsel erschien 1929 zum ersten und einzigen Mal, und damals auch nur unter Ausschluß der Öffentlichkeit, in einer numerierten Auflage von 200 Exemplaren für die Mitglieder der Bibliophilen Gesellschaft Frankfurts. Fast verschämt reichte man die gedruckten Liebesfrüchte unter Kennern von Hand zu Hand. Während der Regentschaft der Hohenzollern hatte man sich nicht einmal zu dieser Geheimauflage durchringen mögen. Man hielt die rührende, manchmal rührselige Post schlicht für peinlich, verwerflich und unmoralisch.

Erst Louis Ferdinand Prinz von Preußen machte in einer Rezension für den »Spiegel« seinen Frieden mit dem Filou der Familie. Der von ihm besprochene Roman Ernst von Salomons, in den fünfziger Jahren erschienen, trägt den Titel »Die schöne Wilhelmine« und beschreibt eine weitere Liebesaffäre des mutmaßlich vitalsten Liebhabers der Hohenzollern. Louis Ferdinand läßt Gnade walten: »Je länger man dieses Buch liest, desto mehr schätzt man es, desto mehr wachsen einem die beiden Hauptfiguren Wilhelmine Enke und Friedrich Wilhelm II. ans Herz.« Aber vor all diese Love-Storys aus Bank- und Königshäusern setzt der preußische Tugendkalender nun einmal Pflicht und Geschäft.

Die Bankhäuser Gebr. Bethmann und B. Metzler seel. Sohn & Co. existieren noch immer. Bethmann ist eine Tochter der Hypo- und Vereinsbank, Metzler gehört nach wie vor den Metzlers und ist zugleich eine der ältesten Privatbanken Deutschlands, in der die Gründerfamilie noch das Sagen hat. Ende der dreißiger Jahre wuchs Metzler beträchtlich durch die Übernahme der befreundeten Privatbank Jakob S. H. Stern, eine starke Beteiligung an E. J. Meyer, Berlin, sowie durch Teile von J. Dreyfus & Co. Als die Inhaber der Dreyfus-Bank von den Nazis bedrängt wurden – einen von ihnen, Paul Wallich, trieben sie in den Selbstmord – und später ins Ausland gehen mußten, leiteten diese alle Aktiva und Passiva ihrer Frankfurter Filiale und einen Teil des Personals auf Metzler über. Die Bank selbst und deren Berlin-Niederlassung wurde an Merck, Finck & Co. verkauft. Die Münchner Privatbankiers, die auch die Rothschild-Bank in Wien schluckten, nutzten die Zwangslage der Dreyfus-Inhaber eiskalt aus und drückten den Übernahmepreis auf magere 1,9 Millionen Mark, obwohl J. Dreyfus noch 1936 eine der größten deutschen Privatbanken im Emissionsgeschäft gewesen war.

Die Nachfahren des Tuchhändlers Benjamin Metzler überstanden den Zweiten Weltkrieg zwar moralisch unbeschadet, aber das Bankhaus wurde fast völlig zerstört, die Akten verbrannten, keine einzige Originalbilanz blieb erhalten. Das Auslandsgeschäft brach zusammen, und viele Industriekunden waren buchstäblich zugrunde gebombt worden. Doch die Familie stellte ihre Zähigkeit noch einmal unter Beweis. Friedrich von Metzler sitzt heute im Vorstand der Bankholding und ist zugleich persönlich haftender Gesellschafter, einer von insgesamt vier. Barbara von Metzler ist stellvertretende Vorsitzende des Aufsichtsrats. Die Bilanzsumme liegt bei rund 1,5 Milliarden DM. Die besten Erträge bringen der Wertschriftenhandel und die Verwaltung von Großvermögen auf Provisionsbasis, aber um diese Geschäfte balgen sich alle Privatinstitute, auch die feinen Ableger der Großbanken.

Attraktiv sind institutionelle Anleger, etwa Versicherungen und Pensionskassen, die auf langfristige Geldanlagen angewiesen sind. Man verkauft an Versicherungsgesellschaften beispielsweise komplette Systeme für das Controlling eigener Kapitalanlagen. Metzler verwaltet für Großanleger über sechs Milliarden DM unter dem Titel Asset Management. Über 70 hauseigene Publikums- und Spezialfonds stehen zur Verfügung.

Metzler eröffnete Niederlassungen in München, New York, Seattle, was die stark angelsächsische Ausrichtung unterstreicht, und – selbstverständlich – in Luxemburg. Bemerkenswert: Der Standort Dublin wird für Banken immer wichtiger, auch für die Metzlers, die sich dort einen »Save Haven« geschaffen haben, wie viele andere auch, etwa die Deutsche Bank, die einen wesentlichen Teil ihrer Aktivitäten aus Luxemburg auf die freizügige grüne Insel verlegte: Irland entwickelte sich zu einem unauffälligen Andockplatz für amerikanisch-europäische Finanztransaktionen, nachdem für deutsche Anleger Luxemburg drastisch an Attraktivität einbüßte, weil es der Steuerfahndung mehrfach gelang, verschlungene halblegale und illegale Kanäle zum Fürstentum offenzulegen.

Wenn Bankiers überhaupt je Schwüre leisten, schwört man bei Metzlers, und bei über 250 Jahren Bankerfahrung – der Tuchhandel der Familie wurde bereits 1674 gegründet – kann man sich solche Schwüre leisten: »Aus Gründen der Unabhängigkeit und Glaubwürdigkeit« handle man niemals auf eigene Rechnung mit Devisen und Papieren. Obschon dieses Privatgeschäft sehr lukrativ sein kann und von vielen Privatbanken stillschweigend betrieben wird. Man verläßt sich aber nicht mehr allein auf die Betuchten und den Rundumservice für deren Anlagen. Denn Kunden dieser Kategorie, so die schmerzhafte Erkenntnis der Branche, sind flatterhaft geworden. Sie neigen zum häufigen Fremdgehen, wenn anderswo reizvollere Bedingungen locken.

30 000 Superreiche gibt es in der Bundesrepublik, um deren Geldanlagen sich längst nicht mehr nur verschwiegene Privatbankiers balgen. Die Großbanken dringen auch in diese exklusiven Chambres séparées des internationalen Geldmarkts vor, bisher Domäne der Privaten. Gern machen sich die Großen dabei ganz klein, was sonst nicht ihre Art ist. Sie kaufen sich vornehme Aushängeschilder und gliedern

einstige Privatbanken in ihre riesigen Organisationen ein. Für die kleine Bank bedeutet das dann in der Regel nicht nur das Ende der Exklusivität. Meist bleibt nur mehr der Mantel übrig.

Auf den Chefetagen der Großen hat man längst ein Auge auf die saftigen Zuwachsraten im Private Banking geworfen. Schweizer Adressen sind nicht mehr der alleinige Ansprechpartner. Niederländische und vor allem britische Wertpapierhäuser haben sich fest in diesem Zukunftsmarkt etabliert, auf dem Wachstumsraten von 10 Prozent (Europa) bis zu 15 Prozent (Asien) im Jahr locken. Auch die Deutschen holen auf diesem bisher vernachlässigten Feld auf. Allein die Deutsche Bank will bis zum Jahr 2000 außerhalb Deutschlands 100 Milliarden DM von Privatkunden betreuen.

Schätzungsweise gibt es sechs Millionen Dollar-Millionäre auf der Welt, die zwischen Frankfurt, Djakarta und New York nach optimalen Anlagemöglichkeiten und zwischen Liechtenstein und den Cayman-Inseln nach steuergünstigen Off-shore-Plätzen für ihr Kapital suchen. Der größte Teil im Private Banking wird aber »on shore« verwaltet, das heißt in dem Land, wo die reichen Familien ihren Sitz haben. Und das bedeutet: Banken, die an diesem Geschäft teilhaben wollen, müssen diesen Großvermögen sozusagen nachreisen, müssen dort präsent sein, wo die Shareholder leben, nicht allein in New York oder Singapur, sondern auch in Marbella, Monte Carlo oder Kairo. Und da wird es für private Bankhäuser immer schwieriger, mitzuhalten. Für die umfangreichen und blitzschnellen Geldbewegungen, die das Global Banking heute ermöglicht, sind zudem immer mehr und immer flinkere Hände notwendig. Kunden global zu betreuen ist daher nur noch den Besten unter den kleinen Privatbanken möglich. Wem es nicht schnell gelingt, sich Zugang zu anderen Chambres séparées zu verschaffen, etwas weniger edle vielleicht und ohne Plüsch und Pomp, wo aber immer noch sehr viel Geld zu verdienen ist, der geht unter.

Letztlich entscheiden auch Zähigkeit und Überlebenswille eines Bankiersclans über dessen Zukunft. Dabei sind zweifellos jene wenigen alten Familien im Vorteil, die solche Anpassungsprozesse schon über Generationen geübt haben. Am Beispiel der Metzlers wird das besonders deutlich. Die Frankfurter Privatbankiers haben das Consulting bei der Privatisierung von kommunalen Betrieben entdeckt. Städtische Immobiliengesellschaften mit beträchtlichem Besitz an Liegenschaften sind ein attraktives Feld unter vielen anderen in diesem Bereich.

Modernisierung und Diversifizierung haben allerdings ihren Preis: Die Fixkosten steigen mit jedem neuen Geschäftsfeld beträchtlich. Der Vorteil kleiner Häuser, dank geringerer Grundkosten mit weniger Provisionen auszukommen, schmilzt dahin. Das Bankhaus versteht sich heute als Investmentbank angelsächsischer Prägung, legt starkes Gewicht auf Dienstleistung. Dauernd auf die Geschichte seiner Bank angesprochen zu werden, schätzt Hauschef Friedrich von Metzler denn auch nicht besonders. Es klingt ihm zu sehr nach »in Ehre ergraut«.

Bei den Bethmanns setzte man schon immer mehr auf dezenten Snob-Appeal als bei den befreundeten Metzlers. Die Bethmanns ließen sich adeln, wenn auch nur gerade als österreichische »Ritter« und preußische Freiherren. Sie sind das, was gewachsene »Standesherren«, deren Vorfahren einmal über Leben und Tod ihrer Untertanen geboten, geringschätzig als »Briefadel« beteiln, und dazu noch von relativ niederem. Vom ersten Drittel des 19. Jahrhunderts an durften sich die Bethmanns »von« schreiben, was ihnen, bei aller vornehmen Zurückhaltung, denn doch sehr wichtig war und bis heute geblieben ist. Die Hauschefs scharwenzelten in den besten Zeiten der Bank gern um die Mächtigen und Einflußreichen, ob sie Bonaparte, Habsburg, Romanow, Hohenzollern oder auch nur Goethe hießen. Immerhin waren sie in einer kurzen Periode unter ihrem interessantesten Repräsentanten, Simon Moritz dem Jüngeren, in der ersten Hälfte des letzten Jahrhunderts, selbst sehr mächtig und einflußreich.

Die Metzlers hingegen bevorzugten das Bodenständige, blieben trotz des Adelstitels bürgerlich, später großbürgerlich, vermehrten sich üppig und waren lange Zeit zufrieden mit Frankfurt und seinem Umfeld als eigenem, kleinem Königreich. Sie achteten immer sorgfältig darauf, wenn nicht die Sippe, so doch deren Interessen zusammenzuhalten. Mit diesem nicht glanz-, dafür aber wirkungsvollen Rezept haben sie bis heute, zum unausgesprochenen Ärger der Bethmanns, als Familiengesellschaft überlebt; diese wird, wenn nicht alle Anzeichen trügen, auch noch das dritte Jahrhundertjubiläum, zufrieden mit sich und den hübschen Provisionen, schaffen.

Die Metzler Holding mit ihren 400 Mitarbeitern umfaßt heute sieben Geschäftsbereiche, wovon Corporate Finance wohl der attraktivste, zumindest noch ein ungewöhnlicher Bereich für Banken dieses Zuschnitts ist. Finanzmanagement sowie Mergers & Acquisitions werden für international agierende Unternehmen immer wichtiger und gleichzeitig immer schwerer durchschaubar. Milliardenschwere Finanzströme können dank weltweiter Vernetzung sekundenschnell umgeleitet werden. Da wächst der Beratungsbedarf, um Zinsen, Währungen und Liquiditäten im Auge zu haben. Daß kleine, flexible Privatbanken trotz aller anderen Nachteile hier gegenüber den Branchenriesen im Vorteil sind, liegt schlicht daran, daß sie in der Regel nicht im großen Stil Beteiligungen an Unternehmen halten und sich somit unabhängige Beratung leisten können. Die Metzlers setzen gezielt auf diese Karte.

Bei Gebr. Bethmann sieht es anders aus. Die Erben verkauften 1975 die Mehrheit an die Bayerische Vereinsbank. Der Letzte der Gründerfamilie, Johann Philipp Freiherr von Bethmann, als Buchautor und Warner vor jedweder Finanzkatastrophe sowie durch rege Teilnahme an Talk-Shows bekannt geworden, schied 1994 sang- und klanglos aus dem Verwaltungsrat aus; man hielt ihn nicht zurück, obwohl er es als letzter aktiver Sproß einer berühmten Bankiersfamilie vermutlich erwartet hatte. Der glanzvolle Name jedenfalls reicht längst nicht mehr, und der hervorgehobene Hinweis auf der ersten Seite des Geschäftsberichts auf das 248. Geschäftsjahr ist nicht zwangsläufig ein Qualitätsprädikat.

Das Dasein als Ableger einer Großbank bekam dem einstigen Privatbankhaus – wie vielen anderen, die diesen Weg gleichfalls gewählt haben oder wählen mußten – nicht gut. Die Verwaltung von rund 20 hauseigenen Investmentfonds, die viele Jahre zwei Drittel der Erträge lieferten, zog die Münchner Vereinsbankzentrale nach und nach von Frankfurt ab. Institutionelle Anleger, von Pensionskassen bis zur evangelischen Kirche, die den direkten und flexiblen Umgang mit einer kleinen Bank bei der Verwaltung ihrer enormen Wertpapiervermögen schätzten, wußten oft nicht, daß das edle Emblem von Gebr. Bethmann nur noch als Aushängeschild für das Fondsgeschäft diente. Die Folge: Bethmann verlor, als das durchsickerte, wichtige Kunden.

Privatbanken leben nun einmal davon, daß der Kunde weiß: Die Besitzer der Bank haften mit ihrem privaten Vermögen, falls es schiefläuft. Das bindet Kunden wie Bank. Angestellte Bankmanager hingegen verlieren schlimmstenfalls ihren Job und fallen dabei meist auf sehr weiche, sorgfältig vorbereitete Polster. Denn keine andere Branche – nicht einmal die Politik – vermag derart viele Möglichkeiten zu mobilisieren, um Versorgungsfälle geräuschlos aus dem Verkehr zu ziehen. Sie werden mit schönen, nicht allzu bedeutenden, dafür gut dotierten Aufsichtsratsmandaten finanziell abgefunden, was das Schweigen über interne Vorgänge bis ins Grab sichert. Der gesellschaftliche Status bleibt erhalten, was sich nicht zuletzt in den Texten von pompösen Todesanzeigen ausdrückt. Vom Absturz erfährt in der Regel außerhalb der Bankwälle niemand.

Bethmann und Metzler, das ist eine merkwürdige Symbiose. Sie illustriert zugleich eines der interessantesten Kapitel der deutschen Bankengeschichte. Die beiden Familien sind seit über 200 Jahren in vielfältiger Weise miteinander verbunden, rein familiär allerdings. Geschäftlich hielt und hält man, soweit es ging und geht, das Familiensilber streng getrennt. Sophies Vater, Peter Heinrich Metzler, machte da eher eine Ausnahme. Er ehelichte eine Bethmann-Tochter, und zwar vom sogenannten Bordeaux-Zweig, denn ein Sproß der Frankfurter Sippe hatte sich im 17. Jahrhundert in der Weinmetropole an der Atlantikküste niedergelassen. Ebenso Wilhelm Peter Metzler, der Enkel von Stammvater Benjamin, der dort am überaus ertragreichen Weinhandel beteiligt war. Man betrieb vielfältige Geschäfte, heiratete untereinander und wußte sehr genau, was man aneinander hatte.

Peter Heinrich Metzler nahm sich also Elisabeth Bethmann zur Frau. Es war keine Liebesehe, sondern der Versuch, zwei Firmen zu fusionieren. Der Versuch mißlang wie die Ehe: Die zwei Unternehmen waren schon zu eigenständig und weitläufig, als daß man den Merger einfach via Ehevertrag hätte besiegeln können. Eigenständigkeit und Weltläufigkeit galten auch für die Ehepartner. Beide sprachen exzellent Französisch. Dies blieb dann lange Zeit die Haussprache derer von Bethmann und Metzler, als sie schon längst wieder nach Frankfurt übersiedelt waren. Auch deren Tochter Sophie schrieb sämtliche Liebesbriefe an ihren deutschen König in französisch. Der antwortete gleichfalls in französisch, und sogar auf durchaus literarischem Niveau.

Kein Wunder, daß manche Metzlers und Bethmänner später mit ihren Staatsbürgerschaften durcheinandergerieten: Floß nun mehr französisches oder deutsches Blut in ihren Adern? Erst Jahrzehnte später klärte sich die Frage eindeutig, als man sich nicht nur liebesmäßig, sondern auch geschäftlich eng mit den Hohenzollern einließ. Moritz Bethmann, Bankier, Pferdenarr und fanatischer Zeitungsausschnittsammler – in seinem Nachlaß fand man 357 riesige Bände mit Ausschnitten, jeder Band sechs Kilo schwer –, trat im 19. Jahrhundert als Generalkonsul des Königreichs Preußen auf.

Peter Heinrich Metzler, Vater von Sophie, der unerreichbaren Geliebten des unpreußischen Preußenkönigs Friedrich Wilhelm II., änderte seinen Familiennamen Metzler-Bethmann in Bethmann-Metzler. Das wird stark an der Qualität der Bethmannschen Mitgift gelegen haben, zumal der Schwiegervater darauf bestand, Bethmann käme in der Rang- und Namensfolge vor Metzler. Als Johann Jacob Hollweg die Schwester von Simon Moritz Bethmann heiratete, unterschrieb er als neuer Bankteilhaber seine Geschäftspost gleichfalls brav mit »Hollweg genannt Bethmann«. Die Nachkommen hießen dann fälschlicherweise alle Bethmann Hollweg, es klang einfach besser (man verzichtet bis heute mit leise schlechtem Gewissen auf den Bindestrich). Der letzte bekannte Sproß dieses Zweigs war der verhängnisvolle Kriegskanzler Wilhelms II., Theobald von Bethmann Hollweg.

Bei diesem Namensfimmel dringt der dezente Snobismus Bethmannscher Prägung durch. Nicht ohne Grund bezeichnete man sie in ihren besten Tagen als »Les rois de Francfort«. Auch die konkurrierenden Metzlers hatten sich ein »von« gesichert, sogar noch ein paar Jahre früher. Franz II., der letzte Kaiser des Heiligen Römischen Reiches Deutscher Nation – selbstredend: ein Kunde –, verhalf ihnen dazu. Die Metzlers hielten ebenfalls im feinen Stadtpalais hof, wenn auch nicht ganz so vornehm wie die Bethmanns in ihrer Villa Ariadne oder im Baseler Hof im Zentrum Frankfurts, wo von 1762 an sowohl die Bank als auch die Familie residierte. Kaiser und Könige wurden hier empfangen. Aufs Äußere achtete man bei Bethmanns schon immer mit Akkuratesse. Die Dienerschaft war nach schriftlich fixiertem Hausreglement gehalten, Unkraut zwischen den Pflastersteinen im Hof von Hand einzeln auszurupfen. Noch heute ist die Bethmann-Bank im Baseler Hof hinter kunstvoll geschwungenen schmiedeeisernen Gittern untergebracht. Von Unkraut ist noch immer nichts zu sehen.

Eine Zeitlang, wenn auch nur während weniger Jahre, gelang es den Metzlers, die Bethmanns gesellschaftlich auszustechen. Ihres berühmtesten Kunden und Hausfreundes rühmten sich beide: Goethes. Es machte sich halt gut, ihn in den Jahresberichten als hervorragenden Kunden hervorzuheben. Der arrivierte Geheimrat und Präsident der Finanzkammer Sachsen-Weimars ließ sich bei Bethmanns »Kredit machen«, als er 1786 unter dem nicht besonders originellen Pseudonym »Geheimrat Möller« zur Italienischen Reise aufbrach. Bei Metzlers hingegen, im alten Bernardschen Palais in Offenbach, das unter Friedrich Metzler strahlender Mittelpunkt des gesellschaftlichen Lebens Frankfurts war, widerfuhr dem Dichter elf Jahre zuvor der – leider nur vermeintliche – Big bang seines Lebens: Er begegnete auf einer Metzlerschen Soiree der Bankierstochter Lili Schönemann, verliebte sich auf der Stelle in sie, verlobte sich ebenso überstürzt – und fand dann doch ziemlich bald heraus, daß es nicht mehr als eine aufregende Romanze gewesen sei. In seiner Autobiographie »Dichtung und Wahrheit« hat er darüber mit ironischem Bedauern geschrieben.

Der wirtschaftliche und gesellschaftliche Aufstieg der Metzlers wie der Bethmanns verlief parallel. Ihre Banken gingen, wie alle Privatbanken jener Zeit, aus einem Kaufmannsladen hervor. Man handelte meist auf Kommissionsbasis mit Tuch, Indigo, Sohlenleder, Schafwolle, Bijouterie, Pfälzer Schnupftabak, Schnaps, Wein, Öl, was gerade anlag, mit Vorliebe aber mit Gewürzen. Der Handel mit Spezereien brachte am meisten Gewinn, setzte aber eine teure Infrastruktur voraus: Die Gewürzstoffe, die man nicht in erster Linie zur geschmacklichen Verbesserung von Nahrungsmitteln benutzte, sondern um diese möglichst lange haltbar zu machen, mußten rasch umgesetzt werden.

Dem Handel mit Konservierungsstoffen wie mit Salz, das meist nur unter strenger staatlicher Aufsicht vertrieben werden durfte, kam eine Schlüsselstellung in der Wirtschaft zu. Waren nicht genügend Spezereien verfügbar, konnten keine Lebensmittelvorräte angelegt werden. Schon eine einzige Mißernte konnte zu Hungersnöten führen. Daher hielten Spezereihändler eine hervorgehobene Stellung in der Kaufmannsgilde. Standen sie einmal mit beiden Beinen im Geschäft, bauten sie dieses rasch zu monopolartigen Bastionen aus: Grundlage der immensen Vermögen so mancher späterer Bankiersdynastie. Voraussetzung für das Abkassieren der schönen Margen aber blieb, daß man das Geschäft in allen Finessen beherrschte, denn längst ging es nicht mehr nur ums Kaufen und Verkaufen. Man durfte beispielsweise keinerlei Angst vor weitreichenden internationalen Beziehungen kennen, wenn man in dieser Branche Erfolg haben wollte; auch sollte man sich nicht scheuen, zielgerichtet, aber diskret in der Politik mitzumischen. In dieser Schule des frühen internationalen Waren- und Kreditverkehrs war angelegt, was später die Fähigkeit zum überdurchschnittlichen Bankier ausmachte. Der Werdegang erklärt, warum Mitglieder von Bankiersfamilien oft innerhalb kurzer Zeit in hohe und höchste Positionen aufsteigen konnten, von den Fuggern (die dafür allerdings noch drei Generationen benötigten) über die Bethmanns bis zu den Rothschilds. Die notwendigen Grundlagen, nicht allein die materiellen, wurden jedoch in allen Fällen schon viele Generationen zuvor gelegt.

Die Verkehrsverhältnisse waren zu diesen Zeiten unvorstellbar schwierig: Die Wege waren schlecht, ordentliche Fernstraßen gab es so gut wie keine. Alle naselang stießen Kaufleute auf Zollbarrieren. Der Wirrwarr an Währungen und die unterschiedlichsten gesetzlichen Bestimmungen waren für den einzelnen Händler nicht mehr zu überblicken. Die Klügeren unter ihnen richteten gleich ein eigenes Speditionsgeschäft ein, um solchen Problemen zu begegnen. Den Zahlungsverkehr wickelten sie auf Wechselbasis ab, was bei der Vielzahl der Währungen eine Wissenschaft für sich bedeutete, die zu beherrschen gleichfalls nach einer neuen Dienstleistung rief. Erst bescheidene Wechselstuben, dann Ware gegen Wechselscheine, so sah der Einstieg aller alten Bankiersfamilien ins Bankgeschäft aus. Der erste erhalten gebliebene Metzlersche Wechsel trägt die Jahreszahl 1728.

Man verstand sich bei Metzlers wie bei Bethmanns halb als Bank und, bis weit ins 19. Jahrhundert, halb als Handelshaus. Später schämte man sich dieser Handelstätigkeit denn doch etwas. Wahre Bankiers fassen eben außer Wertpapieren, Banknoten, Münzen und Goldbarren keine ordinären Güter an. Ein Bankkontor, das nach Schnaps und Schnupftabak riecht? Dégoûtant! So hielt man sich bald hauptsächlich an Wechselscheine, später an Anleihen. Die Herkunft aus dem praktischen Handelsgeschäft wirkte allerdings noch lange nach: Die Bankiers wußten aus eigener Erfahrung, oder zumindest lag es ihnen noch irgendwie im Blut, wie der Handelsalltag aussah. Die ungewöhnliche Praxisnähe zeichnete sie gegenüber vielen Bankiers unserer Tage aus.

Sie dachten und handelten als Unternehmer, nicht als erhabene Gewährer von Krediten, die in jedes Geschäft jeder Branche hineinreden, ohne je ein solches Geschäft in eigener Verantwortung betrieben zu haben. Sie kannten die Schwierigkeiten und Risiken, wußten aber auch, wo die Chancen lagen. Es gab ja keine Branchen- und Geschäftsberichte, keine »Schufa«, mit deren Hilfe man faule Kunden hätte aussortieren können, keine Börsenanalysen, keine zuverlässigen Nachrichten über politische Ereignisse.

Es war ein Geschäft aus dem Bauch, vor allem aber beruhte es aus selbstgewonnener Erfahrung, die man sorgsam innerhalb des Kontors weitergab. Man heiratete am liebsten unter seinesgleichen, weniger aus Standesdünkel, sondern um vom Wissensstand, von Geschäftspraktiken und -verbindungen anderer und natürlich auch vom aufgerundeten Firmenkapital zu profitieren. Anders als durch Erbe und Heirat war es nicht möglich, einen genügend großen Kapitalstock zu bilden, um daraus Geld zu verleihen. Die Software, die dabei zusammenkam, das Know-how, blieb oft ebenso wichtig wie die Hardware, das Geld.

Gründer des Hauses Metzler ist Stammvater Benjamin, wie er heute noch im Banknamen erscheint, ein 1650 in Cranzahl bei Annaberg im thüringischen Vogtland geborener Pfarrerssohn, der als 13jähriger eine Handelslehre in Nürnberg begann und mit 21 als Buchhalter in die Frankfurter Tuchhandlung Sebastian Schweitzer eintrat. Für einen Burschen vom Land unter damaligen Verhältnissen war dieser Schritt eine beträchtliche Leistung, die ein enormes Maß an Ehrgeiz und unbedingtem Willen zum Aufstieg verriet. Benjamin Metzler machte sich selbständig, sein Tuchgeschäft reüssierte, aber er starb früh. Benjamins Witwe heiratete ein Jahr nach dessen Tod den Spezereigroßhändler Johann Zwirlein: eine gelungene Fusion, Tuch und Gewürz ergänzten sich hervorragend. Die Verbindung leitete den Aufstieg des Hauses Metzler ein. Den Namen behielt man für Bank und Familie bei, weil »Zwirlein« für das Geldgeschäft nicht gerade optimal klang. 1744 wurde B. Metzler seel. Sohn & Co. als Bankhaus gegründet, das hörte sich entschieden seriöser an.

Von einer echten Bank kann man aber erst von 1760 an sprechen. Der Durchbruch gelang Friedrich Metzler, dem Bedeutendsten in der Ahnenreihe. Auch er hatte zielstrebig eine gute Partie gemacht und mit Susanne Fingerling eine Tochter aus dem Textilgroßhandel geheiratet. Auf natürlichem Weg flossen somit enorme Kapitalströme zusammen; man besaß genug, um es an fremde Menschen zu verleihen. Anleihen übernahm die Bank zunächst en bloc und brachte sie in Teilbeträgen bei Verwandten, Freunden und Kunden unter: eine frühe Form von Risikomanagement. Eine erste königliche Anerkennung kam von einem Kunden aus Neapel: Friedrich Metzler wurde am 26. Dezember 1790 per Brief zum »Leibbankier« Ferdinands IV., König beider Sizilien, ernannt. Das bedeutete in der Sache nicht allzuviel, klang aber hoch respektabel und ärgerte die Konkurrenz.

Als große Innovation in der Metzler-Geschichte gilt der Versuch, gemeinsam mit einem Dutzend anderer Banken eine Notenbank zu gründen, mit grundpfandgesicherten Einlagen, was damals noch unüblich war. Es hätten die ersten deutschen Banknoten herausgegeben werden sollen. Friedrich Metzler notierte 1790 in seinem Konzept: »Die Zettel dieser Bank werden jedermann willkommen sein als bares Geld, sobald dafür gesorgt ist, daß er dieses zu jeder Zeit dafür haben kann, und sobald die Solidität des Instituts fest gegründet und allgemein erkennbar ist.« Das war es aber nicht, der Handel mit Papiergeld kam den Zeitgenossen noch suspekt vor, Metzlers innovative Idee verpuffte folgenlos. Erst ein gutes halbes Jahrhundert später griff man den Plan erneut auf. Dabei war Metzlers Gedankenblitz keineswegs neu. Er hatte sich von der Bank von England inspirieren lassen, deren Noten längst in Umlauf waren – seit 94 Jahren. Daß Innovationen in Deutschland einen längeren Atem brauchen als anderswo, ist auch in diesem Fall keineswegs eine Erfahrung des letzten Jahrzehnts des 20. Jahrhunderts.

Die Metzlers entwickelten hingegen erfolgreich neuartige Termingeschäfte. Wer ihnen Geld für mindestens ein Jahr anvertraute, bekam bis zu 3 Prozent Zinsen. Wer sein Konto überzog, wurde zum Sollzins mit 2 Prozent Malus abgestraft. Staatsanleihen brachten noch bessere Zinsen: 4 bis 4½ Prozent. Als beste Metzler-Kunden fallen in den Abrechnungen schon damals die über sämtliche Ohren ihrer Mitbürger verschuldeten Staatsverwaltungen auf. Mal brauchte Preußen eine Million, mal Bayern 200000 oder die Stadt Lüttich 500000. Die Zahlen geben einen Begriff vom Umfang des Bankgeschäfts in jenen unsicheren, von den Vorboten der Französischen Revolution geprägten Zeiten, in denen ein Bankier bald nicht mehr sicher sein konnte, ob seine meist adligen Schuldner ein Jahr später noch ihren Kopf zwischen den Schultern tragen würden.

Einen Einblick, wie solche Anleihen unter den damaligen Umständen mit allerlei individuellen Bestimmungen festgezurrt wurden, gibt der Vertrag mit dem Fürsten von Sayn-Wittgenstein vom 16. Mai 1800 über die Summe von 50 000 Gulden. Das Papier belegt zugleich eindrücklich, daß kundenfeindliches Bankkauderwelsch keineswegs eine Erfindung des 20. Jahrhunderts ist, wobei dem Verfasser mit »Originalhauptschuldverschreibung« oder »unableglich« besonders hübsche Wortschöpfungen gelangen:

1. Werden sämtliche Landesrevenuen zur General-Hypothek eingesetzt, welche gänzlich frei und unverpfändet sind und fl. 9000 jährlich nach Abzug aller Kosten ertragen, zur Spezial-Hypothek verschrieben und beglaubigte Tabelle nach 10jährigem Durchschnitt desfalls vorgelegt.
2. Werden 5 % jährliche Zinsen in 2 gleichen 6monatlichen Zielen franco Frankfurt bezahlt.
   (Artikel 3 fehlt im Original)
4. Bleiben diese fl. 50 000 acht Jahre unableglich stehen, nach deren Ablauf alljährlich fl. 12 500 abgezahlt werden, welche seiner Zeit das Loos bestimmt.
5. Wird der Hüttenwerkverwalter und Kammer-Sekretär Groos in Rücksicht dieses Kapitals seiner Pflichten gegen den regierenden Herrn Grafen entlassen und für richtige Zinsen auch dereinstige kreditorischer Seits kostenfreie Kapitaleinzahlung der Kreditorenschaft beeidigt und solches jetzt und bei etwaiger Dienstverordnung auf Verlangen der Interessenten beurkundet.
6. Wird das ganze in einhundert Partial-Obligationen in fl. 24.– Fuß auf jede an Vorzeiger von 1–100 ausgefertigt, getheilt.
7. Wird die Originalhauptschuldverschreibung nebst allen ihren Originalanlagen auf Löbl. Rechneiamt hinterlegt.
8. Fängt die erste Zinszahlung mit 1. Dezember 1800 an, in dem das Kapitel 1 mo ganz abgeliefert wird.

Als geschäftliche, aber auch gesellschaftliche Konkurrenz entwickelten sich nun die befreundeten Bethmanns. Die Gebrüder Johann Philipp und Simon Moritz begannen mit ihrem Bank- und Handelshaus vier Jahre nach den Metzlers: 1748. Etwa zur gleichen Zeit ließ sich übrigens ein Schneidergeselle aus dem thüringischen Dorf Cannawurf in der Mainstadt nieder. Auch er plante durch geschicktes Heiraten den langfristigen Aufstieg seiner Familie, was ihm auch gelang, allerdings in verschiedenen Etappen und in etwas anderer Richtung als vorgesehen. In erster Ehe heiratete er in eine Maßschneiderei ein, in zweiter in ein Gastwirts- und Weinhandelsunternehmen. Sein Name: Friedrich Georg Goethe, der Großvater des alldeutschen Geistesheroen. Die Wege der drei Familien Bethmann, Metzler und Goethe sollten sich noch mehrfach kreuzen.

Frankfurt war nie besonders groß. Noch Bismarck lästerte süffisant über das »Mainstädtchen«, was die Frankfurter ihm stellvertretend bis heute als typisches Berliner Großmotzgehabe ankreiden. Das »Städtchen« lag von alters her in günstiger Verkehrslage im Schnittpunkt der Nord-Süd- und Ost-West-Achse, nicht nur Deutschlands, sondern Mitteleuropas. Die »Furt der Franken« bewährte sich schon früh als Messeplatz zum Tauschen von Waren aus entfernten Gegenden und entwikkelte sich wohl deswegen seit 1356 zum Krönungsort der deutschen Könige und Kaiser – und 1998 zum Sitz der Europäischen Zentralbank.

Alles in allem günstige Voraussetzungen für die Entfaltung eines liberalen Geschäftsklimas. Wem es gelang, sich mit seinem Kontor hier seßhaft zu machen, war ein gemachter Mann. Der »Standort Frankfurt« begriff den pekuniären Vorteil der Lage sehr früh und wucherte mit seinem Pfund. Und das trug seinen Namen: »Frankfurter«. (Nicht das Würstchen, das wurde erst später kreiert.) Das »Frankfurter Pfund«, auch »Süddeutscher Gulden« genannt, galt als verläßliche Hartwährung. Der »Frankfurter« wurde wegen seiner geringen Schwankungen weit herum als eine Art Leitwährung akzeptiert – die D-Mark, vielleicht sogar der Euro des Mittelalters bis hinein in die Neuzeit. Die Zuwanderung zunächst von italienischen Kaufmannsfamilien, denen man noch kein volles Bürgerrecht gewährte, dann von vertriebenen französischen und holländischen Protestanten verstärkte Frankfurts Gepräge als Busineß-Metropole.

Die zugewanderten Bethmanns etablierten sich, wie wenige Jahre zuvor die Metzlers, rasch im Metier, wobei den Bethmann-Brüdern zugute kam, daß sie sich auf die Vorarbeit von Frankfurter Verwandten stützen konnten. Der Kreditbedarf des Adels, später des Handels, noch später der Industrie, war enorm. Überraschend schnell fanden die Newcomer Zugang zu den Potentaten – und Potentatinnen; sie verkehrten, wie es ihrem Selbstverständnis entsprach, gern in den höchsten Etagen. Maria-Theresia, die habsburgische Erzherzogin, Königin von Böhmen und Ungarn und Gemahlin des Römischen Kaisers Deutscher Nation Franz I., beispielsweise zählte zu den frühen Bethmann-Kundinnen. Sie benötigte für ihre zahlreichen Kriege gegen ihren hakennasigen Widersacher auf Sanssouci, Friedrich den Geprügelten, enorme Summen. Bei Bethmann fand sie offene Ohren und Kassen. Die Habsburgerin schrieb ihren Gläubigern überaus artige Briefe, wie es Schuldner tun, wenn die Bank streng signalisiert, das Kreditlimit sei längst ausgeschöpft: »Wir haben in die Gebr. Bethmann in Frankfurt am Main unser allergnädigstes Zutrauen gesetzt und sie bevollmächtigt, eine Summe von fünfhunderttausend Gulden allda für unsere Rechnung aufzunehmen.« Das »allergnädigste Zutrauen« lag mehr auf seiten der Bankiers, denn am Ende stand die österreichische Herrscherin mit 42 Millionen bei Bethmanns in der Kreide.

Christian VII., König von Dänemark, von allen guten Geistern verlassen, durch seinen Leibarzt und zugleich Geliebten der Königin, Johann Friedrich Graf von Struensee aus Halle an der Saale, de facto entmündigt, borgte gleichfalls Millionen bei Bethmanns.

Das Geld für diese Kredite stammte nicht allein aus dem Fundus der Banken, häufig traten die Bankiers gegen Provision nur als Vermittler auf. Der kurioseste Geldlieferant war Wilhelm I., Landgraf von Hessen-Kassel, einer der schärfsten Raffzähne, die der in Gelddingen ansonsten nicht sonderlich erfolgreiche deutsche Adel je hervorgebracht hat. Selbst wohlwollende Historiker beurteilen ihn als einen Mann von brutaler Härte und unermeßlicher Habgier. Den Grundstock zu seinem immensen Vermögen legte er noch als Kronprinz, indem er seinem Vetter, Georg III. von England, in großer Zahl hessische Soldaten vermietete. Sie sollten in den aufständischen Kolonien Nordamerikas für Ruhe sorgen, während zu Hause das Land darbte.

Der Hessengraf, der entsprechend dem feudalen Geist seiner Zeit nicht zwischen Staats- und Privatgeldern unterschied, gab einen großen Teil des eingenommenen Geldes zur optimalen Anlage Privatbankiers in die Hand. Der Rothschild-Biograph Christian Wilhelm Berghoeffer schätzt die Jahresüberschüsse aus dem zusammengerafften Vermögen auf 740 000 Gulden, und zwar nach der Plünderung Hessens durch napoleonische Truppen. Die Franzosen schrieben eine Vermögensaufstellung und kamen auf 25 Millionen Gulden, die Anteile, die der fliehende Monarch hatte mitnehmen können, nicht eingerechnet. Den größten Teil legte der ebenso mißtrauische wie geschäftstüchtige und zwischenzeitlich zum Kurfürsten beförderte Hesse in Wertpapieren, zumeist Schuldverschreibungen, an. Er war einer der besten Privatkunden der Frankfurter Bankiers, später vor allem der Rothschilds. In seiner kurfürstlichen Würde scheute er sich nicht, Verzugszinsen persönlich zu berechnen und anzumahnen. Jedes einzelne Anleihegesuch lief durch seine Hände. Zeitzeugen beschreiben ihn als krankhaften Mann mit Harpagon-Komplex. Harpagon heißt der Alte in Molières Komödie »Der Geizige«, der sich von aller Welt betrogen und beraubt fühlt.

Bei allen unangenehmen Begleiterscheinungen bemühten sich die Bethmanns, Metzlers und anderen Bankiers mit allen Mitteln um diesen Großkunden, mußten jedoch am Ende dem nun rasch aufsteigenden Mayer Amschel Rothschild zähneknirschend den Vortritt lassen. Hier zeichnete sich eine Entwicklung ab, die sich später noch verschärfen sollte. Die etablierten Frankfurter Bankiers neideten den jüngeren, in der Mehrzahl jüdischen Firmen den Erfolg, denn diese erwiesen sich mit der Zeit durchweg als einflußreicher, entschlossener und zupackender als die vornehmen, aber auch trägen Bankhäuser der Stadtpatrizier. Im Archiv der Frankfurter Handelskammer finden sich mehrfach Fälle aus dem 19. Jahrhundert dokumentiert, wie christliche Bankiers, insbesondere die Metzlers, mit vereinten Kräften versuchten, die jüdische Konkurrenz auszumanövrieren. So behinderten sie die Gründung eines Frankfurter Kreditvereins, um die noch kleinen jüdischen Geschäfte nicht an dem großen Kredittopf beteiligen zu müssen.

Erst mit der Besetzung des Rheinlands durch die französischen Revolutionsarmeen durften jüdische Kaufleute ihre Ghettos verlassen und nach Belieben freien Handel treiben. Bald erwuchs den Etablierten eine aufbegehrende Konkurrenz: Lazard Speyer-Elissen, Benedikt Heyum, Salomon Goldschmidt, Raphael Erlanger & Sohn, Jacob Isaak Weiller Söhne, L. & E. Wertheimber, Jacob S. H. Stern, Straus & Co., Veit L. Homburger, Anton Kohn, Gebrüder Arnhold, alles Namen von Firmen, die zu Beginn des 19. Jahrhunderts in Frankfurt ihren Anfang nahmen und erhabene Institutionen wie Bethmann und Metzler zurückdrängten. Ein Brief des einflußreichen Bremer Senators und späteren Bürgermeisters Johann Smidt beschreibt den genauen Zeitpunkt, als jüdische Bankiers in die bis dahin streng gehüteten Sphären der christlichen Konkurrenz vordrangen: Frühjahr 1820. Der Politiker, der Bremerhaven gegründet hat und Bremen damit zur Weltgeltung verhalf, schrieb am 20. August jenes Jahres aus Frankfurt. »Bis zum Ende des vorigen Jahres war es hier noch gegen alle Sitte und Lebensart, einen Juden zu der sogenannten guten Gesellschaft zuzulassen. Kein Frankfurter Bankier oder Kaufmann lud einen Juden zum Essen, selbst keinen der Rothschilds, und die Bundestagsgesandten nahmen auf diese Sitte so viel Rücksicht, daß sie es gleichfalls nicht taten. Seitdem ich wieder hier bin, finde ich zu meinem großen Erstaunen, daß Leute wie die Bethmann, Gontard, Brentano usw. mit den ersten Juden essen und trinken, sie zu Gast bitten und von ihnen zu Gast gebeten werden, und man hat mir auf mein Verwundern darüber zur Antwort gegeben: man könne einmal kein Geldgeschäft von Bedeutung mehr ohne Zuziehung dieser Leute machen, man müsse sie zu Freunden halten, man dürfe es nicht mit ihnen verderben.«

Das Verlangen jüdischer Kaufleute, innerhalb kurzer Zeit große Vermögen anzuhäufen, entsprang ihrer Sehnsucht nach Gleichstellung. Denn in ihrem Aufstieg waren sie durch ein entscheidendes Handicap im Nachteil: Sie besaßen, entsprechend ihrer Tradition und den begrenzten Möglichkeiten in den Ghettos, kaum Grund und Boden, der als Rücklage für das Kreditgeschäft hätte dienen können. Sie waren auf große Mengen an Bargeld angewiesen. Dies wiederum, aber auch ihr ungestümer Drang in die bürgerliche Gesellschaft, ihr eiserner Wille, als Teil dieser Gesellschaft akzeptiert zu werden, verstärkte die alten Ressentiments ihnen gegenüber. Diese entluden sich schließlich in den dreißiger und vierziger Jahren dieses Jahrhunderts im brutalsten Antisemitismus der Geschichte. Von den genannten jüdischen Firmen existierte 1945 keine einzige mehr.

Die christlichen Bankiers an der Wende vom 18. zum 19. Jahrhundert hingegen verfügten über diese für ihr Fortkommen als Bankiers so wichtigen Trümpfe. Ihr enormer Immobilienbesitz wuchs mit dem Umfang der Bankgeschäfte und gab ihnen die nötige Sicherheit, nun in großem Stil ins Obligationengeschäft einzusteigen. Bei Bethmanns verfiel man auf die Königsidee, Obligationen künftig nur noch auszugeben, wenn die Chance bestand, daß sie gegen harte Münze eingelöst wurden. Diese »Métalliques« erfreuten sich großer Beliebtheit; es waren sozusagen die ersten »Volksobligationen« – und entsprechend mager verzinst: mit einem Prozent; später gab's etwas mehr.

Erstmals klappte die internationale Zusammenarbeit auch in größerem Rahmen bei dieser Art Geschäft. Ein Konsortium gab die »Métalliques« heraus, an dessen Spitze die Bethmanns standen. Damit war klar: Im internationalen Finanzbusineß kam man zumindest auf dem Kontinent an ihnen nicht vorbei. Zum Konsortium gehörten übrigens die Baring Brothers, deren renommierte Londoner Bank genau 200 Jahre später einem am Sitz in Singapur brokenden Jungspekulanten zum Opfer fiel: Nick Leeson.

Die besten Geschäfte gelangen den Bethmanns wie den Metzlers in einer bewegten Zeit. Der bedeutendste aller Bethmänner – Simon Moritz II. – und der hervorragendste der Metzler – Friedrich – entwickelten sich zwangsläufig, aber auch aus Neigung und Talent, zu Politikern. Als französische und preußische Truppen Frankfurt wechselweise besetzten, empfahl es sich, zwischen den Fronten zu lavieren. Aber trotz seiner Verdienste schätzte man Simon Moritz zu Lebzeiten in Frankfurt viel weniger, als die hymnischen Nachrufe nach seinem Tod 1826 vorgaben. Er war zu reich. Immerhin hinterließ er sieben Millionen Gulden und einen enormen Grundbesitz, den größten privaten in der Stadt. Seine wie seiner Familie Schenkungen nahm man freilich gern an: den Louisapark an der Mörfelder Landstraße, den Bethmann Park, die Bethmannschule, das Bethmannsche Museum, wo »Ariadne, auf dem Panther reitend«, eine der meistgerühmten Statuen ihrer Zeit, aufgestellt war (heute gehört die dralle Dame zum Inventar des Liebig-Hauses).

Um als beliebt zu gelten, erschien Simon Moritz der Jüngere seinen Zeitgenossen als zu widersprüchlich: Aristokrat und Republikaner, zugleich liberaler, als die Liberalen es erlaubten, außerdem Lokalpatriot, Napoleons Gastgeber und Geschäftspartner, gleichzeitig ein Preußenfreund, alles in einer Person. Letzteres vor allem kam in Frankfurt einem Frevel gleich: In der Busineß-Metropole liebte man die Franzosen nicht besonders, die Preußen hingegen, die der Reichsfreiheit der Stadt 1866 mit einem Federstrich den Garaus machten, verachtete man.

Historische Beschreibungen vom Fahnenwechsel dieser stolzen, unabhängigen Stadtrepublik zur preußischen Provinzstadt im Hessisch-Nassauischen bezeugen den demütigenden Anschluß: Vor dem »Römer« spielte die Militärkapelle demonstrativ preußische Marschmusik, die den liberalen Frankfurtern schrill in den Ohren klang. Otto von Bismarck, der als Gesandter acht Jahre in der Main-Metropole ausharrte, bekam die Preußen-Aversion der Frankfurter mehrfach zu spüren. Er schätzte die vigilante Geschäftsatmosphäre der Stadt samt ihrem scheußlichen Äppelwoi ohnehin nie besonders. Daß er von »meinem lieblichen Mainstädtchen« sprach, empfanden die Frankfurter ebenso sarkastisch, wie es gemeint war; es trug jedenfalls nicht zur gegenseitigen Wertschätzung bei. Im Bethmannschen Palais, wo er häufig zu Gast war, registrierte der nachmalige Blut-und-Eisen-Kanzler hingegen zufrieden, daß in jedem Salon mindestens ein Ölporträt eines Preußen-Granden hing. Bei Bankiers zu Hause wußte man eben, was ein Großkunde an Aufmerksamkeiten erwarten durfte.

Auch zu den Metzlers unterhielt der spätere Kanzler enge Beziehungen. Die Bankiersgattin Emma Metzler führte sogar einen recht legeren Briefwechsel mit Bismarck. Man ging vertraut, ja bisweilen neckisch miteinander um, wie ein Brief des späteren Kaisermachers vom 19. Juni 1859 an Emma belegt: »Ihre Photographie kam mir leider nicht unversehrt vor Augen; Sie hatten mit klebender Tinte geschrieben. Es war nicht möglich, beide Gegenstände zu trennen, ohne Ihrem Ebenbild einen großen Teil der Kleidung zu entreißen, welche die Reize des Originals sittsam verhüllt hatte.«

Emma beherrschte aber auch eine andere Tonlage, wenn die Situation es erforderte. 1866, vor der endgültigen Annexion Frankfurts durch Preußen, schrieb sie ihm beispielsweise: »Was könnten unsere paar Quadratmeilen Ihrem großen Preußen nützen, und könnten wir ihnen nicht viel mehr als neutrale Macht oder vermittelnder Boden zwischen Nord- und Süddeutschland nützlich werden? (…) Sie würden durch diesen Akt der Großmut, der für Sie ja nur ein so geringer Verlust wäre, auch manche Andere (nicht nur Frankfurter) versöhnen, die bis jetzt in dem Vorgehen Preußens eine Härte und Strenge erkennen wollen.« Großmut war ein erhabenes Wort, das zu viele Erwartungen weckte. Bismarck dachte nicht im Traum daran, dem »Städtchen« seine Sonderrolle zurückzugeben und seinem Berlin eine Konkurrenz erwachsen zu lassen. Denn noch war Berlin nicht Hauptstadt des Reiches. Um dieses Ziel zu erreichen, mußte zuerst Krieg gegen Frankreich geführt und im Spiegelsaal von Schloß Versailles den deutschen Fürsten der Treueschwur auf Kaiser, Reich und Reichshauptstadt abgerungen – im Falle Bayerns: abgekauft – werden.

Hätte Emmas Intervention Erfolg gehabt, hieße die deutsche Hauptstadt heute womöglich nicht Berlin, sondern Frankfurt. Emmas Einfluß auf den mit vielen Wassern Europas gewaschenen Otto war immerhin groß genug, daß sie ihn später überreden konnte, den Frankfurtern jene Kontribution teilweise zurückzugeben, die er der Handelsstadt aufgezwungen hatte. Zumindest trug die Brieffreundin beträchtlich zur Begleichung der Rechnung bei, wie Bismarck in einem Brief einräumte. Preußen zahlte tatsächlich die Hälfte der Kontribution zurück, drei Millionen Gulden, wobei der König, offensichtlich ziemlich betreten durch Emma Metzlers heftige Bitte, eine Million aus der Privatschatulle beisteuerte.

Anders als den unauffälligeren Metzlers, erging es den Bethmanns mit Frankfurt ähnlich wie den Fuggern mit Augsburg. Man war froh, sie innerhalb der Stadtmauern zu wissen, aber man fiel ihnen zu ihren Lebzeiten nicht zu Füßen. Lokalhistoriker ließen die Geldmenschen erst nach ihrem Tod in überirdischer Größe erstrahlen. Dem Reichtum einzelner, wenn er nicht eindeutig erklärbar war, mißtraute man mit der Zeit selbst in den einst stolzen Bürgerstädten. Vielleicht lag das am wachsenden puritanisch-preußischen Einfluß. Andererseits förderten ja gerade Städte wie Frankfurt oder Hamburg mit ihrer liberalen Ordnung und Gesinnung den freien Handel entscheidend. Gerade darin verhielten sie sich anders als jene Monarchien, in denen der Staat auch die Wirtschaft bis ins kleinste beherrschte und wo überdurchschnittlicher, bürgerlicher Reichtum schon beinahe als Diebstahl am Monarchen von Gottes Gnaden und seinem Imperium galt.

Die Privatbankiers versuchten sich ihre Unabhängigkeit zu sichern, indem sie sich mit ihren Krediten nicht nur an einen Landesherrn banden. Ganz nüchtern spielten sie nach Möglichkeit den einen Schuldner gegen den andern aus. So schafften sie es, sich zu den unabhängigsten Instanzen im Land zu entwickeln, die den Ausbau von Industrie und Verkehr als lukratives Geschäftsfeld vorantrieben. Die Bethmanns ergriffen zusammen mit befreundeten Bankhäusern wie Grunelius, Rothschild, Du Fay, Borgnis oder John die Initiative zum Eisenbahnbau im Raum Frankfurt, weil sie erkannten, daß der Niedergang von Handwerk und Handel nur durch eine bessere Infrastruktur aufzuhalten war.

1836 stellte Moritz von Bethmann seinen Plan für das erste »Frankfurter
Kreuz« vor: »Die Eisenbahnen von Hamburg, Leipzig, Augsburg, Nürnberg, Basel, Mainz müssen in Frankfurt zusammentreffen. Ist dies erreicht, ist auch der Wohlstand unserer Stadt aufs neue gesichert.«
    Die Politik sah es anders und bremste. Der zuständige Frankfurter
Senator Thomas antwortete in amtsüblichem Weitblick: »Niemand
wird Eisenbahnen in Deutschland für eine Notwendigkeit halten. Auch
glaube ich noch nicht an deren durchgreifende, am wenigsten (an die)
lukrative Durchführung.« Die Bahnanbindung wurde dann doch noch,
wenn auch spät und in stark reduzierter Form, gebaut.

Der gesellschaftliche Höhepunkt der Bethmanns läßt sich auf die
Stunde genau datieren: 22. August 1863, zwischen 19 und 23 Uhr. In
der Bankiersvilla Ariadne am Hessendenkmal vor dem Friedberger Tor
fanden sich an diesem Abend die 25 deutschen Fürsten und die vier
Bürgermeister der Freien Städte zur Soiree ein. Als einziger fehlte der
preußische König. Ihm mißfiel gründlich, daß der Kaiser von Österreich, Franz Joseph, den Gastgeber spielte. Denn Berlin wollte ein für
alle Male klarstellen, wem die Vorherrschaft in Deutschland zukam:
den Habsburgern jedenfalls nicht! Der Bethmannsche Chefkoch war
ganz aus dem Häuschen. Zwar hatte er in den vergangenen Jahrzehnten ohne jede Panne schon zwei Kaiser samt Großgefolge verköstigt,
Napoleon und Alexander I. von Rußland. Aber diese Fürstenansamm-
lung reichte auch für Bethmannsche Ansprüche an die Grenze dessen, was ein Großbürgerhaushalt verkraften konnte. Diesmal fuhr ihr
Maître de cuisine immerhin ein Gelage mit 27 Gängen auf.
    Bedeutsam war, daß man sich bei diesem Treffen unter Bethmann-
schem Dach auf einheitliche Maße und Gewichte sowie eine Art Währungsunion einigte. Damals ging das noch zwischen Vorspeise und
Suppe. Den Taler – er galt schon seit 1838 bei den meisten Mitgliedern
des Deutschen Bundes – normte man gewissermaßen beim Nachtisch
zur Basiswährung. In den Wochen danach hatten dann die Technokra-
ten, die das Beschlossene umsetzen sollten, alle Hände voll zu tun, die
lockeren Ergebnisse des Fürstengelages da und dort wieder zurückzu-
drehen, mit dem Hinweis, es seien nicht alle Zugeständnisse der obersten Chefs durchdacht und ernst gemeint gewesen. Als Zeitgenosse
von »Maastricht« meint man, dies alles schon gehört zu haben.

Auch wenn den Bürgern angesichts solcher Erfahrungen die Techtelmechtel ihrer Geldmenschen mit den Mächtigen der Welt eher suspekt vorkamen, so hatten Glanz und Gloria für die Bankiers doch einen genau kalkulierten Stellenwert, der Teil ihrer Public Relations war: Bürger und Adel, Politiker und Militärs sollten sehen, hören und spüren, wo die Musik spielte. Sie handelten nicht mehr als Einzelperson oder Familie, sondern als selbsternannte Institution der bürgerlichen Gesellschaft, sie übernahmen die Funktionen des alten Stadtpatriziats. Mit dieser Rolle verbanden sich automatisch auch öffentliche Ämter. Simon Moritz von Bethmann trug den Titel eines russischen Staatsrats. Zugleich saß er als Abgeordneter der Nationalversammlung in der Paulskirche. An seiner Bankierstafel speisten Prominenzen, Eminenzen und Generäle, wobei einer der letztgenannten Gattung bleibende Eindrücke im Haus Bethmann hinterließ: Leberecht von Blücher. Es stellte sich heraus, daß der »Marschall Vorwärts« und Napoleon-Schreck kaum lesen und schreiben konnte. Dafür war er ein begnadeter Schluckspecht und Spieler, der trotz Gichtgebrechen im fortgeschrittenen Stadium in Whist, L'Hombre oder Boston seine größten Siege errang – abgesehen von Waterloo natürlich.

Auch im Haus Metzler erzählte man sich einschlägige Erlebnisse. Ernst Moritz Arndt, der streitbare Schriftsteller mit nationalem Einheitsdrang, ein häufiger Gast im Offenbacher Palais der Bankiersfamilie, hielt in seinen »Wanderungen und Wandlungen mit dem Reichsfreiherrn vom Stein« aufschlußreiche Episoden fest. Stein, preußischer Minister, Reformer und Verfechter der Selbstverwaltung, war ein puritanisch strenger Mann. Unnachsichtig verfolgte er Schlamperei und Korruption im Staatsapparat. Arndt notierte: »Stein ist einen Tag zum Mittagessen auf dem Landhaus seines Bankiers Metzler u. Co. Als sie eben beim Kaffeetisch sitzen, fährt ein prächtiger Wagen vor, und der bayrische Feldmarschall Graf Wrede läßt sich melden. Bei diesem Ton springt Stein auf, öffnet die Tür und ruft seinen Leuten, sogleich anzuspannen. Metzlers wollen ihn halten, aber er eilt hinaus, sagend: ›Mit einem solchen verfluchten Räuber sitze ich nicht in demselben Zimmer.‹« Wrede hatte nämlich zuvor als zwangseinquartierter Gast auf Schloß Öls Tafelsilber des dortigen Hausherrn kistenweise mitlaufen lassen. Stein untersuchte als zuständiger Minister den Fall und zwang den Marschall zur Bezahlung des Silbers.

Eine Begegnung Simon Moritz Bethmanns mit einem weiteren illustren Großkunden war weniger harmloser Natur. Im Oktober 1813 schaute ein gehetzter Napoleon überraschend beim Bankier vorbei. In der Völkerschlacht bei Leipzig von der alliierten Heeresmacht gerade arg gebeutelt, ließ sich der wie stets nervöse und hyperaktive Imperator auf dem Weg nach Paris in einem vorübergehend leerstehenden Bethmannschen Palais außerhalb Frankfurts für eine Nacht nieder. Es war das letzte deutsche Haus, das ihn aufnahm.

Der Bankier wurde zum Dinner zitiert, wobei er dem trotz der herben Niederlagen noch immer herrisch das Wort zuteilenden Kaiser auf den Goldzahn fühlte. Geschickt lotete Bethmann die Zahlungsfähigkeit des bekanntermaßen zu Tobsuchtsanfällen neigenden Herrschers aus. Der prahlte, noch längst nicht am Ende zu sein, privat habe er mehr als 80 Millionen in Gold außerhalb Paris sicher versteckt. Sein dabeistehender Finanzminister fixierte bei der kaiserlichen Flunkerei betreten die Schuhspitzen. Bethmann wußte sofort: Der Franzose spielte mit gezinkten Karten, Kaiser und Reich waren in Wahrheit finanziell ruiniert. Der gescheiterte Rußlandfeldzug war nämlich mit in Paris gedrucktem russischem Falschgeld finanziert worden. Zudem hatte der politisch versierte Bankier genau registriert, wie der französische Generalzahlmeister wenige Jahre zuvor stolz durch Frankfurt geritten kam: mit 55 vierspännigen Geldcaissons und 78 Finanzbeamten im Gefolge. Jetzt, in umgekehrter Richtung, führte er gerade noch einen Wagen mit. Zwei Millionen in Gold lagen darauf, und kein einziger Finanzbeamter paßte auf; die Russen hatten sie alle erschlagen, oder sie waren erfroren.

In der Familie Bethmann erzählt man sich noch nach Generationen mit leisem Schauer, wie sich der kleine Kaiser auf der Treppe des Palais genervt verabschiedete: »Mais conduisez-vous bien!« lautete sein letzter, scharf hingeworfener Satz, was man bei Bethmanns sinngemäß und völlig korrekt übersetzt weitergab: Passen Sie bloß auf, Freundchen! Die Warnung war unmißverständlich: Er käme ja bald wieder, dann würde Abrechnung gehalten. Denn Napoleon kannte aus den Berichten seiner Agenten natürlich ebenfalls die Details: Bethmann war ein wichtiger Finanzier nicht nur der Bonapartes, sondern auch der Habsburger und der Hohenzollern.

Wenig blieb geheim in jenen Tagen. Selbst die delikate Liebespost von Königen und Kaisern war nicht vor Schnüfflern sicher. Zum einen funktionierte das Thurn- und Taxissche Postwesen hervorragend. Der König von Preußen beklagte sich bei seiner Geliebten ohne jede Ironie über die Schnelligkeit der Post, er finde kaum Zeit für seine Antwort, schon käme der nächste Brief an. Und er war immerhin ein Viel- und Schnellschreiber. Zum andern arbeitete in Deutschland zu allen Zeiten die Stasi noch weit nachhaltiger als die Post. Friedrich der Große beispielsweise hielt an jedem europäischen Fürstenhof von Bedeutung Spitzel: Es war, selbstredend, der effizienteste Agentenapparat – und Gerüchtetransfer – seiner Zeit.

Am 18. August 1795 schrieb sein geheimdienstmäßig weniger gut sortierter Neffe Friedrich Wilhelm II.: »Jeder Brief, der durch Hessen geht, wird geöffnet, und ich möchte nicht, daß der Landgraf etwas erfährt von meiner Zärtlichkeit für Sie ...« Der Landgraf – es war der Raffzahn Wilhelm I. – erfuhr es natürlich trotzdem.

Der königliche Liebhaber stand mit seinem Malheur keineswegs allein. Auch Zar Alexander I., dem Bethmann-Gast Napoleon auf den Fersen, verliebte sich beim Durchmarsch in Frankfurt 1813 in eine Bethmann-Schönheit, die Frau von Simon Moritz. Von Wien aus, wo bald der Kongreß zu tanzen begann und Europa nebenher neu geordnet wurde, schrieb er der angeheirateten Bethmännischen Exotin, einer weitgereisten, in Guyana geborenen Holländerin, die auftrat wie eine Französin, Bündel zärtlichster Liebesbriefe. Der 36jährige Monarch sah im Gegensatz zum Kollegen auf dem preußischen Thron blendend aus. Gemälde zeigen ihn als stattliche, wenn auch leicht füllige Erscheinung im besten Mannesalter, mit einem ausgesprochen sinnlichen Mund. Vielleicht war die Überbetonung solcher physiognomischer Besonderheiten eine Marotte von Porträtisten. Womöglich verbirgt sich hinter der artistischen Spielerei aber auch eine ironische Mitteilung an die Nachwelt. Denn natürlich kannten sich die Hofmaler im Intimleben der Potentaten bestens aus.

Sein von den Freiheiten der Französischen Revolution restlos begeisterter Erzieher aus der Schweiz, Frédéric César de La Harpe, hatte Alexander Pawlowitsch auch im vollendeten Umgang mit Frauen unterwiesen. Das war in St. Petersburg keine Selbstverständlichkeit, denn Alexanders Großmutter, Katharina II., die Große – sie hieß eigentlich

Sophie und stammte aus dem Haus Anhalt-Zerbst –, hatte sich in ihren besten Jahren wild und wahllos genommen, was ihr gerade gefiel. Gut gewachsene, junge Gardeoffiziere zog sie ihren gepuderten und eher langweiligen Standesgenossen vor. Enkel Alexander kultivierte den Umgang mit dem anderen Geschlecht, auch wenn er wegen ständiger Intrigen bei Hofe dazu neigte, selbst engste Freundes- und Familienkreise über seine wahren Gefühle und Absichten zu täuschen. Aber davon wußte Alexanders Frankfurter Brieffreundin aus dem Hause Bethmann nichts.

Der Aufwand, mit dem Alexander I. der Bankiersgattin mehr oder weniger diskret den Hof machte, beeindruckt noch heute. Er steht allerdings in keinem Verhältnis zum Ertrag. Adjutant Czernitschew, vom Zaren mit der Besorgung der süßen Post an Frau von Bethmann beauftragt, schlampte. Die Briefe übermittelte er an die nur vermeintlich zuverlässige Deckadresse eines Fräulein von Itzstein in Frankfurt. Der Spitzelapparat von Clemens Wenzel Lothar Nepomuk Fürst von Metternich, Kanzler in Wien und neuer starker Mann Europas, kannte alle diese Tricks schon längst. Am 6. November 1814 konnte der österreichische Innenminister dem täglichen Rapport an seinen Kaiser beflissen den Wortlaut eines Liebesbriefes beilegen. Der Bericht ist erhalten: Der Schmachtbrief Zar Alexanders an die von Zeitgenossen als gewitzt und attraktiv gerühmte Bethmännin endet mit dem verträumten Gruß »Adieu, mon unique«. Lehrer La Harpe, der atypische Eidgenosse – er wurde unter napoleonischem Diktat Regierungschef der Schweiz –, hätte die sprachliche Eleganz seines Ex-Schülers zweifellos mit einer 1 quittiert.

Wie die gehörnten Bethmänner auf derlei Avancen von höchster Stelle reagierten, ist leider nicht überliefert. Zumindest sahen sie sich in einer äußerst heiklen Lage, denn natürlich war auch der Zar Kunde der Bank.

Überhaupt: die Frauen. Sie hielten die Bethmänner – und nicht nur sie – ganz schön auf Trab. Maria-Elisabeth Bethmann, die Schwester von Simon Moritz II., heiratete 1807 den Schriftsteller Clemens von Brentano und war in zweiter Ehe mit dem Vicomte de Flavigny verheiratet. Ihre Tochter Marie, eine spätere Gräfin d'Agoult, wurde die Geliebte des Komponisten Franz Liszt und Mutter Cosima Wagners … Liebespein schien sich in diesen Jahren zur grassierenden Volkskrankheit zu entwickeln; und sie verschonte auch die Seelen der höchsten Funktionsträger nicht. Vielleicht entsprang diese Welle neuer Innerlichkeit dem Orkan der Französischen Revolution mit seinen jahrelangen Kriegen, Verwüstungen und Unsicherheiten. Johann Wolfgang Goethe, damals noch ohne »von«, dafür um so mehr von Welt- und Liebesschmerz umgetrieben, hatte die Stimmung, seine eigene und jene seiner Zeitgenossinnen und -genossen, schon zwei Jahrzehnte zuvor genial in den »Leiden des jungen Werthers« eingefangen, jenem Briefroman, in dem er seiner unerfüllten Liebe zu Charlotte Buff, der Braut seines Freundes Kestner, ein Denkmal setzte.

Wie sonst als durch eine geheimnisvolle Epidemie – man nannte sie später Romantik, was sich herleitet von »im Roman vorkommend, romanhaft« – wäre zu erklären, daß ein König wie Ludwig I. von Bayern, jener ziemlich normale Großvater des verrückten zweiten, des Neuschwanstein-Ludwig, ein ganzes Kabinett mit Damenbildnissen vollhängen ließ? Porträts der »schönsten Münchnerinnen« seiner Zeit, wie heute noch Fremdenführer von Schloß Nymphenburg schwärmen. Seiner Gattin, »keine Schönheit, klein von Gestalt, aber doch dabei sehr hübsch«, wie Dichter und Ästhet August von Platen die Königin gnädig beschrieb, sandte der fröhliche Bayer Briefe, die gelegentlich eher merkwürdig endeten: »Mit teutschem Gefühl, meiner teutschen Therese und meinem schon jetzo teutschen Maximilian viele Küsse.« Und er betrog die »teutsche« Dame in Serie: mit der englischen Lehrerstochter Mary Ann West, der Wiener Beamtentochter Toni A., der Mannheimerin Frederike S., der Halbengländerin Sophie F.-C., der Römerin Angelina M., der Münchner Hofsängerin Katinka Vespermann, der Schauspielerinnen Constanze Dahn und Charlotte von Hagen, der Minderjährigen Caroline Lizius. Letztere bedachte der Monarch, der übrigens den Bayern zwangsweise das »y« anstelle des »i« verordnet hatte, im Testament mit dem Hinweis: »Sie darf es ohne Erröten annehmen, ohne Reue an mich denken. Tugendhaft bleibe sie immer.« Der schwere Seufzer über eine verpaßte Chance, vielleicht auch ein Hauch von schlechtem Gewissen, klingt nach. Die Königin übersah die Freizeitaktivitäten ihres Gatten gelassen und konterte mit beachtlicher Souveränität. Bevor ihr Mann 1830 wieder einmal mit unbekanntem Ziel und bekanntem Zweck nach Italien entschwand, verabschiedete sie sich mit einer maliziösen Depesche: »Du wirst wohl vom aufreibenden Kampf des Geistes mit der Sinnlichkeit, wenn auch der erstere siegreich bleibt, recht hergenommen zurückkehren.«

Wie viele der abgemalten Grazien seines Damenkabinetts der Monarch nach allen Regeln seiner königlichen Kunst geliebt hat, wissen die sonst geschwätzigen Fremdenführer von Nymphenburg nicht. Viele seiner Beziehungen beruhten mehr auf Wunsch und Sehnsucht denn auf erlebter Praxis. Manche entsprangen braver, romantischer Schwärmerei. Jedenfalls konnten nicht alle Liebschaften so heftig gewesen sein, wie sie sich in den vom König selbst blumig ausgeschmückten Erzählungen anhörten. Allein schon, weil die Zeit dazu fehlte. Denn der Monarch zeigte sich zugleich als Politiker, Bauherr und Gesetzesschmied höchst aktiv. Einige seiner Liebesverhältnisse erwiesen sich aber doch als besonders arbeitsintensiv. Neugierige Archivare registrierten als Nachweis einer einzigen Ludwigschen Liebschaft – jener mit der Gräfin Maria Baccinetti de Sciafenberg – 4845 Briefe: 2943 hin, 1902 zurück. Endresultat: zwei Kinder.

Höhepunkt und politisches Desaster zugleich war die Affäre mit der angeblich spanischen, tatsächlich aus dem westirischen Limerick, nach anderen Quellen aus dem schottischen Montrose stammenden Tänzerin Lola Montez, geborene Maria Dolores Gilbert, geschiedene Mrs. James. Ihretwegen verlor der allzeit rastlose Ludwig seinen Thron. Er war 61, sie, von ihm inzwischen zur Gräfin Landsfeld geadelt, 28. Sie begann als Tänzerin am Hoftheater; das Debüt hatte sie – ausgerechnet – in »Der verwunschene Prinz«. Bald avancierte sie von der Gespielin zur Mitregentin. Sie sei eine Feindin der Jesuiten, hieß es, eine Agentin britischer Freimaurer. Das war zwar Unsinn, aber sie mischte sich nachweisbar und ungeniert in Amtsgeschäfte ein. Der Architekt Friedrich von Klenze erlitt beinahe einen Nervenzusammenbruch, als die Gräfin in den vorgelegten Plänen zum neuen Münchner Centralbahnhof mit beherzten Strichen herummalte und der Monarch auch noch befahl, die Pläne entsprechend den Intentionen seiner Geliebten zu ändern. »Eßlust und Schlaf verlor ich zum Teil«, bilanzierte der ernüchterte Liebhaber die Risiken und Nebenwirkung seiner Freizeitaktivitäten, »fiebrisch heiß wallte mein Blut, in des Himmels Höhen hob es mich.« Die Landung kam ihn hart an. Aufgebracht durch eine Bierpreiserhöhung, mißbilligten die Münchner erst recht die häufigen Besuche ihres Monarchen im Etablissement der Dame an der Barerstraße. Folge: Volksaufruhr, Exil in Nizza. Erleichtert und mit nur sehr geringem Bedauern notierte der Architekt von Klenze: »Man hätte unseren alten Narren doch solchen Umtrieben nicht opfern sollen, da er doch mehr verrückt als böse und schlecht gewesen ist.«

Ludwig I. von Bayern, Alexander I. von Rußland, Friedrich Wilhelm II. von Preußen, Zeitgenossen und alle drei von der Herzenskrankheit euphorisiert und gemartert, produzierten eine ungeheure Flut an Liebespost, die ihnen allein schon einen physischen und psychischen Kraftakt abverlangte. Selbst im Zeitalter von E-Mail wäre ein solcher Letter-Marathon nur schwer nachzuvollziehen. Daß zwei Frauen aus dem Bankhaus Bethmann bei diesen hoch angesiedelten Sturm-und-Drang-Affären eine wichtige Rolle spielten, spricht für den damaligen Rang dieser Familie und für das Selbstbewußtsein ihrer Frauen.

Sophie von Bethmann, eine jugendlich frische, schöne Frau, posiert auf einem zeitgenössischen Bild mit selbstbewußt verschränkten Armen unter prachtvollem Busen. Das kurzärmelige Kleid fließt leger über nicht zu schmale Schultern, langes, dunkles Haar kontrastiert aufreizend mit viel nackter Haut. Sie zeigt nicht jene vornehme Blässe zeitgenössischer Porträts, wirkt kraftvoll und gesund. Die Dame vergnügte sich offensichtlich gern an der Sonne, ohne das übliche Damensonnenschirmchen. Ihr linkes Auge lockt: Komm doch, wenn du dich traust. Das rechte Auge, leicht verdeckt vom Lid, signalisiert Souveränität: Ich hab' dich doch schon längst durchschaut. Die Nase ist markant, geradegewachsen und schön geformt; sie endet über einem scharfen Grübchen, das die Oberlippe berührt. Der Mund wirkt dadurch nicht streng, aber entschlossen, auch ein wenig stolz. Die leicht nach oben gezogenen Mundwinkel lassen eine humorvolle Person mit Flair und Sinnlichkeit vermuten. Auch wer ihre intimsten Briefe nicht kennt, hält Sophie von Bethmann-Metzler für eine ungewöhnliche, für ihr Alter und ihre Zeit erstaunlich selbstbewußte Person. Sie war die Tochter von Peter Heinrich Metzler-Bethmann alias Bethmann-Metzler und zugleich eine Cousine von Simon Moritz Bethmann, der die Frankfurter Szene jener Tage dominierte und dirigierte.

Es waren aufregende Zeiten. Der König von Preußen hatte soeben die Franzosen aus Frankfurt vertrieben und die Stadt zu seinem Potsdam-Ableger erkoren. Er hielt sich vom 2. Dezember 1792 bis zum 22. März 1793 am Main auf, feierte dort die Verlobung seines Kronprinzen mit Luise von Mecklenburg-Strelitz, der nachmaligen »Guten Luise«, vor welcher Napoleon mehr Respekt zeigen sollte als vor ihrem schwächlichen Ehemann. Die Frauen des Bürgertums und der Oberschicht lernten damals offenbar ihren Mann stehen. In der zweiten Hälfte des 18. Jahrhunderts beispielsweise gab bei den Metzlers eine Frau den Kammerton an: Christina Barbara Metzler leitete als Chefin des Bankiersclans eine beträchtliche Expansionsphase für ihr Haus ein. Längst nicht alle Frauen der Upperclass trauten sich soviel Souveränität zu.

Die Preußenkönigin etwa ließ sich ausmanövrieren und durch eine endlose Reihe von Gespielinnen ersetzen, manchmal liebte der Herr Gemahl auch mehrere zeitgleich. Der König pendelte zwischen Tanzvergnügen im Frankfurter Palais derer von Thurn und Taxis und Kriegseinsätzen jenseits des Rheins, wo es galt, die französischen Revolutionstruppen in Schach zu halten, was ihm allerdings nicht auf Dauer gelang.

Der Monarch war 49 und weit jenseits seiner besten Jahre. Als er die Affäre mit Sophie von Bethmann-Metzler 1793 begann, blieben ihm noch fünf Lebensjahre. Sein Ölporträt zeigt ihn als dicklichen Mann mit Doppelkinn und enormer Stirnglatze. Das breitflächige Gesicht signalisiert Lust am Genuß, das verspielte, hauchdünne Menjoubärtchen über der Oberlippe, zu aufgesetzt und grazil für sein eher derbes Gesicht, verrät den ewigen Charmeur. Die großen Augen lassen einen offenen, neugierigen, in vielen Dingen wahrscheinlich naiven Geist vermuten. Die kühle Undurchdringlichkeit eines Kriegsherrn oder Staatenlenkers jedenfalls geht seinem Gesichtsausdruck völlig ab.

»Es gibt keinen Plan, den ich nicht schon erwogen hätte, um Sie wiederzusehen, und ich gebe es nicht auf, einen ausführbaren zu finden«, schrieb der fast fünfzigjährige Monarch, dessen Enthusiasmus für alles Feminine die junge Sophie noch einmal voll in ihm hat aufflammen lassen. Die Zuneigung war nicht einseitig, aber die Bankierstochter fühlte sich von dem stürmischen Verehrer denn doch zu arg bedrängt. Während er schon voreilige Formulierungen wie »mein Engel« verwendete, blieb sie stets beim förmlichen »Ew. Majestät«. Zunächst wagte sie nicht, den Kontakt einfach abreißen zu lassen, schließlich war er der König und offiziell noch immer verheiratet und sie ein junges Mädchen – von Adel zwar, aber von reichlich niedrigem. Zudem hätten die Bankgeschäfte des Herrn Papa bei einer Brüskierung des Monarchen empfindlich Schaden nehmen können. Es war ja auch nicht ohne Pikanterie, Briefe mit der Schlußzeile zu empfangen: »Ich bin auf ewig, Mein Fräulein, Ihr ergebener Diener Fr. W.« Mit der Zeit schien das Fräulein Reiz dabei zu empfinden, daß ein König ihr den Hof machte und sie so heiß begehrte, daß er von Depressionen und »schlimmen Gedanken« schrieb, wenn sie ihn nicht erhöre. Phasenweise klang es sogar ziemlich ernst: »Amor hat mir eine völlige Niederlage beigebracht.«

Am 27. Dezember 1793 sah er sie zum ersten Mal auf einem Ball in Frankfurt. Der Anblick muß eine Gefühlseruption ausgelöst haben, denn von da an beschäftigte ihn diese Liebe drei Jahre lang so intensiv wie die Kriege, die er führte. Immerhin kämpfte er zeitgleich um die Existenz von Thron und Königreich, da war eine so aufwendige Liebschaft nicht unproblematisch. Zunächst kannte er weder ihren Namen noch ihre Adresse und mußte den Herzog von Weimar um Aufklärung bitten. Der wußte nur, daß sie Sophie hieß und wohl eine Bethmann-Metzler sei. Also schrieb der König, der ohne weiteres seinen dienst-eifrigen Apparat hätte einsetzen können, wie ein Jungverliebter, in der Hoffnung, sein Brief werde die Angebetete dann doch erreichen: À Mademoiselle Bethmann-Metzler à Francfort. Man verabredete sich zu unauffälligen Treffs, bei einer Parade am Forsthaus im Stadtwald, während eines Ausritts, auf einer Promenade.

Schon frühzeitig zeigte die lebenstüchtige Sophie dem mächtigen Verehrer in vollendeter Form die Grenzen, die der von unzähligen verflossenen Liebesabenteuern Gewitzte selbstherrlich ignorierte. Sie schrieb: »Ich kann nur immer wieder dasselbe sagen, daß Ew. Majestät zu gut sind! Zu gut gegen mich wie gegen die ganze Welt. Es ist dabei eine Art von liebenswürdiger Despotie im Spiele: Ew. Majestät zwingt alle Welt, Sie zu lieben.« Dann folgen noch ein paar nette Artigkeiten, wie sie älteren Herren gefallen: »Ew. Majestät kennen nicht genug ihren persönlichen Wert, andernfalls würden Sie nicht so oft Ihr unter so vielen Gesichtspunkten kostbares Leben aufs Spiel setzen.« Dann ohne Vorwarnung die kalte Dusche: »Es wird uns aber unmöglich sein, am nächsten Samstag an den fraglichen Platz zu kommen, einmal physisch und dann, weil unsere neuliche Promenade allzuviel Gerede unter den Leuten hervorgerufen hat.«

Dies blieb auf längere Zeit nach uraltem Muster von Liebenden das Dispositiv der beiden: Er im permanenten, feurigen Angriff, sie in eleganter, gelegentlich neckischer Abwehr, dann auch wieder lockend, ihn aber stets über ihre Gefühle im unklaren lassend. Er gab nicht auf. Im Forsthaus werde er am Montag früh, punkt acht Uhr, frühstücken, und zwar allein, total allein: »Ich werde bis 10 Uhr bleiben. Würde es Ihnen möglich sein? Würden Sie wollen? Darf ich zu hoffen wagen? Welches Glück, wenn ich Sie wiedersehen könnte.« Sie kam. Aber mit ihrer Mutter, obwohl das »ganz allein« in seinem Brief nicht zu überlesen war. Die Mutter schwankte, ob sie die Liaison gutheißen sollte. Der pragmatisch denkende Vater, eine so nützliche Verbindung als Bankier sorgfältig nach pekuniären Vorteilen abwägend, war dafür (»wie ich zufällig erfahre«, log der König).

Beide Seiten zogen Erkundigungen ein, man ging umsichtig ans komplizierte Werk. Über ihn klangen die Auskünfte nicht allzu günstig – zumal sie von höchst vertrauenswürdigen Personen stammten. Sophies Cousine hatte erst kürzlich einen Herrn de Luze geheiratet und war mit ihm ins schweizerische Neuchâtel gezogen; das kleine Fürstentum gehörte zur hohenzollerschen Erbmasse. Am Lac de Neuchâtel hielt sich seit längerem auch Sophie Gräfin Dönhoff auf, von der bekannt war, daß sie nicht nur geistige Interessen mit dem König geteilt hatte. Er war mit ihr »zur linken Hand getraut«, eine vornehme Umschreibung für ein offiziell sanktioniertes königliches Lotterbett. Die Cousine hielt Sophie über die recht leichte Dame in allen Details ständig auf dem laufenden. Dann gab es noch Julie von Voß; mit ihr war der rüstige Preußenkönig gleichfalls »linkshändig« verheiratet gewesen. Schließlich Wilhelmine Enke, die als Gräfin Lichtenau den Rang einer offiziösen Mätresse einnahm. Friedrich Wilhelm lebte seit vielen Jahren in zweiter »ebenbürtiger Ehe«, wenn auch getrennt.

Alles in allem reichlich ungünstige Voraussetzungen für eine neue Liaison, obschon es ihm in seinem bewegten Liebesleben noch nie so ernst gewesen war. Aber er hatte doch allen Grund zur Annahme, ihre Eltern würden hinter seinen Bemühungen »des dessins pervers« vermuten. Über Monate und Jahre mühte er sich königlich, lockte, flötete, gab sich zerknirscht, wechselte die Tonlage zwischen Euphorie und gespielter Coolness. Er näherte sich sehr zurückhaltend und durchaus mit Stil. Jedenfalls trat er nicht als Wilhelm der Eroberer auf, denn daß er bei der Bankierstochter damit nicht ankäme, begriff er rasch, sowenig genau er sie auch kannte.

Er kümmerte sich besonders aufmerksam und in vollendeter Galanterie um Sophies Mutter, in der er ein Hindernis für seine weiteren Pläne vermutete, besuchte überraschend das Bethmannsche Palais, ließ sich Körbchen mit Erdbeeren und Melonen aus dem Bankiersgarten schenken. Darunter fand sich jeweils ein versteckter Brief. Dennoch lief es äußerst zäh für ihn. An Niederlagen auf diesem Feld war er einfach nicht gewöhnt. Er verstärkte die Avancen, diese nahmen mit der Größe der Geschenke zu. Einmal stand eine Stute als königliches Präsent für Sophie vor den Bethmannschen Stallungen.

Friedrich Wilhelm setzte zwecks Verstärkung der Angriffsposition seinen persönlichen Vertrauten für besonders delikate Angelegenheiten ein, der in den Briefen als »St. Paterne« auftritt, ein vielbeschäftigter Kuppler von Königs Gnaden und, natürlich, Franzose. Der besuchte Sophies Eltern in Bad Ems und übermittelte ihnen und der begehrten Tochter einen Antrag, sie zur Gräfin von Brandenburg zu machen und sie dem König, einmal mehr, »zur linken Hand antrauen zu lassen«, eine Geheimtrauung, mit allen angenehmen Privilegien, die damit verbunden waren, freilich ohne jeden Erbanspruch. Nun war Bethmannsche Diplomatie gefordert, denn Sophie verkehrte mit ihrem inzwischen wirklich glühenden Verehrer noch immer auf der Basis von »Ew. Majestät«, zeigte sich aber doch vertraut mit den einschlägigen Spielregeln.

Bei einem Besuch im Feldlager hatte er ihr (»le premier soir que nous étions sur la batterie numéro un«) einen Handschuh ausgezogen und darunter einen aus Haar geflochtenen Ring entdeckt. Er schenkte ihr darauf Haar von seinem ergrauten Haupt und erbat sich, »in Offenbach oder in Hanau einen Ring davon machen zu lassen«, zum ewigen Andenken. Später, als der Ring auf sich warten ließ, schob er nach, er könne, falls nötig, noch mehr Haare lassen, das ginge in einem Aufwasch, da er sich sowieso »nach Mode der Oranjer« zu frisieren gedenke und dabei genügend verwertbares Naturmaterial anfiele.

Dann trieb die Liebe, die längst die Untiefen der Romanze hinter sich gelassen hatte, dem Höhepunkt zu. Auch Sophie ließ sich einiges einfallen und versprach, eine Weste zu sticken. Postwendend überbrachte Amors Bote St. Paterne aus der königlichen Garderobe ein Probestück, damit auch die Maße stimmten. Der ruhelose Liebhaber schrieb ihr einen Brief nach dem anderen, obwohl gerade in dieser Phase Politik und Schlachtfeld – die Teilung Polens stand gerade an – den ganzen König forderten: »Meine Phantasie arbeitet beständig daran, Möglichkeiten des Wiedersehens auszudenken: Das ist eine kleine Linderung der Mühe, die ich zu ertragen habe. Ohne diese Hoffnung wäre das Leben hier unerträglich.«

Der König lag wieder im Feld, hatte soeben Mainz von den Franzosen zurückerobert und schwelgte in historischen Vergleichen: »Zehn lieus vor dem Annweiler Tal ist noch wohlerhalten das Schloß, in dem König Richard Löwenherz gefangensaß (…) Seit Richard, tapferen und ruhmvollen Angedenkens, hat niemals ein anderer König so lange in diesen Gegenden geweilt und hat hier so viel geseufzt wie ich. Richard wurde hier durch äußeren Zwang festgehalten, ich bin durch die Pflicht gebannt. Sie zwingt mich, dem Gegenstande fernzubleiben, der mir der liebste auf Erden ist.«

Der blumigen Historienmalerei sandte er eine praktische Wegleitung hinterher und ließ erkennen, daß er mit Sophies Mutter schon auf sehr vertrautem Fuß stand. Er behandelte sie bereits wie Schwiegermama in spe kurz vor der Verlobung der Tochter und wähnte sich vor dem offenbar einzigen Ziel, das ihn noch zu fesseln vermochte: »Ich weiß, daß Maman oft gesagt hat, daß sie niemals ihre Tochter zwingen würde, da sie selbst gezwungen worden sei. Wenn Sie einen günstigen Moment benutzen könnten, um sie zu gewinnen, so mögen Sie ihr doch eine Reise nach Speyer oder Neustadt vorschlagen. (…) Sie finden ein Quartier in Bereitschaft, man spricht sich, man redet, ordnet alles, dann kehren Sie zurück, ein wenig später findet man eine andere Gelegenheit, sich wiederzusehen, und schließlich verläßt man sich nicht mehr. … Wie denken Sie darüber, mein liebes Herz?«

Das liebe Herz antwortete verbindlich und höflich wie immer, dann aber auch ziemlich schroff, sie könne »Ew. Majestät« leider nur in der Öffentlichkeit und in aller Förmlichkeit sehen, da »die Spürhunde« hinter ihr her seien. Auch seinen Vorschlag, ein Treffen »am Gartentore, um 8 1/2 Uhr, wenn es schon dunkel ist«, schlug sie freundlich, aber dezidiert aus, obwohl er – immerhin der König von Preußen, dem nicht allein Franzosen, sondern auch Polen, Russen und Österreicher im Nacken saßen – extra »in sechs Stunden die Reise machen« und am

Gartentor warten wollte. Dieses Tor war übrigens mit einem Gitter gesichert, und der stürmische Liebhaber hatte die behütete Bankierstochter vorab zu beschwichtigen versucht, sie könne sich doch dahinter »so sicher wie eine Nonne« fühlen.

Was die Affäre nun erst recht in komplizierte Windungen versetzte, erfuhr der König schon frühzeitig durch St. Paterne, scherte sich bis dahin aber nicht darum: Ihre Majestät hatten einen Nebenbuhler, der in Wahrheit Favorit der Dame von Bethmann war, was sie ihrem impulsiven König natürlich niemals gestehen konnte und wollte. Der junge Mann hieß Joachim von Schwarzkopf und war Resident der britischen Krone in Frankfurt. Als geschulter Diplomat hatte er keineswegs im Sinn, sich von dero Hochwohlgeboren aus dem Rennen werfen zu lassen, und kämpfte tapfer um seine Angebetete. Die arme Sophie saß nun mittendrin, war aber in Wahrheit so arm gar nicht dran. Trotz mancher Seelenpein fand sie sich für ihre jungen Jahre in dieser Dreiecksgeschichte am Ende denn doch erstaunlich souverän zurecht.

Am 7. Mai 1794 kam es zu einer Begegnung, die das gesamte Frankfurter Theaterpublikum stumm und mit größtem Interesse verfolgte. Die Bethmann-Tochter saß in Loge Nummer 3 ihrer Eltern, der König grüßte von seiner Loge arglos herüber, sie erwiderte den Gruß betont kühl und fremd. Im Parkett saß nämlich der eifersüchtige Joachim, machte aber ein zu gleichgültiges Gesicht, als daß es dem König nicht aufgefallen wäre. Unter der Loge Nummer 3 fixierte tatsächlich ein Vetter Sophies unentwegt den Monarchen, was diesem unangenehm auffiel. Er fühlte sich, wie er Sophie vorwurfsvoll schrieb, »gewissermaßen in Belagerungszustand versetzt«.

»Ich beschwöre Ew. Majestät, bei allem, was Ihnen das Liebste auf Erden ist, mir nicht mehr solche Briefe schreiben zu wollen«, gab Sophie nun noch deutlicher zu verstehen. Der König möge ihr nicht zürnen, aber sie müsse ihn bitten, in einem andern Ton mit ihr zu sprechen. Der erfahrene Liebhaber ließ sich nicht beeindrucken. Seine Beobachter berichteten, der Nebenbuhler sei nach England abgereist. Von Sophie wollten sie gehört haben, sie fühle sich an ihn nicht mehr so eng gebunden.

Er schöpfte sofort wieder Hoffnung. Sie beschwor ihn, es sei herausgekommen, daß sie heimlich Briefe von ihm, dem König, empfange. Die Briefe selber seien glücklicherweise nicht entdeckt worden, sonst wäre sie völlig verloren gewesen. Nein und nochmals nein, so gehe es nicht weiter. Er antwortet: »Vous êtes méchante«, meinte es aber nicht ernst. Sie ihre Ablehnung ebensowenig. In einem Brief widerrief sie alle »Nein« und »Niemals«. Mitten in der Nacht, »um drei Uhr morgens«, schrieb sie, vor Gedanken und Selbstvorwürfen nicht schlafen zu können: ein ewiges Auf und Ab, wie es sich für eine leidenschaftliche Liebe gehört. Sie willigte in einen gemeinsamen Spazierritt »in aller Frühe nach Griesheim« ein. Er bat sie, ihm etwas zu schicken, einen Handschuh oder sonst etwas, was sie getragen habe: »Es wird mich niemals verlassen bis zum Grabe. (…) Leben Sie wohl, meine liebe gute Sophie, meine Augen gehen mir über, da ich an Sie schreibe.« Sie sandte den Handschuh, er antwortete umgehend: »Wie habe ich Ihren Brief geküßt.« – »Ich sterbe vor bienveillance für Sie!« klagte er ein andermal aus Polen. Dann wieder: »Verbrennen, verbrennen, verbrennen Sie diesen Wisch und haben Sie mich lieb.«

Die Bethmann-Tochter entdeckte nun auch die praktischen Seiten dieser stürmischen Zuneigung. Des öfteren bat sie ihn, bloß seine Truppen nicht aus dem von den Franzosen bedrängten Frankfurt abzuziehen. Seine Antworten ließen erkennen, wie sehr er bei seinen politischen und militärischen Entscheidungen die persönlichen Neigungen zur schönen Frankfurterin einbezog. Nach über drei Jahren heftigster Bemühungen ihres Verehrers setzte Sophie dann aber abrupt und ein für allemal einen Strich unter die offenbar nur zur platonischen Ebene gediehenen Beziehung: Sie heiratete im Dezember 1796 nun doch noch ihren Joachim von Schwarzkopf. Es wurde, wie es scheint, eine glückliche Ehe.

Friedrich Wilhelm II. hingegen erging sich in düsteren Gedanken. In seinem letzten Brief beschrieb er seine Stimmung: »Unerhörte Anstrengungen haben meine Leidenschaft heruntergestimmt auf die Gefühle, die ein Bruder für eine angebetete Schwester hegen kann, und diese Gefühle werden erst mit meinem letzten Seufzer aufhören. Ich hoffe jetzt zwar, Sie niemals wiederzusehen, aber lieben werde ich Sie trotzdem. (…) Ihr Basrelief hängt in meinem Zimmer in meinem Garten. Es ist gut gemacht, aber nicht ähnlich genug. Welche kalte Erinnerung, welch trauriger Rest. Das also ist alles, was mir von Sophie bleibt (…). Leben Sie glücklich, meine liebe Freundin.«

Der König überlebte die Hochzeit von Sophie Bethmann-Metzler nicht ganz zwei Jahre. Vermutlich war sie von seinen vielen Frauen jene gewesen, die er am meisten geliebt hat, vielleicht deshalb, weil sie ihm nie wirklich gehörte. Sophie starb neun Jahre später, wie es heißt, glücklich.

Die heiße Affäre, durchlitten während dreier unendlich langer Jahre, wurde aus den Annalen der Bankhäuser Bethmann und Metzler getilgt. Auch in preußischen Quellen ist sie, soweit bekannt, nicht verzeichnet.

3

Wer nicht pariert, wird decouragiert

Beinahe wäre der alte Oppenheim ein Opfer des säuerlichen »Meister Proper« geworden: Eine übereifrige Putzfrau hatte ihn mit dem ordinären Bodenreiniger konfrontiert. Das Ölbild konnte gerade noch gerettet werden. Salomon Oppenheim jr., opulent mit Dreifachkinn, glänzt wieder wie in alten Tagen. Die zitronengelbe Weste spannt über dem enormen Embonpoint, der darüber gezwängte Rock wird gerade noch von einem einzigen Knopf zusammengehalten, und auch der scheint nur an einem dünnen Faden zu hängen. Wenn sich in einer Pose rundum zufriedener Reichtum ausdrücken läßt, Oppenheim junior, Ahnherr von Deutschlands reichstem Bankiersclan, verkörpert ihn. Auf den ersten Blick. Erst beim zweiten Hinsehen fesseln seine rätselhaften Augen. Sie lassen den Betrachter stehen, schauen an ihm leicht gesenkt vorbei, skeptisch eher, nicht zukunftsfreudig, keinen festen Punkt fixierend, im Unbestimmten sich verlierend. Das rechte Auge wirkt kalt, streng, desillusioniert. Das linke, etwas weiter geöffnet, drückt milde Gelassenheit aus, einen Anflug von Resignation. Jetzt erst fallen die enormen Vatermörder auf. Die bedrohlich aufgeschwungenen Spitzen des Hemdkragens schneiden Rasiermessern gleich beinahe die Mundwinkel. Der erste Eindruck von wohliger Selbstzufriedenheit verflüchtigt sich. Eure Message, Monsieur Oppenheim, ist angekommen: Der Umgang mit großem, wirklich großem Geld, den Sie als erster Ihres stolzen Geschlechts gepflegt haben, ist viel komplexer, als wir ahnen. Wir, die Reichtum, wirklichen Reichtum, als zufriedenstellenden Endzustand betrachten, als sich selbst erfüllendes Ziel. Großer, wirklich großer Reichtum, wir kennen die Binsenwahrheit, Monsieur, ist Last. Von einem gewissen Volumen an, auch das ist verständlich, vermehrt sich Reichtum in sich selbst. Und Reichtum, wirklich großer Reichtum, macht mißtrauisch und einsam zugleich. Zu erhalten ist er schwerer, als zu erlangen. Sich fröhlich an ihm zu delektieren ist nahezu unmöglich für den, der ihn erschwitzt, erlitten, erkämpft, erzwungen, ja: auch ertragen und nicht einfach nur ererbt hat. Selbstgeschaffenen Reichtum mit Stil zu genießen stellt andere Anforderungen, als Reichtum zu erwerben. Selten finden sich beide Anlagen in einer Person. Monsieur, kein Zweifel, Ihre Botschaft ist angekommen.

Salomons Porträt hängt im Konferenzsalon im dritten Stock von Sal. Oppenheim jr. & Cie., dem vornehmsten und größten deutschen Privatbankhaus, in Kölns Banken- und Versicherungsviertel Unter Sachsenhausen. Dieses Geldinstitut repräsentiert sieben Generationen mit über 200 Jahren Firmengeschichte. Sechs große Kriege hat es überstanden, vier Revolutionen, elf Herrschaftssysteme und 15 heimische Währungen. Auch die 16., den Euro, wird die Familienbank in großer Gelassenheit und mit stillem Profit über sich ergehen lassen: Der Kölner Bankiersclan, verschwiegener als ein Schweizer Nummernkonto, obwohl diese Steigerung kaum möglich scheint, zählt zu den erfolgreichsten, zählebigsten und zugleich unbekanntesten Wirtschaftsdynastien Deutschlands. Tor an Tor residiert man zu feinen Adressen: Deutsche Bank, Dresdner Bank, Marcard, Stein & Co., Delbrück und Co., schräg gegenüber steht, weniger fein, der Bau des ehemaligen Bankhauses von Iwan D. Herstatt. 1974 hatte er wegen Devisenspekulationen seiner Mitarbeiter den ersten großen Bankenkrach nach dem Zweiten Weltkrieg zu verantworten. Bei Oppenheims wird man an die Nachbarschaft nicht gern erinnert.

Der Herstatt-Crash stürzte nicht nur das Kölner Geldgewerbe in eine schwere Vertrauenskrise, es erschütterte die Tresore jeder deutschen Privatbank. Zwar profitierten die Oppenheims beträchtlich von der Katastrophe der Konkurrenz, die Kundeneinlagen stiegen rapide, die Geldumschichtung von der einen auf die andere Straßenseite innerhalb weniger Wochen und in beträchtlichem Ausmaß ging stillschweigend über die Tresen. Unmittelbare Folge der nachbarlichen Katastrophe war ein Sicherungsfonds des deutschen Bankengewerbes. Er schützt seitdem Einlagen im Umfang von 30 Prozent des ausgewiesenen Eigenkapitals der Banken.

Bei Oppenheim bedeutet dies: Über 300 Millionen DM jeder Einlage sind abgesichert, de facto also eine unbegrenzte Garantie. Im Ernstfall stehen seit der Umwandlung in eine »Kommanditgesellschaft auf Aktie« eine Milliarde an haftenden Eigenmitteln zur Verfügung. Das beruhigt Eigentümer wie Kunden. Die Sicherung pro Einlage zeigt auch: Hier gibt man sich nicht mit Kleinsparern ab. Die Schalterhalle im Parterre, in ockerfarbenem Marmor ausgelegt, leistet man sich nur noch aus Gründen der Tradition. Wenigstens für die Stammklientel will man noch als Bank erkennbar sein, wenn auch das Publikum immer jünger wird und mit den Oppenheims längst via E-Mail verkehrt. Die über 200 Jahre alte Bank kann man mit elektronischem Schnickschnack nicht verschrecken. Immerhin stand der allererste funktionierende Telefonapparat Kölns nicht bei der Polizei oder im Rathaus, sondern im Büro der Oppenheims.

Die Privatbank, und sie ist noch eine der wenigen wirklich privaten im Land, zählt 90 Prozent der Großunternehmen zwischen Köln und Düsseldorf zu ihren Kunden. Allerdings nicht mehr als Kreditgeber, sondern als diskrete Manager von firmeneigenem Kundenkapital, als Anlageberater für milliardenschwere Pensionskassenfonds, den wahren Herrschern des nächsten Jahrhunderts. Die »Oppenheimer« sind Devisen- und Wertpapierhändler, Börsenanalysten und Verwalter von privatem Barvermögen ab 30 Millionen DM, eine besonders renditeträchtige Sparte übrigens, in der die Bank Marktführerin ist. In der Bankersprache nennt sich das »performanceorientiertes Portfoliomanagement«. Solche Privatvermögen sammeln sich häufiger hinter unscheinbaren Fassaden, als Normalverdiener ahnen. Die Oppenheims verwalten 17 Milliarden DM Kundengelder. Der Konzernumsatz liegt bei 30 Milliarden DM. 1980 waren es gerade einmal drei Milliarden gewesen. Nach dem Verkauf der Mehrheit am Versicherungsgeschäft schnellte das Eigenkapital um 820 Millionen DM auf eine Milliarde hoch – für ein über 200 Jahre altes Familienunternehmen eine erstaunlich vitale Substanz, wenn auch noch nicht so ertragreich, wie sich das die Eigentümer wünschen. Die »Colonia« ging für insgesamt drei Milliarden DM an die französische Victoire-Gruppe, die wiederum zur Indosuez gehört; diese ist zudem Eigentümerin des den Oppenheims benachbarten Bankhauses Marcard, Stein & Co. Über die Hälfte der Erträge des gesamten Bankgeschäfts im Oppenheim-Konzern stammen heute aus Provisionen. Dort sind die großen Zuwachsraten zu erwarten, nicht mehr im Kreditgeschäft.

Der Devisen- und Wertpapierhandel wird vor allem über Frankfurt abgewickelt, wo Karl Otto Pöhl, 66, prächtig residiert. Die Aktivitäten der Frankfurter Dependance übersteigen inzwischen jene des Kölner Stammhauses, wo man hauptsächlich verwaltet, über Strategien nachdenkt – und die Gewinne versammelt. Gut für den internen Wettbewerb, weniger gut für den Hausfrieden. Reibereien zwischen Köln und Frankfurt sind an der Tagesordnung.

Nach seinem Abgang aus der Chefetage der Bundesbank wechselte Karl Otto Pöhl 1991 zu Oppenheim und baut in diffizler Absprache mit der keineswegs immer einigen Kölner Besitzerfamilie Frankfurt zum modernen Andockplatz für das wachsende internationale Derivatgeschäft aus. Pöhl, ein gelernter Journalist, ist zwar als persönlich haftender Gesellschafter an den schönen Gewinnen des Hauses beteiligt, nicht jedoch am Kapital, was seine Stellung nach innen weniger stark erscheinen läßt, als er nach außen gern vorführt. Der weltgewandte Bonvivant, so hört man's in Köln, sei öfter wochenlang auf Reisen und zuwenig in der Bank präsent. Seine bevorzugte Tätigkeit wird denn auch etwas vage mit »internationalen Kontakten« umschrieben.

Die Altersstruktur im Haus änderte sich in den letzten Jahren radikal, die »Lehm- und Lähmschicht«, das Mittelmanagement, wurde durch die Computertechnik praktisch überflüssig. Innerhalb von fünf Jahren investierte man 100 Millionen DM in die Elektronik, war damit aber zu früh dran: Die gesamte Anlage mußte erneuert werden – kein Klacks für ein privates Bankhaus, das weniger leichthändig als die Großbanken Gebühren auf die Kundschaft abwälzen kann.

Die Analysten des Hauses gelten inzwischen mit als die besten im Land. Das prägt entsprechendes Selbstbewußtsein. Kühl verweisen sie darauf, daß sie es waren, die den vorübergehend angeknacksten Ruf der Jungs von der Wertschriftenabteilung aufpolieren mußten: 1995 verspekulierte sich ein Oppenheim-Händler mit Rentenpapieren um 24 Millionen DM. Erinnerungen an den ungeliebten Nachbarn gegenüber – Herstatt – wurden wach, aber die Sicherungssysteme funktionieren heute ungleich rigider, weil die Summen höher, die Entscheidungsfristen knapper, die Risiken größer sind. Ein Oppenheim-Sprecher formulierte es ebenso vornehm wie emotionslos, wie es eben zum Stil des Hauses gehört: »Die interne Kontrolle deckte den Fall auf. Der Mitarbeiter wurde gleichentags gebeten, das Haus zu verlassen.« Ein Jahr zuvor mußte sich das Management die Kreditabteilung vorknöpfen. Pleiten des Sportbodenherstellers Balsam und des Immobiliensammlers Jürgen Schneider kosteten weitere 64 Millionen DM. Man verkraftet still, ohne allzusehr zu leiden.

Besitzverhältnisse sind bei den Oppenheims kein Gesprächsthema. »Deutlich mehr als die Hälfte der 40 Kommanditaktionäre gehören zum engeren Kreis der Gründerfamilie.« Das ist das Äußerste, womit man das Informationsbedürfnis der Öffentlichkeit in dieser Angelegenheit zu stillen gedenkt. Hauschef Baron Alfred von Oppenheim, Jahrgang 1934, achtet auf strengste Einhaltung der Hausdisziplin. Jedes Familienmitglied ist verpflichtet, seine beträchtlichen Vermögensteile in die Bank einzubringen. Wer ausscheren will, kann's versuchen. Die Grenzen sind schnell erreicht. Der Baron deutet die rigorose Zuchtordnung im Familienkonzern gediegen aus: Der Fehlbare wird »decouragiert«. Was vornehm und relativ milde klingt, aber äußerst Handfestes meint: Der oder die Betreffende hat die versammelte Finanzmacht des gesamten Clans gegen sich. Das Imperium schlägt zurück auf den, der es herausgefordert, und wenn's die eigene Familie betrifft.

Straffes Familienregiment, seit Generationen erfolgreich erprobt, ist schon deswegen unabdingbar, weil aus steuerlichen Gründen und nach Hausbrauch jeweils schon früh an die Kinder vererbt wird. Da ist die Verlockung für den Nachwuchs groß, sich saftigere Renditen außerhalb der vom Clan-Management abgesteckten Claims zu suchen. Interne Auseinandersetzungen werden mit Stil, aber messerscharf geführt. Kein Wort dazu dringt aus der Oppenheimschen Wagenburg. Auch das gehört zur Hausordnung. Ohne diese selbstverordnete Rigorosität gäbe es dieses kompakte und intakte Familienvermögen nicht mehr.

Nur wenigen Unternehmerfamilien in Deutschland gelang es über Jahrhunderte hinweg, Reichtum zusammenzuhalten, zu mehren und die Kontrolle darüber nie aus der Hand zu geben. Nicht zufällig residieren drei dieser Großsippen im Rheinland, wo man aufgrund der bewegten Geschichte und unter immer neuen Besatzern und Besitzern gelernt hat, sich an die Verhältnisse anzupassen, leichter jedenfalls als anderswo in Deutschland. Neben den Oppenheims sind dies die Haniels in Duisburg und die Werhahns in Neuss bei Köln, wobei letztere »erst« auf eine 159jährige Familiengeschichte zurückblicken. Drei Unikate, drei Geschichten, ein Ziel: auch das nächste Jahrhundert als Familienunternehmen zu überdauern.

Die Privatbank Wilh. Werhahn dient denn auch nur dem einen Zweck: die familieneigenen Unternehmen zu finanzieren und als Clearingstelle zur Verfügung zu stehen. Wenn sich der Clan einmal im Jahr im »Swissotel« in Neuss zur Gesellschafterversammlung trifft, ist alles geheim. No comment – zu nichts. Das Label von der »stillen Macht am Rhein«, ursprünglich den Werhahns zugeschrieben, paßt auf alle drei.

Die erste Bilanzpressekonferenz in der Geschichte des Werhahn-Konzerns wagte man 1991. Das kam einem unerwarteten Outing gleich, denn zuvor war über Clan und Geschäft nur zu erfahren, daß beide existierten. Heute weiß man immerhin, daß der Umsatz bei 3,7 Milliarden DM liegt und etwa 8300 Personen beschäftigt werden. Der Ertrag wird nach wie vor schamhaft verschwiegen.

209 Werhahns samt Anverwandten und drei befreundete Familien (Stand 1995) sind an dem verschachtelten Konglomerat aus 93 in- und 18 ausländischen Mittelstandsfirmen beteiligt. Die meisten Gesellschafter stammen in direkter Linie aus der Familie der Gebrüder Wilhelm, Michael und Anton Werhahn, die in der ersten Hälfte des letzten Jahrhunderts den Land- und Grabsteinhandel von Stammvater Wilhelm – er war noch in Neuss als französischer Bürger auf den Namen Guillaume getauft worden – zu einem prosperierenden Konzern entwickelten. Dazu gehörte viele Jahrzehnte die berühmte Großmeierei C. Bolle, die ganze Stadtteile Berlins monopolartig mit Milchprodukten versorgte und heute ein Großverteiler der Lebensmittelbranche ist.

Die drei Familienzweige führen die Werhahn-Holding, wobei die Stämme zwecks Übersichtlichkeit mittels Buchstaben auseinandergehalten werden: A für Peter (im Holdingvorstand durch den 59jährigen Wilhelm vertreten), B für Wilhelm (durch den 47jährigen Michael) und C für Franz (durch den 39jährigen Anton). Unter dem Werhahn-Dach wird neben dem Bankgeschäft Autoleasing (AKB/ABC, Köln) betrieben; es werden Mehlmühlen, Ladeneinrichtungen und edle Bestecke (J. A. Henckels Zwillingswerk, Solingen) hergestellt; man baut komplette Flughäfen (Strabag AG, Köln, der viertgrößte deutsche Baukonzern, an dem die Werhahns als Großaktionär 49,9 Prozent halten) und beutet Basaltbrüche aus (Basalt AG, Linz). Stein- und Straßenbau hatte man in den siebziger Jahren den Oppenheims abgekauft.

In der Familie mag man's gern intim und harmonisch, was dem Geschäft nicht immer guttut. Die Werhahnsche Firmenkollektion hinterließ bis in die neunziger Jahre den Eindruck von provinziellen Zufälligkeiten. Mal kam dieses Unternehmen hinzu, mal jenes, je nachdem, welche Familienvermögen sich gerade wieder verheiratet hatten. Im Haus wird noch immer die Maxime von Ururgroßvater Wilhelm an die heute regierende fünfte Generation weitergegeben: Risiken am Markt müssen hundertfach abgestützt sein. Das sind sie in der Tat: ein Unternehmen mit Vollkasko. Der Anteil am Eigenkapital beträgt 56 Prozent, für einen Konzern dieser Größe, der eigentlich dauernd investieren müßte, um fit zu bleiben, eher eine Bremse denn eine Sicherheit.

Eberhard von Koerber, Europa-Chef des Elektroriesen ABB International, übernahm den Vorsitz im Verwaltungsrat und bemüht sich seitdem, die strammen Familienbande zu lockern. Obwohl auch er zur Werhahn Family zählt: Er ist der Schwiegersohn des Schwiegersohns Konrad Adenauers, Hermann Josef Werhahn; dieser hatte die jüngste Kanzler-Tochter Libet geheiratet. Daß ein weiterer Werhahn-Grande, Peter, Neffe des Kölner Kardinals Josef Frings war, paßt zum Kölschen Lokalkolorit. Trotz der institutionalisierten Vetternwirtschaft – drei der vier Holdingvorstände (1995) sind Werhahn-Vettern – gelang dem Unternehmen der Turnaround. Heute erweist sich die Struktur sogar als Vorteil. Die Dutzende Einzelunternehmen agieren selbständig am Markt und haben ohne lähmende Zwischenhierarchie direkten Zugang zu den obersten Werhähnen.

Ähnlich strukturiert, aber älter, größer und dynamischer – die Werhahns können diesen ewigen Vergleich verständlicherweise nicht mehr hören! –, sind die Haniels in Duisburg. Schätzungsweise 450 anteilberechtigte Familienmitglieder zählen zu diesem fruchtbaren Geschlecht. Wenn sich der engere Familienkreis trifft, muß ein Ballsaal gemietet werden.

Nach Jahrhunderten gemeinsamen Wirtschaftens kennen sich viele Mitglieder des Großfamilien-Trios persönlich, man ist teilweise familiär verbunden, hält das Familiensilber aber streng getrennt. Noch erheblich stärker als die scheuen Oppenheims und Werhahns meiden die Haniels das Scheinwerferlicht. Fotos von Familientreffen werden als Geheimsache weggeschlossen.

Hervorgegangen aus einem Kohle- und Stahlhandelsunternehmen des Gründers Franz Haniel, paßte sich der über 200 Jahre alte Konzern den jeweiligen wirtschaftlichen Entwicklungen flexibel an. Als die Montanindustrie bestimmende Kraft im Land war, engagierte man sich in Kohlebergwerken und Stahlhütten und betrieb eine der größten Binnenreedereien. Mit einem kürzlich abgeschlossenen Totalumbau verpaßte sich Haniel ein völlig neues Outfit und zählte 1996 wieder zu den 30 deutschen Unternehmen mit den höchsten Jahresüberschüssen: 531 Millionen DM Gewinn bei 25 Milliarden Umsatz und 25 000 Mitarbeitern. Immerhin hat man schon den 242. Jahresgeschäftsbericht hinter sich, da sprechen die Zahlen für wiedergewonnene Vitalität.

Man ist sich nicht zu fein, sich auch ums kleine Geschäft zu kümmern: Zu den 400 in- und ausländischen Haniel-Töchtern gehört der Dienstleister CWS, ein Unternehmen, das europaweit Zehntausende stille Örtchen mit lebenswichtigen Dingen wie selbstreinigendem Toilettensitz, Handtuchrolle und Dustcontrol-Anlagen versorgt. Es ist das weltweit größte Unternehmen dieser Art. CWS International, die Holding des WC-King, hat ihren Sitz in der kleinen Schweizer Stadt Baar, im Steuerparadies Kanton Zug.

Gleichfalls in Baar residiert die Metro-Holding, jener Dienstleistungsmulti (Metromärkte, Kaufhof, Horten), der zu einem Drittel den Haniels gehört und dessen Umsatz dem von VW nur wenig nachsteht. Haupteigentümer ist der 76jährige geheimnisvolle Metro-Selfmademan Otto Beisheim, ein deutsch-schweizerischer Doppelbürger mit Wohnsitz – einer von mehreren – auf der Zuger Lorettohöhe. Ihm haben die Haniels beim Aufbau seines Imperiums Geld geliehen. Ob aus Kollegialität oder unternehmerischer Weitsicht, weiß niemand so genau. Es ist auch angesichts der Erträge gleichgültig: Der Mitbesitz an dem Warenverteilmulti erweist sich seit langem als zuverlässige »cash cow« der Duisburger Familie. Mit den Erträgen konnten sie ihre

Firmengroßeinkäufe der letzten Jahre finanzieren. Weitaus am meisten verdient der Clan inzwischen mit Medikamenten. Die Mehrheitsbeteiligung an dem Stuttgarter Pharmagroßhändler Gehe machte die Haniels innerhalb weniger Jahre zum umsatzstärksten Pharmagrossisten der Welt und zum größten Pillenhändler in Europa; sie kontrollieren ein Viertel des EU-Markts. Mit einer einzigen Verkaufsaktion kann Gehe-Haniels 50 000 Apotheken erreichen. 1200 britische Apotheken gehören den Haniels. Das bedeutet Marktmacht, mit der es sich selbst Riesen wie Hoechst oder Novartis nicht verderben wollen.

Ein Geheimnis dieser Kontinuität liegt wie bei den anderen beiden rheinischen Großfamilien im Verzicht auf einen Börsengang. Das spricht für unternehmerisches Denken, obwohl die Börsenabstinenz dem auf rascheren Gewinn erpichten Nachwuchs eingestandenermaßen jeweils schmerzhaft beigebracht werden muß. Ein weiteres Geheimnis für die extreme Langlebigkeit des Konzerns liegt darin, daß Haniel für Haniels tabu ist – ein klarer Unterschied zu den Werhahns, eine Parallele zu den Oppenheims. Nicht einmal eine Lehre im eigenen Unternehmen zu machen ist Haniel-Sprößlingen erlaubt. Nur gerade ein paar Familienmitglieder sitzen in den Aufsichtsräten der Firma. Allein mit hausfremdem Management, das im Gegensatz zu Familienmitgliedern bei Mißerfolg gefeuert werden kann, ist nach Hanielscher Philosophie das dritte Jahrhundert in dieser Unternehmensstruktur noch zu erreichen.

Ähnlich sieht man es bei den Oppenheims, die mit vergleichbarer Zähigkeit und ebenso rigiden Hausgesetzen sich aufs dritte Jahrhundert vorbereiten.

Ziel der Kölner Bank sei »irgendwann« eine Eigenkapitalrendite zwischen 15 und 20 Prozent, beschwichtigt die Direktion allzu ungestümen Vorwärtsdrang der Jungdynamiker der Familie; davon ist man noch ein ganzes Stück entfernt. Ein einziger fauler Großkredit kann den Ertrag radikal schmälern. Beim Sportbodenhersteller Balsam und damit zusammenhängend bei der Factoring-Firma Procedo (diese häufte einen Schuldenberg von 1,8 Milliarden DM an und ging 1994 in den Vergleich) hing allein Oppenheim mit 50 Millionen DM im Minus. 1995 reduzierte diese Pleite den Jahresgewinn um 33 Prozent, die Eigenkapitalrendite halbierte sich. Das sorgte für entsprechende Stimmung im Familienrat. »Das Moderieren zwischen Zweigen, Strömungen und Interessen der einzelnen Familienmitglieder ist das heikelste Geschäft des familienfremden Managements«, deutet ein Insider die latente und gelegentlich offene Spannung zwischen den beharrenden Verfechtern des traditionellen Bankgeschäfts und den forschen Apologeten des Shareholder-value an. Andernorts würde man es profaner formulieren: Das Oppenheim-Management hütet einen Sack Flöhe. Noch bis vor fünf Jahren mußten die Gesellschafter der Bank jede Entscheidung einstimmig treffen. »Das war manchmal schwieriger zu erreichen als ein Milchmengenbeschluß in der EU«, spöttelt ein führender Oppenheimer. Baron Alfred beruft sich auf eherne Familientraditionen: »Wir haben einen langen Atem, auch langwierige Diskussionen zu führen, um bei Grundsatzfragen zu einer Einigung zu kommen.«

Wegen der starken Präsenz der Familien hat Sal. Oppenheim jr. & Cie. bei der Konkurrenz den Ruf, sich allzusehr um die Verwaltung des eigenen Vermögens zu kümmern, ja, dies als Hauptzweck des Daseins zu betrachten. Groß genug wäre der Stock an Wertpapieren, Fonds und Immobilien (beispielsweise ein neu entstehender TV-Studiokomplex in Köln, 50 Fußballfelder groß), um sich zu dessen Pflege und Mehrung eigens eine Bank zu halten. »Wenn das eigene Vermögen der Familie in der Bank gut aufgehoben ist«, kontert Baron Alfred spitz, »sollte das auch der Kunde zu schätzen wissen.« Angriff abgewehrt, Thema erledigt! Was fangen wir mit den nächsten 100 Jahren an?

Noch immer ist das umfangreiche Portefeuille des Bankhauses bodenständig und stammt im resistenten Kern aus der Zeit der Industrialisierung des Ruhrgebiets. Die Oppenheims spielten dabei eine führende Rolle. Einiges vom Kernbestand kam in den dreißiger Jahren durch die Fusion mit dem Kölner Bankhaus A. Levy hinzu, etwa die Beteiligung an der Rheinboden Hypothekenbank. Über ein starkes Standbein verfügt die Familie seit den Ursprüngen bei Rheinbraun, ursprünglich eine Kohlebergbaugesellschaft, die heute auch beträchtlichen Immobilienbesitz bewirtschaftet. Eine Kernbeteiligung sichert den Oppenheims Einfluß in den milliardenschweren Rheinisch-Westfälischen Elektrizitätswerken, RWE, einem weitgefächerten Konzern, zu dem Kernkraftwerke ebenso gehören wie Unternehmen, die medizinische High-Tech-Geräte für computergesteuerte Gelenkoperationen herstellen. Zu den wichtigen Engagements zählen Anteile an der

1995 gegründeten Thyssen Telecon AG. Ertragreich sind die Versicherungsbeteiligungen, deren Mehrheit man zwar Mitte der neunziger Jahre abstieß, aber man ist noch immer gut dabei. Immerhin gründeten die Oppenheims 1852 mit der »Kölnischen Rück« die vermutlich erste Rückversicherung der Welt. Heute macht der Clan seinen Einfluß weit stärker als Großaktionär geltend, weniger über Mandate in den Aufsichtsräten wie in früheren Jahren. Noch Ende der fünfziger Jahre saßen die Oppenheims und ihre Teilhaber in 82 Aufsichtsräten großer Konzerne und führten in 26 Unternehmen zwischen Rhein und Ruhr den Vorsitz im obersten Gremium.

Besonders eng liiert mit der Montanindustrie war man vor der Neustrukturierung des eigenen Milliarden-Portefeuilles. Die alten Verbindungen bewähren sich bis heute. Der allererste Bankkredit, 30 000 Taler, den Alfred Krupp 1849 aufnahm, kam von den Kölner Bankiers. Früher als andere erkannten die Kölner die Bedeutung der Infrastruktur für die Industrialisierung Deutschlands, etwa den Ausbau des Rheins für die Flußschiffahrt oder der Eisenbahnen. Bis weit ins 18. Jahrhundert kannte man in Deutschland befestigte Straßen kaum, der Rhein war nur schwer schiffbar und wechselte in seinem Oberlauf häufig das Bett. Die Oppenheims kauften sich rechtzeitig in Bergwerke ein, und um Kohle und Erz günstig zu transportieren, kontrollierten sie als Hauptaktionäre gleich auch Rheinschiffahrt und Rheinische Bahn. Letztere diente vor allem der Erschließung der Reviere im Raum Aachen. Abraham von Oppenheim, Sohn des Gründers und Unternehmer und Bankier in einer Person, trat als treibende Kraft bei der Finanzierung des Gotthardtunnels in Erscheinung. Von 1882 an verband die Alpenbahn Deutschland mit dem Mittelmeer und brachte den direkten Anschluß an den Fernosthandel via Suezkanal.

Besonders intim verbandelt ist man seit je mit Thyssen. Ein Oppenheim-Vertrauter und Mitbesitzer der Bank, Robert Pferdmenges, führte vorübergehend das operative Geschäft des Stahlkonzerns, als die meisten Thyssen-Vorstandsmitglieder 1945 bis 1946 von der Militärregierung verhaftet oder entlassen worden waren. Fritz Thyssen, der sich autobiographisch (»I payed Hitler«) zu seiner Unterstützung für die Nazis bekannte, berief die Oppenheims zu Hausbankiers seines Konzerns und zu seinen Vermögensverwaltern. Die Verbindung erwies sich für die Kölner als ebenso brisant wie rentabel.

Thyssen hatte die Nazis mit mehr als 300 000 Mark alimentiert. Im Januar 1932 führte er Hitler im Düsseldorfer Industrieclub ein. Der nützte die Chance geschickt, redete den versammelten Kohle- und Stahlmagnaten nach dem Mund, trat für das Privateigentum ein, hob die Notwendigkeit eines starken Staats hervor und strich die Gefahr des Bolschewismus heraus. Wenige Monate später traf der künftige Diktator auf einer Einladung im Thyssenschen Landhaus mit den wichtigsten Mitgliedern einer mächtigen Geheimorganisation zusammen, »Ruhrlade« genannt, die sich bewußt einen logenähnlichen Namen gegeben hatte. Neben Fritz Thyssen gehörten elf Großindustrielle der Ruhrlade an, der versammelte Industrieadel Deutschlands: Erich Fickler (Harpener Bergbau AG), Karl Haniel (Franz Haniel & Cie.), Peter Klöckner (Klöckner AG), Gustav Krupp von Bohlen und Halbach, Arthur Klotzbach (Friedr. Krupp AG), Ernst Poensgen (Phoenix AG), Paul Reusch (Gutehoffnungshütte), Paul Silverberg (Rheinbraun AG), Fritz Springorum (Hoesch AG), Albert Vögler (Vereinigte Stahlwerke), Fritz Winkhaus (Bergwerksverein). Die Ruhrlade verwaltete den größten politischen Geheimfonds der Großindustrie und war vermutlich die finanzkräftigste Interessengruppe im Deutschen Reich. Jährlich wurden mindestens 1,2 Millionen Mark zur »Pflege der politischen Landschaft« ausgestreut. Das Geld ging an Parteien und Politiker des Zentrums und rechts davon stehende Gruppierungen, auch an die NSDAP. Die Oppenheims kannten diese Aktivitäten. Sie saßen in den Aufsichtsgremien vieler dieser Unternehmen und waren teilweise finanziell an ihnen beteiligt. Sie selbst oder ihre Vertreter gehörten während des ganzen Zweiten Weltkriegs dem Aufsichtsrat der Vereinigten Stahlwerke an, dem Fritz Thyssen während mehrerer Jahre vorsaß. Der starke Mann in dem Stahlverbund hieß Friedrich Flick.

Oppenheim-Freund Thyssen, Jahrgang 1873, Erbe eines der größten Industrievermögen Deutschlands, sah sich selbst als höchste wirtschaftliche Autorität im Ruhrgebiet und propagierte den »Korporatismus als Grundlage der wirtschaftlichen und sozialen Ordnung des Dritten Reiches«. Hitler hatte er zum erstenmal 1923 reden hören und dessen NSDAP gleich über General Erich Ludendorff 100 000 Goldmark zukommen lassen. In den Aufbaujahren war er einer seiner eifrigsten Förderer; er ermöglichte den Bau des Braunen Hauses in München, der bombastischen Schaltzentrale Hitlers, und zog sogar über den Wahlkreis Düsseldorf-Ost für die NSDAP in den Reichstag ein. Göring, den der Stahlbaron als »maßvollen Nationalsozialisten« besonders intensiv unterstützt hatte, machte ihn im Gegenzug zum Preußischen Staatsrat auf Lebenszeit. Thyssen schwebte ein Ständestaat vor, in dem der Schwerindustrie die wichtigste Rolle zukam, Pläne, von denen die Nazis, kaum an der Regierung, nichts mehr wissen wollten: Sie beanspruchten die ganze Macht. Ihrem Förderer gaben sie zu verstehen, daß sie ihn nicht länger brauchten, weder sein Geld noch seine Beziehungen. Über beides verfügten sie jetzt selbst. Als sich Thyssen 1934 bei Hitler über die Zurücksetzung beschwerte, kanzelte ihn der Diktator ab. Hermann Rauschning, der nationalsozialistische Senatspräsident Danzigs – er setzte sich zwei Jahre später in die Schweiz ab –, war Ohrenzeuge. Er notierte, wie Hitler den Stahlbaron wie einen Schulbuben zurechtwies:»Ich habe Ihnen nie irgendwelche Versprechungen gemacht. Es gibt nichts, wofür ich Ihnen dankbar sein müßte. Was Sie für meine Bewegung getan haben, haben Sie zu Ihrem eigenen Nutzen getan und es als Versicherungsprämie abgeschrieben.«

Thyssen merkte zu spät, daß er den brachialen Durchsetzungswillen der NS-Bewegung unterschätzt hatte. Er wollte Hitler für seine Interessen instrumentalisieren. Jetzt war es der Diktator, der den Großindustriellen dirigierte. 1939 floh Thyssen ins Ausland und verurteilte öffentlich das NS-Regime, »das Deutschland ruiniert«. Was er an Besitz nicht hatte ins Ausland schaffen können, wurde konfisziert, seine Staatsbürgerschaft aberkannt. Die Vichy-Regierung lieferte ihn und seine Frau 1941 den Nazis aus, sie fanden sich gegen Ende des Krieges im KZ wieder. Eine Spruchkammer bezeichnete Fritz Thyssen 1948 als minderbelastet. Er wanderte nach Argentinien aus und starb 1951 74jährig in Buenos Aires.

Die Oppenheims waren den Thyssens bei der Verbringung des beweglichen Teils ihres Vermögens ins Ausland behilflich gewesen. Fritz Thyssen erwies sich dafür als äußerst dankbar. Die Oppenheim-Bank erhielt über ihn und seine alten Verbindungen einen maßgeblichen Einfluß bei der Entflechtung der Großindustrie an Rhein und Ruhr. Der wiederhergestellte Thyssen-Konzern wickelte seinen riesigen Finanzierungs- und Zahlungsverkehr zu einem großen Teil über Oppenheim ab. Die Bank richtete dafür eigens eine Außenstelle in Düsseldorf ein. Einen beträchtlichen Teil ihrer immensen Vermögensvermehrung nach dem Zweiten Weltkrieg verdanken die Oppenheims dem Thyssen-Link.

Die Haupterben Fritz Thyssens brachten einen wesentlichen Teil ihres Vermögens in die Fritz-Thyssen-Vermögensverwaltung AG in Köln ein. 1960 vermachten Witwe Amélie und Tochter Anita Gräfin Zichy einer neu gegründeten Thyssen-Stiftung Thyssen-Aktien für 100 Millionen DM. Deren Wertpapierstock ist heute etwa eine halbe Milliarde Mark wert. Jährlich werden rund 20 Millionen DM für wissenschaftliche Zwecke ausgeschüttet. Die Oppenheims spielen bei der Verwaltung dieses Schatzes gleichfalls die Hauptrolle.

Im Grunde eine abenteuerliche Geschichte: Die Oppenheims, deren Bank während des Krieges unter dem eigenen Namen nicht mehr existierte, überlebten die Wirrnisse als Unternehmen in erstaunlich intaktem Zustand. Man war überall dabei und gehörte doch nirgendwo dazu. In extremen Situationen hatte man sich anzupassen verstanden, eine Verhaltensweise, die über sieben Generationen hinweg immer wieder auf die Probe gestellt und verfeinert worden ist. Man kann es Opportunismus nennen. Doch wie anders sollte ein Familienunternehmen in Deutschland sonst mehr als 200 Jahre intakt überleben?

Der Aufstieg der Oppenheims in die obersten Schichten der Gesellschaft ist zugleich eine Emanzipationsgeschichte des Judentums. Er gelang in nur zwei Generationen. Stammvater Salomon junior, gerade 17jährig, Sohn eines »Hofjuden« an der Residenz des Kölner Erzbischofs, gründete 1789 in Bonn ein Wechsel- und Kommissionsgeschäft und siedelte zehn Jahre später nach Köln über. Als französischer Steuereinnehmer kam er, was Wunder, schnell zu großem Reichtum.

Seinen Aufstieg verdankte er nicht zuletzt der Toleranz französischer Beamter. Sie zwangen die widerspenstigen, erzkatholischen Kölner Kaufleute, sich der seit 1424 ausgesperrten jüdischen Konkurrenz zu öffnen. Den Preußen hingegen, die sich später die Rheinprovinz als straff regiertes Untertanenland einverleibten, war die Oppenheimsche »Franzosentümelei« verdächtig. Die Hohenzollern sahen sich dennoch gezwungen, die Bankierssippe pfleglich zu behandeln, denn Sal. Oppenheim jr. & Cie. galt in den ersten vier Jahrzehnten des 19. Jahrhunderts als der entscheidende finanzielle Machtfaktor im rasch aufstrebenden Ruhrgebiet. Es war mehr als nur eine Höflichkeitsgeste, als König Friedrich Wilhelm IV. am 4. September 1842 im Stadtpalais am Wallrafplatz bei Simon Oppenheim déjeunierte. Das Gabelfrühstück führte allerdings zu beträchtlichen atmosphärischen Verstimmungen und in der Familie zu einem handfesten Krach, der für einmal sogar nach außen drang. Denn Dagobert Oppenheim finanzierte gemeinsam mit Gustav Mevissen und andern wohlhabenden Bürgern die »Rheinische Zeitung«, die sich liberal, republikanisch und herzhaft antipreußisch gab. Ein jüdischer Chefredakteur schrieb flammende Leitartikel gegen die Herrschenden: Karl Marx.

Dagobert Oppenheim, der Herausgeber, hatte den noch nicht 30jährigen Juristen aus Trier engagiert. Einmal schrieb er ihm, seine Artikel finde er »vortrefflich«, es sei aber zu fürchten, »daß die hündische Zensur wieder das Messer anlegen wird«. Was bald geschah. Das Blatt existierte nur 15 Monate, die preußische Regierung entzog die Lizenz. Bilanz: beachtliche 3300 Abonnenten, die über das rasche Ende enttäuscht und verärgert waren, ebenso beträchtliche 13000 Taler Schulden und ein Verlust von 80 Prozent des Geschäftskapitals.

Ein Jahr und drei Monate hatten genügt, das Blatt und seine Macher weit herum zum Begriff werden zu lassen – und die Oppenheimschen Bankgeschäfte beträchtlich zu stören. Die »Rheinische Zeitung« war damals das von der Zensur am meisten verfolgte und zugleich eines der am professionellsten gemachten Blätter. Die Autorenliste beeindruckt noch heute: Ferdinand Freiligrath, Freiheitsdichter; Hoffmann von Fallersleben, zum nationalen Überschwang neigender Verfasser von »Deutschland, Deutschland über alles«; Georg Herwegh, Poet und Revoluzzer, der sechs Jahre später den badischen Aufstand anheizte. Ein reicher Fabrikantensohn aus der rheinischen Nachbarschaft fand sich gleichfalls unter den Mitarbeitern des Oppenheimschen Blattes: Friedrich Engels. 90 Jahre später hat der revolutionäre Fabrikant die Kölner Bankiersfamilie noch einmal beschäftigt. Friedrich Engels' Großneffe übernahm zeitweise bei Oppenheim nicht nur das Kommando, sondern gleich die ganze Bank, sieben Jahre lang trug sie sogar seinen Namen: Robert Pferdmenges, Bankier und einflußreichster Wirtschafts- und Finanzberater Konrad Adenauers. Um seine direkte Verwandtschaft zum Koautor des »Kommunistischen Manifests« zu relativieren, gab der Engels-Großneffe gern eine Anekdote zum besten. Wenn er als Kind etwas ausgefressen hatte, schimpfte ihn Mutter: »Du wirst noch wie dein Onkel Friedrich.«

Die »Rheinische Zeitung« setzte sich zwar vehement für Demokratie ein, aber die Redaktion führte Doktor Marx schon recht »marxistisch«, mit eiserner Hand und alles andere als demokratisch. Seinem Herausgeber (»Lieber Oppenheim!«) schrieb Marx im August 1842, was jedes Verlegerherz hüpfen läßt: Jeder einzelne »Schriftsteller« habe seine Ansichten dem Gesamtkonzept der Zeitung unterzuordnen, ohne Wenn und Aber. Marx berichtete später über die aufregenden Monate unter den Fittichen des Kölner Bankier-Sprosses: »Im Jahre 1842/43, als Redakteur der ›Rheinischen Zeitung‹, kam ich zuerst in die Verlegenheit, über sogenannte materielle Interessen mitsprechen zu müssen. Die Verhandlungen des Rheinischen Landtags über Holzdiebstahl und Parzellierung des Grundeigentums, die amtliche Polemik, die Herr von Schaper, damals Oberpräsident der Rheinprovinz, mit der ›Rheinischen Zeitung‹ über die Moselbauern eröffnete, Debatten endlich über Freihandel und Schutzzoll, gaben die ersten Anlässe zu meiner Beschäftigung mit ökonomischen Fragen.«

Das »Kommunistische Manifest«, das ihn erst zu jenem Revolutionär machte, der dem Bürgertum vom Zuschnitt der Oppenheims den Klassenkampf erklärte, hat Marx gut vier Jahre später gemeinsam mit Engels verfaßt. Bei der »Rheinischen Zeitung« trennten ihn hingegen noch Welten vom Kommunismus. Dem Schriftsteller Arnold Ruge schrieb er: »Ich forderte auf, weniger vages Räsonnement, großklingende Phrasen, selbstgefällige Bespiegelungen und mehr Bestimmtheit, mehr Eingehen in die konkreten Zustände, mehr Sachkenntnis an den Tag zu fördern. Ich erklärte, daß ich das Einschmuggeln kommunistischer, sozialistischer Dogmen, also einer neuen Weltanschauung, in beiläufigen Theaterkritiken etc. für unpassend, ja unsittlich halte und eine ganz andere und gründlichere Besprechung des Kommunismus, wenn er einmal besprochen werden solle, verlange.«

Ironie der Geschichte: Ein Großbürger und Bankier, der aus der Reihe geschlagene Dagobert, der eigentlich David hieß, sich aber hatte taufen lassen, um Assessor zu werden, verhalf dem »Doktor Marx« auf den Weg zum Revolutionär. Gegner sahen später im finanziellen Oppenheimschen Hintergrund den Beweis für die Weltverschwörung von jüdischem Kapital und Intellekt. Diesen Zusammenhang herzustellen war erkennbarer Unsinn, aber in den Annalen der Oppenheims tun sich die Haushistoriker mit dieser Episode denn doch schwer. Mit Sozialismus habe das alles nichts zu tun gehabt, und Dagobert sei der »radikale Republikanismus« Marxscher Prägung nachweislich schon frühzeitig auf die Nerven gegangen, beeilt sich der temporär zum Haushistoriker berufene Michael Stürmer in der 1989 erschienenen Familienbiographie »Wägen und Wagen: Sal. Oppenheim jr. & Cie.« die Fakten zu erklären.

Jedenfalls hat der Flirt mit der Revolution der Familie nicht weiter geschadet. Man verwand still die Schulden des marxistischen Experiments und sprach nicht mehr davon. Dagobert wurde erlaubt, auf einem ruhigen Direktionsposten (bei der familieneigenen Köln-Mindener Eisenbahn) die Wunden zu lecken.

Aus der Politik hielt man sich künftig möglichst heraus; man paßte sich den Gegebenheiten an und machte sich, soweit es ging, vom Spiel historischer Zufälligkeiten unabhängig. Maßhalten, gemeinsam handeln, das Ziel nicht aus den Augen verlieren, nicht auf übertriebene Gewinnmaximierung schielen, das gehörte zu den Grundsätzen des Hauses jener Jahre. Darin war dynastisches Denken angelegt. Man fing an, in großzügig bemessenen Zeiträumen zu disponieren und die Geschäfte anzulegen.

Den Lebensstil paßte man der wachsenden Bedeutung von Clan und Bank an. Die Oppenheims vereinigten rheinische Lebensart mit französischem Sinn für Repräsentation, nicht zuletzt, um den Konkurrenten, den Frankfurter Rothschilds, Paroli zu bieten, die sich als Groß-Rentiers gefielen, lieber Staatsanleihen auflegten und große Vermögen verwalteten, als sich an der rußigen Schwerindustrie die Finger zu beschmutzen. Die Rangordnung unter Seinesgleichen bemaß man am Privatvermögen, das im wesentlichen identisch war mit dem Geschäftskapital. Mayer Amschel Rothschild, er starb 1812, nannte in seinem Testament ein Vermögen von 800000 Gulden. Die Oppenheims gaben etwa zur gleichen Zeit eine Million Franc als Eigenkapital an. Die Kölner Bank rechnete noch lange nach der französischen Besatzungszeit, bis 1820, in französischen Franc ab, was den Vergleich erschwert: Der Oppenheimsche Fundus lag etwa um die Hälfte niedriger als der Rothschildsche.

Aber man holte auf in Köln, wenn auch langsam. Die Steuersituation war übersichtlich: Man zählte im ganzen Regierungsbezirk 150 Steuerzahler, die 1825 gerade 1809 Taler an die Obrigkeit ablieferten; 319 Taler oder ein Sechstel steuerten die Oppenheims bei. Die Domstadt litt ständig unter ihrem provinziellen Ruf. Auf die Hochblüte im Mittelalter als Handels- und Messestadt war eine lange Periode der Stagnation gefolgt. Köln, einst die größte Stadt des Reiches, neben Lübeck sogar eine der zwei wichtigsten Hansestädte, verlor an Bedeutung. Der Abstieg hielt Jahrhunderte an. Dabei hatten Kölner Kaufleute dem Handelsbündnis einstmals sogar ihr Maß- und Gewichtssystem aufzwingen können.

Die Erzbischöfe residierten als überaus weltliche Grandseigneurs nicht in Köln, sondern in der benachbarten Kleinstadt Bonn, auf die ein wenig vom höfischen Glanz abfiel. In der Domstadt selbst, obwohl noch immer reich, aber auch satt, ging es frugaler zu. Ein zeitgenössischer Geschichtsschreiber spricht von »Pfaffengewalt«. Aller Industriegeist werde »durch das Mönchswesen unterdrückt«. Bis zur Französischen Revolution regierten neben der Kirche Handwerk und Kleingewerbe. Die Zünfte gaben den Ton an, und diese wiederum wurden von wenigen Familien beherrscht. Sie waren vor allem darauf bedacht, unter sich zu bleiben und Zugereiste auszugrenzen, wo sie nur konnten. Jüdische Kaufleute wie die Oppenheims bekamen erst mit den einziehenden französischen Revolutionstruppen ihre Chance. Das stempelte sie später unter der Fuchtel der Preußen zu »Französlingen«, denen man mißtraute. Als erster Jude seit über 370 Jahren erhielt Joseph Isaak Stern aus Mülheim 1798 das kölnische Bürgerrecht. Nach dem Ende der Franzosenzeit nannten die Preußen das ihnen zugefallene Herrschaftsgebiet denn auch etwas abschätzig »Rheinprovinz«: ein rohstoffreiches Anhängsel ihres aufstrebenden Reiches.

Die Kölner, denen es unter den Franzosen nicht schlecht ergangen war, erinnerten sich hingegen lieber an den Namen, den ihnen die französischen Besatzer gegeben hatten: Département Roer. Das klang nicht nur entschieden eleganter, es drückte auch eine Anerkennung aus. Die Stadt gehörte fast fünf Jahre lang, von 1797 bis 1801, zum Territorium Frankreichs. Die Kölner waren Staatsbürger der französischen Republik und nicht Untertanen von Machthabern mit Kolonialherrenallüren, als welche die Rheinländer später lange Zeit die Preußen ansahen. Die kurze Phase, in der Paris nicht allein räumlich näher lag als Berlin, genügte zumindest der städtischen Oberschicht, einen anderen Lebensstil, einen republikanischen und vergleichsweise liberalen Geist kennenzulernen, wobei sich allerdings die autoritären Anweisungen von französischen und preußischen Behörden in der Tonlage kaum unterschieden.

Später entwickelte sich, ähnlich wie in Frankfurt, eine Abneigung gegen vieles, was mit »Preußentum« in Verbindung gebracht wurde. Das hing auch damit zusammen, daß man viel größere Erwartungen in die neuen Herren gesetzt hatte, als diese zu erfüllen gewillt und in der Lage waren. Bald nach ihrem Einzug empfand man die Hohenzollern weniger als Befreier denn als Besatzer. Dieses antipreußische Grundgefühl, auch wenn es ungerecht sein mag, drückt sich noch heute in ausgeprägter Skepsis gegenüber einem neu heranwachsenden Groß-Berlin aus. Es ist mehr als eine flapsige Anekdote, wie sie über den damaligen Kölner Oberbürgermeister Konrad Adenauer erzählt wird: Wenn er als Abgeordneter des Preußischen Herrenhauses im Schlafwagen der Reichshauptstadt entgegenratterte, habe er sich jedesmal nach Überquerung der Elbbrücke seufzend auf die andere Seite gewälzt: Jetzt sei man wieder im Land der Kosaken.

Auch die Oppenheims haben sich in der ersten Hälfte des 19. Jahrhunderts geschäftlich mehr nach Paris als nach Berlin orientiert. Helene Oppenheim, die Tochter Salomons, hatte 1813 den Pariser Bankier Bénédict Fould geheiratet, ein Mitglied der französischen Haute-finance. Dessen Bruder wurde Finanzminister unter Napoleon III. Das aus der gemeinsamen Mitgift gegründete Pariser Bankhaus B. L. Fould & Fould-Oppenheim war eines der führenden Geldhäuser in der französischen Hauptstadt.

In den hohenzollerschen, später weimarschen Machtgeflechten fanden sich die Oppenheims auch später nie wirklich zurecht, es sei denn, ein preußischer Finanzminister oder Ministerpräsident sei zufällig gerade Rheinländer gewesen, wie David Hansemann und Ludolf Camphausen nach den Revolutionswirren 1848. In der Familie pflegte man noch lange Zeit französischen Lebensstil, baute sich ein Palais an der Großen Budengasse 8 in Köln, wo der Hauptsitz des Unternehmens bis zur Zerstörung im Zweiten Weltkrieg untergebracht war. Schloß Bassenheim bei Koblenz gestaltete man zum privaten Refugium mit höfischem Ambiente aus.

Das bombastische Stadthaus Unter Sachsenhausen 37, 1866 erbaut, zeigte dann schon deutliche Neigung zu wilhelminischem Pomp. Der Bau markierte die Wende in der hauseigenen Familienpolitik: Man mochte nicht länger der Franzosentümelei bezichtigt werden. Man wollte ganz dazugehören, zum aufstrebenden deutschen Kaiserreich, zum Adel, zu dem schwer definierbaren Kreis, der sich als christliche Wertegemeinschaft empfindet. Dazu zählte, daß der als Pfennigfuchser gefürchtete Simon Oppenheim sich 1867 den für 200 Taler preiswerten österreichischen Freiherrentitel besorgte; Baron Alfred, Hauschef Nummer 6, trägt ihn heute. Simons Bruder Abraham, ebenso genial wie exzentrisch und rücksichtslos, bestand hingegen ein Jahr später auf dem preußischen, weil selteneren Adelstitel – und mußte 2000 Taler hinlegen.

Nachdem Abraham noch 1856 in Köln eine neue Synagoge gestiftet hatte, ließen sich die jüngeren Oppenheims in Anpassung an die neuen Verhältnisse christlich taufen, zunächst praktischerweise ein Zweig reformiert, später ein Zweig katholisch. Sie taktierten geschickt zwischen Kölner Katholiken, preußischen Lutheranern, niederrheinischen Pietisten und der jüdischen Konkurrenz. Der penible Simon Oppenheim ließ noch 1856 im Testament nachtragen, daß er als Jude für die Vollendung des Kölner Doms 3000 Gulden gestiftet habe. Er tat dies natürlich nicht dem Erzbischof zuliebe, er wollte den protestantischen Hohenzollern gefallen. Die hatten den nach Jahrhunderten endlich fertiggestellten gotischen Riesenbau geschickt zum Symbol der nationalen Einheit stilisiert, um die bockigen Rheinländer mit den neuen Landesherren zu versöhnen. Als jüdischer Hauptförderer des christlichen Bauwerks wollte Simon diesen ungewöhnlichen Umstand auf einer kleinen Tafel im Dom verewigt haben – die Oppenheims warten bis heute drauf. So weit geht die Symbiose der Stadtgesellschaft mit ihren reichsten Bürgern nun auch wieder nicht. Die jüdischen Wurzeln hat man im Haus Oppenheim nach und nach diskret verdrängt.

Auch in Köln durfte nun nicht mehr allein die katholische Kirche ihr Gepränge und der lokale Adel seinen Reichtum zeigen, auch erfolgreiche Unternehmer, die große Vermögen erlangten, führten vor, was sie besaßen. Westlich der Stadt bauten sich die Oppenheims Gut Schlenderhan, eigentlich mehr ein Schloß, wo man 1869 mit einer Pferdezucht begann. Heute gilt Schlenderhan als edelstes und zugleich erfolgreichstes Pferdegestüt Deutschlands. Es ist noch immer in Familienbesitz und liegt über einem Braunkohlelager, zu dessen Abbau die Oppenheims die Konzession besaßen; jahrzehntelang finanzierte die Kohle unter dem Gestüt das teure Hobby über Tage.

65 Jahre nach ihrer Gründung, 1934, weckte die Rassezucht die Gier der auf reines deutsches Blut jeder Art versessenen SS. Heinrich Himmlers Gen-Wächter erwarben das Gestüt. Hitler verwendete sich ausdrücklich, daß die »nicht rein arische Herkunft« der sich sträubenden Oppenheims bei der Festsetzung des Preises keine Rolle spielen dürfe. Die Nazis zahlten reichliche vier Millionen Reichsmark. Nach dem Krieg kaufte die Familie Gut Schlenderhan zu einem unbekannten Preis zurück, es waren sicher weit weniger als vier Millionen – dafür ist man schließlich seit Generationen Bankier, um solche Geschäfte auch unter erschwerten Bedingungen abzuschließen. Schlenderhan ist heute eines der ältesten Gestüte der Welt – und eins der einträglichsten: »Schwarzgold«, das Spitzenpferd der Zucht, galoppierte pro Saison immerhin 400 000 Mark Preisgelder zusammen.

Auch die Bank erschloß sich neue Felder. Als erste entdeckten die Oppenheims die pekuniären Vorzüge Luxemburgs. Bereits 1856 gründeten sie die »Internationale Bank in Luxemburg«. Man plante, wie das in den Privatbanken dieses Zuschnitts inzwischen üblich war, auf Generationen: Der Vertrag lief über 99 Jahre. Man verstand sich nicht mehr einfach als Familienunternehmen, sondern als Institution, die ohne jede falsche Bescheidenheit wie ein Staat Verträge über die Laufzeit eines Jahrhunderts abschließen konnte – mit Verlängerungsklausel. Heute reüssiert der »Freihafen« vor der Tür besser denn je. Die Bank, an der das Fürstentum sowie andere deutsche Banken Minderheitenbeteiligungen hielten, druckte eigene Geldnoten und finanzierte die neue Eisenbahn im Kleinstaat. Wer wen beherrschte, ist klar, die Größenverhältnisse sagen alles: Die »Internationale Bank in Luxemburg« saß auf einem Gründungskapital von 40 Millionen Franc, der Staat Luxemburg verfügte über einen Etat von gerade 3,13 Millionen Franc.

Weitblickend schrieb der Echternacher »Wächter an der Sauer« 1856, Luxemburg sei »ein Freihafen, in dem jeder, der es wünscht, seine Geschäfte abwickeln kann und von dem aus man leicht mit allen Nachbarn in Beziehung treten kann«. Das ist bis heute so geblieben, das Privatkundengeschäft konzentriert sich auf die ebenso hübschen wie besonders diskreten Töchter in Luxemburg und Zürich.

Mit dem Deutsch-Französischen Krieg 1870/71 und dem damit verbundenen enormen Geldbedarf begann der Aufstieg von Sal. Oppenheim jr. & Cie. zur Bank mit nationalem Zuschnitt. Innerhalb von zwei
Jahren schnellte die Bilanzsumme von zehn auf 24 Millionen Taler (ein
Taler war dreimal soviel wert wie die kurz darauf eingeführte Reichsmark). Abraham erreichte dank alter Verbindungen nach Paris, daß ein
großer Teil der enormen französischen Kriegsreparationen über die
Konten von Oppenheim abgewickelt wurden. Das drückte sich nicht
nur in der Bilanz und Gewinnrechnung unmittelbar aus. Staatsnahe
Geschäfte dieser Art brachten auch Verpflichtungen und Abhängigkeiten – mehr, als dem Bankhaus später guttat. Auch in Köln fing man
nun langsam an, stramm deutschnational zu denken.

Simon Alfred, Hauschef in vierter Generation, Major der Reserve
mit ausgeprägt antisemitischen Zügen, setzte sich als Hurra-Patriot in
einer Denkschrift an Wilhelm II. für eine brachiale Kolonialpolitik ein,
die selbst dem auf Expansion versessenen Kaiser zu weit ging. Der
aggressive deutschnationale Korpsgeist des Clanchefs und seiner Umgebung hatte drastische Folgen: Simon Alfreds Neffe, Anton Graf
Arco-Valley, erschoß am 21. Februar 1919 in München den sozial-
demokratischen Ministerpräsidenten Kurt Eisner. Der stolze Onkel in
Köln lobte Toni Arco, wie ihn die Familie nannte, als »Heldensohn«
und »Retter Bayerns«. Von 1932 an unterstützten die Oppenheims aktiv den reaktionären »Stahlhelm«.

Den Ersten Weltkrieg hatte man sehr ordentlich überstanden, das
Engagement in der Montan- und Rüstungsindustrie hatte sich ausge-
zahlt. Trotz der sich abzeichnenden Schwierigkeiten, die Nachkriegswirtschaft in den Griff zu bekommen, konnten sich die Privatbanken
in der Weimarer Republik weitaus besser behaupten als die Großbanken. Dominierende Bankiersfamilien beschlossen in der Not, obwohl
sonst scharfe Konkurrenten, eine enge Kooperation: Oppenheim,
Rothschild, Bleichröder (Bismarcks ehemalige Leibbankiers), Warburg
(sie finanzierten Flotte und Kolonien), Delbrück (gründete die Deutsche Bank) – man kannte sich; die familiären Beziehungen unter
den einzelnen Clans erleichterten die Kontakte. Schnell und unkompliziert ließen sich gemeinsame Ziele und Interessen formulieren. Solche Absprachen ohne festgeschriebene Verträge und Garantien fielen
den Aktienbanken viel schwerer. Noch einmal konnten die Privatban-

kiers ihre Flexibilität, die sie von den ganz Großen der Branche unterschied, unter Beweis stellen.

Noch schienen die Aktiengesellschaften großes Geld zu verdienen: Mit enormen Kapitalerhöhungen durch Ausgabe junger Aktien wurde der Kapitalmarkt zusätzlich angeheizt. Ein Wechselspiel von Schein und Sein, denn so viele Sachwerte waren gar nicht vorhanden, in welche die erzielten Gewinne hätten investiert werden können. Ein Warnsignal war, daß einzelne Banken begannen, Auslandskredite in Verrechnung gegen Kohle und Eisen, also gegen einigermaßen feste Sachwerte, die man wirklich in der Hand hatte, abzusichern.

Das Bankgeschäft florierte vordergründig so gut wie nie zuvor. Im Inflationsjahr 1923 arbeiteten 375 000 Menschen im Geldgewerbe. Der Siedepunkt war im Januar erreicht. Damals stand der Dollar zur Reichsmark 1:7500, im Mai 1:32 000, Mitte Juni 1:100 000, am 1. August 1:1 Million. Die Notenpressen der Reichsbank liefen heiß, der Staat entledigte sich mit diesem ungeheuren Ausstoß wertlosen Papiers seiner Schulden. 135 Druckereien und 35 Papierfabriken im ganzen Reichsgebiet waren Tag und Nacht mit der Herstellung des Papiergelds beschäftigt. Vom 14. bis 17. September sprang der wahnwitzige Kurs von 90 auf 131 Millionen, Ende November war man bei vier Billionen je US-Dollar angelangt. Der Notenumlauf, den man ordentlich und genau wie immer registrierte, belief sich zu diesem Zeitpunkt auf 400 Trillionen Reichsmark; das sind 400 Millionen Billionen, eine Zahl mit 20 Nullen.

Den Rheinländern, die wieder einmal besetzt waren, diesmal von den Briten, ging es bei alledem besser als allen anderen Deutschen. Ihre Banken stellten, wenn sie klug waren, ihre Werte auf das englische Pfund um. In Köln konnte man Dollar oder Pfund ohne die sonst im Reich üblichen Restriktionen frei erwerben. Wer es tat, befreite sich vom Inflationssog. Tatsächlich blieb der Kurs des Pfunds stabil, während der gleichfalls in großen Mengen gehandelte Franc ins Bodenlose stürzte.

Bemerkenswert ist, daß der sich später so deutsch-nationalistisch gebärdende Kurt Freiherr von Schröder, als Mitinhaber der Privatbank J. H. Stein schärftster Konkurrent der Oppenheims, die »englische Variante« wählte, also in Pfund abrechnete. Das paßte sowohl zu seinem opportunistischen Naturell wie zu seinen Aktivitäten als radikaler

Separatist für eine unabhängige rheinische Republik. Diese Vergangenheit hat der spätere großdeutsche Nationalist stets zu verdrängen gewußt.

Aufschlußreich ist übrigens auch, daß Kölns Oberbürgermeister Konrad Adenauer den rheinischen Separatismus aktiv unterstützte. Diese Erfahrungen haben später seine Politik als Kanzler der Bundesrepublik stark mitgeprägt. Wenn er von »Westbindung« sprach, meinte er stets etwas anderes, Radikaleres, als die meisten Deutschen. Er wollte Westdeutschland nicht allein vom Kommunismus abkoppeln, sondern von Osteuropa überhaupt. Der uralte Drang der Deutschen nach Osten blieb ihm suspekt. Er sah darin ein schicksalhaftes Verhängnis, eine Verstrickung, aus der sich Deutschland nur befreien könne, wenn es nach Westen schaute. Die von Adenauer im Westen aufgepflanzten Visierstangen behielt sein selbsternannter »Enkel« Helmut Kohl viel konsequenter im Blick, als die meisten seiner Zeitgenossen wahrnahmen. Den Euro als (west-)europäische Währung fest zu verankern ist ein Bestandteil dieser Überlegungen.

Die Überlegungen der Oppenheims, sich in den Inflationsjahren für die »deutsche Variante« zu entscheiden, hatten keine adenauerschen Dimensionen. Sie blieben aus politisch naiven, eher gefühlsgesteuerten Motiven der Reichsmark treu – bis an den Rand des Ruins. Eine seltsame Nibelungentreue für nüchterne Bankiers, untypisch jedenfalls für Oppenheimsche Flexibilität in allen erdenklichen Lebenslagen. Diese verhängnisvolle Familienpolitik war dem stramm nationalistisch orientierten Hauschef Simon Alfred zuzuschreiben. Welchen Verlust die Oppenheims damals erlitten, verbergen ihre Archive. In welcher Dimension der Wertverlust sich bewegte, läßt eine Aufstellung der vergleichsweise kleinen Hamburger Privatbank Münchmeyer & Co erahnen. Das Privatvermögen der Münchmeyers, das zu einem großen Teil in der Bank steckte, betrug 1918 noch 13 Millionen Goldmark, unmittelbar nach der Inflation, 1924, blieben 1,7 Millionen Rentenmark übrig.

Sal. Oppenheim jun. & Cie. beendete das Inflationsjahr 1923 mit einer Bilanz von ordentlich verbuchten 8 603 015 544 190 640 965 Mark und 70 Pfennigen. Diese Mondsumme beschreibt ausreichend die Situation: Wer auf Bargeld gesetzt hatte, ging über Nacht bankrott. Wer Schulden hatte, machte hingegen seinen goldenen Schnitt. Staat und

Gemeinden, allesamt über sämtliche Ohren ihrer Mitbürger verschuldet, profitierten am meisten: Die Inflation fraß wie ein gieriges Ungetüm nicht nur Kapitalien, sondern auch Schuldenberge weg. Wer rechtzeitig in Sachwerte investiert hatte, brachte es plötzlich zu einem riesigen Vermögen, sobald sich die Währung wieder stabilisierte.

Auf die Oppenheims trafen alle drei Varianten zu. Die Erben Albert von Oppenheims hatten sechs Jahre zuvor, 1917, voreilig die Familiensammlung alter Meister gegen nun wertloses Papiergeld verscherbelt: van Dyck, Rubens, Hals, Velazquez. Die berühmte Oppenheimsche Elfenbeinsammlung wechselte zum US-Bankier J. Pierpont Morgan. Bei allen übrigen Sachwerten, die man gesichert hatte, rissen Fehlkalkulationen und entwertete Gläubigertitel gewaltige Löcher in das während 150 Jahren aufgebaute Vermögen. 1935 betrug der Geschäftsumfang gerade noch die Hälfte von 1928.

Die entscheidende Schwächung der Privatbankiers brachte jedoch erst die hemmungslose Arisierungspolitik der Nazis: Sie nützte vor allem den anonymen Aktien- und Großbanken, die einen großen Teil der meist jüdischen Privatbanken schluckten; kaum eine von ihnen überlebte als unabhängiges Institut. Den wachsenden Druck spürten nun auch die Oppenheims. Zwar ließen sie sich vom Kölner Gauwirtschaftsführer bestätigen, daß sie »Mischlinge zweiten Grades« wären, »eine jüdische Versippung« demnach nicht vorläge und sie nach den Nürnberger Rassengesetzen nicht wirtschaftlich benachteiligt werden dürften. Aber Oppenheim klang den Nazis einfach nicht rasserein genug. Der Name mußte weg, Erinnerungen an die Ursprünge waren zu tilgen. Die Oppenheim-Straße wurde nach Elsa Brandström benannt, dem schwedischen »Engel von Sibirien«; sie kümmerte sich im Ersten Weltkrieg um deutsche Kriegsgefangene. Im Museum entfernte man die Spenderschildchen von den Rahmen der zehn Gemälde aus der Sammlung Oppenheim. Nach diesem Vorspiel war auch die Bank dran.

Das war nun nicht mehr nur eine Sache des Namens. Als Retter in der Not erwies sich Robert Pferdmenges, Jahrgang 1880, der die Fäden nicht nur bei Oppenheim in die Hand nahm. Er wußte in der rheinischen Schwerindustrie Bescheid wie kein anderer Bankier. Vor allem aber kannte er keine Berührungsängste zur Politik, mischte vielmehr in verschwiegenen Zirkeln überall mit, ohne die Interessen der Bank, an der ihn die Oppenheims als Miteigentümer 1931 beteiligten, je aus den Augen zu verlieren. Die Fähigkeit, wirkungsvoll aus dem Hintergrund zu agieren und im gemischten Doppel zu spielen, lernte er im Dritten Reich bis zur Meisterschaft zu nutzen; die Erfahrung kam ihm später in der Adenauer-Ära zugute.

Als der Druck der Nazis auf die Oppenheims als »Juden zweiten Grades« mit jedem Tag wuchs, übernahm Pferdmenges als Statthalter der Gründerfamilie die Bank. Von 1938 bis 1947 hieß Oppenheim »Pferdmenges & Co.«; die Beteiligungsverhältnisse aber blieben die ganzen Jahre über unverändert. »Er machte sich zum Juden honoris causa«, urteilt der Haushistoriker der Oppenheims, Michael Stürmer. Das Reichswirtschaftsministerium verbot per Erlaß, im Briefkopf »das Gründungsjahr des ehemaligen jüdischen Unternehmens« zu erwähnen, »weil das mit den Grundsätzen eines ehrbaren Kaufmanns nicht vereinbar« sei.

Hinter solchen grotesken Schikanen steckte ein Mann, der sich selbst zum Intimfeind der Oppenheims erklärt hatte: Kurt Freiherr von Schröder. In Hamburg geboren, schlug er zunächst die Karriere eines Berufsoffiziers ein. Der Wechsel vom Dragonersattel auf den Direktionssessel einer renommierten Privatbank gelang ihm, wie vielen Branchenkollegen, durch Einheirat. 32jährig wurde er 1921 Mitinhaber des 1790 gegründeten Privatbankhauses J. H. Stein, nach Sal. Oppenheim jr. & Cie. die Nummer 2 in Köln. Zwar war er verwandtschaftlich mit dem renommierten Londoner Investment-Bankhaus J. Henry Schroder verbunden, das von seinem 1914 in England naturalisierten Cousin Bruno von Schroder geleitet wurde. Die Rolle des Kölner Freiherrn als Privatbankier blieb aber zunächst eher bescheiden, obwohl er selbst seine Bank gern als »wichtige Kontaktstelle des deutschen und internationalen Kapitals« hinstellte. Als treuer Gefolgsmann der NSDAP gewann er zumindest bis Kriegsbeginn eine starke Stellung als Chef der Privatbankengruppe im Verband Deutscher Banken. Die Nazis belohnten ihn mit einem Sitz in der Bank für Internationalen Zahlungsausgleich, jener unter starkem deutschem Einfluß stehenden Institution der Zentralbanken in Basel. Dort saßen sich während des ganzen Krieges die Bankchefs von Freund und Feind gegenüber und regelten, kaum berührt von den Kriegsereignissen, einvernehmlich die Gold- und Devisentransfers.

Die Jubelschrift von 1940 zum 150jährigen Jubiläum von J. H. Stein führt Schröder in der Uniform eines SS-Oberführers vor; er brachte es bis zum SS-Brigade- und Polizeiführer, was dem militärischen Rang eines Generalmajors entsprach. Für seine Verdienste als Polizeikommandant in Lettland wurde er mit Totenkopfring und Ehrendegen dekoriert. Er war Präsident der Gauwirtschaftskammer, schwedischer Generalkonsul und Ehrensenator der Universität, ein hochgeachteter Mann, an den sich wenige Jahre später in Köln kaum jemand mehr erinnern konnte. In die Schlagzeilen der internationalen Presse kam der Freiherr erstmals im Januar 1933. Eine Berliner Zeitung hatte Wind von einem geheimnisvollen Treffen bekommen, das am 4. Januar in Schröders Villa am Kölner Stadtwaldgürtel stattfinden sollte. Man schickte einen Reporter an Ort und Stelle. Was dieser, versteckt hinter einer Hecke, beobachtete, sah nach Verschwörung aus: Ein Machtpolitiker von gestern, Franz von Papen, traf sich mit dem Diktator von morgen, Adolf Hitler, um einen Geheimpakt zu schließen.

Otto Dietrich, der nachmalige »Reichspressechef«, beschrieb das mysteriöse Treffen in seinem Buch »Mit Hitler an die Macht«: »Am frühen Morgen steigen wir alle in Bonn aus. Dort steht Schreck mit Führers Wagen vor dem Bahnhof, um uns im ersten Morgengrauen nach Godesberg zu bringen. Kurze Frühstückspause. Ein geschlossener Wagen fährt vor. Der Führer steigt ein. Fährt ab, das Ziel der Fahrt ist uns unbekannt. Uns aber hatte der Führer die Weisung gegeben, in seinem Wagen ohne ihn die Fahrt fortzusetzen, in Richtung Köln. Drei Kilometer hinter Köln, auf der Landstraße nach Düsseldorf, sollten wir anhalten und warten. Nach zwei Stunden fährt der geschlossene Wagen von Bonn bei uns auf. Hält an. Der Führer steigt aus, steigt zu uns in seinen Wagen. Der geschlossene Wagen macht kehrt, verschwindet in Richtung Köln.«

Der geheimnisvolle »geschlossene Wagen« gehörte Kurt von Schröder; er hatte das Treffen organisiert. Bis heute kursieren Legenden dazu. Tenor: Die rheinische Großindustrie habe Hitler durch Vermittlung Schröders vor dem unmittelbar bevorstehenden finanziellen Bankrott der NSDAP gerettet und so erst die Voraussetzungen für das aus Nationalsozialisten und Konservativen zusammengesetzte erste Kabinett Hitlers vom 30. Januar 1933 geschaffen. Einen Tag später trat der geschmeidige Freiherr der NSDAP bei.

Ein Privatbankier als Hitlers Retter? Der Historiker Henry A. Turner, der die umfassendste Arbeit über die Rolle der Großindustrie im Dritten Reich geschrieben hat, kommt zu dem Schluß: »Es wäre an den Haaren herbeigezogen, wenn man unterstellte, daß ein politischer Außenseiter wie Schröder die Entscheidungen von Männern wie Papen und Hitler im Januar 1933 beeinflußt haben könnte. (...) Als einer der wenigen, der sowohl zu Papen als auch zu Hitler Zugang hatte, zwei Männer, die durch eine tiefe soziale Kluft getrennt waren, wurde Kurt von Schröder zufällig zu einem Mann mit potentiell überaus nützlichen ›Verbindungen‹.« Er habe zwar Aufsichtsratssitze in mehreren großen Industriebetrieben innegehabt, weitgehend aber nur »ehrenhalber«: »Er hatte kaum Kontakt zu den bedeutenden Persönlichkeiten der Großindustrie und war den meisten von ihnen unbekannt.« Bei dem geheimen Gipfelgespräch war Schröder nur kurze Zeit dabei, man brauchte ihn als nützlichen Adlaten.

Gleichwohl spielte er in seiner Branche eine schlimme Rolle, in der er viele unsichtbare Helfer fand. Das Fachblatt »Bankwirtschaft« umschrieb es im Dezember 1943 so: »Insbesondere wurde unter seiner Führung die Arisierung, die gerade im Privatbankiergewerbe eine äußerst schwierige Aufgabe war, entschlossen, aber unter Erhaltung der wertvollen Firmensubstanz durchgeführt.« Wichtig ist dabei der Hinweis auf »die Erhaltung der wertvollen Firmensubstanz«: Die alten Besitzer verschwanden, wenn sie Glück hatten, in die Emigration, »die wertvolle Firmensubstanz« blieb und ging in andere Hände über.

Der Mann mit seinem markigen Schmiß – der reichte von der Oberlippe bis unter das rechte Ohrläppchen – drängte die Brüder Waldemar und Friedrich Carl Oppenheim, wie viele andere Unternehmer jüdischer Abstammung, aus den Aufsichtsräten. In den Vereinigten Stahlwerken saß er Stuhl an Stuhl mit Oppenheim-Majordomus Pferdmenges. Gegen den »Juden ehrenhalber« konnte er wenig ausrichten. Man belauerte sich, ging aber vorwiegend geschäftsmäßig miteinander um.

Das bestärkte viele darin zu denken, wie die Oppenheims dachten: Es werde schon nicht so schlimm kommen, die Nazis würden die Banken noch brauchen, besonders im Verkehr mit dem Ausland. Schließlich schaufelte man dem Führer die dringend benötigten Devisen ins Land. Als im Außenhandel tätige Kaufleute besaßen die Privatbankiers

138

auch unter den neuen Bedingungen eine privilegierte Stellung, das verstanden am Anfang sogar jüdische Geschäftsleute als Sicherheit: In Bankierskreisen begann man die nationalsozialistische Diktatur als nützliches Übel zu betrachten.

Jüdische Emigranten hatten zwar zwischen 1933 und 1935 über 125 Millionen RM ins Ausland transferiert. Die Machthaber wollten das Geld im Land sicherstellen, wagten aber wegen des mißtrauischen Auslands noch nicht den großen Schlag. Der zur Staatsideologie erklärte Antisemitismus kam zunächst jüdischen Bankiers sogar zugute: Sie erlebten einen starken Zustrom ihrer Glaubensbrüder. Vor allem bei den kommunalen Sparkassen, wo die Nazis unmittelbaren Zugriff besaßen, galten sie ohnehin als unerwünschte Kunden, oder sie wurden bei Kreditvergaben gezielt benachteiligt. Das löste eine Wanderungsbewegung zu den fünf größten Privatbanken aus, die sich, mit Ausnahme der Oppenheims, ausschließlich in jüdischem Besitz befanden.

Auch in der Familie Oppenheim sah man die Bankenkonzentration in jüdischen Händen mit Mißtrauen, obwohl die Familie selbst jüdischen Ursprungs war. Doch diese Wurzeln verdrängte man, legte Wert darauf, als christliches Bankhaus angesehen zu werden, und betonte das bei jeder Gelegenheit. Den Familiennamen empfand man zunehmend als Belastung, obwohl man öffentlich nicht darüber sprach.

Während die Nationalsozialisten jüdische Beamte und Angehörige freier Berufe am schlimmten drangsalierten und rasch aus ihren Positionen verdrängten, wurden produzierende Unternehmen zwar bedroht, aber vorerst nicht »arisiert«. Man brauchte sie noch, die deutsche Wirtschaft war auf sie angewiesen. Von den etwa 80 000 Firmen in jüdischem Besitz gehörten am 1. April 1938 noch etwa die Hälfte den ursprünglichen Eigentümern. Von den 500 000 in Deutschland lebenden Juden waren fünf Jahre nach Hitlers Machtantritt etwas mehr als ein Viertel emigriert. Von 1938 an verschärften die Nationalsozialisten die Repressionen drastisch:

22. April: Verordnung gegen Tarnung jüdischer Betriebe.

26. April: Meldepflicht für Vermögen über 500 Mark.

14. Juni: Registrierung und Kennzeichnung der Betriebe von Juden. Anlegung von Listen vermögender Juden durch Finanzämter und Polizeireviere.

20. Juni: Verbot des Zutritts zur Börse.

6. Juli: Ausschluß von Gewerbezweigen (z.B. Hausierergewerbe, Schaustellerei, Straßenhandel, Immobilienhandel, Grundstücksverwaltung).

23. Juli: Einführung von Kennkarten auf 1. 1. 1939.

25. Juli: Streichung der Approbation von Ärzten.

17. August: Juden müssen ihren Namen die Bezeichnung »Israel« beziehungsweise »Sara« beifügen.

27. September: Verbot der Rechtsanwaltstätigkeit.

Nach ihrem Machtantritt hatten die Nationalsozialisten jüdische Privatbanken oder »halbjüdische« wie die der Oppenheims vorerst noch in relativer Ruhe gelassen: Gebr. Arnhold/S. Bleichröder sowie Mendelssohn & Co. in Berlin und Dresden, Simon Hirschland in Essen und M. M. Warburg in Hamburg. Die fünf Großen unter den 915 registrierten Privatbanken hielten allein 30 Prozent der gesamten Bilanzsumme. Ein Fünftel des haftenden Eigenkapitals lag in ihren Händen. Die Privaten finanzierten 14 Prozent des deutschen Außenhandels. Ihre Vorrangstellung schützte sie einerseits vor dreisten Zugriffen, andererseits ließ sich damit die latent vorhandene antisemitische Stimmung ohne viel Zutun weiter schüren. Durch ihre breitgefächerten Beziehungen ins Ausland waren diese Privatbanken Anlaufstellen für ausländisches Kapital, das in der deutschen Industrie nach Anlagemöglichkeiten suchte.

Ende der zwanziger Jahre steckten 13 Milliarden RM an ausländischem Kapital in der deutschen Wirtschaft. Nach der Bankenkrise von 1931 fiel es den Nationalsozialisten leicht, mit dem Vorwurf zu operieren, die Katastrophe des Ersten Weltkriegs sei durch eine Verschwörung des internationalen jüdischen Kapitals verursacht worden. Auch in nüchterner kalkulierenden Wirtschaftskreisen konnten die Nazis nun für ihre Wirtschaftspolitik der totalen Autarkie Sympathien gewinnen. Die Erfolge bei der Bekämpfung der Arbeitslosigkeit, die sich die NSDAP auf ihre Fahnen schrieb, waren nicht wegzudiskutieren: Nach einem Jahr der Naziherrschaft sank die Arbeitslosigkeit von sechs auf vier Millionen, im August 1934 zählte man noch 2,4 Millionen. Drei Jahre später war die Vollbeschäftigung erreicht. Daß dieser Effekt in erster Linie der Rüstungsproduktion zuzuschreiben war, lag auf der Hand. Jeder wußte es. Hitler selbst sprach 1939 im Reichstag von 90 Milliarden RM, die er in die Aufrüstung gepumpt habe, sein Wirtschaftsminister Hjalmar Schacht nannte nach dem Krieg vor dem Nürnberger Tribunal die – realistischere – Zahl von 43,2 Milliarden RM.

Viele verdienten sehr gut daran, auch die in der Schwerindustrie engagierten Oppenheims. Der rasche Aufstieg der NSDAP vom wilden, 1933 nahezu zahlungsunfähigen Chaotenhaufen zur bestimmenden Macht in Deutschland erklärt sich vor diesem Hintergrund. Nicht mehr nur Kleinbürger und der verarmte Mittelstand sahen in den Nazis ihre besten Sachwalter, auch das Großbürgertum erkannte die Chance, mit Hitlers nationalistischer Politik die ausländische Konkurrenz aus dem Reich hinauszudrängen. Noch gaben sich Wirtschaftsbosse und so mancher Adlige der Illusion hin, die nützlichen Gespenster, die sie riefen, seien zu bändigen.

Aber der Anpassungsprozeß verlief nach einer Schonfrist viel rascher und tiefgreifender, als man sich das in den Etagen der Bankpalais hatte vorstellen können. Direktoren und Inhaber hießen nun auch bei Oppenheim »Betriebsführer«; Personal wurde zur »Gefolgschaft«. Ans Ende von Briefen ein zeitgemäßes »Heil Hitler!« zu setzen, vermieden die Kölner Bankiers zwar, sie beließen es bei einem forschen »Mit deutschem Gruß!«. Die Wertpapiere jüdischer Kunden stempelte man aber wie bei allen andern Banken zwecks Aussonderung mit dem Davidstern. Der christlich getaufte Oppenheim-Prokurist Ernst Mendelssohn ändert, »um Mißverständnisse zu vermeiden«, seinen Namen in Ernst Leyden, obwohl, wie man hämisch in der Branche tuschelte, Pferdmenges auch nicht gerade arisch klänge.

Als Reverenz ans Völkische organisierte die Bank erstmals Betriebsausflüge. Die Oppenheims, die jahrzehntelang in entrückten Sphären unter ihresgleichen gelebt hatten und daher auch erst spät wahrnahmen, was sich unten tat und wie ernst die Lage auch für sie geworden war, mischten sich zum erstenmal unters Personal und Volk. Man fühlte sich nicht wohl bei solchen Pflichtübungen. In ihrer Bank hing nun auch die »Betriebsordnung« aus, wie in allen andern deutschen Unternehmen: »Der Betrieb ist ein uns vom deutschen Volke anvertrautes Gut. Führer und Gefolgschaft haben das gemeinsame Ziel, durch Einsatz aller Kräfte den Betrieb gesund und leistungsfähig zu erhalten und damit sowohl jedem einzelnen Angehörigen des Betriebes seine Arbeitsstelle und sein Brot zu sichern als auch dem Volkswohl und Vaterland zu dienen. (...) Vorstehende Betriebsordnung möge dazu beitragen, daß die nationalsozialistische Gesinnung in allen Teilen des Bankhauses vertieft und gepflegt wird und dieser Geist als Gedankengut aller Betriebsangehörigen ungetrübt und unverfälscht erhalten bleibt.« Unterzeichnet war die »Betriebsordnung« ohne Unterschrift, nur mit »Der Betriebsführer«. Und das war der Baron von Oppenheim, der nun selbst erstaunt zur Kenntnis nahm, daß sein Familienvermögen als »vom deutschen Volke anvertrautes« Gemeineigentum galt. Das waren zwar nur Phrasen, Privateigentum, sofern »arisch« rein, rührten die Nationalsozialisten nicht an. Denn jene die Großindustriellen besonders beschwichtigende Redepassage im Düsseldorfer Industrieclub hatte Adolf Hitler durchaus ernst gemeint, als er das Privateigentum als unantastbar bezeichnete, sofern es den Interessen von Partei und Staat nützlich sei. Die Schrauben wurden jedoch an vielen anderen Stellen härter angezogen.

Jetzt schlug die Stunde des Oppenheimschen Intimfeinds. Am 28. Februar 1936 brachte der »Deutsche Volkswirt« einen Artikel Kurt von Schröders, der als Signal verstanden wurde und auch so gedacht war, »das Rassenproblem« im deutschen Bankwesen ein für allemal zu lösen. Auf den Beifall breiter Wirtschaftskreise konnte er zählen: »Die Tatsache, daß der jüdische Anteil an dem Privatbankiergewerbe in Deutschland zahlenmäßig mit ca. 50 Prozent und kapitalmäßig mit ca. 60 bis 70 Prozent zu veranschlagen ist, hat dazu geführt, daß der Bankier schlechthin in breitesten Kreisen der Öffentlichkeit mit mißtrauischen Augen angesehen wird, ist es dem Uneingeweihten doch schwer, hier die Grenze zu ziehen.« Er verschickte Fragebogen an alle Privatbankiers. Wer nicht innerhalb von 14 Tagen antwortete, wurde als hundertprozentig jüdisch eingestuft, mit allen Folgen.

Was als »jüdisch« galt, bestimmte Hermann Göring persönlich per Dekret: Eine von Juden gehaltene Sperrminorität an einer Bank zählte als »arisierungsfällig«. 1935 gab es noch über 400 jüdische Privatbanken in Deutschland, drei Jahre darauf 209, 1939 waren fast alle verschwunden. Insgesamt reduzierte dieser rigorose Aderlaß die Zahl deutscher Privatbanken von 1350 (1932) auf 520 (1938). Die dritte Phase, und damit die totale Arisierung, folgte unmittelbar auf die am 9. November 1938 inszenierte »Reichskristallnacht«, als jüdische Unternehmen und Geschäfte dem Ansturm des SA-Pöbels überlassen wurden. Auf den Straßen wütete der Mob. In den gediegenen Firmenetagen ging es geräuschloser, aber bei vordergründig vornehmen Umgangsformen oft ebenso brachial zu: Innerhalb weniger Monate kamen 4000 Betriebe in »arische« Hände. Wie immer formal äußerst korrekt – diesmal per Verordnung Nummer 4, 5 und 6 (in dem Wort »Verordnung« steckt das Wort Ordnung) –, wurde den Juden als Sühne für die Ermordung des deutschen Legationssekretärs Ernst vom Rath durch den jungen Herschel Grynszpan in Paris eine Milliarde als »Kontribution« aufgezwungen. Auf diese Weise wurden die Juden innerhalb kürzester Zeit aus dem gesamten Wirtschaftsleben ausgeschaltet, ihre juristische, soziale und menschliche Isolierung war damit vollzogen. Die »arischen« Banken stemmten sich keineswegs gegen das Verschwinden der Konkurrenz, auch die Oppenheims nicht.

Die vornehme Dresdner-Bank-Tochter Hardy & Co. übernahm Teile der seit 1931 in einer Interessengemeinschaft verbundenen Traditionshäuser Gebr. Arnhold (Dresden) und S. Bleichröder (Berlin). Als die Inhaber vier Jahre später durch gezielte Repressionen der örtlichen NS-Parteileitung zur Aufgabe gezwungen wurden, sicherte sich Hardy & Co. das gesamte laufende Geschäft, die Konzern-Mutter Dresdner Bank die Hälfte der Beteiligungen der Arnhold-Bank. Wie der Wirtschaftshistoriker Christopher Kopper zu diesen noch wenig erforschten Übernahmen herausfand, arbeitete die Dresdner Bank, die eine eigene »Arisierungsabteilung« betrieb, mit der Gestapo zusammen und nützte deren Terrormethoden, um den Kaufpreis noch weiter zu drücken. Einer der Inhaber, Kurt Arnhold, wurde während der Verkaufsverhandlungen verhaftet. In dieser Zwangslage veräußerte er seinen Anteil, ohne den zugesagten Paß und die Möglichkeit zum Devisentransfer zu erhalten.

J. Dreyfus & Co. Berlin/Frankfurt wurde von B. Metzler seel. Sohn & Co. und von Merck, Finck & Co. gemeinsam liquidiert. Die Münchner Bankiersfamilie Finck spielte eine dubiose Rolle. Für ihren Anteil an Dreyfus zahlte sie nicht einmal den Buchwert, das Inventar der traditionsreichen Bank war plötzlich nur mehr eine Mark wert, für die Hypotheken galt die Hälfte des in den Büchern ausgewiesenen Betrags. Überhaupt: Wenn es in jenen Tagen etwas zu liquidieren gab, die Rothschild-Bank in Wien etwa oder das älteste Bankhaus Essens,

Simon Hirschland & Co., so waren die Fincks diskret im Hintergrund mit dabei.

August von Finck war 1924, gerade 26jährig, in die 1870 gegründete Bank seines Vaters als Teilhaber eingetreten. Er entwickelte großes Geschick beim Mehren des Reichtums und war gefürchtet wegen seiner höchst sparsamen Haushaltsführung. Noch als alter Herr ließ er sich täglich vom Chauffeur mit dem VW Käfer 1300 ins Büro in der Münchner Innenstadt fahren und verwies glaubhaft darauf, daß die Mercedes-Limousinen, die vor der Verwaltung seines Guts Möschenfeld parkten, seinen Förstern gehörten. Als er 1980 im Alter von 81 Jahren starb, schätzte man den Finckschen Grundbesitz im Umland Münchens auf 4000 Hektar. Durch die rege Bautätigkeit am Rand der Millionenstadt und die damit rasch steigenden Bodenpreise vervielfachte sich der Wert der Ländereien innerhalb weniger Jahre. Das Familienvermögen stufte man irgendwo zwischen drei und fünf Milliarden DM ein.

August von Finck junior, der Merck, Finck & Co. übernommen hatte und die Bank 1990 an die britische Barclay's verkaufte, wurde auf der Hitliste der reichsten Deutschen auf Rang 6 geführt; auf der Weltliste des US-Magazins »Fortune« erschien er auf Platz 77. Der Vater von vier erwachsenen Kindern lebt heute in der Schweiz auf Schloß Weinfelden im Kanton Thurgau, das der Senior einst als seine einzige Auslandsinvestition erworben hatte. Im Finckschen Privatportefeuille fanden sich im Jahr 1993 Anteile der Münchner Löwenbräu (90 Prozent), der Restaurant- und Hotelkette Mövenpick (24,5 Prozent sowie Stimmenmehrheit), der Isar-Werke (45 Prozent), der Deutschen Spar- und Kreditbank (100 Prozent), der Alusuisse (10 Prozent), der Oerlikon-Bührle AG (schätzungsweise 10 Prozent) und der Allianz (2,5 Prozent).

Der Vater, August von Finck senior, hat seine Bankeinkäufe vor und während des Zweiten Weltkriegs nicht bereuen müssen. Zwar drängte man ihn als Aufsichtsratsvorsitzenden aus Allianz und Münchner Rück. Aber sonst geschah nichts. 1948 wurde er von einer Entnazifizierungskammer als Mitläufer eingestuft und zu einer Buße von 1000 Mark verurteilt, die er jedoch nicht bezahlt hat. Er legte Einspruch ein mit Hinweis auf eine Kriegsverletzung und auf Formfehler. Dem Einspruch wurde stattgegeben.

Freilich kam es, gemessen an der Zwangslage der Nazizeit, auch durchaus zu fairen Übernahmen von Banken. Vom Inhaber Rudolf Loeb kaufte die Deutsche Bank Mendelssohn & Co. Später kam das Dresdner Bankhaus Elimeyer hinzu. Manchmal trog aber auch der Schein. Hermann Josef Abs von der Deutschen Bank erhielt im Frühjahr 1950 von Loeb einen Brief. Dessen Inhalt klang wie bestellt, und es war nicht der einzige Brief dieser Art, den Abs nach dem Krieg hervorzauberte. Auch der tschechische Industrielle William Petschek bestätigte ihm wortreich, bei der Übernahme seines Eigentums besonders edel und fein gehandelt zu haben. Rudolf Loeb lobte: »... war ich dem Schicksal dafür dankbar, daß Sie es waren, mit dem ich verhandeln konnte, da ich Ihre innere Einstellung zu kennen glaubte.« Der Doyen der größten Bank Deutschlands zeigte solche Briefe gern herum als Beleg für sein nobles Verhalten während der Naziherrschaft.

Tatsächlich aber war die Deutsche Bank eine treibende Kraft bei der Arisierung gewesen. Anfang 1939 berichtete das Reichssicherheitshauptamt zufrieden: »Die Arisierungen sind im Bankgewerbe mit Hilfe der Privatbanken, besonders der Deutschen Industriebank, Reichs-Kredit-Gesellschaft und der Deutschen Bank zum Abschluß gekommen.«

Auch Hirschland & Co. in Essen sollte der Deutschen Bank einverleibt werden. Selbstkritisch läßt die Bank in ihrem 1012 Seiten starken Buch zum 125jährigen Jubiläum 1995 schreiben: »Die Handlungsweise mochte zwar in einzelnen Fällen – etwa bei Mendelssohn, Hirschland oder Petschek – so erscheinen, als sei sie von Mitgefühl mit früheren Geschäftspartnern bestimmt gewesen, aber insgesamt trug sie ohne Zweifel dazu bei, die Prinzipien von Eigentum und Moral zu unterlaufen.« Einerseits half die Deutsche Bank manchen jüdischen Unternehmern. Ihre Filialdirektoren wies die Zentrale an, bei Übernahme »vorsichtig und mit viel Geschick vorzugehen«. Man fürchtete um das Ansehen im Ausland. Anderseits agierte die Bank später, als soviel Rücksichtnahme nicht mehr notwendig und halb Europa von der Wehrmacht besetzt war, oftmals rücksichtsloser als andere.

Georg Simon Hirschland aus Essen, der eng mit Krupp, Mannesmann, den Vereinigten Stahlwerken und der Gelsenberg AG zusammengearbeitet hatte und einer der bedeutendsten Montan-Bankiers gewesen war, verkaufte seine Bank schließlich mit 160 Beschäftigten, davon 36 »Nichtarier«, an ein Konsortium, das eine neue Bank gründete: Burkhardt & Co., die schließlich der Essener Filialleiter der Deutschen Bank, Gotthard von Falkenhausen, mit Partnern übernahm. Der abtretende Eigentümer verteilte eine halbe Million RM ans Personal, bevor er das Traditionshaus für immer verließ. Die Bedingungen der »Überleitung« scheinen reell gewesen zu sein – was immer man unter diesen Umständen reell nennen mochte. Einen großen Teil des Hirschland-Vermögens führte Burkhardt & Co. noch ein paar Jahre auf dem Sonderkonto »Hirschland und Freunde«. 1942 wurde das Konto, wie alle übriggebliebenen jüdischen Vermögenswerte, vom Staat eingezogen. Es muß von beträchtlichem Wert gewesen sein, denn allein an »Veräußerungssteuer« und an »Reichsfluchtsteuer« errechneten die Finanzbeamten sechs Millionen RM. Vor seiner Emigration nach New York hatte Georg Hirschland zudem seine auf 500 000 RM geschätzte Gemäldesammlung an die Stadt Essen verkauft, davon aber letztlich nur 7000 Dollar nach New York überwiesen erhalten. Wie bei Geldtransfers dieser Art üblich, wurden Juden nach allen Abzügen nur gerade 6 bis 10 Prozent des Nennwerts zugestanden. Nach dem Krieg haben die Überlebenden die Gemälde zurückerhalten, sich aber nicht mehr in Deutschland niederlassen mögen. Die ausländischen Vermögenswerte der einst international renommierten Bank blieben unberührt. Von deren Verkaufserlös sicherte sich die Familie die Aktienmehrheit der New York Hanseatic Corporation. 1949 übernahmen die Erben zudem als stille Teilhaber ein Drittel des Kapitals von Burkhardt & Co. Die einstige Hirschland-Bank gedieh: Bei der Währungsreform bilanzierte man mit 5,8 Millionen DM. 1972, vor der Fusion mit dem Düsseldorfer Bankhaus Trinkaus zu Trinkaus, Burkhardt & Co. standen zwei Milliarden DM in den Büchern. Acht Jahre später, bei der Übernahme durch die britische Midland-Bank, brachte man es auf 5,3 Milliarden DM.

Auch bei den Warburgs in Hamburg schien die »Überleitung« zunächst fair abgewickelt zu werden. Die Familie handelte einen Kaufpreis aus, der sie für den vollen Bilanzwert des Nettovermögens entschädigte – freilich nur auf dem Papier, wie sich später herausstellte. Die Londoner »Times« schätzte damals das Kapital der Bank auf 40 Millionen Mark. Bei der Übertragung war nur noch von zwölf Millionen die Rede. Am Ende kamen noch 6,4 Millionen RM in die Hände der Familie, und auch davon konnte sie kaum etwas ins Exil mitnehmen. Faktisch entsprach die Übertragung einer Enteignung, wofür die Statthalter der Warburgs, die das Bankgeschäft weiter betrieben, nichts konnten – aber sie unternahmen auch nichts dagegen.

Die Warburgs, die einst die Flottenträume Wilhelms II. in Stahl gossen, verließen das Land 1938 fast mittellos und kamen bei ihrer vermögenden Verwandtschaft in New York unter. Ein Nachkomme, Siegmund, der früher gern auf Jakob Goldschmidts Empfängen in dessen Neubabelsberger Villa verkehrte (s. S. 178), gründete in London eine neue Bank, übrigens mit Geld der emigrierten Petschek (s. S. 152). Die Filiale in Amsterdam konnten die Warburgs noch einige Zeit halten, bis auch dort die Nazis zugriffen.

Der Fall Warburg ist vergleichbar mit dem Fall Oppenheim, aber nur in den äußeren Bedingungen. Man änderte den Namen der Bank in Brinckmann, Wirtz & Co. Die Hamburger Warburgs, international wohl die renommiertesten deutschen Privatbankiers, hatten die Bank zwangsweise auf ihren Generalbevollmächtigten Rudolf Brinckmann übertragen, der seit 1920 im Haus arbeitete. Man nannte ihn dort den »Allzweck-Arier«. Der Ausdruck »Jude honoris causa« wie bei Pferdmenges/Oppenheim hätte, gemessen an den Umständen, denn doch etwas frivol geklungen.

Die einstigen Anteile der Familie teilte man unter elf Investoren auf, von denen keiner die Mehrheit besaß; darunter Konzerne wie Siemens und die Gutehoffnungshütte. Die Geschäfte führte Brinckmann zusammen mit Paul Wirtz, einem aufrechten Mann. Am Tag, als Max Warburg, der Senior des Bankiersclans, den Neorenaissancebau an der Hamburger Ferdinandstraße betrat – es war der 30. Mai 1938 –, um sich mit einer kleinen Rede vom Personal zu verabschieden, transportierten Nationalsozialisten ein monumentales Ölgemälde mit Hitlers Porträt ins Treppenhaus; es wurde im Chefbüro aufgehängt. Zwar gab es keine schriftliche Abmachung, was mit der Bank geschehen sollte, falls die Nazis jemals abtreten würden. Doch man verstand es als stillschweigendes Übereinkommen, daß Brinckmann und Wirtz nur als Statthalter agieren und die Eigentumsrechte in einem solchen Fall wieder an die Warburgs übertragen sollten.

Erich Warburg, der Sohn von Max, kehrte nach dem Krieg als Offizier der U. S. Army nach Deutschland zurück, wo er »zum großen Finale« seines Soldatentums als Vernehmungsoffizier jenen Mann verhörte, der die Arisierung von oberster Stelle vorangetrieben hatte: Hermann Göring. Die Verhöre erwiesen sich aber nicht als ergiebig, da der abgehalfterte Reichsmarschall die Sitzungen für grandiose Selbstinszenierungen nutzte.

Die Hamburger Bank existierte noch, und Rudolf Brinckmann hatte großen Gefallen an dem Unternehmen und seinen schönen Erträgen gefunden. Weil er nach dem Krieg für das Wiedererstarken der Bank gesorgt hatte, fiel es ihm enorm schwer, das vor dem Krieg gegebene Versprechen einzulösen, die Bank und insbesondere den Namen wieder herzugeben und als Statthalter a. D. ins zweite Glied einzurücken. Hinter den Kulissen fand ein erbitterter Streit statt. Während die Warburg-Männer sich mit »Brinckmann, Warburg & Co.« als Firmennamen abfinden wollten, legten die Warburgerinnen ihr Votum ein: Niemals! Die energische Frauenfraktion siegte, aber das Tauziehen dauerte noch bis zum Oktober 1991. Erst dann konnte das Firmenschild am imposanten Bau an der Ferdinandstraße 75 ausgewechselt werden. Die Bank hieß nun wieder, wie sie schon 140 Jahre lang, bis 1938, geheißen hatte: M. M. Warburg & Co., Privatbankiers seit 1798. Erich Warburg hat es nicht mehr erlebt. Er starb ein Jahr zuvor, 90jährig.

Ähnlich den Oppenheims bezieht der Warburg-Clan sein Selbstverständnis aus einer langen Ahnenreihe erfolgreicher Händler und Bankiers, wobei sich der Aufstieg der Warburgs gemächlicher und weniger glanzvoll vollzog als jener der Kölner Konkurrenz. Dafür konnten die Hamburger mehr Internationalität vorweisen und in ihren besten Jahren auch ein Beziehungsgeflecht, das bis zuoberst in die amerikanische Hochfinanz reichte. Ahnherr Juspa-Joseph hatte sein Geschäft 1670 als jüdischer Pfandleiher in Altona bei Hamburg begonnen. Über zwei Jahrhunderte ging es bescheiden aufwärts, bis Max I. die Bühne betrat. Im Kaiserreich stieg er zu einem der einflußreichsten Bankiers auf, dessen Bedeutung das relativ bescheidene Kapital seiner Bank erheblich übertraf. Er dinierte mit Wilhelm II., verhandelte über die Finanzierung ganzer Kolonien und wetteiferte mit der Deutschen Bank um den ersten Platz bei der Ausgabe von Wertpapieren. Daß der Kaiser den Bankier »einen Freund« nannte, war in der wilhelminischen Gesellschaft nur möglich, weil sich die Warburgs von ihrer Religion zwar nicht losgesagt, aber doch weitgehend gelöst hatten. Religion spielte für sie persönlich kaum mehr eine Rolle. Die Anpassung ging jedoch nicht so weit wie bei den Oppenheims, die sich katholisch oder reformiert taufen ließen, wie es eben den Geschäftsinteressen diente. Mehrere Jahre hielt Max Warburg den Vorsitz im mächtigsten Industriekonglomerat des Kontinents: bei der IG Farben in Frankfurt, ein Beweis, daß er ganz oben im Wirtschaftsestablishment angelangt war.

Sein Bruder Felix begründete den amerikanischen Zweig der Dynastie und heiratete Frieda, die Tochter von Jacob Heinrich Schiff aus Frankfurt, der sich vom Lehrling zu dem neben J. Pierpont Morgan wichtigsten Bankier der USA hocharbeitete: Zwei Großclans hatten sich verbunden. Die Schiffs entstammten einem alten Frankfurter Kaufmannsgeschlecht, das wiederum eng mit den Rothschilds liiert war. Bis 1784 bewohnten die Rothschilds und Schiffs gemeinsam das Haus Zum grünen Schild im Frankfurter Judenviertel. Obwohl klein von Wuchs, wie übrigens auffallend viele berühmte Aufsteiger dieser Epoche, gab Jacob H. Schiff schon in jüngeren Jahren mit seinem imposanten Bart das Abbild eines alttestamentarischen Patriarchen. Nach Amerika ausgewandert, fing er mit 26 Jahren bei Kuhn, Loeb & Co. in New York an. In ihm schlummerte jene archaische Kraft, wie sie für viele jüdische Karrieren seiner Zeit typisch war. Jahrhunderte durch die Grenzen der Ghettos eingeengt, konnte sich die konservierte Dynamik nun voll entfalten. Der ungestüme Drang, der Wille, endlich jene Positionen zu besetzen, die ihnen während Generationen verwehrt blieben, war vielen Zeitgenossen unheimlich. Bei der Karriere Jacob Schiffs zeigte sich das deutlich. Schon nach wenigen Jahren stand er nach der Heirat mit einer Loeb-Tochter als Haupteigentümer an der Spitze von Kuhn, Loeb & Co. Die Bank baute Schiff innerhalb von zwei Jahrzehnten zu einer Bastion aus, von der aus er seinen schärfsten Konkurrenten, J. P. Morgan, angriff. Der Kampf ging als »Krieg der Eisenbahntitanen« in die amerikanischen Schulbücher ein. 1901 kontrollierte der einstige Lehrling aus der Frankfurter Schnurgasse 39 über 22 000 Meilen des amerikanischen Bahnnetzes, in seinem Portefeuille lagen Aktien im Wert von 321 Millionen Dollar. Er galt als strenggläubig, das Haus Schiff war gefürchtet als konservativstes Bollwerk der jüdischen Orthodoxie. Die Art und Weise, wie der Patriarch seine Macht einsetzte, schürte das Mißtrauen gegen den neuen Herrscher der Wall Street. Vor dem Russisch-Japanischen Krieg legte Schiff beispielsweise nur für die Japaner Kriegsanleihen auf: 42 Millionen Dollar. Gleichzeitig verhinderte er, daß die in Judenpogrome verstrickte russische Regierung Geld in den USA aufnehmen konnte. Der Zar verlor den Krieg gegen Japan, der Tenno heftete derweil Schiff den höchsten Orden des Landes ans Revers.

Jüdische Bankiers, so schien es, geboten über Krieg und Frieden, eine Vorstellung, die sich nach dem Ersten Weltkrieg in Deutschland besonders hartnäckig festsetzen sollte. Noch vor dem Kriegseintritt der USA im April 1917 verhinderte Schiff tatsächlich deutsche Kriegsanleihen in Amerika, was den Kriegsverlauf zweifellos beeinflußt hat. Gleichzeitig weigerte sich der Bankier, immerhin Mitbesitzer des zweitgrößten Geldhauses Amerikas, erneut, den Russen unter die Arme zu greifen; nur waren diese jetzt Kriegsverbündete der Amerikaner. In New York titelte die Presse empört: »Kuhn, Loeb – die deutschen Bankiers weigern sich, den Alliierten zu helfen!« Schiff, zeit seines Lebens hin- und hergerissen zwischen deutschen Wurzeln und amerikanischem Patriotismus, verlor an Einfluß; er starb 1917.

Eine groteske Situation: Der Jude aus Frankfurt, seit Jahrzehnten amerikanischer Staatsbürger, war es gewesen, der das Deutschtum in den USA verherrlicht hatte, wo er nur konnte. Deutsche Tugenden sah er als Grundlage der amerikanischen Gesellschaft. Am Ende erschien er aber sowohl den Amerikanern wie den Deutschen suspekt. Geblieben ist die Erinnerung an einen Philanthropen, der – geschätzte – 400 Millionen Dollar für gemeinnützige Zwecke verschenkte.

Mitten hinein in dieses komplexe Macht- und Beziehungsgeflecht heiratete nun also Felix Warburg. Neue, internationale Dimensionen eröffneten sich dem ausgewanderten Hanseaten, dem Bruder von Max. Der dritte Warburg-Bruder, Paul, war 1902 gleichfalls nach New York gezogen. Auch er heiratete gezielt in eines der beherrschenden Machtzentren der Wall Street: Paul ehelichte eine Tochter aus dem Hause Loeb, Nina, und wurde zugleich Teilhaber von Kuhn, Loeb & Co. In dieser Bank gab neben Jacob Schiff ein anderer Deutscher aus Frankfurt, Otto Kahn, den Ton an. Kahn galt als der internationalste von allen New Yorker »Frankfurtern« und »Hamburgern«; er verfügte über weitreichende politische Kontakte. Von ihm hat Paul Warburg die Interna der amerikanischen Busineßwelt kennengelernt. Paul nahm nach einigen Jahren Bedenkzeit die amerikanische Staatsbürgerschaft an und bewegte sich bald in den innersten Zirkeln der Hochfinanz. Er war maßgeblich an der Schaffung des Federal Reserve Board beteiligt und wurde deren Präsident. Das »Fed« ist eine amerikanische Zentralbank nach europäischem Muster. Damit verfügte Paul nun in der Tat über eine enorme Konzentration an politischer und wirtschaftlicher Macht, denn er blieb als Zentralbankchef zugleich Teilhaber von Kuhn, Loeb & Co. ebenso wie von der Hamburger Warburg-Bank. Am Vorabend des Ersten Weltkriegs, 1914, mußte Paul Warburg unter Einfluß des Senatsausschusses für Banken und Währungen seine deutschen Beteiligungen abgeben – an seinen weniger exponierten Bruder Felix, der bis 1917 Teilhaber von M. M. Warburg in Hamburg blieb.

Anders als die strengeren Hamburger Warburgs kannten die Verwandten in New York, entsprechend amerikanischen Gepflogenheiten, bald keinerlei Scheu mehr, Reichtum vorzuzeigen. Kuhn, Loeb & Co. bezog ein 21stöckiges Bürogebäude, Ecke William und Pine Street. Mit wachsendem Erfolg bauten sie sich an der Fifth Avenue Nr. 1190 ein Stadtpalais im Stil einer Basilika. Mit Woodlands bei White Plains erwarben die Warburg-Schiffs eines der exklusivsten Landgüter des New Yorker Geldadels, ein Gelände von 200 Hektar, auf dem es ein Gewächshaus gab, das ausschließlich der Zucht weißer Nelken diente. Der Blumenverbrauch war entsprechend: Die Banker steckten sich die Nelken jeden Morgen ans Revers; täglich mußten die Blumen mehrfach erneuert werden. Die Repräsentanten des Clans hielten einen direkten Draht zu US-Präsident Roosevelt, trafen sich mit Winston Churchill, gehörten dies- und jenseits des Atlantiks den obersten Gremien von Notenbanken an und saßen in Regierungsdelegationen, unter anderem in jener, die 1919 in Versailles über den Friedensvertrag verhandelte. Max Warburg, der Herrscher des Hamburger Clans, fand sich dort mit dem Nationalökonomen John Maynard Keynes konfrontiert, dem Experten der Amerikaner.

Diese internationalen Verflechtungen, besonders die direkte Beteiligung von Max Warburg am »Schanddiktat von Versailles«, sollte später wahre Sturzbäche an Verleumdungen auf die Mühlen der Nationalsozialisten gießen: »Das Weltjudentum« war nicht mehr nur eine anonyme Macht. Das »Übel« trug einen Namen: Warburg-Schiff-Loeb. Man erzählte sich die – verbürgte – Geschichte, wie in den dreißiger Jahren beim Frühstück im Schlafzimmer des US-Präsidenten der Goldpreis festgelegt wurde. Führende Bankiers waren im Wechsel dazu eingeladen, unter ihnen gelegentlich auch James Warburg. Der Präsident saß meistens noch im Morgenmantel am Tisch, die Marktlage wurde kurz besprochen, und wenn man sich nicht einigen konnte, entschied schon mal der Münzwurf über den Tagespreis des Goldes.

Nach den Wirren des Zweiten Weltkrieges wäre Warburg beinahe noch einmal der Aufstieg zu einem internationalen Finanzimperium gelungen. Siegmund George, Chef des Londoner Zweigs, trug sich noch in den achtziger Jahren mit Ambitionen, die voneinander unabhängigen Häuser in London und Hamburg zu verschmelzen. Immerhin zählte die Londoner Warburg-Bank 5000 Mitarbeiter. Aber die Beziehungen zwischen den Warburg-Zweigen hatten in den Jahren des Exils gelitten. Erich, der Hamburger Repräsentant, und Siegmund George, der Draufgänger in London, hielten nicht viel voneinander; die Vereinigung der beiden Häuser scheiterte.

Siegmund George, der einstige Bekannte des Großbankiers Jakob Goldschmidt, des Börsengurus im Berlin der zwanziger Jahre, hatte alle Stürme der Nazizeit im Ausland überstanden. Er war auf eigene Faust nach London gegangen, um dort sein eigenes Reich zu gründen. Am 29. Januar 1946 brachte die »Times« eine winzige Notiz auf Seite 7: Die Bank S. G. Warburg gab ihren Registereintrag bekannt; 30 Angestellte und ein Gesamtkapital von gerade 233 000 Pfund. Mit von der Partie waren alte Bekannte, die Erben der Großindustriellen Stinnes (Deutschland) und Petschek (Tschechoslowakei).

Der Aufstieg Siegmund Warburgs buchstäblich aus der Asche gehört zu jenen Phänomenen, wie sie in der Geschichte dieser alten Bankiersclans immer wiederauftauchen. Obwohl inzwischen britischer Staatsbürger, behandelte die abgeschottete Londoner City Siegmund als germanischen Parvenue, der sich nicht gerade durch herausragende Kenntnisse der Finanzierungstechniken profilierte. Das Kreditgeschäft langweilte ihn. Seine Stärken waren anderer Natur: Verhandlungstalent, strategisches Denken und, wie es sich für einen Warburg gehörte, ein unbezahlbares Netz an internationalen Kontakten, sozusagen der »unique selling point« des Geschäfts. 150 Jahre Bankgeschichte bedeutete diesem Typus Privatbankier wesentlich mehr als nur die Wahrung einer verstaubten Tradition: Sie ließ sich in bare Münze umsetzen.

Das Bankgeschäft war damals eine Clubveranstaltung, nichts als »organisierter Klatsch«, wie Siegmund Warburg spöttelte – Klatsch in einem kleinen, feinen Club von Insidern. Ganz alte Schule, reiste er nach Paris, in der Annahme, die Sozialisten würden nach ihrem Wahlsieg mit der angedrohten Verstaatlichung des Bankensektors tatsächlich ernst machen. Und selbstverständlich legte er Wert auf ein Vier-Augen-Gespräch mit Staatspräsident François Mitterrand, das er auch bekam. Schließlich standen Warburgische Interessen in Frankreich auf dem Spiel, die in der Bank Parisbas steckten. 1978 traf Siegmund Warburg gleichfalls in Paris mit dem ägyptischen Staatspräsidenten Anwar El Sadat zusammen, um die Friedensverhandlungen mit Israel zu forcieren. Von seinem Selbstverständnis her war es für den Privatbankier völlig natürlich, solche Kontakte auf höchster Ebene zu knüpfen und zu pflegen.

Siegmund Warburg betrieb Global Banking, bevor es den Begriff überhaupt gab, er gilt als Vater der Euromärkte im Wertschriftenhandel. An solchen Einzelheiten läßt sich ermessen, welch ungeheure Dynamik in den letzten zwei, drei Jahrzehnten nicht allein das Finanzwesen vorantrieb: Noch 1963 war Warburg der erste Europäer nach dem Krieg gewesen, der in London eine internationale Industrieanleihe aufgelegt hatte, für die Autostrade Italiane, Erbauerin der Autostrada del Sole.

Den Zugang zum Londoner Insiderklüngel verschaffte sich Warburg jedoch mit einem anderen Coup, der internationales Aufsehen erregte und die Bank bald unter den ersten Adressen etablierte: Warburg wickelte den Verkauf des Staatskonzerns British Aluminium an die amerikanische Reynolds-Gruppe ab. Vier Jahre, von 1954 bis 1958, dauerte der spektakuläre »unfriendly take over«. Die City mobilisierte alle Kräfte gegen den dreisten Eindringling. 14 der 17 bedeutendsten Geldhäuser stürzten sich auf den »unpatriotischen Aufsteiger«, der den Amerikanern Zugang zur Wirtschaftsmacht im protektionistischen »merry old England« verschaffte. Der Kampf und die damit verbundene Öffnung bedeuteten eine entscheidende Zäsur in der britischen Wirtschaft, was sich allein schon darin äußerte, daß der zunächst so übel Geschmähte von der Königin 1966 zum Knight of the United Kingdom (Ritter des Vereinigten Königreichs) geadelt wurde, niederster Adel zwar und nicht einmal erblich, aber für einen Einwanderer der ersten Generation kein übler Start.

In seiner Bank pflegte Sir Siegmund einen patriarchalischen Stil, er war ein schwieriger, oft mürrisch wirkender Mensch, der zu Jähzorn neigte. Seinen Sohn George erzog er hart und ziemlich gefühllos, wie es dem dynastischen Empfinden der Warburgs entsprach. Zum 21. Geburtstag schenkte ihm der Vater eine Lebensversicherung – deren Prämie der Filius selber zahlen mußte. Als der Sohn einmal eine Sitzung in der Bank nicht sorgfältig genug vorbereitet hatte, wies ihm der Patriarch ein für allemal die Tür, er akzeptierte ihn nicht länger als Nachfolger.

In Sir Siegmunds Bank gab es täglich zwei getrennte Mahlzeiten: eine weniger wichtige für zweitrangige Kunden um halb eins. Sie endete auf die Minute genau fünf vor halb zwei. Bei der ersten kam der Bankchef vorbei und plauderte mit diesem und jenem. Bei der zweiten, der wichtigeren, sie begann Punkt halb zwei, führte er rigoros den Vorsitz.

Seine Bank wuchs rasant. Bald war man in 38 Ländern aktiv, tat sich in der Londoner Bankenkrise von 1986 mit Akroyd & Smithers, Rowe & Pitman sowie Mullens, dem offiziellen Wertschriftenhändler der Regierung, zur Mercury Group zusammen. Aber das war nicht mehr die Welt von Sir Siegmund. Ihm kam das Bankwesen zunehmend als kalt und unpersönlich vor, sein »unique selling point« – das persönliche Kontaktnetz – verlor an Bedeutung. Außerdem hatte er einige Projekte in den USA in den Sand gesetzt. Schmollend zog er sich in seine Villa in Blonay am Genfer See zurück und traktierte seinen Nachfolger Sir David Scholey – dieser verkaufte nach dem Tode des Patrons die Bank an die Schweizer – mit schriftlichen Maßregelungen. Ein typisches Patriarchensyndrom: Sir Siegmund konnte nicht loslassen. Für seine diversen Funktionen, die er bis zuletzt behielt, bezog er ein bescheidenes Jahreseinkommen von 15 000 Pfund. »Wenn ich sehe, was für Leute da die Zügel in der Hand halten, hätte ich heute kaum Aussicht, eingestellt zu werden«, schrieb er. »Viel zu unangepaßt und überspannt, würden sie sagen.« Er ahnte, daß ihm in dieser Einschätzung jene nicht widersprechen würden, die ihn näher kannten. Die Passage zeigt auch, wie bewußt er seine Auftritte als Exzentriker pflegte, um als Einzelgänger in der City überhaupt zu überleben.

Eine wichtige Rolle in seinem Leben spielte die Zürcher Graphologin Theodora Dreifuß, mit der ihn wahrscheinlich nicht nur eine platonische Beziehung verband. Außerdem hatte Graphologie eine fast mystische Bedeutung für ihn. Er stellte keinen Mitarbeiter ein, ohne ein Gutachten über seine Handschrift einzuholen, selbst über Bankkunden ließ er graphologische Expertisen erstellen. Biograph Ron Chernow, der mit seiner fast eintausend Seiten starken Warburg-Biographie die Bankiersfamilie in faszinierendem Faktenreichtum dargestellt hat, drehte den Spieß für einmal um. Er ließ Siegmund Warburgs Handschrift von der amerikanischen Graphologin Thea Stein Lewinson, einer ehemaligen CIA-Mitarbeiterin, analysieren, ohne die Identität des Verfassers der zwei vorgelegten Schriftstücke zu offenbaren. Aus ihrem Bericht ergibt sich das klassische Bild eines Bankiers von eigenen Gnaden: »Seine Intelligenz liegt deutlich über dem Durchschnitt. Ihm dürfte klar sein, daß die meisten Menschen nicht so brillant sind wie er und daß er andern erklären muß, was er sagt und tut. Seine Verkaufsfähigkeiten dürften ungewöhnlich sein. Auf der emotionalen Ebene wirkt der Begutachtete ausgeglichen. Er hat Schwierigkeiten, scheint sie aber zu beherrschen. Sein Selbstvertrauen ist nicht besonders stark ausgeprägt, doch scheint er sich stets in der Hand zu haben, womit es ihm gelingt, nach außen selbstsicher zu wirken. Er beherrscht seine Gefühle streng und rational und gibt sich Mühe, sich von ihnen nicht mitreißen zu lassen. Er ist gern von Menschen umgeben, wünscht aber keine engen persönlichen Beziehungen zu ihnen. Dieser Mann ist durchaus sinnenfreudig und versteht es offensichtlich, die Annehmlichkeiten und Freuden des Lebens zu genießen.«

Als Siegmund Warburg im Oktober 1982 mit 79 Jahren »als zutiefst unglücklicher Mann« (Chernow) starb – er hatte Warburg-London nicht als Familienunternehmen festigen können –, hinterließ er ein in nur einer Generation aus dem Nichts geschaffenes Reich: ein weltweit wettbewerbsfähiges Emissionshaus. 1991 stand S. G. Warburg & Co. im Weltmaßstab auf Rang 19 aller Wertpapierhändler. 1996 wechselte Warburg-London für 860 Millionen Pfund den Besitzer. Heute gehört die Bank unter dem Namen Warburg Dillon Read zum Riesenkonglomerat der Union Bank of Switzerland. 1997 wickelte die Bank 37 Firmenkäufe mit einem Volumen von 40 Milliarden DM ab und avancierte damit zur Nummer 2 unter den europäischen Investmentbanken.

Zum Tod Sir Siegmunds schrieb die »Financial Times«: »Möglicherweise war Sir Siegmund in der Nachkriegszeit der einflußreichste Finanzier in der Londoner City« – und einer der letzten seiner Art.

Bei den Hamburger Warburgs hatte man zum Wiederaufbau den bescheideneren Weg gewählt, blieb letztlich aber erfolgreicher, weil die Bank noch immer den Warburgs gehört. Die Erben des widerspenstigen Statthalters Rudolf Brinckmann verkauften 1990 ihre Anteile von 23 Prozent samt Vetorecht und schieden aus; ebenso die übrigen Teilhaber, die über die Industriekreditbank noch Anteile gehalten hatten. Wichtigster Eigentümer war nun wieder zu aller Überraschung ein Warburg: Max jr. (Jahrgang 1948), der mit seinem Vater Erich als amerikanischer Staatsbürger nach Hamburg zurückgekehrt war. Er ist der Enkel jenes Max Warburg, den die Hamburger Nazis ins Exil vertrieben hatten und der dort gestorben war. Zusammen mit seinem Partner und Sprecher des Unternehmens, Christian Olearius, hält Max jr. heute die Mehrheit. Ein weiterer persönlich haftender Gesellschafter, Christian Bene, kam später hinzu.

Wie es sich für eine Privatbank gehört, sind die Eigentumsverhältnisse Bankgeheimnis Nummer 1. »Vermögende Hamburger Geschäftsleute« seien stille Teilhaber, heißt es. Gertrud Reemtsma, die Witwe des Zigarettenkönigs, gehört dazu, ebenso die Verlegerfamilie Jahr. Nach den Jahren des Übergangs als kleine Privatbank entwickelt man nun wieder den Ehrgeiz, Universalbank zu sein, mit 500 Angestellten und persönlich haftenden Mitteln von einer halben Milliarde DM, wobei Vermögensverwaltung und Corporate Finance (verschiedenste Finanzdienstleistungen für Firmenkunden) tragende Säulen sind.

Bei den Oppenheims in Köln war die Rückübertragung, anders als bei den Warburgs, ohne Probleme verlaufen. Den Firmennamen trat der Statthalter Robert Pferdmenges bei Kriegsende vereinbarungsgemäß und geräuschlos ab, was ihm nicht allzu schwer fiel. Er wurde mit einer noch stärkeren Position in der Bank und noch schöneren Gewinnanteilen belohnt. Einige beträchtliche Risiken war er immerhin eingegangen, wenn auch nicht unüberschaubare, dafür war er zu sehr Bankier. Als Mitglied der Bekennenden Kirche wurde er nach dem Attentat auf Hitler vom 20. Juli 1944 kurzfristig festgenommen.

Gegen Friedrich Carl von Oppenheim, im September 1944 verhaftet, eröffnete der Volksgerichtshof ein Verfahren wegen Wehrkraftzersetzung und Feindbegünstigung; er wurde am 1. Mai 1945 von den Amerikanern aus dem Gefängnis Landshut befreit. Waldemar von Oppenheim tauchte von August 1944 bis März 1945 in Köln unter. Und das zeigt immerhin, daß in einer vom Nationalsozialismus rigide beherrschten deutschen Großstadt und trotz des allgegenwärtigen Gestapo-Terrors vieles möglich war: Wer Bedrängten helfen wollte, konnte es. Geld allein kann nicht als Erklärung dienen, denn als Flüchtling war Waldemar von Oppenheim mit seinem Vermögen erpreßbar. Jeder, der ihm half, hätte einen enormen Preis aushandeln können. Das war, soweit bekannt, nicht der Fall.

Für die Bankunterlagen hatte man bei Beginn der Bombenangriffe rechtzeitig Vorsorge getroffen: Die Buchhaltung wurde jahrelang parallel und dreifach geführt. Auf diese Weise blieben Belegkopien bei einer ehemaligen Oppenheim-Sekretärin in Bad Neuenahr erhalten. Der Hauptsitz in Köln war zwar vollständig zerstört, aber die Bank, von der Vergangenheit unbelastet, konnte bald nach Kriegsende die Geschäfte wiederaufnehmen. Wahrscheinlich hat der jüdisch klingende Name Oppenheim die Familie vor einer engeren Verquickung mit dem Naziregime bewahrt, obwohl man im nachhinein für sich in Anspruch nahm, selbstverständlich immer gegen den Faschismus aufgetreten zu sein. Die Bilanz sieht etwas nüchterner aus: Man rettete seine Interessen vergleichsweise mit Anstand. Allein dieses bedeutete einen wesentlichen Startvorteil gegenüber der Konkurrenz, die sich, wie Merck, Finck & Co. in München, erst peinlichen Entnazifizierungsverfahren stellen mußte.

Die ersten Nachkriegsjahre des uralten Unternehmens Sal. Oppenheim jun. & Cie. spiegeln den Aufstieg der jungen Bundesrepublik wider. Robert Pferdmenges stand jetzt zwar wieder im zweiten Glied, aber er spielte weiterhin die erste Geige. In seiner Villa an der Goldsteinstraße 250 in Köln wurde 1949 eine Koalition geschmiedet, die jahrzehntelang hielt und die etwas von jener für die Adenauer-Zeit nicht untypischen rheinischen Kungelmentalität verriet. Diese Koalition von zwei Personen prägte die frühen Jahre der Bundesrepublik womöglich stärker als manche Parteienkoalition: Der 69jährige Hausherr und Oppenheim-Teilhaber Robert Pferdmenges lud erstmals den damals 73jährigen Konrad Adenauer zum Tee ein. Der protestantische Bankier kannte ihn, seit er sich 1919 bei dem damaligen Kölner Oberbürgermeister Adenauer persönlich und mit Nachdruck beschwert hatte, daß am Karfreitag Fußball gespielt werde. Seit jener Tea-time 1949 galt der verschwiegene Sproß einer rheinischen Textilindustriellenfamilie als »der Mann hinter Adenauer«, wie ihn die »New York Times« nannte. Pferdmenges, gerade vier Jahre jünger, beeindruckte den »Alten«, weil er als verschwiegener Statthalter der Oppenheims nicht der Versuchung erlegen war, sich selbst in den Vordergrund zu spielen, obwohl er jede Möglichkeit dazu besessen hätte – der ideale Intimus, der seinen Platz kannte und der wußte, daß er auch im zweiten Rang sehr wohl auf seine Rechnung käme.

Pferdmenges beherrschte elegant das diskrete Wechselspiel von Busineß und Politik. Er rückte in den Bundestag ein, hielt bis zum Abschied eine einzige, keineswegs denkwürdige Rede, weil es sich halt nicht vermeiden ließ: Als Alterspräsident war er 1961 per Hausordnung gezwungen, ein paar Worte zur Eröffnung der Legislaturperiode zu sagen. Gern wird er geschildert als überaus diskreter Ratgeber, der niemals Lobbying betrieben habe; Politik habe ihn im Grunde nie besonders interessiert. Zu fragen wäre dann freilich, warum er wohl so lange an der Seite des »Alten« und im Bundestag ausgehalten hat, bei gerade mal monatlichen 2500 DM steuerfrei auf die Hand? War ihm die Männerfreundschaft so wichtig? So viel Naivität würde einem Bankier, der seit den zwanziger Jahren in vielfältigster Weise im Geschäft war, freilich nicht gerecht.

Immerhin saß sein Mitteilhaber und Freund Friedrich Carl von Oppenheim in 29 Aufsichtsräten, er selber in 22, davon in elf als Chef oder Stellvertreter. Die wichtigsten Mandate waren die der »August-Thyssen-Hütte« und der »Colonia«-Versicherung. Sein Understatement pflegte er geschickt und verschleierte damit sein wirkliches Persönlichkeitsbild. Er wußte sehr genau, wie mit den Mächtigen und ihrer Macht umzugehen war. Dadurch gewann er selbst an Macht, was er natürlich immer vehement bestritt. Ein nicht unwichtiges Kriterium war seine finanzielle Unabhängigkeit. Er betrieb ein unauffälliges Machtengineering, das er als Berater schon dem Reichskanzler Heinrich Brüning 1930 und 1931 zur Verfügung gestellt hatte, allerdings ohne durchschlagenden Erfolg: Brüning mußte sein Amt bald abtreten und ging in die USA ins Exil. In den fünfziger Jahren übernahm Brüning dann eine Professur – in Köln. Politische Freundschaften, die von gegenseitigen Interessen bestimmt werden, halten manchmal eben doch länger als ein paar Legislaturperioden.

Auf dem Höhepunkt seiner Karriere wollte sogar Jakob Goldschmidt, der Glamour-Bankier der späten zwanziger Jahre, Pferdmenges unbedingt engagieren. Mit ihm zusammen plante er, die Danat-Bank zur Nummer 1 in Deutschland hochzuboxen. Die vielfältigen Kontakte des in Mönchengladbach geborenen Kaufmanns, sein Flair im unauffälligen Umgang mit der Politik, seine für deutsche Bankiers damals ungewöhnliche internationale Erfahrung – zehn Jahre London – und sein Image als harter, aber seriöser Bankier waren Goldschmidt eine Million Goldmark Jahresgehalt wert. Er bot sie Pferdmenges in seiner unverblümten und direkten Art an. »Das ist mir zuviel, das kann nicht solide sein«, ließ Pferdmenges sich später zu der Offerte zitieren. Lieber ging er als Direktor und Teilhaber 1931 zu Oppenheim – für ein Zehntel des von Goldschmidt gebotenen Gehalts, dafür mit wesentlich soliderer Perspektive. Der mit vielen Wassern gewaschene Goldschmidt wird gewußt haben, warum er ausgerechnet den unauffälligen Pferdmenges haben wollte. Der war eben mehr als nur der ideale, etwas langweilige und farblose Intimus, der in einem seiner äußerst raren Journalistengespräche gestand, kaum je Theater und Oper und nur dreimal in seinem Leben ein Kino besucht zu haben. Lustbarkeiten jeder Art hat er tatsächlich nie viel abgewinnen können, was ihn – in seiner einflußreichen Rolle als Intimus ein Wert an sich – unempfänglich für Bestechungsversuche machte.

Lieber zog er hinter den Kulissen allerhand Fäden zwischen Hochfinanz, rheinischer Großindustrie und Politik. Bei der Neuordnung der Ruhrindustrie und der Gründung der Montanunion war sein Rat gefragt, da spielten seine vielen Aufsichtsratsmandate und die der Oppenheims eine wichtige Rolle. Als Schatzmeister der CDU diente er zudem als geschmeidiger Türöffner für Spender aus der Industrie. Öfter moderierte er als Dolmetscher zwischen den verkrachten Parteifreunden Adenauer und Ludwig Erhard. Eine einschlägige Anekdote kolportierte der Bankier selbst: Ob er diesem Erhard sein Geld anvertrauen würde, wollte Adenauer wissen. Pferdmenges: »Nein, Ihnen aber auch nicht.« Der Kanzler bot seinem Vertrauten und im Alter vermutlich einzigen Freund das Du erst bei dessen Goldener Hochzeit an; Pferdmenges war damals stolze 79 Jahre alt.

Womöglich gefiel es dem gewieften Adenauer, daß aus seiner Nähe zum Oppenheim-Bankier Pferdmenges ein Mysterium entstand, das niemand wirklich enträtseln konnte, weil gar kein Rätsel dahintersteckte. 1955 in Moskau soll Nikita Chruschtschow den Bundeskanzler gebeten haben, er würde gern mal den Herrn Pferdmenges kennenlernen, von dem er schon soviel gehört habe. Walter Henkels, als Kolumnist der »Frankfurter Allgemeinen« Insider aller Insider unter den damaligen Bonner Journalisten, der sich in branchenüblicher Eitelkeit und ohne ironische Distanz selbst so verstanden hat, berichtete von dieser Episode. Möglich ist es durchaus, daß der oberste Kreml-Herr neugierig darauf war, wie sich die Hand eines leibhaftigen Erzkapitalisten anfühle, ob auch Blut in seinen Adern flösse. Sicher war das keineswegs, nachdem Pferdmenges in kommunistischen Medien gern als angeblich »reichster Mann der Bundesrepublik« und »eiskalter Großkapitalist« geschildert worden war.

Wahrscheinlich verhielt sich alles ganz anders: Zwei alte Männer hatten sich gefunden. Adenauer fühlte sich in Wirtschafts- und Finanzfragen keineswegs sattelfest und war froh, ständig einen Berater greifbar zu haben, den er nicht einmal über den Etat des Kanzleramts abzurechnen brauchte. Die Hilfskonstruktion mit dem Bundestagsmandat für Pferdmenges könnte dessen Idee gewesen sein. Als Pfennigfuchser war er auch in seiner Bank gefürchtet.

Bei Sal. Oppenheim jr. & Cie. sorgte der stille Bankier vor seinem Abschied dafür, daß mindestens zwei Gesellschafter von außen kommen müssen. Die Eigentümerfamilien dürfen seitdem höchstens vier von acht Gesellschaftern stellen – zwecks Blutauffrischung für das dritte Jahrhundert im Oppenheimschen Imperium. Das Management nennt sich vornehm »Partnerschaft« und besteht in der Struktur von 1994 aus sieben haftenden Gesellschaftern. Darüber thront der Aktionärsausschuß, der dem Aufsichtsrat entspricht, aber größeres Gewicht hat, weil sich hinter den Namen die Milliarden des Familienimperiums bündeln. Dazu gehörten in der Zusammensetzung von 1994 drei Oppenheims aus den drei Stämmen und aus zwei Generationen: Friedrich Carl Freiherr von Oppenheim, Manfred Freiherr von Oppenheim und als Clanchef Alfred Freiherr von Oppenheim sowie Heinz Pferdmenges, Will Marx, Clemens Freiherr von Wrede, Nikolaus Graf Strasoldo, Baronin Karin von Ullmann und Harald Kühnen. Die entscheidenden Aktienpakete, deren Verteilung hausintern als »Staatsgeheimnis« behandelt wird, stehen hinter den drei Oppenheim-Stämmen und den Pferdmenges-Erben. Als starker Mann der Exekutive gilt der Gesellschafter Matthias Graf von Krockow.

Die Oppenheims eröffneten trotz beträchtlicher Vermögensverluste nach der Währungsreform 1948 mit vergleichsweise soliden Zahlen: Bilanz 40,7 Millionen DM, Eigenkapital 10,5 Millionen; heute sind es über eine Milliarde an haftenden Mitteln. Noch einmal, in den sechziger Jahren, rutschten die Kölner Bankiers in eine schwere Krise, deren Auswirkungen die erneut gewachsene Bedeutung der Bank unterstrichen und die zeigen, wie ihre vielfältigen Querverbindungen im Ausland wahrgenommen wurden: Die Oppenheim-Bank war auf die Boykottliste arabischer Staaten geraten. Keine Kleinigkeit, denn die Kölner besorgten als Hausbank für den im Nahen und Mittleren Osten besonders aktiven Thyssen-Konzern den Finanzierungs- und Zahlungsverkehr.

Ebenso eng war die Bank mit dem Stahlhandelsunternehmen Otto Wolff verbandelt, was später, beim Krach der Herstatt-Bank, zu einem weiteren delikaten Interessenkonflikt führte, weil Firmeninhaber Otto Wolff von Amerongen nicht minder eng mit der Konkurrenz, insbesondere mit den hinter Herstatt stehenden Gerlings, liiert war. Unversehens verheddette man sich nun außerdem in den Fallstricken der Weltpolitik. Weil Friedrich Carl von Oppenheim intensive private und geschäftliche Kontakte nach Israel unterhielt, die Bank anderseits mit den im arabischen Raum engagierten Stahlunternehmen Thyssen und Otto Wolff groß im Geschäft war, kam es zu einem Eklat. Die arabischen Staaten verlangten ultimativ die Trennung Friedrich Carls von der Bank. Das war ebenso dreist wie ungewöhnlich und hätte nach einer klaren Antwort verlangt. Aber dazu konnte man sich nicht aufraffen, die Interessenlage war zu eindeutig. In Köln blieb man, wie man sich später selbst vormachte, zwar »standhaft«, aber nur äußerst zaudernd und zagend. 1978, nach einer Schamfrist von vier Jahren nach Friedrich Carls Tod, verlangte man denn doch ebenso diskret wie erfolgreich die Streichung von der schwarzen Liste.

Einigermaßen heil waren die Oppenheims aus einer geschäftlich wie persönlich heiklen Situation herausgekommen. Den Fall legte man rasch zu den Akten und redete nicht mehr darüber. In der nach außen geräuschlosen Bewältigung solcher Angelegenheiten blickte man auf zwei Jahrhunderte alte Erfahrungen zurück – dafür ist man schließlich die größte Privatbank Deutschlands.

Freiherr Alfred, ein Bankier, der es immer ablehnte, in der eigenen Bank zu arbeiten, sieht die enorme Kapitalkonzentration in wenigen Händen gelassen. Von der Versuchung, Reichtum als freie Verfügungsmasse zu begreifen, sei er schon in frühen Jahren nachhaltig geheilt worden: »Ich hatte immer weniger Taschengeld als jeder meiner Klassenkameraden. Es hat mir gutgetan.«

4

Der Mann, der die Deutsche Bank kaufen wollte

Am 23. September 1955 starb 73jährig in seiner New Yorker Wohnung der Privatbankier Jakob Goldschmidt an den Folgen eines Herzanfalls. Ein einsames, ja kümmerliches Ende für den ehemaligen Bankgehilfen aus dem niedersächsischen Flecken Eldagsen, der die Deutsche Bank kaufen wollte – und der von seinem ehrgeizigen Ziel gar nicht weit entfernt war. Aber auf dem Höhepunkt seiner stürmischen Bankerkarriere verlor er Ehre, Macht und einen großen Teil seines Vermögens; er mußte das Land als Unperson verlassen. Die Nachricht über seinen Tod im Exil war deutschen Zeitungen gerade noch eine Kurzmeldung wert. Nur ältere Insider der Bankenszene konnten sich dieses kleingewachsenen, stets höchst agilen Mannes mit den verspielten grauen Haarlocken erinnern, den sie 30 Jahre zuvor als Shooting-Star der Berliner Finanzwelt hochleben ließen.

Man sprach wohl nicht mehr gern von ihm. Carl Goetz, der Doyen der »Dresdner Bank«, hielt Goldschmidt, der zu seinen besten Zeiten zu den vier wichtigsten Bankiers Deutschlands gezählt wurde, für einen »Hasardeur und Bankrotteur«, für den bösen Buben hinter dem Bankenkrach am Anfang der dreißiger Jahre, der nicht allein die deutsche Wirtschaft in eine schwere Vertrauenskrise stürzte. Ein Blender und bedenkenloser Kreditschleuderer sei er gewesen, der einen Schuldenberg von Hunderten Millionen Mark anhäufte. Diese Einschätzung ist nicht erstaunlich, denn letztlich profitierte ausgerechnet die Dresdner Bank am meisten von der Katastrophe des Jakob Goldschmidt, obwohl sich »die Dresdner« lieber als seine Opfer darstellten.

Die Berliner Spielart eines Donald Trump der späten zwanziger Jahre war er gewiß, wenn auch kein Immobilienhai, ein Spekulant, aber das nicht allein. Abgesehen davon: Verwegene Spekulanten saßen, keineswegs ungewöhnlich, auch ganz oben in den Führungsetagen der »Dresdner«, dort besonders, aber auch der Deutschen Bank, als deren Zentralen noch nicht in den erhabenen Geldtürmen der Frankfurter City residierten, sondern in Sichtweite von Reichskanzlei und Brandenburger Tor in Berlin, hinter klassizistischen Fassaden, die erstaunlich vieles verbargen, was nicht zum Renommee einer großen Bank paßte. Jakob Goldschmidt hingegen verbarg zumindest in seinen jüngeren Jahren überhaupt nicht, ein Börsianer von äußerst leichter Hand zu sein. Gleichzeitig aber war er auch ein Fusionsstratege mit Weitblick, ein charmanter Salonlöwe, exzentrisch und eitel, ein brillanter Marketingstratege seines Geschäfts und seiner selbst.

Aber all dieses spiegelt nur einzelne Facetten einer vielschichtigen Wirtschaftskarriere, wenn auch einer der ungewöhnlichsten und umstrittensten der Weimarer Jahre, ja der deutschen Bankengeschichte überhaupt. Daß es über ihn kaum Literatur gibt, keinen Nachlaß, keine Tagebücher, daß sein Name selbst in Fachpublikationen nur beiläufig und meist mit Hautgoût zitiert wird, paßt zwar zu seinem Werdegang, wird aber seiner Rolle nicht gerecht. Jene »years which the locusts ate«, die Jahre, welche die Heuschrecken fraßen, eine jener ebenso kühlen wie hintergründigen Umschreibungen der Briten für die Goldenen zwanziger Jahre in Deutschland, waren nicht nur gezeichnet durch Inflation, Massenarbeitslosigkeit und politische Unrast. Mitte der zwanziger Jahre kam es zu einem unerwarteten Wirtschaftsboom und zu riesigen Fusionen, die viele Arbeitsplätze kosteten und große Gewinne versprachen. Das Fusionsfieber täuschte über den tatsächlichen Zustand der Wirtschaft hinweg. Für manche, und gar nicht so wenige, waren es wirklich die »golden twenties«, in denen man es, wie die Stinnes, Flicks, Wolffs und Quandts, innerhalb weniger Jahre aus dem Nichts an die Spitze bringen konnte – wer wollte schon genau wissen, wie? Dazu waren die Zeiten zu konfus, zu aufregend.

Die Angelsachsen jedenfalls hatten und haben mit diesem Typus des Newcomers viel weniger Probleme als die alles hinterfragenden Deutschen, die dazu neigen, solche Karrieren unter negativen Vorzeichen mehr zu verachten als zu betrachten und Reichtum von einer gewissen Größenordnung an als unanständig zu empfinden. Busineßfiguren, die aus dem Nichts auftauchen, höchste Stufen im Eiltempo nehmen, Macht, Einfluß und Geld ungeniert vorzeigen und ebenso abrupt wieder aus der Öffentlichkeit verschwinden, genießen in den USA, im Mutterland des Kapitalismus, einen für viele Deutsche bis heute schwer verständlichen Sympathiebonus.

Die Lebensmaxime »trial and error«, Versuch und Irrtum, ist nicht allein Bestandteil des nüchternen angelsächsischen Verständnisses der Mechanismen von Wirtschaftsabläufen. Sie ist Ausdruck einer tief wurzelnden, fast religiösen, vielfach naiven, jedenfalls wirkungsvollen Weltanschauung, die alle Lebensbereiche durchdringt: nicht gerecht, aber effizient. Weil sie effizient ist, besagt der amerikanische Lehrsatz Nummer 1, fällt mit diesem Prinzip für alle wieder etwas ab, was einen gewissen Ausgleich schafft, obwohl dieser Ausgleich nicht bewußt gewollt ist. Diese Einstellung räumt dem Versager das Recht auf immer neue Anläufe ein. In Deutschland erhält einer diesen Versuch nur einmal zugebilligt. Wer von den obersten Stufen der Leiter kippt, ist gezeichnet für den Rest seines in der Regel nicht mehr allzu langen Berufslebens. Üblicherweise wird ein solcher Problemfall geräuschlos entsorgt und mit schönen, aber nicht allzu bedeutenden Aufsichtsratsmandaten ruhiggestellt.

Seinen Aufstieg in die obersten Sphären der Macht hat Jakob Goldschmidt minutiös geplant. Genau beobachtete er die Börsenhaie der ersten Nachkriegsjahre. Der größte von ihnen war Hugo I. Herzfeld. Am Ring der Berliner Börse in der Burgstraße sah man den erfolgreichen Spekulanten nie. Wie Jahrzehnte später die Yuppies von der Wall Street betrieb der aus Osnabrück gebürtige Herzfeld seine Millionengeschäfte von einem unscheinbaren Büro aus; es lag an der Königin-Augusta-Straße. Mit nur zwölf Angestellten gelangen ihm an der Börse phantastische Gewinne auf Industrieaktien. Jedesmal wenn ruchbar wurde, daß Herzfeld heimlich Aktien kaufen ließ, löste das einen Ansturm anderer Börsianer auf diese Papiere aus. Man vertraute Herzfelds Nase nahezu blind, weil seine Glückssträhne über eine längere Periode schwarz auf weiß nachweisbar war. Allein auf dem Weg über die Börse – und das war zu dieser Zeit noch ungewöhnlich – gelang ihm die Vereinigung der stark zersplitterten deutschen Kaliindustrie zum größten Konzern der Branche. Kali, ein profitträchtiges Reizwort, hatte auch Goldschmidt schon früh in seinen Bann gezogen. Herzfelds Hausse dauerte allerdings nur zwei Jahre, von 1920 bis 1922. 52jährig raffte ihn der Börsianertod dahin: Herzinfarkt.

Die Karriere eines andern Finanziers fesselte Goldschmidt noch weit stärker, ihn wollte er kopieren und übertreffen: John Pierpont Morgan. Den Werdegang dieses bulligen und knollennasigen US-Tycoons, seine Methoden, studierte er schon als Lehrling in allen Einzelheiten. Alles, was es über ihn zu lesen gab, sog er wie eine Droge ein. Die Morgan-Bank war aus dem Londoner Bankhaus George Peabody & Co. hervorgegangen, wo J. P.'s Vater 1853 Teilhaber geworden war. Der Sohn schuf aus der kleinen New Yorker Bank, die auch später außer in Philadelphia keine Filiale besaß, die Schaltzentrale für den Aufbau eines gewaltigen Finanz- und Industrieimperiums. Bereits um 1900 hatte er einen großen Teil der 30000 Meilen des amerikanischen Eisenbahnnetzes unter seine Kontrolle gebracht und seinen Einfluß auf die bis dahin tonangebende Vanderbilt-Gruppe ausgedehnt. Was Goldschmidt aber besonders beeindruckte, war Morgans Industriefinanzierung. Vor dem Ersten Weltkrieg beherrschte J. P. M. über seine Bank weitgehend United States Steel Corp., Kennecott Copper, Pulman, AT&T, Western Union (Telegrafenlinien), General Electric, Harvester (Landmaschinen), Montgomery Ward (Kaufhauskette). Der Morgan-Clan besetzte 341 Verwaltungsratssitze in 112 Gesellschaften. Von 1912 an kontrollierte die Familie die ursprünglichen Treuhandfirmen Bankers Trust Co. und Guaranty Trust Co. und gewann bestimmenden Einfluß auf die National City Bank: ein Konglomerat, das bald zu den größten Bankengruppen des Landes zählte.

Diese Konzentration von wirtschaftlicher Macht in wenigen Händen war in Deutschland noch unvorstellbar. Hier gab es zwar Industriebarone wie die Krupps, Röchlings, Borsigs, aber eine Verbindung von Banken- und Industriemacht kannte man in diesem Ausmaß nicht. Bis Jakob Goldschmidt kam. Der gelehrige Schüler hatte registriert, wie enthusiastisch und kritiklos die Amerikaner ihre Busineßheroen feierten, aber auch, wie sensibel und unruhig die amerikanische Öffentlichkeit reagierte, wenn diese Protagonisten des American way of life ein bestimmtes Maß an Macht und Einfluß überschritten. Ein unbekannter Politiker, Franklin D. Roosevelt, machte sich einen Namen in parlamentarischen Untersuchungsausschüssen, die den politischen Einfluß der Morgans unter die Lupe nahmen. Der Sohn des 1913 gestorbenen Patriarchen J. P. Morgan verzichtete formal auf 30 Verwaltungsratsmandate, was den Argwohn der Öffentlichkeit zu besänftigen schien. Seit 1940 ist Morgan keine Privatbank mehr; Clanmitglieder gründeten Zweigunternehmen, unter anderem Morgan Stanley & Co. und Morgan Grenfell, letztere ist heute im Besitz der Deutschen Bank.

Zwischen dem Aufstieg des Bankgehilfen und Morgan-Bewunderers Goldschmidt und dem Sturz des Großfinanziers Goldschmidt lagen 20 Jahre: eine Phase voller Widersprüche und Wechselbäder, eine Aneinanderreihung von unglaublichen Auf-, Ab- und Umbrüchen. Vieles von dem, was sein Vorbild J. P. M. geschaffen hatte, war Geschichte, und auch für Jakob Goldschmidts Karriere interessierten sich nur noch wenige, als er ein bescheidenes Büro in der Nähe der Wall Street bezog. Kaum jemand nahm in New York Notiz von dem kleinen Mann mit den auffälligen Haarlocken, der tatsächlich einmal die deutsche Version eines J. P. Morgan gewesen war. Zu viele Emigranten lebten in der pulsierenden Wirtschaftsmetropole, als daß ein 53jähriger, vorzeitig gealterter Mann ohne Macht, Einfluß und mit nicht besonders großem Vermögen aufgefallen wäre. Goldschmidts Rat suchten wenige. Es war die Zeit des New Deal von Präsident Roosevelt und seines sozialpolitischen Reformprogramms. »Die Geldwechsler sind von ihren hohen Stühlen im Tempel der Zivilisation heruntergekommen«, hatte der Präsident 1933 in seiner Antrittsrede verkündet. Den Morgans und Goldschmidts wehte ein anderer Wind ins Gesicht. Gelegentlich nannte man die Wall-Street-Leute in der amerikanischen Öffentlichkeit nun »bankster«, wobei der Anklang an »Gangster« beabsichtigt war.

Goldschmidt erlebte ein anderes Amerika als jenes, das er in den zwanziger Jahren kennengelernt hatte, als man die großen Bankiers noch vergötterte. Aber im Gegensatz zu vielen andern jüdischen Emigranten fühlte sich Goldschmidt nicht fremd am neuen Ort. Er verstand die Amerikaner und ihre Lebensart, lange genug hatte er in Deutschland ihren Weg gepredigt. Mit missionarischem Eifer hatte er die »Zwangsmaßnahmen des Staates und seinen komplizierten, unsachgemäßen Steuerapparat« gegeißelt und die permanenten »Eingriffe in die Privatwirtschaft« angeprangert. Aber auch die Wirtschaftsgrößen akzeptierten ihn auf dem Höhepunkt seiner Karriere nie als ihresgleichen. Er blieb, was er immer gewesen war, der einsame Wolf, den das Rudel zwar respektierte, solange es seine Zähne fürchtete, den es aber nie aufnahm. Selbst vielen Branchenkollegen gingen seine heute modern klingenden Vorstellungen vom Kapitalismus ohne Beifügung zu weit.

Seine »Predigten« – man bezeichnete sie auch so – hielt Jakob Goldschmidt zu einem Zeitpunkt, als der Optimismus diesseits und jenseits des Atlantiks noch ungebrochen schien. September 1928 in einer schlecht beheizten Messehalle in Köln: Oberbürgermeister Konrad Adenauer begrüßte die Crème des deutschen Geldadels. Goldschmidt stand auf dem Zenit seiner Karriere: Eben hatte ihn die Heidelberger Ruprecht-Karls-Universität »im 542. Jahr seit der Gründung« den Ehrendoktor der Staatswissenschaften verliehen – für einen Banker zumindest ungewöhnlich. Noch ließen sich die Branchenkollegen seine mit einem Unterton von Arroganz vorgetragenen Belehrungen gefallen. Keiner hätte gewagt, ihn einen Spekulanten zu nennen, obwohl jeder wußte, daß er hochspekulative Geschäfte betrieb. Noch lief alles rund.

Die lange Rede wurde von den Medien so ausführlich zitiert wie keine andere eines deutschen Bankiers. In Deutschland mißtraute man diesem Berufsstand – Folgeerscheinungen der Inflation, die bis heute nachwirken. 1913 zählten die Sparkassen Einlagen von 18 Milliarden Mark, 1925 gerade noch 2,3 Milliarden. Die Aktienbanken büßten in den ersten Jahren nach dem Ersten Weltkrieg 70 Prozent ihres ausgewiesenen Kapitals ein. Nicht Zahlen, aber die Folgen blieben im Gedächtnis des einzelnen Kunden haften.

Die »Weltbühne«, das Zentralorgan der kritischen liberalen Intelligenz, veröffentlichte 1928 in ihrer Nummer 2 den Tagungsbericht und brachte darin Mißtrauen und Verachtung gegenüber dieser Branche ironisch auf den Punkt: »Im Grunde ist es derselbe Tenor: Wir sind die Herren der Schöpfung, von uns leben die Arbeiter – und da sollen wir noch Steuern zahlen und uns vom Staat Vorschriften und womöglich Konkurrenz machen lassen?« Für Jakob Goldschmidt, Goldfasan unter nicht minder eitlen Pfauen, fand Kommentator Richard Lewinsohn eine andere, mildere Gleichung: »Es wäre ein sehr relatives Lob, wenn man sagte, daß sich Goldschmidt inmitten der anderen Kongreßteilnehmer wiederum als grandiosester Wirtschafts-Turm bewährt hat. Sein langer Schriftsatz ist auch noch um ein vieles menschlicher als die übrigen 250 Seiten, die in Köln von unseren prominentesten Bankiers verlesen wurden.« Noch billigt ihm selbst die scharfzüngige »Welt-bühne« die Aura eines »Napoleons der Finanzwelt« zu: Er durfte sich Attacken dieser Art erlauben. Die 12 Prozent Dividende, die seine Bank gerade ausgewiesen hatte, schützten ihn noch vor Angriffen aus allen Lagern. Nur hinter seinem Rücken tuschelten Bankiers, Gold-schmidt habe die Rede gar nicht selber geschrieben. Zu oft habe er sich bei den im Text häufig vorkommenden Wörtern »Individualis-mus, individualistisch, Individuum« verhaspelt.

Goldschmidt überhörte die Gehässigkeiten. Er war Kopf, Ellbogen, Schlagarm und Spielbein der Danat-Bank zugleich. Er war die Bank. Sie gehörte ihm zwar nur zum kleinen Teil, aber er behandelte sie wie sein Privatimperium. Trotz des merkwürdigen Namens, dessen Kürzel eher für eine Schokoriegel-Marke passend erscheint und der in der aus-geschriebenen Form »Darmstädter und Nationalbank« eine Mischung aus verstaubter Provinzbank und erhabener Staatsbank vortäuscht, zählte dieses flexible Privatinstitut zu den vier wichtigsten Geldhäu-sern Deutschlands.

In der stürmischen Karriere des Aufsteigers Jakob Goldschmidt spiegeln sich die turbulenten Zeiten der Branche. Nach ersten spekta-kulären Erfolgen an der Börse holte ihn die Nationalbank für Deutsch-land 1918 in die Vorstandsetage an der Behrenstraße 68/70 im Her-zen von Berlins Bankenviertel. Goldschmidt ging sofort daran, das eher mittelmäßige Geldinstitut zu einer Plattform für seine grandiosen Pläne auszubauen. Zwei Jahre danach fusionierte das Unternehmen mit der Deutschen Nationalbank in Bremen, ein weiteres Jahr später schloß man mit der Darmstädter Bank für Handel und Industrie einen »Gemeinschaftsvertrag« über 99 Jahre. Aber für Goldschmidt war das nur ein kurzes Zwischenspiel. Bereits im Juli 1922 schweißte er über-raschend die Nationalbank mit der »Darmstädter« zur Danat-Bank zu-sammen – die bis dahin größte Bankenfusion Deutschlands. Hier zeigte sich das taktische wie strategische Geschick des Bankiers aus der Provinz, denn die kleine Nationalbank mit 180 Millionen RM Eigenmitteln schluckte die doppelt so große »Darmstädter« (267 Mil-lionen Eigenmittel). Goldschmidts Bank war nun eine der berühmten »D-Banken« (Deutsche Bank, Dresdner Bank, Disconto-Gesellschaft, Danat-Bank).

Die Deutsche Bank übernahm im Oktober 1929 die Nummer 2 der

Branche, die Disconto-Gesellschaft, um ihre für große Industrie-Engagements viel zu schwache Basis der Eigenfinanzierung zu verbreitern. Besonders intensiv wirkte hinter den Kulissen der Kölner Privatbankier Abraham von Oppenheim an diesem Zusammenschluß mit. Er witterte die Chance, damit den Interessen der mit ihm eng verbundenen rheinisch-westfälischen Industrie entgegenzukommen. Für Jahrzehnte blieb es die größte Bankenfusion in Deutschland.

Der neue Riese kontrollierte ein Aktienkapital, das die Hälfte aller anderen Großbanken umfaßte. Die »Deutsche« beherrschte 45 Prozent der Kreditvergaben aller sieben Großen. Diese Rangordnung zeigt, auf welchen Wettlauf Jakob Goldschmidt sich eingelassen hatte. Sein Wunsch, diesen Riesen zu schlagen, wurde für ihn zur fixen Idee. Und in den Teppichetagen der Großen hatte man allen Grund, seine kämpferische Energie, seinen Erfindungsreichtum und sein breites Beziehungsnetz zu fürchten. Dieses Netz machte letztlich seine Stärke aus. Kein anderer Manager der deutschen Wirtschaft dieser Jahre verstand es, Topfiguren des Busineß in ein so umfassendes Geflecht von Abhängigkeiten einzubinden, wie er. Er allein beherrschte es, und er nutzte es hemmungslos für seine Interessen. Am Ende verlor er selbst den Überblick über das komplexe Gebilde: Es war der Beginn seines rasanten Abstiegs.

Die Generaldirektoren der vier »D-Banken« verkehrten wie gezähmte Tiger miteinander, deren Schnurren sich plötzlich in ein gefährliches Fauchen verwandeln konnte. Bedrohliche Angriffsposen verstanden sie ebensoschnell mit vordergründigen Demutsgesten zu wechseln. Von 1929 an trafen sich die großen »D's« jede Woche einmal in den Casinoräumen der Deutschen Bank zur »Teerunde«. Was dort besprochen wurde, drang nie nach außen, betraf aber oft weite Teile der deutschen Wirtschaft unmittelbar. Jakob Goldschmidt, der außerhalb der kleinsten Zirkel ohnehin selten über Interna sprach und keine Aufzeichnungen für die Nachwelt aufhob, ließ sich auch später nie über die mysteriösen Teerunden aus. Sie dienten vor allem einem gegenseitigen Sich-Aushorchen. Was wußte der andere? Mit welchen neuen Fusionsplänen beschäftigte er sich? Welche Koalitionen und Gegnerschaften formierten sich neu? Berlin galt damals als »totally overbanked«, und so gehörte in Bankierskreisen diese ständig lauernde Haltung zur unumgänglichen Überlebensstrategie.

Ungeachtet dieses Umfelds spielten jedoch persönliche Sympathien und Animositäten auch in diesen Kreisen eine weitaus größere Rolle, als man sich selber zugab. Nach außen dominierte die überlegene Sachlichkeit der großen Wirtschaftslenker, die keine persönlichen Krisen zu kennen schienen, keine Unsicherheiten, keine Zweifel.

Daß diese berechnende Außenwirkung nur ein Teil der Wahrheit war, und nicht einmal der größere, ahnte das Publikum. Es verfolgte die Ereignisse im Raubtierkäfig sehr aufmerksam, schon aus eigenem Interesse: Ein Fünftel der arbeitenden Bevölkerung Berlins lebte in den Boomjahren vor dem Ersten Weltkrieg in irgendeiner Weise direkt vom Geldgeschäft. Auch nach 1918 behielt Berlin seine Rolle als Finanz- und Wirtschaftszentrum des Reiches. Die Republik war installiert, aber die Wirtschaftsaristokratie blieb nahezu unverändert intakt, obwohl nun Konzessionen gemacht werden mußten, insbesondere was das Informationsbedürfnis der Öffentlichkeit betraf. Man erkannte die Notwendigkeit, Stimmungen in der Bevölkerung zu beeinflussen, Mehrheiten zu beschaffen.

Berlin erlebte seine Hochblüte als Medienstadt. Die Wirtschaftsteile von Zeitungen jener Jahre lesen sich stellenweise wie klatschsüchtige Gesellschaftskolumnen: Jede Bewegung der Protagonisten der obersten Finanzhierarchie wurde genau verfolgt. Es gab einige wenige hervorragende Wirtschaftsjournalisten wie Felix Pinner vom »Berliner Tageblatt«, die im Wortsinn kein Blatt vor den Mund nahmen und es trotzdem schafften, von den Wirtschaftsgrößen im Séparée empfangen zu werden. Publizisten wie er – es gab nur wenige wirklich unabhängige – wurden mit zwiespältiger Ehrfurcht behandelt, wie die großen Theaterkritiker im Berlin jener Jahre: Einen Verriß fürchteten Bank- und Theaterdirektoren gleichermaßen. Daß die Reichshauptstadt durch die unzähligen Zeitungen ebenso »overnewsed« wie sie durch die riesige Zahl an Geldinstituten »overbanked« war, förderte beim Publikum das Interesse an der großen Wirtschaft, einer fremden Welt, der man nicht traute, weil man ihr alles zutraute.

Jakob Goldschmidts Aufstieg vom mittellosen Lehrling in die höchsten Sphären der vier »D's« konnte sich das Publikum, auch das Fachpublikum, nicht so recht erklären. Sein Netz mit 111 Filialen war immerhin über das ganze Land gleichmäßig ausgebreitet. Aber gerade wegen seiner Karriere aus dem Nichts, der stets etwas Geheimnisvolles anhaftete, weil Goldschmidt nie über seinen Werdegang sprach, beobachtete man ihn mit Argwohn. Wie war er trotz seiner einfachen Herkunft so schnell zu so viel Geld gekommen? Vielleicht genoß Goldschmidt nach seinem späteren Sturz ins Bodenlose mehr Sympathie als andere seines Kalibers, weil er nie verriet, wie er es angestellt hatte, eine Bank dieser Größe zu besitzen.

Als Beleg für seine Erfolge genügten ihm vorerst die über Jahre üppigen Abschlüsse seiner Bank, die 1927 ihren Höhepunkt erreichten. Aber wie Aufsteiger so häufig, beging er einen verheerenden Denkfehler: Goldschmidt hielt sich, einmal auf den höchsten Stufen der Leiter angekommen, für absolut unangreifbar. Zu dieser Gewißheit trug nicht zuletzt die Tatsache bei, daß er reich genug war, sich Zustimmung zu kaufen. Er besaß unter anderem Anteile der einflußreichen »Deutschen Allgemeinen Zeitung«. Vor allem aber saß er in 131 Aufsichtsräten und wußte genügend Namen von Leuten auf seiner Liste, deren Schicksal unmittelbar von ihm abhing. Er besaß Einblick in geheimste Interna der wichtigsten Unternehmen, von Osram über Daimler, von Hapag bis zum mächtigen Stahlverein. Er finanzierte teilweise die unglaublichen Einkaufstouren von Friedrich Flick und Hugo Stinnes, den großen Absahnern jener Jahre.

Über Goldschmidts Vermögen tuschelte man sich phantastische Zahlen zu. Der verhaltene Glanz, den er auf exquisiten Empfängen in seiner Neubabelsberger Villa entfaltete, beeindruckte jenen kleinen, einflußreichen Kreis, auf den die Wirkung zielte. Milliardär sei er, hieß es – in der Inflation hatte man sich angewöhnt, mit möglichst vielen Nullen zu hantieren. In Wahrheit dürfte Goldschmidts Vermögen bei 50 Millionen Reichsmark gelegen haben, immer noch eine enorme Summe. Zum Vergleich: Ein einfacher Bankangestellter verdiente damals 1200 RM – im Jahr; ein sehr gut bezahlter Generaldirektor konnte es auf 100000 RM bringen. Jakob Goldschmidt war zu diesem Zeitpunkt 46 Jahre alt und auf dem Sprung, der größte Bankier des Landes zu werden.

Seine vernichtende Kritik an der herrschenden Lehre der deutschen Nationalökonomie wirkt heute überraschend modern, die Rigorosität, mit der er sie vertrat, ebenfalls. Nicht erst auf dem Bankierstag 1928 in Köln verteidigte er energisch die Fusionen zu immer größeren Firmenkonglomeraten »unter rücksichtsloser Opferung kleinerer und größerer Betriebe in der Erkenntnis, daß man zu den notwendigen Zielen der Rentabilität nur gelangen kann, wenn man auch bereit ist, soweit erforderlich, Substanz zu opfern«. Shareholder-value und Globalisierung waren noch nicht zur Weltreligion erhoben. Er sah beides voraus, als alle noch in nationalen Räumen dachten. Dem Staat warf er vor, in allen Lebensbereichen präsent zu sein, Preise, Löhne, Arbeitszeiten zu kontrollieren oder zu diktieren: »Der Staat soll nicht in, sondern über der Wirtschaft stehen.« Er machte eine »Atmosphäre seelischen Nörglertums« aus, »die ohne Anerkennung des gegenwärtig Erreichten immer nur neue Forderungen bewirkt«.

Diejenigen, so dozierte er mit nicht sehr kräftiger Stimme vor der versammelten Finanzhierarchie des Landes in Köln, welche »die Welt davon überzeugen wollen, daß das Leben hinauslaufe auf eine behagliche, mittelmäßige Existenz aller, mögen damit vielleicht eine gewisse Spanne Zeit Erfolg haben; für die Dauer aber werden sie überwunden werden von jungen, aufstrebenden Nationen, die der Gedanke beherrscht, daß das Leben nicht Ausruhen, sondern Kampf und Entwicklung ist.« Goldschmidts Resümee ist erstaunliche 70 Jahre alt; Vorstände des Bundesverbands der Deutschen Industrie und Chefbankiers unserer Tage könnten bei ihm abgeschrieben haben.

Goldschmidts programmatische Rede kam einer Abrechnung mit dem Staatskapitalismus der Weimarer Jahre gleich, von dem die Nationalsozialisten später mehr als nur die Pläne zum Autobahnbau übernahmen, mehr jedenfalls, als viele Protagonisten dieser Epoche nach dem Ende des Krieges wahrhaben wollten. Der Staat mischte sich tatsächlich in alles ein – aber eine so wichtige Institution wie die Bankenaufsicht führte die Regierung erst 1931 ein, als mehrere Banken ihre Schalter schlossen und eine Kettenreaktion das ganze Bankgewerbe in den Strudel zu reißen drohte. Aber noch glänzten die Fassaden der Bankpaläste, die Fusionswelle überrollte das Land und spiegelte Prosperität vor. Im Stahl- und Schiffbau wuchsen neue Giganten heran. Die zersplitterte Automobilindustrie organisierte sich unter dem Druck der ausländischen Konkurrenz neu. Aber vieles war auf Pump finanziert, vor allem mit ausländischem Kapital. Das erwies sich einige Jahre später als der faule Kern der deutschen Wirtschaft.

Goldschmidt pries, wo er nur konnte, das amerikanische Leistungsprinzip: »Es ist das bessere, weil es das Individuum zum Nachdenken über sich, über seine Arbeitsleistung, über sein Leben zwingt, weil es ihm selbst die Verantwortung auferlegt, aus seinem Arbeitskapital heraus für sich und die Familie zu sorgen, und weil es das Individuum zur Aufbringung und Entfaltung aller Energien herausfordert, die einen Aufstieg aus der Masse bewirken können.«

Nach diesen Grundsätzen führte er auch seine Bank, autoritär, forsch, rigoros, erfolgreich. Er trat im eigenen Unternehmen nicht als autoritärer Patriarch auf, wie die meisten andern Bankdirektoren, sondern als absoluter Diktator. Im Treppenhaus der Bank, vor aller Ohren, kanzelte er altgediente Direktoren ab: »Ich bin entsetzt über Ihren Mangel an Ehrgeiz!«

1882 als viertes von sieben Kindern eines jüdischen Kolonial- und Textilwarenhändlers in Eldagsen, 25 Kilometer südlich von Hannover, geboren, verließ er als 17jähriger die tiefe Provinz und siedelte nach Hannover über, in eine der verschlafensten unter allen verschlafenen Residenzstädten im Kaiserreich. Die Industrialisierung lief hier später und zäher an als anderswo: Die Ilseder Hütte, die Continental Cautchouc- und Guttapercha-Compagnie (heute Contigummi), ein wenig Chemie- und Elektroindustrie, viel mehr gab es nicht. Wenige Banken zog es nach Hannover, und die paar angestammten Privatbanken waren zu klein, um die Industrialisierung weiter voranzutreiben.

Bei Hirsch Oppenheimer absolvierte Goldschmidt seine zweieinhalbjährige Ausbildung als Bankgehilfe. Kaum war er damit fertig, schluckte die Darmstädter Bank das Institut und wandelte es in eine Filiale um. Goldschmidt schien mit 100 RM Anfangsgehalt im Monat eine gesicherte Provinzkarriere als »Bankbeamter« vor sich zu haben; die – falsche – Bezeichnung »Beamter« signalisiert übrigens das Selbstverständnis vieler Banken bis in die neunziger Jahre unseres Jahrhunderts. Man verwaltete und gewährte, riskierte aber wenig. »Im Apparat der Großbank hätte er es vielleicht zum Prokuristen gebracht, von außen gelangte er schnell an die Spitze«, schrieb 25 Jahre später die »Weltbühne« zu seinem 50. Geburtstag. Die Medien mochten offensichtlich diesen kultivierten Geldmenschen, der nicht hineingeboren war in eine alte Wirtschaftsdynastie wie die meisten anderen seiner Branche.

Seine ersten Spekulationserfolge erzielte Goldschmidt im sogenannten Kuxenhandel, der gerade in Mode kam, insbesondere mit Kuxen der Kaliindustrie. Kali dient zur Herstellung von Düngemitteln. Als Kuxenhandel bezeichnete man Geschäfte mit Bergwerksanteilen, die im Unterschied zur Aktie nicht auf den Nennwert ausgeschrieben werden. Eine spekulative Angelegenheit voller Überraschungen. Anders als bei Aktien entstanden nicht nur beim Kauf und Verkauf der Papiere Gewinne oder Verluste. Wurde die Bohrung schnell fündig, konnte der Gewinn sofort ausgeschüttet werden. Andernfalls war der Kuxeninhaber gezwungen, weiteres Geld zuzuschießen. Für den Bankier, der den Kuxenhandel organisierte, war dies ein heikles, manchmal profitträchtiges, öfter aber ein katastrophales Geschäft: Er rannte hinter dem Geld der dann äußerst unwilligen Anteilseigner her, wenn eine Bohrung wieder einmal nicht genug brachte. Der Bankier hatte ganz neue Fähigkeiten zu entwickeln, mußte Gesellschaften wie Anteilseigner genau einschätzen können und sich ein Informationsnetz aufbauen, auf das er bis dahin nicht angewiesen war.

Im Hannoverschen, bei Ronnenberg, entdeckte man 1894 große Kalivorkommen. Viele kleinere Aktiengesellschaften schossen aus dem Boden, die sich mit Anteilen auf Bohr- und Abbaurechte Geld beschafften. Dieser Handel weckte bei Goldschmidt erstmals jenes Spekulationsfieber, das ihn auch später zu immer gewagteren und größeren Unternehmungen trieb.

Er erkannte rasch, daß im Wertpapierhandel noch sehr viel mehr für einen wie ihn zu holen war. Man tat gut daran, nicht nur einzelne Betreiber der Gesellschaften genau zu studieren – es waren Hunderte –, auch die Kuxeninhaber mußte man sehr genau beobachten, ihre persönlichen Verhältnisse und ihre Zahlungsfähigkeit richtig taxieren. Und nicht zuletzt galt es, das schwierige Bohrgelände eigenhändig zu prüfen. Bei genauer Kenntnis waren Rückschlüsse darauf möglich, wo und mit wem man schnell zum Ziel kam. Diese Erfahrung brachte Goldschmidt dazu, auch über andere Aktiengesellschaften Börsenberichte anzufertigen.

Das Börsengeschäft war damals ein Tummelplatz für wenige Spezialisten. Die einzelnen Unternehmen geizten mit Informationen, und was sie preisgaben, stimmte selten mit der Wirklichkeit überein. Zudem waren viele gesteuerte Insider-Informationen im Umlauf, mit denen die Aktionäre beeinflußt wurden. Goldschmidt erkannte früher als andere, daß sich aus diesem Mangel an zuverlässiger Information eine gewinnträchtige Dienstleistung entwickeln ließ und daß man damit selber den Aktienhandel manipulieren konnte. Seine auf die trockene Bankersprache weitgehend verzichtenden Börsenberichte machten seinen Namen langsam im Gewerbe bekannt.

Kaum 27jährig, mittlerweile Prokurist in einer kleinen Berliner Bank, Wechsler & Co., gründete Goldschmidt 1909 gemeinsam mit seinem Compagnon Julius Schwarz, gleichfalls ein junger Draufgänger, das Bankhaus Schwarz, Goldschmidt & Co. Das Firmenkapital nahm sich für zwei Anfänger sehr ansehnlich aus: 450 000 RM. Hinter dem »Co.« im Firmennamen steckte unter einer Schachtelbeteiligung die Deutsche Bank, mit der Goldschmidt nun intensiv in Berührung kam, vorerst noch als kleiner Newcomer, den die Chefs der bereits damals größten Bank des Reiches kaum zur Kenntnis nahmen. Ihre Beteiligung an Goldschmidts Bank sahen die »Deutschbankiers« eher als Möglichkeit, an riskanten Geschäften teilzuhaben, die sich für das Mutterhaus nicht schickten. Zehn Jahre später standen sich der kleine Prokurist und die große Deutsche Bank als schärfste Rivalen gegenüber. Aber bis dahin hatte der Jungbanker noch einen verschlungenen Weg zurückzulegen.

Mit dem Ersten Weltkrieg stieg der Umsatz der kleinen Bank an der Kanonierstraße rasant an. Man konnte in dieser Zeit schnell an Boden gewinnen, sofern man keine Scheu vor hochspekulativen Geschäften kannte und es mit Beziehungen schaffte, diesen Geschäften auch nachgehen zu können, statt zum Wehrdienst eingezogen zu werden. Der riesige Kapitalbedarf der Kriegsmaschinerie wollte gedeckt sein. Die Banken, auch die privaten, sicherten das Aufbringen von sieben Kriegsanleihen über 87 Milliarden RM ab. Dieses Geschäft erwies sich zunächst als risikoarm. Der Staat, unter welchen Umständen auch immer, konnte ja nicht in Konkurs gehen. Zudem gewährten die Darlehenskassen eigene Kriegskredite über 14 Milliarden RM. Da blieb einiges an den Banken hängen. Und nicht nur an ihnen.

An den mörderischen Materialschlachten an der Westfront verdiente die Schwer- und Maschinenindustrie riesige Summen. Wer sich frühzeitig mit deren Wertpapieren eingedeckt hatte, verschaffte sich binnen kurzem ein Vermögen. Daimler beispielsweise, eine biedere Dieselmotorenfabrik in Mannheim und zudem unter miserabler Führung, warf 1916 eine Dividende von 24 Prozent aus. Goldschmidt erkannte sofort, daß das, gemessen an den phantastischen Möglichkeiten, die sich für Geschäfte im Hinterland boten, noch viel zuwenig war. Er zwang die Daimler-Direktion zu einer neuen Generalversammlung, bei der sie die Bilanzen offenlegen und versteckte »Rückstellungen« als Gewinn preisgeben mußte. Die Szene erinnert an den Hollywood-Klassiker »Wall Street« (1987), in dem Michael Douglas als aggressiver Börsenhai Gordon Gekko die Geschäftsführer eines alteingesessenen Konzerns wie verstörte Hühner vor sich hertreibt und die Aktionärs-versammlung kaltschnäuzig im Alleingang sprengt. Daimler sah sich auf der erneut einberufenen Generalversammlung tatsächlich gezwun-gen, die Dividende um weitere 4 auf 28 Prozent zu erhöhen. Nun wurde man in den oberen Etagen der Deutschen Bank allmählich auf den jungen Wilden mit Biß aufmerksam.

Der hatte längst erfaßt, daß es nicht allein auf den Überraschungs-effekt ankam, sondern auch auf die Präsentation, auf das, was man Per-formance nennt: Neben wirkungsvollen Zahlen mußte die Gesamt-darstellung, die kalkulierte Wirkung nach außen stimmen. Und dazu gehörte eben nicht nur Sein, sondern sehr viel Schein. Goldschmidt bot sich die Gelegenheit, in eines der ersten Etablissements der Stadt umzuziehen: in die Räume des Bankhauses S. Bleichröder, Unter den Linden. Der einstige Inhaber war im Kaiserreich eine geheimnisvolle Legende gewesen: Gerson von Bleichröder hatte als Leib- und Hof-bankier des Reichskanzlers Otto von Bismarck, als sein Intimus, Fi-nanzier, Geheimdiplomat, Lobbyist und Strippenzieher agiert. Welche Adresse für einen 34jährigen No-name! In unmittelbarer Nähe der großen Geldtempel der Hauptstadt, ein Präsentierteller, auf dem ihn die Insider zur Kenntnis nehmen mußten. Man beobachtete ihn fortan unauffällig, aber wohlwollend und beurteilte ihn vorzugsweise anhand der ausgewiesenen Dividenden. Schwarz, Goldschmidt & Co. be-schäftigte bereits Mitte der zwanziger Jahre 500 Angestellte und über-traf zumindest nach außen alteingesessene Häuser wie Mendelssohn und ähnliche Traditionsbanken.

Auch privat umgab sich Goldschmidt nun mit der Aura des großen Finanziers. Er kaufte von der Besitzerin der »Frankfurter Zeitung«, Madame Simon, eine noble Villa mit vornehmer Ausstattung. Nach dem frühen Tod seiner Frau 1922 ließ er seine Gesellschaften, selten groß, aber immer erlesen, von der gefeierten Ufa-Schauspielerin Käthe

Dorsch als Gastgeberin ausrichten. Das mondäne Leben im Villenviertel von Neubabelsberg zwischen Potsdam und Berlin ersetzte eine Zeitlang das, was im Kaiserreich der Adel geboten hatte: den gesellschaftlichen Glanz. Hier traf sich, wer in der Hauptstadt das Sagen hatte. Nicht mehr schneidige Offiziere, langweilige Diplomaten und blasierte Adelsdamen gaben den Ton an, sondern Industrielle, Bankiers und über Nacht zu sagenhaftem Reichtum gelangte Kriegsgewinnler, die sich mit dem Glamour der nahen Ufa-Studios umgaben, mit Schauspielern und Regisseuren samt deren Entourage. Als typisches Beispiel galt der geniale Fritz Lang, der sich wie eine männliche Primadonna überall herumreichen ließ.

In seinem weitläufigen, mit auffallend vielen exotischen Blumen bepflanzten Garten, der bis zum Seeufer reichte, hatte sich Goldschmidt eine Telefonleitung ans Wasser legen lassen, zu einem Baumstamm, in dessen Höhlung der Apparat befestigt war. Er liebte es, seine Gäste zu beeindrucken und zwischen zwei Drinks die neuesten Börsenkurse abzufragen. Selbst stellte er sich gern als »Jacques« vor. Die Zelebritäten der Branche feixten hinter seinem Rücken hingegen über »Jakoble«. »Er hatte etwas Rührendes, in gewissem Sinn Armseliges«, erinnerte sich Hans Fürstenberg jr. an die häufigen Einladungen in der Goldschmidtschen Villa. Sie nannten ihn »unseren Napoleon«, wegen seiner Physiognomie, seines Auftretens, aber auch wegen seiner Neigung, Familienmitglieder zu protegieren. Einen Bruder machte Goldschmidt zum Direktor der Internationalen Bank te Amsterdam, an der Goldschmidt, die Hamburger Warburgs und die schwedischen Wallenbergs beteiligt waren. Ein anderer, Julius, schaffte mit Jakobs Hilfe eine gleichfalls verblüffende Unternehmerkarriere (s. S. 222). Max Warburg, der Chef des Hamburger Bankiersclans, ein munterer, humorliebender Mann, trat bei Goldschmidts Einladungen auf und gab seine kühlen Bonmots zum besten, etwa: Juden eigneten sich nicht für Politik, Deutsche auch nicht. Träfe beides zusammen, sei die Katastrophe da. Siegmund George Warburg, gleichfalls Jude, führte hier seine Braut Eva Philipson aus dem Kreis der Wallenbergs in die Gesellschaft ein. Man unterhielt sich über die französische Küchenbrigade, die sich einer dieser neureichen Bankiers leistete. Als der Hausherr am Tag nach einem Galadiner den Chefcuisinier anwies, er möge die von den Gästen übriggelassenen Austern servieren, geriet der Franzose in Rage.

Der ignorante Patron wußte nicht, daß französische Köche grundsätzlich alle abgetragenen Speisen und Getränke als persönliches Eigentum betrachteten und daher die Diners immer besonders üppig ausstatteten. »Jacques« Goldschmidt lächelte maliziös über solchen Partyklatsch. Obwohl er keine Franzosen in der Küche beschäftigte, war ihm klar, daß solche Spitzen auf ihn und seinesgleichen zielten.

Medienleute waren bei solchen Gesellschaften gern gelitten, sofern man sich ihrer sicher wähnte oder sie nicht übergehen konnte. Die Wirtschaftsjournalisten der bürgerlichen Presse hielt man bis auf ein paar sperrige Ausnahmen mittels Protektionismus und offener Bestechung weitgehend unter Kontrolle. Wenn man sie selbst nicht kaufen konnte, kaufte man eben ihre Zeitungen und drückte ungeniert die eigene »Tendenz« durch, und das hieß: die eigenen, knallhart verfochtenen Interessen. Alfred Hugenberg, von 1909 bis 1918 Generaldirektor des Krupp-Konzerns, gelang es in den Weimarer Jahren vergleichsweise problemlos, ein riesiges Medienimperium zusammenzukaufen und komplette Redaktionen auf seine Harzburger Front mit den Nationalsozialisten einzuschwören. Er verfügte über eine nahezu lückenlose Kette von Zeitungen, Zeitschriften und Nachrichtenagenturen. Zusätzlich erwarb er die Universum-Film AG (Ufa), Deutschlands größte Film- und Wochenschaufabrik.

Seine monopolähnliche Position im Medienmarkt nutzte Hugenberg, um bei den Wählern aus dem Mittelstand Stimmung zu machen und die Weimarer Republik zu stürzen. Das Kernstück seines Imperiums bildete die August Scherl GmbH, eines der größten Berliner Verlagshäuser, das Boulevardzeitungen, Illustrierte und Bücher in Großauflage herausbrachte. (Scherl wurde 1943 vom NSDAP-eigenen Franz-Eher-Verlag übernommen.) Über die VERA Verlagsanstalt kontrollierte Hugenberg 14 große Provinzzeitungen. Mit seiner Nachrichtenagentur Telegraphen-Union hatte er Einfluß auf die verbleibende Konkurrenz, und mit der ALA Anzeigen AG verfügte er über eine beherrschende Position auf dem Anzeigenmarkt. Er stand somit an der Spitze der größten Medienmacht, die es bis dahin in Deutschland gegeben hatte. Sie war sein ideologisches Werkzeug, bis ihm die Nationalsozialisten, die er zu benutzen gedachte, den Meister zeigten.

Der Journalist Walther Funk, der auch ab und an bei Goldschmidt verkehrte, ist ein klassisches Beispiel, wie sich Redakteure jener Jahre von Wirtschafts- und Parteiinteressen instrumentalisieren ließen. Funk begann seine Karriere 1916 als Mitarbeiter der konservativen Berliner »Börsenzeitung«, mit 32 übernahm er für die nächsten zehn Jahre deren Chefredaktion. Er genoß das Vertrauen der Hochfinanz und empfahl sich als Kontaktmann zwischen der NSDAP und rheinisch-westfälischen Großindustriellen wie Emil Kirdorf, Fritz Thyssen, Albert Vögler und Friedrich Flick. Sie sahen in ihm einen »liberalen« Nazi, mit dem man auf gleicher Wellenlänge kommunizieren konnte. Funk galt dank seiner Verbindungen außerdem als effizienter Sammler von Parteispenden für die NSDAP. Im Gegenzug unterstrich er als Hitlers persönlicher Wirtschaftsberater seinem Führer gegenüber die Bedeutung des freien Unternehmertums und sorgte dafür, daß die Stimme der Schwerindustrie in seinem Umkreis nicht ungehört blieb. Hitler belohnte den Journalisten für seine Dienste reichlich: Funk avancierte 1938 zum Wirtschaftsminister. In den Führungsetagen der Industriellen an Rhein und Ruhr hielt man es für einen geschickten Schachzug, den von ihren Interessen instrumentalisierten Helfer an dieser Schaltstelle plaziert zu haben. Im Jahr darauf übernahm Funk als Nachfolger Hjalmar Schachts zusätzlich das Präsidium der Reichsbank, verlor allerdings, durch fachliche Überforderung und durch Alkoholexzesse geschwächt, bald an Einfluß. Schacht nannte ihn herablassend »nicht unintelligent, aber bequem«.

Diese Mischung aus Big Business, Medien und Ufa-Glamour bestimmte das Ambiente der neureichen Neubabelsberger Zirkel jener Jahre. In diese Kreise stießen nur selten Politiker der Regierung vor. Die Sozialdemokraten verschlissen sich an der Macht, die Bürgerlichen trafen sich in den Salons der Tiergarten-Palais und in den politischen Clubs der konservativen Parteien, wie im Preußischen Herrenclub in Berlin-Mitte, *dem* Hort der Intrige. Dort wartete man ab, bis jene Erscheinung, die man von Anfang an für einen kurzlebigen Spuk des Pöbels hielt, die geschmähte Weimarer Republik, im Orkus der Geschichte verschwunden sein würde. Da es nicht schnell genug ging, half man mit großzügigen Wahlspenden nach. Man setzte auf eine Sammlung der zersplitterten Nationalkonservativen, Zentristen und Liberalen. Sich dabei der Nationalsozialisten als tragender, aber vermeintlich jederzeit beherrschbarer Volksbewegung zu bedienen entsprach der Logik dieses Blickwinkels. Man war gewohnt, Personen und Institutionen für eigene Zwecke zu nutzen und nicht so genau darauf zu achten, was der einzelne trieb.

Auch Goldschmidt kaufte und bestach, wo immer es ihm nützte, aber er verfolgte nicht die Absicht, die Republik zu stürzen. Das Biotop, das ihm die ständig wechselnden, schwachen Regierungen boten, erkannte er vielmehr als Chance für seine Geschäfte. Die Revolutions- und Inflationsjahre spülten Aufsteiger wie ihn zu Tausenden empor. Sie konnten sich das mondäne Vorstadtleben leisten. In kürzester Zeit wuchsen ihnen Einfluß und Macht zu, wie es vor dem Ersten Weltkrieg noch undenkbar schien. Die Bankenszene hatte sich in den ersten Nachkriegsjahren vollständig gewandelt. Das rasante Wachstum verlangte seinen Preis. Dazu gehörte, daß die Qualität des Bankpersonals immer mehr zu wünschen übrigließ. In den »Jahren der Heuschrecken«, in der Inflationszeit und in den Jahren danach, blähten die Institute ihren Personalbestand auf. Beschäftigte die »Deutsche Bank« 1913 9587 Angestellte, so waren es 1923 37000. Die Zahl der Kunden wuchs gleichfalls explosionsartig an, von 290000 (1913) auf über 600000 (1919). Das schnell und ohne gründliche Prüfung eingestellte Hilfspersonal, oft ebenso schlecht ausgebildet wie bezahlt, manchmal auch von zweifelhafter Herkunft, war mit dem Führen Hunderttausender Liliputkonten beschäftigt – das Ein- und Austragen der vielen Inflationsnullen in den Büchern brauchte seine Zeit. Zudem stöhnte das Bankpersonal unter einer Flut von Kleinstaufträgen im Börsenhandel. Die Börsenkurse spielten oft ebenso verrückt wie die Währungen. Jeder Firmenzusammenschluß in diesem fusionsfreudigen Jahrzehnt ließ die Kurse täglich hüpfen oder sinken.

Auch tummelte sich in diesen Jahren im Bankgewerbe allerlei Volk, das vom seriösen Geldgeschäft wenig, vom schnellen Reibach aber alles verstand. Die etablierten Bankiers in ihren neoklassizistischen Geldburgen waren konsterniert. Sie erhielten mit einemmal Konkurrenz, deren alleinige Existenz schon eine Gefahr für das Ansehen des Bankgewerbes bedeutete. Das »Statistische Jahrbuch« von 1923 verzeichnet die Neugründung von 323 Banken in Deutschland, meist sogenannter Etagenbanken, mit der Aussicht auf raschen Gewinn bei extrem kurzer Lebensdauer. Zur Rechenschaft konnten solche Winkelbankiers selten gezogen werden. Zurück blieb eine zutiefst verunsicherte Gesellschaft von Geprellten. Eine ungeheure Fusionswelle rauschte durch die Branche. Zwischen 1914 und 1925 übernahm die Disconto-Gesellschaft 29 Banken, bevor sie sich selbst mit der »Deutschen« verband, die ihrerseits im gleichen Zeitraum 25 Institute geschluckt hatte. Die Bank für Handel und Industrie brachte es auf 36, die Commerz- und Discontobank auf 42 Übernahmen.

Das Image der Banken prägte ein neuer Typus: der Investmentbanker vom Zuschnitt Goldschmidts. Vom echten Wirtschaftsadel wurden Aufsteiger wie er, so sie für den Moment wichtig genug waren, diskret, aber unablässig beobachtet. Als auf gleicher Ebene verkehrend wurden sie vom alten »Inner circle« jedoch nicht akzeptiert. Bankiers wie Oscar Wassermann, Vorstandssprecher der Deutschen Bank, Adolph von Hansemann, Inhaber der Disconto-Gesellschaft (die später mit der Deutschen Bank zur Dedi-Bank fusionierte), Paul von Schwabach, Chef und Mitinhaber von S. Bleichröder, oder Carl Fürstenberg, Imperator der Berliner Handelsgesellschaft und selbsternannter Platzhirsch der Berliner Finanzszene, verkehrten jedoch häufig und gern bei Nouveaux riches wie Goldschmidt. Sie zu ignorieren, waren sie schon zu mächtig; sie konnten gefährlich werden. Man stand mit ihnen in vielschichtigen Geschäftsverbindungen, pflegte aber doch und ganz bewußt die feinen Unterschiede, auf die es letztlich ankam.

Die Herkunft spielte natürlich eine Rolle. Der Adel, vor allem der niedere, zählte zwar nur wenig – zu viele halbseidene Barone, Freiherren und Grafen trieben sich in der Hauptstadt herum –, aber es gab sie noch, die alten Finanziers-Dynastien, deren wirtschaftliche Bedeutung in keinem Verhältnis mehr zu ihrem Renommee stand, deren gesellschaftliche Stellung jedoch auch die jungen Aufsteiger respektieren mußten.

Die Gebrüder Mendelssohn gehörten dazu, ältester Berliner Bankiersadel – seit 1786 –, deren Geldhaus an der Jägerstraße 49–52 man nicht einfach Bank, sondern ehrfürchtig »Kontor« nannte. Es war inzwischen mehr ein Museum mit großer Kasse, ein Stück vergangene Welt des schon damals gern romantisierten Alt-Berlin, von dem noch ein wenig patinierter Glanz in die dreißiger Jahre herüberschimmerte. Es gab zwei Arten von Mendelssohns: die »einfachen« Mendelssohn, die, was für deutsche Juden ungewöhnlich war, 1888 geadelt wurden, und die »doppelten« Mendelssohn Bartholdy, im Adelsstand seit 1896. Auf zwei Dinge legten letztere besonderen Wert: daß kein Bindestrich zwischen die beiden Namen gesetzt wurde und daß man sie nicht dauernd auf ihren berühmten Großonkel, den Komponisten Felix Mendelssohn Bartholdy, ansprach.

Generationenunterschiede spielten bei der Berücksichtigung der ungeschriebenen Regeln auf diesen Abendgesellschaften eine Rolle. Die Fürstenbergs, Schwabachs und andere ihres Kalibers hatten den größeren Teil ihrer Karriere noch im Kaiserreich gemacht. Was war im Vergleich dazu ein 47jähriger Goldschmidt? Man verkehrte generös miteinander, blieb aber jederzeit zum Sprung bereit, falls sich eine Gelegenheit zum Zuschnappen bot. Goldschmidt gefiel sich als exotischer Dompteur, der zum wohligen Schauer des erlesenen Publikums überlegen lächelnd seinen Kopf in den Rachen der gefährlichsten Raubtiere streckte, wohl wissend, daß das Maul jederzeit zuklappen konnte. Aber Nervenkitzel und Showeffekt waren es ihm wert. Seine Lust am verwegenen Spiel schien unerschöpflich.

In den Berliner Salons jener Tage tauchten immer öfter merkwürdige Gestalten auf, die Ledermantel, Reitpeitschen und Pistolenhalfter an der Garderobe deponierten. Anfangs wurden sie wie exotische Eroberungen aus den bedrohlichen niederen Gesellschaftsschichten zur Schau gestellt. Der Salon von Helen Bechstein, Erbin der weltberühmten Berliner Flügel- und Klavierfabrik, galt als eine der bekanntesten Förderinnen dieser Spezies. Bei ihr verkehrten Intellektuelle und Künstler, aber auch Unternehmer, Bankiers und eben jene zukünftigen Machthaber, die sich hier, noch ungelenk und schüchtern, aber meist schwer beeindruckt, in die Mysterien der oberen Klassen einführen ließen.

In diesen Salons wurden Kontakte gepflegt, wie es sonst nicht möglich war. Bei Bechsteins traf Adolf Hitler erstmals mit hohen Reichswehroffizieren zusammen, mit denen er in einem gediegenen Salon die Pläne für seine künftige Kanzlerschaft besprach und sich der Rückendeckung der Armeeführung versicherte. Die Villa der reichen Unternehmerswitwe Viktoria von Dierksen im Grunewald galt als eine weitere einschlägige Adresse, wo sich die feine und weniger feine Gesellschaft gegenseitig beschnupperte und Gefallen aneinander fand. Gern und unübersehbar kokettierte Frau von Dierksen mit dem goldenen Parteiabzeichen an ihrem mächtigen Busen und ließ dezent die Bemerkung fallen, daß sie jederzeit Zutritt »beim Führer« habe. Einmal steckte ihr der Schweizer Gesandte eine große Bonbonniere mit original Schweizer Sprüngli-Schokolade zu mit der Bitte, sie dem Herrn Führer zu überreichen, weil der ansonsten lustfeindliche Vegetarier dafür bekannt war, Schweizer Schokolade in großen Mengen zu naschen. Noch immer betrachtete man in diesen Kreisen alles als großes Spiel mit festen Regeln: Die Herren Puntila hielten ihre Knechte Matti & Consorten noch unter Kontrolle.

Auf einer dieser Abendgesellschaften lernte Jakob Goldschmidt, stets begierig auf neue Topverbindungen, Emil Georg von Stauß kennen, Direktor der Deutschen Bank, ein Aufsteiger wie er selber. Man verstand sich sofort. Beide waren von unten in diesen Kreis vorgestoßen, und beide wußten, daß man sie nur duldete, weil sie inzwischen zu mächtig waren, um sie wie Gehaltsempfänger, wenn auch der höchsten Kategorie, von oben herab zu behandeln. Über das »von« vor Stauß mokierte sich die Konkurrenz, der württembergische oder bayerische Adelsbrief, so genau wußte man es nicht, habe kurz vor Ende der Monarchie über verschlungenste Wege zu dem Bankier gefunden.

Der ohne Maß ehrgeizige und zugleich höchst erfolgreiche Stauß setzte die gesellschaftlichen Möglichkeiten, wie sie sich ihm mit der Heirat der Tochter des letzten kaiserlichen Marinechefs, Admiral Georg von Müller, boten, zielstrebig ein. Standesgemäß machte er seine Motorjacht auf dem Wannsee zu einem gesellschaftlichen Mittelpunkt. Hermann Göring, noch vollschlank und in großer Gesellschaft ziemlich ungelenk, durfte das Ruder halten. Wer auf dem Stauß-Boot über die Berliner Seen kreuzte, schwamm in der wichtigsten, wenn auch nicht unbedingt der alleobersten Schicht der Berliner Gesellschaft. Stolz trug Stauß zwei Ehrendoktorhüte: einen von der Universität Tübingen, einen von Karlsruhe. In Insiderkreisen nahm man diese so ernst wie seinen dezent bespöttelten Adelsbrief.

Stauß vermischte ungeniert politische mit geschäftlichen Interessen und stellte Göring beträchtliche Summen zur Verfügung. Durch ihn lernte Göring Hitler kennen. Stauß brachte auch Hjalmar Schacht mit Göring zusammen. Der einflußreiche Deutschbankier führte Hitler und Göring 1930 erstmals bei Paul von Hindenburg ein und sorgte dafür, daß der Eindruck entstand, der Reichspräsident habe auf das Treffen gedrängt.

Der Großbankier saß auch im Reichstag, zunächst für die DVP, danach biederte er sich bei der wesentlich größeren NSDAP als »Hospitant« an. Daß er dies alles mit seinem Vorstandsposten bei der Deutschen Bank vereinbaren konnte, war nichts Außergewöhnliches. Die Bankiers beklagten sich zwar gern über die ständigen Eingriffe der Politik in die Wirtschaft. Sie griffen aber ebenso hemmungslos in die Politik ein, um ihre geschäftlichen Interessen durchzusetzen. Das Engagement von Stauß für die Nationalsozialisten brachte seine Bank später in beträchtliche Schwierigkeiten: Jüdische Großkunden protestierten und transferierten ihre Konten zur Konkurrenz.

Goldschmidt kannte nach oben ebenso wenig Berührungsängste wie sein unmittelbarer Rivale von der Konkurrenz. Stauß saß an der Spitze des Aufsichtsrats von Daimler und trieb die Fusion mit Benz voran. Beide Unternehmen hatten mit ihrer Rüstungsproduktion im Ersten Weltkrieg riesige Kapazitäten aufgebaut, die sie jetzt nicht mehr bezahlen konnten; die Zölle der Alliierten erschwerten zudem den deutschen Export. In dieser Situation planten Stauß und Goldschmidt den ganz großen Coup. Sie bastelten an einer nationalen Automobilindustrie nach dem Muster von General Motors. Goldschmidt war an Hansa Lloyd, den Adler-Werken und an der Nationalen Automobil AG namhaft beteiligt, die er als Ausgangsposition für die Schaffung eines Superkonzerns betrachtete, obwohl sich auch kranke Unternehmensteile darunter befanden. Diese Schwächen in einem möglichst großen Verbund zu verstecken war eine, wenn auch nicht die entscheidende Überlegung für die Großfusion. Mal agierten Goldschmidt und Stauß gegen-, mal miteinander, immer in der Absicht, den andern am Ende auszustechen und die Führung allein zu übernehmen.

Daimler-Benz stellte 30 Prozent aller deutschen Autos her, durchaus nicht die besten. Stauß rüffelte die Autobauer, »das völlige Verschwinden Ihres Ansehens durch das katastrophale Versagen Ihrer Personenwagen- und Lastkraftwagentypen« mache ihn, den wichtigsten Kreditgeber, krank. Goldschmidt, der selbst Daimler-Aktien hielt, versuchte Georg von Opel, Herr der damals renommiertesten deutschen Automarke, für sein großes Ziel zu gewinnen; schließlich auch noch BMW. Doch Franz Josef Popp, der Chef der Bayerischen Motoren Werke in München, erkannte sofort, daß er nur eine Schachfigur abgegeben hätte im Machtkampf zwischen Goldschmidt und der Deutschen Bank, und ließ auf den Heiratsantrag kühl antworten: Solange Herr Stauß und Herr Goldschmidt sich nicht »über Kanapee-Fragen« einigen könnten, wolle er mit der Sache nichts zu tun haben.

Der süffisante Hinweis aufs »Kanapee« zeigte, daß es nicht allein um große Strategie, sondern auch um persönliche Eitelkeiten ging. Einmal konnte man sich nicht einigen, wer in dem Konsortium zuerst genannt werden sollte; A kommt im Alphabet vor E, also hätte die »Danat-Bank« vor der »Deutschen Bank« stehen müssen. Immerhin sollte »auf dem Kanapee« einer der größten Automobiltrusts der Welt aus der Taufe gehoben werden. Das Ganze entwickelte sich zum Wirtschaftskrimi sondergleichen. Die Öffentlichkeit reagierte elektrisiert. Viele Journalisten ließen sich von den Dimensionen des Projekts blenden – oder wurden schlicht von Goldschmidt geschmiert: Man war froh, endlich wieder einmal eine deutsche Großtat von allen Seiten illuminieren und bejubeln zu können, von der die Welt sprach. Tatsächlich hatte es in Deutschland noch selten Fusionspläne dieser Größenordnung gegeben, und noch nie erlangten so wenige, von Ehrgeiz getriebene Unternehmer durch gegenseitiges Herumschieben von Aktienpaketen eine derartige Macht. Stauß und Goldschmidt zählten fortan zu den Matadoren der Finanzszene, die niemand umgehen konnte, der mit der Absicht antrat, in dieser Kategorie mitzuspielen.

Die Zeiten begünstigten diesen zupackenden Typus des Bankiers mit Neigung zum Spieler. Deutschland lebte bereits im Fusionsfieber, die Automobilindustrie galt als Zukunftsindustrie mit den besten Aussichten auf Wachstum. »Automobilisierung« war das Zauberwort mit ähnlich elektrisierender Wirkung wie in den neunziger Jahren »Computerisierung«; man glaubte an gigantische Zukunftsmärkte. Erwartung, Aufregung und Anteilnahme des Publikums waren vergleichbar mit dem Kampf um die Telekommunikation 70 Jahre später. Es ging um ähnlich große Summen, nur hatte das Publikum beim Automobiltrust nichts zu sagen, allein zu staunen. Die Aktienpakete befanden sich in vergleichsweise wenigen Händen. Bei allem Dubiosen, Halbseidenen, das dabei auch eine Rolle spielte, bildeten die unvollendeten, später von den Nationalsozialisten übernommenen und teilweise ausgeführten Fusionspläne die Grundlage für den Aufstieg der deutschen Automobilindustrie nach dem Zweiten Weltkrieg zum über Jahrzehnte bedeutendsten Industriezweig des Landes.

Im großen Börsenspiel bestimmten Akteure wie Goldschmidt und Stauß die ungeschriebenen Regeln. Sie agierten nicht mehr wie die alten Privatbankiers nur hinter verschlossenen Türen und in vornehmen Kreisen. Sie erkannten die Bedeutung der Öffentlichkeit für ihre Pläne. Hemmungslos manipulierten sie dieses in Bank- und Börsendingen noch wenig erfahrene, breite Publikum, wenn es ihren Interessen nützte. Stauß und Goldschmidt, die sich auch in ihrer gedrungenen äußeren Erscheinung ähnlich sahen, agierten bisweilen kongenial. Sie bekämpften oder verbündeten sich, wie es ihre Strategie gerade erforderte.

Das zeigte sich deutlich beim Daimler-Handel. Ein zwielichtiger Autogroßhändler namens Jacob Schapiro hatte sich die dicksten Aktienpakete von Daimler und Benz gesichert. 1922 besaß er 45 Prozent von Benz und 42 Prozent von Daimler. Aus dieser komfortablen Lage fing er ein nervenzehrendes Pokerspiel an. Das nötige Kleingeld hatte er sich rasend schnell während des Krieges verschafft.

Ein weiterer Großspekulant mischte mit: der Italo-Österreicher Camillo Castiglioni, Sohn eines Rabbiners aus Triest. Als Reifenhändler hatte er es ebenfalls mit Kriegsgeschäften zu Wohlstand gebracht. Ihm gehörten die Semperit-Reifenwerke. Zugleich organisierte er die Fabrikation bei Austro-Daimler und Puch, spannte sein Beteiligungsnetz von Fiat-Österreich zu Fiat-Turin, brachte das einzige Roheisenwerk Österreichs, die Alpine Montan-Gesellschaft, unter seine Kontrolle, beteiligte sich an Felten-Guillaume, Škoda und BBC-Österreich. Er besaß, wie es sich für einen Tycoon seiner Zeit gehörte, mehrere Zeitungen in Wien, das »Extrablatt«, die »Mittagszeitung«, die »Wiener Allgemeine Zeitung«, die »Sonntags- und Montagszeitung« sowie eine namhafte Beteiligung an der Wirtschaftszeitung »Die Börse«. Dem deutschen Geldentwertungskünstler Hugo Stinnes verhalf er schließlich zur Mehrheit an der »Alpine«. Ganz anders als Stinnes, der an Geld nur interessiert war, wenn es sich in Macht umsetzen ließ, liebte der Lebenskünstler Castiglioni den Genuß. Er bewohnte an der Prinz-Eugen-Straße in Wien ein prunkvolles Renaissancepalais, unterhielt eine berühmte Gemäldesammlung und heiratete eine junge Schauspielerin; die muntere Ehe war eine Zeitlang Tagesgespräch in Wien. In Berlin ließ er sich in der Tiergartenstraße ein imposantes Geschäftshaus bauen. Castiglioni war bei der Gründung von BMW die treibende Kraft und stieg bei Daimler und bei Benz ein. Das unübersichtliche Firmengeflecht bereitete entscheidend die direkte Verknüpfung deutscher und österreichischer Industrieinteressen vor. Diese unlösbare Verflechtung war mit ein Grund, warum Hitlers Österreich-Annexion 1938 so vielen Zeitgenossen als logische, ja erwünschte und selbstverständliche Entwicklung erschien.

Gegen diese Fronde gewiefter Spekulanten hatten nicht einmal Stauß und Goldschmidt eine Chance. Schapiro wie Castiglioni verloren zwar die Kontrolle über ihre innerhalb von wenigen Jahren zusammengerafften Luftreiche, ihre Aktienpakete wurden aber zerstreut, und mit ihnen zerstoben die Träume für eine deutsche »GM«.

Das Rennen um die Vorherrschaft im deutschen Automobilbau entschieden schließlich die Gebrüder Opel in Rüsselsheim. Lange hatten sie lamentiert, die Autofabriken kämen nicht vom Fleck, weil ausländische Wagen in Deutschland zu billig angeboten werden könnten. Jetzt verkauften sie selber an diese Ausländer und erst noch mit außerordentlich hohem Gewinn: Im September 1929 übernahm General Motors 80 Prozent der Aktien der Familie Opel. Stauß und Goldschmidt streckten die Waffen. Aber nur vorübergehend.

Es gab ja noch weitere Felder, wo sich die beiden Giganten Danat-Bank und Deutsche Bank gegenüberstanden oder sich verbanden, immer in der gleichen Aufstellung: Goldschmidt mit oder gegen Stauß, etwa bei der Finanzierung der vor dem Absturz stehenden Lufthansa oder bei der Ufa. Die Filmgesellschaft, vom Staat während des Ersten Weltkriegs mit dem Zweck gegründet, Durchhaltestreifen zu produzieren, stand bei der Deutschen Bank massiv in der Kreide. Der Plan von Goldschmidt und Stauß, die Ufa an die Börse zu bringen und ihr mit internationalem Kapital zur Weltgeltung zu verhelfen, mißlang ebenfalls. Zu viele politische Interessen waren mit der Babelsberger Traumfabrik verbunden. Noch 1933 saßen die Deutsche Bank und ihr Bankier Georg von Stauß auf der Hälfte der stimmberechtigten Ufa-Aktien. Der Goldschmidt-Konkurrent und Chef des Ufa-Aufsichtsrats kontrollierte unter seinem Namen ein Aktienkapital von 910 000 RM, die Bank eines von 8,7 Millionen RM; das gesamte Aktienvolumen der Ufa betrug 18,8 Millionen RM. Ein weiterer Ufa-Großaktionär blieb bis 1937 Alfred Hugenbergs Scherl-Verlag. Danach ging die Ufa an die Cautio AG über, die dem NS-Staat gehörte. In der neuen Gesellschaft wurden alle Filmaktivitäten der Nationalsozialisten zusammengefaßt: die Ufa sowie ihr schärfster Konkurrent, die Tonbild-Syndikat AG (Tobis), sowie später die Wien-Film GmbH und die Prag Film GmbH.

Die Deutsche Bank mußte am Ende ihres Filmabenteuers 40 Millionen RM »à fonds perdu« abschreiben, nicht zuletzt, weil die Gemeinden die Reize der Billetsteuer entdeckt hatten und dem Filmgeschäft dadurch Kapital entzogen. Auch wenn mit der Traumfabrik der große Wurf mißlungen war, hatten Goldschmidt und Stauß doch bewiesen, daß sie die Bedeutung des neuen Mediums erfaßt hatten. Richtig und vor allem früher als andere erkannten sie in der Filmindustrie wie im Automobilbau, in der Luftfahrt und in der Kunstfaserherstellung entscheidende Wirtschaftsfelder für die kommenden Jahrzehnte. Zur kontinuierlichen Entwicklung eines einzelnen Bereichs fehlten ihnen jedoch Sinn und Geduld. Sie waren keine Unternehmer, sondern Investmentbanker, die ihre Aufgabe als beendet ansahen, wenn eine Fusion erfolgreich abgeschlossen war. Die unternehmerische Entwicklung blieb die Sache anderer.

Bei allen diesen großangelegten Plänen ging es immer auch um die Vorherrschaft im Markt. Goldschmidt witterte unablässig Möglichkeiten, unter den vier »D«-Banken die Führung zu übernehmen. Beim Streit um die Lufthansa, in deren Aufsichtsrat er neben Stauß saß, profilierte er sich als der Besonnenere. Die Luftfahrtgesellschaft hatte sich in den Boomjahren mit Investitionen übernommen. Stauß, mit seiner Neigung zu politischen Schachzügen, setzte auf Staatssubventionen. Goldschmidt hingegen fand, die Lufthansa müsse aus eigener Kraft endlich an Höhe gewinnen. Er vermittelte amerikanische Banken als Kreditgeber.

In der deutschen Wirtschaft steckte schon jetzt ungeheuer viel ausländisches Kapital, insbesondere in den Großbanken, die wenig Eigenkapital besaßen. Ausländische Kredite machten 40 bis 50 Prozent der Einlagen aus – eine Schwäche der Wirtschaft, die der Öffentlichkeit zunächst verborgen blieb. Die Unternehmen wurden abhängig von Entwicklungen, die von Deutschland aus kaum zu beeinflussen waren. Hjalmar Schacht, mit Goldschmidt in einer eigenartigen Symbiose verbunden, trat denn auch im März 1930 als Präsident der Reichsbank zurück, mit dem Hinweis auf die horrende Auslandsverschuldung des Deutschen Reiches. In der darauffolgenden Bankenkrise von 1931 erkannte man diese Abhängigkeit denn auch als eine der Hauptursachen. Deswegen verfingen später die aggressiven Parolen der Nazis von der totalen wirtschaftlichen Autarkie, die Deutschland unter nationalsozialistischer Führung erringen sollte, gerade auch im aufgeklärten Bürgertum: Nur nie wieder abhängig sein von ausländischen Einflüssen! Schacht, von Hitler später wieder ins Amt geholt, hat diese Politik über weite Strecken mitgetragen: Die Lust des Politikers Schacht an der Macht verdrängte die Bedenken des Ökonomen Schacht. Denn möglichst große wirtschaftliche Autarkie bedeutete zwangsläufig »mehr Lebensraum«. Daß dies nicht nur eine hohle Phrase der nationalsozialistischen Propaganda bleiben würde, mußte jeder erkennen, der Hitlers Autarkie-Politik ernst nahm. Aber noch redete niemand von Krieg.

Ob Goldschmidt selber die Kriegsgefahr erkannt hat, ist ungewiß. Jedenfalls sah er, anders als die meisten deutschen Bankiers, im ausländischen Kapital eine große Chance. Ob er ausländische Investitionen auch als Absicherung gegen einen überbordenden Nationalismus verstand, hat er nie erläutert. Möglich ist es. Jedenfalls hat er früher als andere, früher auch als andere prominente Juden, die immer noch glaubten, die Hitlerei werde sich bald totlaufen, gespürt, daß die Katastrophe unausweichlich war. Seine frühe Emigration, kurz nach Hitlers Machtergreifung, spricht dafür.

Zunächst aber galt auch für ihn: Business as usual. Als erste deutsche Bank überhaupt gab seine Danat-Bank den Geschäftsbericht in englischer Sprache heraus. Man nahm Goldschmidt auch auf der anderen Seite des Atlantiks wahr. Die Konkurrenz in Berlin vermutete schon, als erster deutscher Bankier werde Goldschmidt die Aktien seines Hauses an der New Yorker Börse plazieren. Das entsprach durchaus seinem Ehrgeiz, denn vor einem solchen Schritt zuckten alle anderen zurück. Die Rigorosität des London allmählich ablösenden amerikanischen Finanzplatzes verschreckte die Europäer, nicht zuletzt wegen des damit verbundenen Zwangs, die eigenen Bilanzen rückhaltlos offenlegen zu müssen. Daran war man überhaupt nicht gewöhnt, und es sollte Jahrzehnte dauern, bis sich deutsche Unternehmen mit ihren Aktien an fremde Börsen wagten.

1928 war Jakob Goldschmidts bestes Jahr gewesen. Er saß nun in über hundert Aufsichtsräten meist bedeutender Industrieunternehmen (vgl. dazu Anmerkung auf S. 221). Ihm gelang die komplizierte Fusion von zwei der größten deutschen Schiffahrtslinien, der Hamburg-Amerika-Linie (Hapag) und der Deutsch-Austral-Kosmos-Gesellschaft, obwohl deren Chefs sich nicht ausstehen konnten. Der Privatbankier besaß einen dicken Packen Austral-Aktien, die er der Hapag anbot. Er betrieb das, was man später »unfriendly takeover« nannte, eine Übernahme gegen den Willen eines Partners. Allein durch Aktientausch, an Vorständen und Aufsichtsräten vorbei, eine Fusion dieser Größenordnung durchzusetzen war zwar keine Premiere, wirkte aber wie ein Paukenschlag. Der Zusammenschluß machte ökonomisch viel Sinn. Die Beseitigung der Konkurrenz erhöhte die Schlagkraft der 1847 von 30 Hamburger Kaufleuten als Hamburg-Amerikanische Packetfahrt-Actien-Gesellschaft gegründeten Hapag beträchtlich, ebenso den Bonus für die Aktionäre. Und der Stifter der Vernunftehe hatte nun im Aufsichtsrat einer der größten Reedereien Europas das Sagen.

Goldschmidts kühne Visionen gründeten auf festem Boden, obwohl er mit dieser Fusion ein durch und durch eigennütziges Ziel verfolgte. Die Hapag, das war Teil des Deals, wurde der größte Kreditkunde seiner Danat-Bank. Das Finanzvolumen blähte sich damit beträchtlich auf, und Goldschmidt schien nun endlich kurz davor, das Rennen gegen die Deutsche Bank zu gewinnen: Der Reingewinn verdreifachte sich, das Bilanzvolumen lag nur wenig unter jenem der Konkurrenz.

Als spektakulärer Erfolg erwies sich ferner die Fusion der vier Stahlriesen Rhein-Elbe-Union, Thyssen, Phoenix und Rheinische Stahlwerke zu den Vereinigten Stahlwerken, mit einem Aktienkapital von damals gigantischen 800 Millionen Reichsmark. Krupp machte als einziger Großer des Ruhrgebiets nicht mit. Bei den zähen Gründungsverhandlungen spielte Goldschmidt eine entscheidende Rolle. Sein taktisches Geschick, sein eiskalter Umgang mit großen Zahlen und sein exzellentes Netz von »old boys« und jungen Draufgängern verhalfen ihm zu dem Ruf, eine unentbehrliche Größe in der Branche zu sein, ein Abgott der Börse. Wer von Goldschmidt Kredit wollte, bekam ihn, wenn er in sein Spiel paßte: Das Kreditgeschäft war für ihn Mittel zum Zweck. Er schuf damit neue Abhängigkeiten, die seinen eigenen Einfluß erweiterten.

Der Stahlverein, wie man den neuen Riesen des Ruhrgebiets nannte, kam 1926 mit Hilfe der größten deutschen Banken zustande. Der

Konzern bildete das Pendant zur IG Farben, zu dem Zusammenschluß der Chemieindustrie, der einige Jahre später erfolgte. Um so größer war Jakob Goldschmidts Renommee, nachdem er all die imposanten Bankentiger in der Arena artig zur Männchen-Pose gebracht hatte. Die Berliner Salongesellschaft traf sich bei diesem gigantischen Stahldeal wieder: Deutsche, Dresdner, Handelsgesellschaft und eine Reihe anderer großer Namen.

Ausgangspunkt war der plötzliche Tod von Hugo Stinnes gewesen, Deutschlands angeblich reichstem Mann. Er hatte den Staat stets als Anhängsel seiner Unternehmen und Politik als Fortsetzung der Wirtschaft mit andern Mitteln betrachtet. Als ebenso genialer wie rücksichtsloser Tycoon baute er ein riesiges Konglomerat aus Stahl, Kohle und Werften auf, das auf einem verblüffend einfachen Prinzip beruhte: Stinnes machte sich die Inflation zunutze, nahm riesige Kredite auf, investierte das Geld umgehend in Fabriken und zahlte die Kredite später in entwerteter Form zurück. Am Ende hatte er sich, absurd genug, in 4554 Gesellschaften eingekauft: in Kohlebergwerke, Eisen- und Stahlwerke, Maschinenfabriken, eine Reederei, in Hotels und Zeitungen. Zugleich besaß er ein dickes Paket der Rheinisch-Westfälischen Kraftwerke RWE, die er bis 1914 maßgeblich aufgebaut hatte und die viele Städte der Region mit Strom belieferten. Diese Kraftwerke verbrannten praktischerweise auch gleich Stinnes-Kohle in großen Mengen, die von Stinnes-Frachtern transportiert wurde. Daneben fand der Tycoon noch Zeit, sich als Abgeordneter der Deutschen Volksunion in den Reichstag wählen zu lassen. Die Nähe zu Regierung und Bürokratie erwies sich als unerläßlich für seine vielfältigen Geschäfte.

Das Problem war nur, genügend Banken zu finden, die sich auf das Spiel einließen oder einlassen mußten. Erstaunlicherweise gelang dies jenen eher leicht, die frech genug waren, immer größere Konglomerate durch immer billigere Kredite zusammenzuraffen. (Der 13 Jahre jüngere Friedrich Flick kopierte dieses Rezept erfolgreich, wenn auch nicht in der irrwitzigen Dimension seines Vorbilds.) Dieser Spirale konnten sich die Banken später nicht mehr entwinden, weil sie sonst die Rückzahlung ihrer Kredite gefährdet hätten. Daß keine Zeit blieb, diese Großeinkäufe zu konsolidieren, lag in der Natur dieser Geschäfte.

Stinnes stammte im Gegensatz zu anderen Aufsteigern nicht aus bescheidenen Verhältnissen, schon sein Ahne Mathias besaß (1820) 66 Kohlekähne auf dem Rhein. Nacheiferer Hugo hatte sich 1892 im Alter von 22 Jahren selbständig gemacht und es bereits vor dem Krieg zu großem Wohlstand gebracht. In Mülheim, dem Hort der Ruhr-Millionäre, zahlte er nach den Thyssens – Vater Ernst und Sohn Fritz – die meisten Steuern. Obwohl er sich schon ein beträchtliches Firmenimperium aufgebaut hatte, wurde sein Name erst 1920 landesweit bekannt, als er die »Deutsche Allgemeine Zeitung« kaufte, das offiziöse Organ der Regierung (Goldschmidt besaß gleichfalls Anteile). Es bestand ein Vertrag, wonach der Staat für seine Beamten täglich 5000 Exemplare abnahm. Zwar gelobte der neue Besitzer, keinerlei Einfluß auf die Redaktion auszuüben, aber natürlich wurde das Blatt schnell zum Sprachrohr der Schwerindustrie – subventioniert von einer willigen Regierung.

So machtbewußt Hugo Stinnes war, so unspektakulär, ja durchschnittlich trat er in Erscheinung. Er bevorzugte nicht immer optimal geschnittene Konfektionsanzüge und bewohnte mit seiner Familie bis zum 40. Lebensjahr ein einfaches Haus in Mülheim, bevor er nach Berlin zog. Man erzählte sich, in den zahlreichen Luxushotels, die er besaß (Atlantic, Hamburg; Esplanade, Berlin; Carlton, Frankfurt), habe er viele Jahre nur kleine Zimmer belegt, niemals eine Suite. Er war durch und durch ein gerissener Geschäftsmann, der beispielsweise sofort bei Kriegsende die reichlichen Ölbestände der geschlagenen Kriegsmarine zu einem Spottpreis kaufte und mit enormer Marge die Handelsmarine belieferte.

Sowenig luxuriös der Lebenswandel des Goldschmidt-Freundes Hugo Stinnes gewesen war, so bombastisch organisierte er noch vom Totenbett aus seine eigene Bestattung, ein Staatsbegräbnis, das der Nachwelt zeigen sollte: Hier geht kein gewöhnlich Sterblicher dahin. 54jährig starb Stinnes 1924 an einem verschleppten Gallenleiden. In einem Meer von Frühlingsblumen wurde er im Krematorium von Berlin-Wilmersdorf aufgebahrt. Bergknappen in Uniformen seiner Montanwerke und goldbetreßte Kapitäne seiner Reedereien hielten die Ehrenwache, und die Trauerredner stilisierten den Verblichenen denn auch, wie erwartet, zu einem Wundermann mit beinahe überirdischen Kräften.

Doch es zeigte sich, daß er die Nachfolgefrage miserabel geregelt hatte. Ohnehin war er der einzige gewesen, der sein komplexes Industrie- und Montan-Konglomerat einigermaßen durchschaut hatte. Als Universalerben hatte Stinnes testamentarisch seine Frau Cläre und die Söhne Hugo und Edmund eingesetzt. Die Folge war absehbar: Die Erben zerstritten sich noch vor der Beerdigung. Das Stinnes-Reich mit seinen Zehntausenden Arbeitsplätzen stand vor dem Offenbarungseid. Die Aktiva lagen gerade einmal um 100 Millionen Mark höher als die Passiva und waren zudem meist in unverkäuflichen Fabrikanlagen festgelegt. Die Löhne konnten nicht mehr bezahlt werden. Goldschmidt, der bei Stinnes ein und aus gegangen war, sah die Chance sofort, aus der Katastrophe einen neuen Coup zu schmieden.

Die Konkurrenz beobachtete solche Engagements argwöhnisch. Einerseits hätten die anderen »D's« die Geschäfte gern selbst gemacht, waren aber nicht flüssig genug. Andererseits arbeiteten ihre Apparate sehr viel weniger flexibel als die diktatorisch geführte Danat-Bank, eine reine Privatbank, wo Goldschmidt sich kaum mehr einer Kontrolle zu stellen brauchte.

Ihre hohen Dividenden konnte die Bank nicht zuletzt deswegen über Jahre ausbezahlen, weil Goldschmidt das Aktienkapital, gemessen an der Bilanzsumme, stets niedrig hielt: gerade 60 Millionen RM bei einer Bilanzsumme von 2,56 Milliarden RM (1930). Was die wenigsten wußten: Die Mehrheit ihres eigenen Aktienkapitals kontrollierte die Danat-Bank selbst; sie war ihr eigener Eigentümer. Lediglich 25 der 60 Millionen RM des AG-Kapitals verteilte sich auf andere Aktionäre. Sieben Millionen hielten Goldschmidt und sein schweigsamer Compagnon Siegmund Bodenheimer als persönlich haftender Gesellschafter sowie die Mitglieder des Aufsichtsrats der Bank. Diese Konstruktion erklärt, wie es dem ehemaligen kaufmännischen Lehrling aus Eldagsen hat gelingen können, eine der vier größten Banken Deutschlands mit relativ geringem Kapitaleinsatz vollständig unter seine Kontrolle zu bringen. Auf Rechnung der Bank kaufte er nach und nach immer mehr Aktienpakete von Industrieunternehmen, von denen er dank der Stimmrechte gleichfalls Dutzende beherrschte. Das ging gut, solange die Börsengewinne die Verluste übertrafen. Aber die eher dünnen Eigenmittel der Bank standen in krassem Verhältnis zu den Aktivitäten Goldschmidts. Wie er sein komplexes Gebäude absicherte und finanzierte, danach wurde nicht lange gefragt: Er war der einzige, der die Fakten in ihren Zusammenhängen kannte – und wahrscheinlich nahm er die widrigen Tatsachen mit der Zeit selbst nicht mehr wahr. Immerhin spürte er, daß der Widerstand gegen ihn wuchs.

Um zu verhindern, daß noch mehr ausländisches Geld via Goldschmidt in wichtige Wirtschaftsbereiche in Deutschland floß, fand sich zur Rettung von Stinnes erstaunlich rasch ein deutsches Bankenkonsortium von bis dahin nicht gekannter Größe zusammen. Das Konsortium stützte das wankende Imperium und rettete damit dessen gesunden Kern. Der war noch immer groß genug und diente nun dazu, die unübersichtlichen Industrieverflechtungen zwischen Rhein und Ruhr mit einem Schlag wenigstens vorübergehend zu entflechten. Der Stinnes-Konzern wurde völlig neu strukturiert. Er umfaßte Kohlebergwerke, Schiffahrtslinien auf dem Rhein und auf den Ozeanen, Chemiewerke, ein Hydrierwerk für Flugzeugtreibstoff und vieles andere. Die Stinnes-Familie war jedoch nur mehr zu 40 Prozent an der neuen Gesellschaft beteiligt. Die Stahlinteressen wurden nun im Stahlverein zusammengefaßt.

Die Politik der großen Zusammenschlüsse, die man vornehm als »integrale Fusionen« umschrieb, steckte voller Tücken und Fallstricke. Hinter den betriebswirtschaftlich begründeten Puzzlespielen steckte nicht selten die egomanische Gigantomanie einzelner Wirtschaftsführer, die mit den Aktien ihrer eigenen Unternehmen spekulierten. Das Publikum gewöhnte sich aber allmählich an diese Größenordnungen, auch wenn es nun überall im deutschen Wirtschaftsgefüge zu ächzen und zu knirschen begann.

Die Börseneinführung des neuen Kolosses mit seinen 250000 Arbeitnehmern, die 40 Prozent des deutschen Stahls herstellten, lief noch glatt über die Bühne. Es kam sogar zu einem spektakulären Massenandrang. Angelockt von phantastischen Gewinnversprechen, wollten alle ihr Geld dem Stahlverein in den unersättlichen Rachen werfen. Für die erste Tranche standen im Inland Aktien von gerade 30 Millionen RM zur Verfügung (von einem Gesamtkapital von 800 Millionen RM), sie wurden um das Hundertfache überzeichnet. Die Orders trafen körbeweise bei der Berliner Börse ein und füllten dort ein ganzes Zimmer.

Goldschmidt, mit seinem Sinn für Performance, drehte kräftig an der Nachfrage. Seine Bank brachte in großer Auflage ein Buch, »Die

Vereinigten Stahlwerke«, heraus, in dem das Unternehmen in gleißendem Licht dargestellt wurde, vor allem aber so, daß auch Laien verstanden, was sie verstehen sollten: Dies ist die Chance eures Lebens! Solche Aktionen trugen Jakob Goldschmidt später nicht zu Unrecht den Vorwurf ein, seinen überschäumenden Optimismus zu weit getrieben zu haben, um rasch Kasse zu machen.

Die hohe Kunst des Fusionierens besteht darin, mit relativ geringen Eigenmitteln am Schluß ganz oben im neuen Unternehmen mitzuschwimmen und andere dafür zahlen zu lassen. Goldschmidt, fix, instinktsicher und wie immer sprühend vor geradezu irritierendem Selbstbewußtsein und Optimismus, hatte all das schon in der eigenen Bank durchgespielt.

Es war die verrückte Zeit der Traum- und Alptraumkarrieren: Der jetzt knapp 40jährige Bankchampion stand sogar ernsthaft als Reichsbankpräsident zur Debatte. Reichskanzler Wilhelm Cuno schlug ihn vor: als einen der »wohl klügsten, geschicktesten Berater in Banksachen (…), der seine Beratung ganz in den Dienst des Staatswohls zu stellen bereit ist«. Der Kanzler wußte, von wem er in so volltönenden Worten sprach. Man kannte sich, denn Cuno war, bevor er 1922 kurzzeitig ins Reichskanzlerpalais einzog und später ins Außenministerium wechselte, Generaldirektor der Hapag gewesen, mit der Goldschmidt in engstem Geschäftskontakt stand. Doch für das ebenso macht- wie ehrenvolle Amt fand Goldschmidt einfach keine Zeit. Die Inflation raste ihrem Höhepunkt zu; der Dollar stand zur Mark gerade bei 1:160 Millionen. Der Bankier, obwohl mit einem Ehrendoktorhut in Staatswissenschaften geschmückt, war nicht zum demokratischen Politiker geboren. Ohne Not gedachte er sich den Wirrnissen eines zersplitterten Parlaments nicht auszusetzen. Außerdem mußte er zunächst einmal einen Mitgesellschafter und Rivalen in der eigenen Bank ausmanövrieren, um für weitere große Pläne freie Hand zu haben. Das Opfer hieß Hjalmar Schacht.

So groß und mächtig die Danat-Bank nun war, für die beiden Finanzjongleure unter ein und demselben Dach schien sie noch immer zu klein. Schacht, seit 1916 Direktor der privaten Nationalbank für Deutschland, war zusammen mit Goldschmidt maßgeblich an der Fusion zur Danat-Bank beteiligt gewesen. Wie Goldschmidt stammte er aus einfachen Verhältnissen. Schacht verstand es zu Anfang jedoch besser, den überlegenen Grandseigneur zu mimen, wogegen Goldschmidt, trotz aller Versuche, dies zu verbergen, noch immer der Ruch des Spielers anhaftete.

Schacht, der mit Vornamen eigentlich Horace Greeley hieß, renommierte in Gesellschaft gern mit seinen angeblich »amerikanischen Wurzeln«. Sein Vater Wilhelm, der sich später William nannte, war aus dem deutsch-dänischen Grenzgebiet in die USA ausgewandert, wo er 1872 die amerikanische Staatsbürgerschaft erwarb. Die Braut, Constanze Freiin von Eggers, hatte er aus Deutschland nachkommen lassen. Aber das amerikanische Abenteuer scheiterte. Fünf Jahre nach der Auswanderung kehrten die Eltern heim ins Dörfchen Tinglev in Nordschleswig (es gehört seit 1920 zu Dänemark). 1877 kam dort Schacht junior zur Welt. Der Vater ließ den Sohn voller Bewunderung für den US-Politiker, Verleger der »New York Tribune« und Präsidentschaftskandidaten auf den Vornamen Horace Greeley taufen. Die Großmutter – sie sprach noch Dänisch – setzte später jedoch energisch den Vornamen Hjalmar durch. Diesen leicht exotischen Hintergrund spielte Schacht gern aus, wogegen Partner Goldschmidt mit seiner ärmlichen Herkunft aus Eldagsen schwer ankam. Aber »Jalle« Schacht, wie ihn nur ganz wenige seiner nicht sehr zahlreichen Freunde nennen durften, neigte schon früh dazu, seinen Lebenslauf zu glätten. Die »amerikanische« Karriere des Vaters als »Lehrer, Journalist, Prokurist, Versicherungsdirektor« war keineswegs so glanzvoll verlaufen, wie sein Sohn vorgab. In den meisten seiner Berufe, unter anderem als Redakteur der »Dithmarscher Heider Zeitung«, hatte Vater Schacht sich eher kärglich durchs Leben geschlagen. Auch der Sohn fing mittelmäßig an, als Boulevardjournalist beim »Berliner Journal«, einer dürftigen Mischung aus Wiener Skandalchronik und amerikanischer Yellow press. Schacht studierte mal dieses, mal jenes, wechselte häufig die Universitäten und promovierte schließlich in Volkswirtschaft, einer noch jungen und insbesondere im Bankgewerbe nicht sonderlich hoch angesehenen Disziplin.

Die Herkunft gab beiden, Schacht wie Goldschmidt, den entscheidenden Anschub, sich um fast jeden Preis nach oben zu kämpfen. Ihre nicht allein mit rationalen Gründen und Bedürfnissen erklärbare Sucht nach dem ganz großen Geld, ihr unübersehbarer Drang, in der Öffentlichkeit zu brillieren, verlieh ihnen Flügel, die sie schon in jungen Jahren in höchste Höhen trugen. Skrupel kannten beide nicht. Das verband sie, obwohl sie sich persönlich nicht ausstehen konnten. Statt Goldschmidt wurde Schacht 1923 Chef der Reichsbank. Goldschmidt konnte das nur recht sein. Er war den Konkurrenten los, wußte aber genau, was den neuen Herrscher der Staatsbank umtrieb, welche Verbindungen, Vorlieben und Abneigungen er hegte, welche Ziele er verfolgte, mit wem er verkehrte und welche Feinde er hatte – und davon gab es einige, mächtige noch dazu.

Georg Solmssen, 1933 für nur ein Jahr Vorstandssprecher der Deutschen Bank, verabscheute beide, Goldschmidt wie dessen Antipoden Schacht. Im Archiv der Deutschen Bank befindet sich in der »Akte Solmssen« eine handschriftliche Aufzeichnung, worin der Bankier, sonst die freiwillige Selbstkontrolle in Person, seinen innersten Gefühlen über die gefeierten Vertreter seiner Zunft freien Lauf läßt. Ein seltenes Dokument aus der schalldichten Welt der schweinsledern gepolsterten Doppeltüren, Solmssen war immerhin Präsident des Bankenverbandes und Präsidialmitglied des Reichsverbandes der Deutschen Industrie gewesen. Der energische Zug seiner Handschrift, die raschen, mit dickem Füllfederstrich hingeworfenen Korrekturen lassen ahnen, mit welch innerer Wut der Vorstandchef sich die ungewöhnliche Qualifizierung vom Herzen geschrieben hat. Das Papier vermittelt einen Eindruck von der Schärfe der Kämpfe unter den Matadoren der feinsten Geldhäuser.

Solmssen nennt Schacht »unverfroren, rücksichtslos und erfindungsreich«. Das deckt sich mit Einschätzungen anderer Bankiers, die Schacht gut kannten, ihn als Finanzfachmann schätzten, ihn aber wegen seiner charakterlichen Mängel verachteten. Der Hamburger Privatbankier Hermann Münchmeyer bezeichnete ihn vornehm als »charakterlich nicht ganz einwandfrei«. Solmssen ging noch wesentlich weiter: Schacht habe aufgrund seiner Schulung durch die Dresdner Bank (in dieser Bank, die wegen Mißwirtschaft kurzzeitig in Staatsbesitz überging, begann der spätere Reichsbankpräsident als Chef des Wirtschaftsarchivs seine Karriere) »keine festen inneren Richtlinien hinsichtlich der von einer soliden Bankleitung unbedingt zu befolgenden Maximen« – für einen Notenbankchef nicht gerade eine Schmeichelei. Er habe sich willig durch den von Goldschmidt herbeigeführten Aufschwung der Danat-

Bank in die Höhe tragen lassen, »ohne selber irgendwelche produktiven Erfolge dem Institut aufzuprägen«. Schachts Streben sei immer nur darauf gerichtet gewesen, seine Stellung zu einer politischen Position auszubauen, um innen- und außenpolitischen Einfluß auszuüben, ein Machtmensch durch und durch.

Seine Vorgänger im Amt überragte Schacht als Präsident der Reichsbank ohne Zweifel. Sein hemmungsloser politischer Opportunismus leitete aber letztlich eine Entwicklung ein, »welche eine außerordentliche Tragweite haben sollte«, wie Solmssen notierte. Tatsächlich diente Schacht als Reichsbankchef und Wirtschaftsminister auch der Naziregierung willig, obschon man ihm nach dem Krieg zugute halten konnte, als Technokrat stets die Interessen der Wirtschaft im Auge gehabt zu haben. Da er diesem Ziel alles unterordnete, schloß er eben notfalls mit dem Teufel einen Pakt. Darin unterschied er sich nicht von andern Managern seiner Zeit. Er trat als Redner der Harzburger Front auf, und am 18. März 1933, von den Nazis erneut ins Amt des Reichsbankchefs gehoben, stimmte er die »verehrten Hörerinnen und Hörer« des Großdeutschen Rundfunks auf die neue Lage ein: »Es ist heute nicht mehr die Zeit für langes Reden. Es ist die Zeit zu handeln.« Geld- und Kreditwesen führten kein Sonderdasein, sondern seien mit der nationalen Volkswirtschaft verwoben. »Es ist deshalb nicht möglich, eine reine Notenbank zu leiten, ohne mit den politischen Grundsätzen der Regierung in Einklang zu sein.«

Klaglos und erfolgreich organisierte er als »Generalbevollmächtigter für die Kriegswirtschaft« die Aufrüstung, obwohl er nie das uneingeschränkte Vertrauen der Parteispitze genoß. Diesem Auftrag blieb er treu, bis ihn Hitler Anfang 1939 wegen sachlicher, nicht wegen ideologischer Differenzen abhalfterte. Schacht ließ sich allerdings noch fast vier Jahre lang als Minister ohne Geschäftsbereich vom Naziregime aushalten. Er war, so Solmssen, ein guter Redner und Dialektiker, sprach, was unter deutschen Bankiers selten war, fließend Französisch und Englisch. Aber »er zögerte nicht, sich durch entsprechende Luxusentfaltung und sich und seinen Mitarbeitern ausbedungenen hohen Gehältern das Relief eines öffentlichen Machtpokerers zu geben«. Hitler hatte Schacht freigestellt, sein Einkommen selbst zu bestimmen, was er denn auch tat: 200 000 RM war das höchste Gehalt im Reich, das sich ein Staatsbediensteter leisten durfte. Solmssen wußte auch, daß

Schacht 1915 als Währungskommissar im besetzten Belgien entlassen worden war, weil er seinem damaligen Arbeitgeber, der Dresdner Bank, ungerechtfertigte Vorteile hatte zukommen lassen.

Das alles waren noch vergleichsweise milde Charakterisierungen gegenüber denen, die Solmssen von Schachts Partner und Konkurrenten, Jakob Goldschmidt, zu Papier brachte. Der sei »wegen seines Erbteils aus kleinen Verhältnissen völlig disziplin- und hemmungslos, durch und durch ein Börsianer und Spekulant«. Das gewisse Etwas habe er allerdings; talentiert sei er (das Wort »begabt« strich Solmssen in seiner zornigen Epistel doppelt und mit Wucht wieder aus). Geschickt und witzig trage er seine Ideen mit faszinierender Wirkung vor. Ein Mann mit Charisma, das Schacht abging. »Goldschmidt nahm es mit der Wahrheit nicht zu genau und schreckte, je heller sein Stern strahlte, um so weniger vor Vabanquespielen zurück.« Bankliche und administrative Schulung seien ihm dabei völlig abgegangen. Auch als Vorstandsmitglied der zweitgrößten Bank Deutschlands war seine intellektuelle Beurteilung von Chancen und Risiken »allein auf Haussen und Baissen und entsprechenden Absatz gerichtet«.

Daß Goldschmidt darin keine Ausnahme machte, höchstens in seinem Erfolg, mußte der verbitterte Solmssen einräumen. Goldschmidt gewann »die Herzen hierfür geeigneter Industrieführer durch Beteiligung derselben an privaten Börsenspekulationen« und schaufelte ihnen mit »Stimmungsmache an der Börse« beträchtliche private Gewinne zu. »Die überraschende Gefolgschaft, die er bei namhaftesten Führern der deutschen Wirtschaft fand«, habe ihn immer öfter ein noch größeres Rad drehen lassen. In der eigenen Bank genehmigte er sich selbst Kredite in enormer Höhe für private Transaktionen. In der Danat-Bank nahm Goldschmidt »diktatorische Allüren« an, die zaghafte Opposition unter den Kollegen habe er »niedergeschrien«. Alles in allem nahm Solmssen dies als »ein Zeichen für das Ausmaß der Korruption, welche die führenden Schichten« ergriffen hatte.

Das vernichtende Urteil des Chefs der größten Bank des Landes über eine durch und durch korrupte Wirtschaftselite, die nur noch in Kategorien von Haussen und Baissen dachte, ist vor allem deswegen bemerkenswert, weil Solmssen diesen Vermerk – er trägt kein Datum – offensichtlich noch vor der Machtübernahme durch die Nationalsozialisten zu Papier gebracht hatte. Damit schrieb er eine Mitverantwortung an der Verluderung von Wertmaßstäben in Politik, Wirtschaft und Gesellschaft seinem eigenen Gewerbe zu. Deutlich wird das in der Einstufung Hjalmar Schachts: brillant, aber absolut skrupellos und ohne jede Hemmung auf den eigenen Vorteil fixiert. Er zehrte zeitlebens vom Ruf, die Inflation gebändigt zu haben, indem er 1923 die zerrüttete Währung handstreichartig durch die Rentenmark ersetzte und damit die Wirtschaftslage überraschend schnell stabilisierte. »Wer hat die Rentenmark gemacht? – Das ist der Doktor Hjalmar Schacht«, konnten die Wähler 1924 überall in Berlin an Plakatwänden lesen: Die Demokratische Partei hatte ihn als Inflationsbändiger zu ihrem Zugpferd erkoren. Dabei, das wußte man in Bankierskreisen, war Schacht zunächst ein vehementer Gegner der Rentenmark gewesen. Den Plan zu deren Einführung übernahm er von seinem Vorgänger, setzte ihn dann allerdings mit großem Geschick um.

Immerhin hat Schacht im Verlauf von elf wichtigen Jahren die Währungs-, Finanz- und Wirtschaftspolitik Deutschlands maßgeblich mitbestimmt. Nach dem Krieg wurde er von allen im Zusammenhang mit seiner Tätigkeit im Dritten Reich gegen ihn erhobenen Anklagepunkten freigesprochen. Dem Vorsitzenden Richter des Nürnberger Tribunals hatte er mannhaft entgegengehalten: »Wenn ich die Gelegenheit gehabt hätte, hätte ich ihn umgebracht. Ich!« Gemeint war Adolf Hitler. Wie schon vor dem Krieg strickte Schacht auch nach dem Untergang des Dritten Reiches unentwegt an seiner eigenen Legende. In einer peinlichen Selbstrechtfertigung, »Abrechnung mit Hitler«, 1948 als eins der ersten rororo-Bücher auf Zeitungspapier in Rotationsdruck herausgebracht, stilisierte er sich selbst zum Widerstandskämpfer, der sich lange hin und her überlegt haben will, welche Art des Sprengstoffs sich für ein Attentat auf Hitler am besten eigne. »Die Aufgabe, vor der die demokratischen Politiker die Flucht ergriffen, ich habe sie angepackt«, schrieb er. »So bin ich in das Hitlerregime bewußt als ihr Gegner hineingegangen.« Und: »Die Reichsbank ist die einzige Behörde im Dritten Reich gewesen, die sich Hitlers Politik offen widersetzt hat.« Letzteres stimmt sogar, aber hinzuzufügen wäre: Es waren vor allem ökonomische Gründe, die den Widerstand der Staatsbankiers hervorriefen.

Schacht gehörte ausdrücklich keinem der Widerstandskreise an, obwohl er zu deren Exponenten, etwa Carl Friedrich Goerdeler, Kontakt hielt. Insgesamt erscheinen in seiner Erinnerung diese Männer als Schwächlinge und Umstandskrämer, die sich zu viele Gedanken über ihre Rolle in einer neuen Regierung machten und zu wenige über die wichtigste Frage: Wie beseitigt man Hitler? Wenn sie auch außer dem engsten Kreis um Claus Graf Schenk von Stauffenberg keine Männer der Aktion gewesen sein mochten, Schacht war es noch weniger. Sein berechnendes Wesen überlebte auch die dunkelsten Jahre. Als ihm 1943 das Goldene Parteiabzeichen aberkannt wurde, forderte er die 1000 RM zurück, die er der NSDAP in jenem Jahr bereits hatte zukommen lassen. Er erhielt sie. Am 23. Juli 1944 wurde er doch noch verhaftet. Die Nazis konnten ihm aber keine Beteiligung an dem Attentat auf Hitler nachweisen, weil es diese nachträglich behauptete Beteiligung nicht gab. Schacht wurde in eine Sonderabteilung des KZ Flossenbürg, später nach Dachau gebracht, wo er auf weitere prominente Häftlinge stieß: den ehemaligen französischen Ministerpräsidenten Léon Blum, den Neffen des sowjetischen Außenministers Molotow, den nachmaligen CSU-Gründer Josef Müller.

Im Nachkriegsdeutschland fand sich der ehemalige Reichsbankpräsident schnell zurecht. Gemeinsam mit der Düsseldorfer Privatbank Schliep & Co. gründete er die Außenhandelsbank Schacht & Co. Dahinter steckten alte Interessen, unter anderem jene der Deutschen Orientbank, deren Aktienpakete sich teilweise im Besitz der Danat-Bank befunden hatten. Vizepräsident im Aufsichtsrat der Deutschen Orientbank war Schachts Compagnon aus früheren Jahren, Jakob Goldschmidt gewesen. Die Düsseldorfer Schacht-Bank, an deren Spitze der Namensgeber bis 1966 saß, war in Indien, Ägypten, Syrien, Iran und Algerien aktiv. Hoch in den Achtzigern avancierte Schacht unter anderem zum Berater des saudischen Königshauses.

Zu den »Co.s« seiner Bank zählten auch die Bismarcks aus Friedrichsruh im Sachsenwald, die am Hamburger Ableger der Düsseldorfer Schacht-Bank – er hieß dort Ludwig & Co., nach einem der Partner, Ex-Reichsbankdirektor Waldemar Ludwig – beteiligt waren.

Die Gründung der beiden Schacht-Banken verlief nicht lautlos. Zunächst wollte der ehemalige Reichsbankier sich in Hamburg niederlassen, weil er unter den hamburgischen Kaufleuten nach wie vor größte Achtung genoß. Aber der sozialdemokratisch geführte Senat versagte die Lizenz mit der Begründung, er habe als Mitverantwortlicher für die staatliche Kreditpolitik im Dritten Reich die sittenwidrigen Ziele der Nationalsozialisten gefördert. Seinen hamburgischen Ableger tolerierte man nur, weil er nicht unter dem Namen »Schacht« firmierte. Schacht starb 93jährig 1970 in München an den Folgen eines Unfalls. Der letzte Aufsatz, den man in seinem Nachlaß fand, schloß mit dem symbolträchtigen Aufruf: »Entpolitisiert die Bundesbank!«

Die von Deutschbankier Solmssen verfaßte Charakterskizze über das Duo Schacht/Goldschmidt ist aus unterschiedlichen Blickwinkeln aufschlußreich. Vor allem gegenüber Goldschmidt schlagen in Solmssens Einschätzung derbe Ressentiments gegenüber dem jüdischen Aufsteiger aus kleinen Verhältnissen durch, obwohl Solmssen selbst jüdischer Herkunft war, diese aber verdrängte. Hier machte sich der Ärger über den geschmeidigen Konkurrenten Luft, der den Deutschbankiers so sehr zugesetzt hatte. Obwohl er das natürlich nicht ausdrücklich erwähnte, hatte Solmssen auch Direktoren im eigenen Haus wie Stauß im Auge, der inzwischen im Aufsichtsrat, über dem Direktorium thronend, Platz genommen hatte.

Aus der zeitlichen Distanz besonders bemerkenswert sind einige Parallelen zu den neunziger Jahren – auch wenn heute das Umfeld ein ganz anderes sein mag: die Überbetonung des Shareholder-value, das Solmssen beklagte (er nannte es nur noch nicht so), die überbordende Reverenz vor den Interessen des Aktionärs als mit Abstand wesentlichstem, wenn nicht einzigen Maßstab des Unternehmertums, die immer größeren Fusionen um der Fusionen willen, das unglaubliche Ausmaß an Korruption in allen Gesellschaftsschichten – alles Stichworte von merkwürdiger Aktualität.

Goldschmidt, durch und durch eine Erscheinung der zwanziger Jahre, stieße am Ende dieses Jahrhunderts mit seinem Auftreten, seinem Handeln, seinen Theorien, seinem Talent für Großfusionen und mit seiner Art des Kommunizierens in den Führungsetagen der deutschen Wirtschaft kaum auf nennenswerten Widerstand, vorausgesetzt, es gelänge ihm, seine autoritären Ausbrüche hinter einer Maske von Gelassenheit, Ruhe und Überlegenheit zu verbergen. Übergangslos würde er sich einfügen in diese Welt der Global Player mit ihrer Fixierung auf den nächsten Vierteljahresabschluß und mit ihrem Bemühen, immer größere Unternehmensgebilde zu schaffen, um auf den

Weltmärkten zu bestehen – genauer: die Konkurrenz auszuschalten und neue Quasi-Monopole zu bilden.

Mit seinen längerfristigen Visionen aber, die er mit seinen grandiosen Fusionsplänen eben auch verband, würde er auf Unverständnis und Ablehnung stoßen. Allein schon das Wort »Vision« würde ihn früher oder später aus dem engen Kreis der Entscheidungsträger eliminieren; Visionen sind Labels für Traumtänzer. Wer kreativer sein will als der Durchschnitt dieser Ebene, stellt sich leicht selbst ein Bein und macht sich zum Außenseiter. Ein Goldschmidt der neunziger Jahre fände sich sehr rasch in jener Rolle des Outcast wieder, die dieser in den zwanziger Jahren auf seine Art genial ausfüllte, bei all dem Schillernden und Unseriösen, das ihn zugleich umgab.

Mit beiden Händen hat Goldschmidt die Chancen gepackt, die ihm der reißende Strom jener verrückten Jahre zutrieb. Seine Danat-Bank steigerte mehrere Jahre hintereinander den Umsatz über 45 Prozent, den Reingewinn um 5 Millionen Mark und zahlte 1927 stolze 12 Prozent Dividende. Das ärgerte die Deutsche Bank, besonders deren Aktionäre, die sich mit 10 Prozent bescheiden sollten. Sie gaben sich damit nicht zufrieden, und so mußte die Geschäftsführung zähneknirschend um 2 Prozent nachbessern, obwohl die Entwicklung der Bankgeschäfte den Zuschlag nicht hergab.

In dieser Lage machten die Deutschbanker ein erstes, noch vorsichtiges Übernahmeangebot an den lästigen Konkurrenten. Doch Goldschmidt verlangte zuviel, nicht nur an Geld, sondern vor allem an Machtbefugnissen. In Wahrheit hatte er den Plan noch nicht aufgegeben, daß er, der einstige mittellose Lehrling, die Deutsche Bank schlucken würde. Er pokerte hoch, ohne wirklich die Absicht zum Verkauf zu haben. Goldschmidt wußte, daß sein luftiges Gebilde, das er sich aufgebaut hatte, sehr rasch in sich zusammenfallen würde, wenn Dritte die Interna genauer studierten.

Dabei wäre zum Beispiel aufgefallen, auf welch abenteuerliche Art die zweitgrößte Bank des Landes den wachsenden Geldbedarf deckte: Ihre durch die USA reisenden Emissäre liehen sich von US-Provinzbanken Kredite im Kleinformat ab 20000 Dollar, zu 4 Prozent, und gaben das Geld an Kreditnehmer in Deutschland weiter, zu 7 oder 8 Prozent. Zwar war das für die Bank ein gutes Geschäft. Was aber passierte, wenn die amerikanischen Banken ihr Geld kurzfristig zurückzogen? In

Bankkreisen, und das betraf längst nicht nur Goldschmidt, wurde immer nur nach Liquidität gefragt. Die Frage nach Bonität stellte niemand. Und doch wurde sie plötzlich akut.

Aber noch wirkte der schöne Schein des schnellen Geldes. Goldschmidt genoß seinen Ruf, die Nummer 1 des Landes herauszufordern. Statt zu verkaufen, führte er dem Publikum die Deutsche Bank mit einer überhöhten Dividendenausschüttung als Bittsteller vor: Er bestimmte den Preis, und der Konkurrent konnte nicht mithalten. Nach Ablehnung der Kaufofferte schickte Oscar Wassermann, der Chef der »Deutschen«, dem Konkurrenten ein Telegramm, in dem sich der verschlüsselte Satz fand, der auf den ersten Blick wie eine harmlose Widmung aus dem Poesiealbum klang: »Was Du im Augenblick ausgeschlagen, bringt keine Ewigkeit zurück.« In Wahrheit steckte dahinter eine Drohung. Nach außen noch immer der »väterliche Freund« Goldschmidts, sann Oscar Wassermann nun auf Rache. Es begann ein verdeckter Kampf ums Überleben.

Goldschmidt paßte seine Selbstdarstellung seinen rasch wachsenden geschäftlichen Erfolgen an. Er lebte behaglich, aber nicht prunkvoll, legte aber Wert auf Stil. Die Zahl der zu seinen Soireen Eingeladenen nahm ab, deren Bedeutung zu. Mit Goldschmidt zu tafeln hieß, am Puls der Zeit zu sein: Goldschmidt galt als Trendsetter, blieb in der Branche aber noch immer der Außenseiter, den man der Fraternisierung mit den Sozialdemokraten verdächtigte. Solchen Vorbehalten begegnete er offensiv auf seine Art. Gern führte er seinen Gästen die neuesten Erwerbungen aus seiner umfangreichen Kunstsammlung vor: El Greco, Pissaro, Manet, Renoir, Cézanne. Obwohl kein religiöser Mensch, trat er als großzügiger Mäzen auf, stattete die jüdische Gemeinde Berlins mit beträchtlichen Summen aus und spendete für Universitäten und Forschungseinrichtungen. Er gab Interviews, in denen er sich als einziger der großen Bankiers deutlich und schon früh von den Nationalsozialisten distanzierte. Die bürgerlichen Parteien warnte er vor einem Flirt mit der NSDAP: »Ohne Sozialdemokraten könnt ihr nicht regieren.« Die Neigung im Bürgerlager wuchs täglich, die Nazis als Hilfstruppen in die Regierung einzubinden.

Goldschmidt-Gast Herbert Gutmann, Sohn des Gründers der Dresdner Bank, brachte eines Abends aus London die Nachricht mit, die City habe »volles Verständnis für den nationalsozialistischen

Standpunkt«. In der deutschen Hochfinanz nahm man das als Aufmunterung, eine autoritäre Regierung auf Zeit würde vom Ausland geduldet. Goldschmidt hielt in Konversationen dieser Art stets dagegen, schien aber allmählich zu spüren, daß die Woge des Erfolgs, auf der er schwamm, ihren Höhepunkt erreicht hatte.

Über der internationalen Finanzszene brauten sich düstere Wolken zusammen. Der 24. Oktober 1929 ging als »Schwarzer Donnerstag«, in Deutschland wegen der Zeitverschiebung als »Schwarzer Freitag« in die Geschichte ein: Die Kurse an der New Yorker Börse, deren Höhenflüge jahrelang ein Zeitalter ewigen Wohlstands vorgegaukelt hatten, brachen zusammen. Dennoch wurde dieser Tag zunächst von den wenigsten Akteuren als Wendepunkt begriffen.

Noch waren es nur Ausläufer einer ganzen Serie von Schockwellen. An Goldschmidts Tafel sprach man über die Zeitungsmeldungen wie von fernen Ereignissen, die einen nicht unmittelbar betrafen. Von Winston Churchill wurde erzählt, der zu dieser Zeit gerade zu Besuch in New York weilte. Churchill, so die Berichte, stand im 16. Stock am Fenster des Savoy Palace und sah auf der Straße eine aufgeregte Menschenmenge. Als er sich aus dem Fenster beugte, erkannte er, daß sich unmittelbar unter ihm ein Mann aus dem Fenster gestürzt hatte, der wie ein Fladen auf dem Asphalt lag. Der Selbstmörder hatte, wie die Zeitungen meldeten, sein gesamtes Vermögen an der Börse verloren. Churchill, wie die meisten Zeitgenossen, hielt »diese finanzielle Katastrophe, so gewaltig sie ist und so grausam sie tausenden Menschen mitgespielt hat«, für eine »vorübergehende Episode im Marsch eines tapferen und fleißigen Volkes«. Seine Einschätzung stieß auch bei der Neubabelsberger Runde auf Zustimmung. Die Herren wußten nicht, was dem britischen Schatzminister zu diesem Zeitpunkt ebenfalls noch unbekannt war: daß er selbst an diesem Tag sehr viel Geld verloren hatte und bis zu seiner Wahl zum Premier 1940 unentwegt würde Bücher schreiben müssen, um seinen Lebensunterhalt zu bestreiten.

Daß der Börsencrash die Amerikaner wie ein Blitz aus heiterem Himmel traf, zeigt der scharfe Kontrast zur Abschiedsrede von Präsident Calvin Coolidge achteinhalb Monate zuvor im US-Kongreß. Die Ansprache vom 4. Dezember 1928 triefte vor Selbstzufriedenheit; sie belegt, wie sehr sich die Elite von der Realität verabschiedet hatte. Auch führende Wirtschaftskreise Deutschlands ließen sich von dieser aus heutiger Sicht schwer nachvollziehbaren Euphorie anstecken. Coolidge sagte: »Kein Kongreß der Vereinigten Staaten, der jemals zusammentrat, um den Zustand der Union zu betrachten, sah sich günstigeren Aussichten gegenüber als die, die sich heute bieten. Im Land herrschen Ruhe und Zufriedenheit (...) und die bisher längste Zeit des Wohlstands.« Daß der wachsende Nationalismus keine europäische Erfindung war, belegt des Präsidenten Feststellung: »Der Hauptgrund für diese beispiellosen Segnungen liegt in der Rechtschaffenheit und im Charakter des amerikanischen Volkes.« – »Amerikanisch« brauchte bloß durch »deutsch« ersetzt zu werden, schon hörte man dieselbe Tonlage heraus, wie sie in Deutschland zu vernehmen war, lange bevor ein Österreicher aus Braunau am Inn, dessen Vorfahren Schicklgruber hießen, die Tonart bestimmte.

Jenen wenigen Ökonomen, die der amerikanischen Börsenhausse schon lange mißtrauten, warf man Kleinmut und mangelnde Vorstellungskraft vor. Dabei zeichnete sich immer mehr ab, daß zwar die Industrie auf vollen Touren lief, sie aber nicht mehr an Waren absetzen konnte: Die Kaufkraft der breiten Masse hatte sich nicht wesentlich verbessert. Amerikanisches Anlagekapital floß daher mangels ausreichender Möglichkeiten im eigenen Land nach Europa ab, besonders nach Deutschland. Mit dem Geld wurde die kriegsversehrte deutsche Industrie saniert, die wiederum ihr Kapital teilweise im Ausland anlegte. Deren stetig wachsender Ausstoß an Produkten konnte das Land gar nicht aufnehmen, ebensowenig wie das Land der Geldgeber, Amerika, das an eigenen Überkapazitäten litt. Eine verhängnisvolle Spirale war in Gang gekommen, deren immer raschere Rotation irgendwann außer Kontrolle geraten mußte.

Dazu kam, daß der von Coolidge gepriesene Wohlstand sehr ungleich verteilt war. Er beschränkte sich auf eine relativ dünne Schicht. Zwar profitierten davon auch die unteren Schichten. Daß die Arbeiter dennoch lange Stunden für geringe Löhne schufteten, daß den meisten jeder Schutz durch Gewerkschaften verweigert wurde, daß hier schließlich ein enormes Unruhepotential heranwuchs, nahmen viele in den oberen Etagen, auch diesseits des Atlantiks, nicht wahr: Sie verdrängten diese Entwicklung ja auch in Deutschland nach Kräften.

Doch nun spitzte sich die Lage zu. Am 28. Oktober verdunkelte sich der Himmel im Norden der Wall Street. Viele tausend Schwarzdrosseln, die Richtung Mount Vernon zogen, ruhten sich auf der Straße und in den kleinen Parks des Geschäftsviertels aus. Der Verkehr brach zusammen. Dann stoben sie ebenso plötzlich davon, wie sie gekommen waren. Fast hundert Vögel blieben vor Hunger und Erschöpfung zurück. Man deutete es als böses Vorzeichen. An diesem Tag verzeichnete die Börse die schlimmsten Verluste ihrer Geschichte: AT&T sackte um 448 Millionen ab, General Electric um 342 Millionen, General Motors um 294 Millionen Dollar. Reiche Einzelanleger warfen ganze Aktienpakete auf den Markt, Kleinanleger gerieten in Panik. Zu viele Aktienkurse hatten eine absurde Höhe erreicht, die keinen realen Bezug zum tatsächlichen Wert der gehandelten Unternehmen mehr besaß. Zu viele Leute beschlossen zur gleichen Zeit, ihre Wertpapiere loszuschlagen, und zu wenige waren bereit, dafür einen ordentlichen Preis zu zahlen. Das war der einfache Kern des Crashs. Seine Wirkung war nicht allein mit rationalen Gründen erklärbar. Börsen wurden – und werden – ebenso oder sogar noch stärker von menschlichen Gefühlen und Massenpsychologien beherrscht als von abstrakten Statistiken und Gewinnausweisungen.

Die Wellen rollten von der Ostküste über den Atlantik, aber mit merkwürdiger Verzögerung. In Berlin fuhr Reichsbankpräsident Hans Luther in der Dienstlimousine über den wie eh und je geschäftigen Kurfürstendamm. Zu einem Begleiter brummte er in Gedanken verloren: »Wenn ich die Menschen so ruhig dahergehen sehe, verstehe ich nicht, daß die Leute nicht wissen, daß sie sich auf einem Vulkan befinden.«

Hin und wieder stieß der Vulkan wie zur Warnung schweflige Wolken aus. Nach den Reichstagswahlen 1930 stellten die Nationalsozialisten mit 107 Abgeordneten die größte Fraktion, ein Ausdruck wachsender, aber noch schwer definierbarer Verunsicherung. Das Bild, das die zwar martialisch, aber einfältig wirkenden »Braunen« im Reichstagssaal mit ihren Uniformen abgaben, mitten unter all den zumeist schwarz gewandeten Abgeordneten, viele von ihnen noch in altväterischem Stehkragen, ließ nur wenige ahnen, daß sich hier Leute breitmachten, die ihre gewonnene Macht nicht mehr abtreten würden. Gerüchte über eine Revolution liefen zwar um, aber sie klangen unwirklich. Noch beschränkten sich die Kämpfe zwischen linken und rechten Stoßtrupps auf wenige Arbeiterviertel. Die Tiergarten-Gesellschaft fühlte sich nicht bedroht, im Gegenteil: Sollten Braune und Rote doch aufeinander einprügeln, sie würden sich dadurch selbst neutralisieren. Die Zahl der Arbeitslosen war gegen vier Millionen gestiegen. Die Konjunktur zerfiel jedoch nicht plötzlich. Ein schleichender Prozeß hatte eingesetzt. Ein Element kam zum nächsten und verband sich zu immer neuen, noch explosiveren Gemischen. Die Reichsmark verlor an Wert. Das mit Notverordnungen regierende Kabinett Brüning – die autoritäre Demokratie erwies sich bald als logische Vorstufe zur Diktatur – verschärfte die Lage mit neuen Sparprogrammen und Sondersteuern.

Die Wirtschaft reagierte merkwürdig schläfrig auf all diese Erscheinungen. Ohne daß das große Publikum es mitbekam, investierten die Konzerne enorme Summen im Ausland und spekulierten damit gegen die eigene »Firma Deutschland«. Den ausländischen Kreditgebern entging das nicht; sie nahmen es als schlechtes Zeichen für die Sicherheit ihrer Gelder. Die Großbanken, auch Goldschmidts Danat-Bank, begannen wegen nachlassenden Interesses des Auslands an deutschen Wertpapieren ihre eigenen Aktien im großen Stil aufzukaufen, um die Kurse zu stützen, was nichts anderes als die Herabsetzung des Eigenkapitals bedeutete. Die Deutsche Bank kaufte für 105 Millionen RM, die Dresdner Bank für 56 Millionen RM, die Commerzbank für 37,5 Millionen RM ihres Eigenkapitals eigene Papiere. Die Danat-Bank investierte sogar mehr als die Hälfte des Eigenkapitals in Danat-Aktien. Im Grunde war das eine vorweggenommene Bankrotterklärung, denn im Ernstfall würde den Banken das Geld fehlen, um auf Schwächeanfälle zu reagieren.

Ein solcher Fall trat am 11. Mai 1931 ein. Während eines Abendessens in der Goldschmidt-Villa eröffnete ein Danat-Direktor dem verdutzten Hausherrn, einer seiner größten Gläubiger, die Norddeutsche Wollkämmerei und Kammgarnspinnerei, die Nordwolle, stehe vor dem Ruin. Nun war die Nordwolle nicht irgendein Unternehmen, sondern der größte Textilkonzern Deutschlands und einer der größten Europas, den man ehrfürchtig den »Rothschild der Textilbranche« nannte. Für so grundsolide wurde die hanseatische Firma gehalten – ein Inbegriff von deutscher Tüchtigkeit, Solidität und Kreditwürdigkeit. Doch auf einen Schlag traten Schulden von 145 Millionen Mark (nach heutigen Wert läge der Betrag im Milliardenbereich) ans Licht.

G. Carl Lahusen, Konzernchef der Nordwolle, eine imposante Erscheinung, Präsident der Bremer Handelskammer, ein angesehenes Mitglied der hanseatischen Kaufmannsgilde, hatte in der Danat-Bank zum Offenbarungseid anzutreten. Sonst ein Freund großartiger Gesten, saß er jetzt zusammengesunken im Raum neben dem Chefbüro. Goldschmidt schrie: »Die Nordwolle ist hin, die Dresdner Bank ist hin, die Danat-Bank ist hin.« Die Pose als verzweifelter Hamlet paßte zur klassischen Tragödie, die hier in Szene ging, und Goldschmidts Epilog zeigte, daß er sofort erfaßt hatte, was das Nordwolle-Desaster bedeutete. Er wußte längst von der Fäulnis, die unter der Oberfläche gärte. Lahusen saß immerhin im Aufsichtsrat der Danat-Bank, und die Bank war zugleich der größte Geldlieferant der Nordwolle. Damit das Engagement weniger auffiel, buchte die Nordwolle jeweils zum Jahresende einen Teil ihrer Danat-Kredite auf die Sparkasse in Bremen um. In der Danat-Bilanz tauchte dann die Sparkasse statt der Nordwolle als Kreditnehmer auf – ein simpler Fassadentrick.

Für Goldschmidt und nicht nur für ihn hatte der Nordwolle-Bankrott noch eine ganz andere Dimension. Die Vorstellung muß ihn jahrelang begleitet haben: daß die Bubble Economy, die er so kräftig hatte aufpumpen helfen, eines Tages platzen müßte, daß dies eine völlig logische Folge war, die aber niemand als zwangsläufig gelten lassen mochte. Jetzt war der Tag da. Am Abend saßen sich Lahusen und der Bankier in der Goldschmidt-Villa beim Essen schweigend gegenüber, sprachen kaum ein Wort, nur das Klappern von Tellern und Besteck war zu hören. »Lauernd sahen sie sich mit funkelnden Augen an«, berichtete der Danat-Direktor, der dabeisaß. Lahusen war dem von Goldschmidt schweigend gespielten Nervenpoker nicht gewachsen. Noch vor dem Nachtisch brach der stolze Bremer Kaufmann schluchzend zusammen und gestand, die Bilanzen gefälscht zu haben, obwohl er auch jetzt noch log und die Verluste kleiner darstellte, als sie tatsächlich waren. Anderntags entlud sich das Gewitter. Im Flur blieben die Angestellten stehen und lauschten der erregten Auseinandersetzung, in deren Verlauf der zu jähzornigen Exzessen neigende Bankier dem Nordwolle-Mann einen Stuhl an den Kopf warf. Die Trümmer lagen noch Stunden später in einer Ecke des Büros.

Die Nervosität war verständlich. Am Nachmittag war eine andere Hiobsbotschaft auf Goldschmidts Schreibtisch gelandet, die in ihren

Folgen noch weit schwerer einzuschätzen war als das Nordwolle-Desaster: In Wien erklärte die Österreichische Credit-Anstalt ihre Zahlungsunfähigkeit. Die Bank, mit kräftiger Beteiligung der Familie Rothschild, war stark in Südosteuropa engagiert. Trotz hoher Verluste von 373 Millionen RM schien zwar eine Rettung durch die britischen und französischen Zweige der alten Bankiersfamilie durchaus möglich, aber weder die britische noch die französische Regierung mochte eine Rettung zulassen. In der Bank steckte viel deutsches Kapital, der Hamburger Privatbankier Max Warburg saß im Aufsichtsrat, und die Credit-Anstalt stand im Ruf, verdeckten imperialen Interessen Deutschlands zu dienen.

Wegen dieser Zusammenhänge reagierten die internationalen Finanzmärkte überaus nervös: Der Funke sprang sofort von Österreich auf Deutschland über. Vor allem amerikanische und britische Anleger zogen ihr Kapital aus Deutschland ab. Die kurzfristigen Auslandsschulden Deutschlands lagen bei 11,8 Milliarden RM; davon entfielen allein auf die Banken 8,3 Milliarden RM. Die Reichsbank mußte innerhalb weniger Tage die Banken mit 164 Millionen RM in Form von Devisen stützen, damit sie ihre Verpflichtungen erfüllen konnten. Die Reichsbank hatte zuvor in aller Eile die Devisen in London und Paris zusammengepumpt. Ein böses Omen.

Goldschmidts Danat-Bank war bei weitem nicht die einzige, aber sie hatte sich am stärksten von allen mit Auslandskrediten verschuldet, um ihre Expansion und die Industrieinvestitionen bezahlen zu können. Jetzt war die Bank nicht mehr flüssig genug, das deutsche Geld für den Ankauf der nötigen Devisen aufzubringen, um damit die nervösen Auslandsgläubiger zu befriedigen. Außerhalb der Bankmauern aber wußte kaum jemand von den Vorgängen.

Die Nordwolle-Affäre allein hatte genügt, Goldschmidts Danat-Bank ins Zwielicht zu bringen. In den Tigerkäfigen des Berliner Bankenviertels knisterte es vor Spannung. Der gefeierte Dompteur zeigte Schwächen, was bei den Raubtieren sofort den Jagdtrieb weckte. Zunächst sondierte man noch vorsichtig die Lage. Bankier Mendelssohn lud am Sonntag, den 4. Juli 1931, zum Mittagslunch in sein Stadthaus. Reichsbankchef Hans Luther kam, ebenso die Ruhrindustriellen Albert Vögler und Friedrich Flick, beides Freunde Goldschmidts, dem sie ihren Aufstieg mit zu verdanken hatten. Im Gegensatz zum Bankier gaben sie sich äußerst wortkarg. Beim Hummer sagte Goldschmidt unvermittelt: »Wahrscheinlich ist es das letzte Mal, daß ich Hummer esse.« Alles lachte. Man hielt es für einen lockeren Scherz. Noch ahnten auch die Freunde aus der Großwirtschaft nicht, daß Jakob Goldschmidt tatsächlich nur noch nach Galgenhumor zumute war.

Am Montag kam es erneut zu einem Treffen, diesmal im Hotel Esplanade. Max Warburg aus Hamburg stieß hinzu, auch Oscar Wassermann von der Deutschen Bank kam herüber. Sie erweckten den Anschein, als wollten sie Goldschmidt nicht hängenlassen, um nicht vom Strudel erfaßt zu werden. Man sprach beruhigend auf ihn ein, von einer Nothilfe von einer Milliarde Reichsmark war die Rede. Alle wichtigen Groß- und Privatbanken stünden hinter ihm, versicherte man dem Bedrängten schriftlich: Hardy & Co., Mendelssohn & Co., J. Dreyfus & Co., Georg Hauck & Sohn, Simon Hirschland, M. M. Warburg & Co.; Sal. Oppenheim jr. & Cie., Merck, Finck & Co., alle großen Namen schienen sich solidarisch zu verbünden. Aber das erwies sich als Finte, um Zeit zu gewinnen. Später stellte sich heraus, daß nur wenige Unternehmen überhaupt gefragt worden waren.

Die Umrisse eines Masterplans begannen sich abzuzeichnen. Die Deutsche Bank lancierte einen Tag darauf in der Basler »National-Zeitung« eine Meldung, wonach »eine deutsche Großbank in Schwierigkeiten« sei. Jeder Branchenkenner wußte: gemeint war Jakob Goldschmidt. Nun ging es Schlag auf Schlag. Oscar Wassermann, Chef der Deutschen Bank, der vier Wochen zuvor mit einer letzten Fusionsofferte gescheitert war, lud Goldschmidt ins Büro in der Hauptzentrale an der Mauerstraße. Wassermann saß hinter dem Schreibtisch, sog an seiner immer wieder ausgehenden Pfeife. Er war zum Todesstoß entschlossen. Das Risiko einer Fusion war für ihn jetzt unübersehbar geworden. »Sagen Sie mal, Herr Goldschmidt, wie hoch beziffern Sie denn Ihre Verluste bei der Nordwolle?« – »Na, ich schätze, ungefähr 13 Millionen«, gab Goldschmidt zurück. Er hatte sich wieder gefangen und spielte seine gewohnte Selbstsicherheit aus. Dabei war die genannte Summe um ein Vielfaches untertrieben. Das Duell zwischen den zwei größten Bankiers des Landes glich nun immer mehr einer alttestamentarischen Rivalität – Saul gegen David: zwei Herrscher mit Allmachtsphantasien, die sich bis aufs Blut bekämpften, die aber auch in ein Netz von gegenseitigen Abhängigkeiten verstrickt waren. Man ging nach außen mit ausgesuchter Höflichkeit miteinander um und kämpfte bei verdecktem Visier mit allen Waffen gegeneinander.

Goldschmidt versuchte, seine Haut zu retten. Mit drei Millionen Mark, die er von der eigenen Bank gepumpt hatte, kaufte er Aktien seiner Bank, um sie zu stützen. Doch die Zeit zerrann ihm zwischen den Fingern: Der angeschlagene Großfinanzier mußte sich schließlich eingestehen, daß er völlig isoliert war. Am 9. Juli fuhr er in die Reichskanzlei, um Reichskanzler Heinrich Brüning die Zahlen offenzulegen und einen Überbrückungskredit zu erwirken. In der Regierungszentrale hatte man an diesem Tag jedoch noch ganz andere Sorgen. Eben waren an die deutschen Botschaften Telegramme mit der Anweisung versandt worden, die Großmächte um Finanzhilfe zu bitten. Der SOS-Ruf aus der Zentrale der politischen Macht klang nun schon verdächtig nach Staatsbankrott. Zudem reiste der Reichsbankpräsident zwecks Tarnung vor den Journalisten unter falschem Namen nach London, um dort um Unterstützung zu bitten. Die Regierung unternahm merkwürdig wenig, um die Lage zu beruhigen. Es sah nach Verschwörung aus: als wollten Kräfte in der Regierung und im Wirtschaftsestablishment die Lage bewußt verschärfen.

Was ging hier vor? Was hatte das noch mit Goldschmidt zu tun? Der verstand die Welt nicht mehr.

Einen Hinweis, aus welcher Richtung der Wind wehte, gab der rechtsnationale Politindustrielle Alfred Hugenberg. In einem Brief an 3000 amerikanische Geschäftsleute hatte er zwei Jahre zuvor gewarnt, Deutschland durch unvernünftige Maßnahmen und unerträgliche Belastungen in die Verzweiflung zu stoßen. Dann werde es unweigerlich in die Arme des Bolschewismus getrieben. Der Demagoge Hugenberg zog alle Register: »Soll die künftige Weltgeschichte sagen, daß Amerika 1929 schließlich versuchte, die Sklaverei in Europa einzuführen?« Dies wären »Methoden für den Umgang mit Niggern und Indianern«, aber ein Volk wie das deutsche würde letztlich »lieber unter einem Haufen brennender Ruinen begraben werden, deren Flammen die nahe und ferne Nachbarschaft erfassen«, als nachzugeben. Diese unverhohlene Drohung weist auf den politischen Hintergrund der Vorgänge von 1931: Deutschland sollte vor der Welt als zahlungsunfähig dastehen, damit die Siegermächte die Reparationszahlungen infolge des Ersten Weltkriegs drastisch reduzierten. Bis zu einem gewissen Grad gelang das mit der sogenannten Young-Anleihe tatsächlich, einem komplexen Anlagesystem der deutschen Regierung, mit dessen Hilfe ein Teil der riesigen Reparationsschuld – insgesamt handelte es sich um 112 Milliarden Goldmark, die in 59 Jahresraten zu rund zwei Milliarden getilgt werden sollten – soeben in einen langfristigen Kredit umgewandelt worden war.

Goldschmidt schien das geeignete Opfer, um den Großmächten vor Augen zu führen, wie schlimm es um die deutsche Wirtschaft stünde und daß weiteres Entgegenkommen zwingend sei. Reichskanzler Brüning, eigentlich ein Mann der Banken, sah noch einen zusätzlichen Grund für das Bauernopfer, das »Behren- und Mauerstraße« forderten. In seinen Memoiren schrieb er: »Es war das Ringen, welche Großbank zunächst abgemurkst werden sollte. Dadurch wollten die andern einen Schuldigen haben, wenn sie selbst nachher Schwierigkeiten hätten.« Und tatsächlich: Die Deutsche, die Dresdner, die Commerz- und Privatbank standen alle vor der Insolvenz. Die Reichsbank mußte erneut eingreifen: Sie gab im Mai und Juni über 800 Millionen Reichsmark an Gold und Devisen ab, fast ein Drittel ihres Bestands.

Doch auch dieses blieb der Bevölkerung weitgehend verborgen. Die Scheinwerfer richteten sich vorzugsweise auf den kleinen, agilen Großfinanzier und seine mächtige Danat-Bank. Für Samstag, den 11. Juli, war in der Reichskanzlei eine Sondersitzung der Spitzenbankiers einberufen worden. Das Regierungsviertel, sonst an Wochenenden wie ausgestorben, wimmelte vor Neugierigen. Man schien es auf ein bewußt inszeniertes Tribunal anzulegen. Statt eines halben Dutzends vertrauter Gesprächspartner drängten sich im Sitzungszimmer über 50 Personen, von denen die meisten gar nicht eingeladen waren. Ein Bankier erschien im bunten Freizeitdreß, weil er auf dem Weg zum Golfplatz zufällig an der Menschentraube an der Wilhelmstraße vorbeigekommen war und spontan befand, das Spektakel könne ihn interessieren. Vorn am Tisch saßen als Hausherr der Reichskanzler, sichtlich irritiert über das aus dem Ruder laufende Meeting, und neben ihm als Einflüsterer mit versteinerter Miene Hjalmar Schacht. Von ihm konnte sein einstiger Compagnon Goldschmidt nun keinerlei Hilfe mehr erwarten: Es war der Tag der Abrechnungen, und Goldschmidt stand als einziger Angeklagter da. Überrumpelt von dem Volksauflauf, gelang ihm nur eine matte Verteidigungsrede.

Sonntag, der 12. Juli, ein lichtdurchfluteter Sommertag: In den Biergärten und Parks wimmelte es von Ausflüglern, und Unter den Linden promenierten die Berliner in Scharen zum Café Kranzler, Ecke Friedrichstraße, oder zu anderen beliebten Kaffeehäusern der Gegend. Nichts deutete darauf hin, daß Deutschland an diesem Tag in eine schwere wirtschaftliche und politische Krise schlitterte. Die Wochenendausgaben der Zeitungen waren zwar voll von blumig ausgeschmückten Schilderungen über Goldschmidt und seine Geschäfte. Man verfolgte die bunten Details der Affäre wie ein aufregendes Spektakel, nicht aber als Vorboten einer unglaublich gewalttätigen Zeit. Daß bis zur Machtergreifung der Nationalsozialisten gerade noch eineinhalb Jahre vergehen sollten, konnte sich in Berlin an diesem Tag niemand vorstellen. Auch der da und dort selbst von liberalen Journalisten in Leitartikeln erhobene Ruf nach einem Ermächtigungsgesetz, das die Ausschaltung des Parlaments bedeutete, schreckte außer den Sozialdemokraten und Kommunisten kaum jemanden. Schon 1914 und 1923 hatte es schließlich für begrenzte Zeit solche Gesetze »zur Behebung der Not von Volk und Reich« gegeben. Daß man an diesem vordergründig so friedlichen Tag in Berlin nur noch 20 Monate von der Errichtung einer der brutalsten Diktaturen der Weltgeschichte entfernt war – die zudem noch per Gesetz und in demokratischer Abstimmung erfolgen sollte –, hielten nicht einmal die ausgeprägtesten Nationalsozialisten für möglich.

Die Zeitungsberichte beschrieben lieber in vielen Einzelheiten den Fall Nordwolle und die Rolle des Kreditgebers und Aufsichtsrats Goldschmidt – »des Juden Goldschmidt«, wie es jetzt immer häufiger hieß. Der mindestens ebenso gravierende Zusammenbruch der Borsig-Werke wurde kaum mit ihm in Zusammenhang gebracht, obwohl Goldschmidt auch dort als wichtiger Gläubiger und Akteur beteiligt war. Die Hintergründe des Zusammenbruchs der traditionsreichen Schwermaschinenwerke im Nordosten der Reichshauptstadt durften nicht bekanntwerden: Borsig spielte eine Schlüsselrolle bei der geheimen Aufrüstung der Reichswehr. Das Reizwort hieß allein Nordwolle: Es markierte für viele Zeitgenossen die Wurzeln allen Übels. Und dahinter steckte ein steinreicher Jude, der überall seine geheimen Fäden zog und der die halbe Wirtschaft zu beherrschen schien.

Goldschmidts Konkurrenten unternahmen nun alles, um den ungeliebten Widersacher endgültig loszuwerden. Es war ein offenes Geheimnis, daß man sich bei der Dedi-Bank (Deutsche und Disconto-Bank, heute: Deutsche Bank) im kleinsten Kreis auf eine Siegesfeier über Jakob Goldschmidt vorbereitete. Im Bankenviertel jagten sich trotz der Sonntagsruhe die Konferenzen.

Auch in der wenige hundert Meter entfernten Reichskanzlei herrschte erneut hektische Betriebsamkeit. Offen redete man darüber, daß ein Zusammenbruch der Danat-Bank die Atmosphäre reinigen würde – im Interesse der andern. Oscar Wassermann rief an und bat Goldschmidt in verbindlichem Ton, im Büro auf Nachricht zu warten, man arbeite an einem Sanierungsplan. Die Stunden verstrichen, das Telefon schwieg. Nach neuneinhalb Stunden nervtötenden Wartens begab sich der aufgebrachte Bankier gegen 17.30 Uhr in die Reichskanzlei. Noch auf der Eingangstreppe erfuhr er von einem Beamten beiläufig, die Auflösung seiner Bank sei beschlossene Sache. Goldschmidt schrie durch die Eingangshalle, stundenlang habe man ihn warten lassen, ohne ihm ein Wort von dem Plan zu sagen. Die Danat-Bank mit ihren 111 Filialen sei schließlich die zweitgrößte Bank des Landes. So könne man mit einem solchen Unternehmen nicht umspringen.

Am Tag darauf, dem 13. Juli, durfte die Danat-Bank ihre Schalter nicht mehr öffnen. 21 Monate nach dem »Schwarzen Donnerstag« der Amerikaner erlebten die Deutschen nun ihren »Schwarzen Montag«. In den Bilanzen der Banken schlugen sich die sich überstürzenden Ereignisse in den folgenden Wochen und Monaten deutlich nieder. Der 14. und 15. Juli wurden zu Bankfeiertagen erklärt, um eine Panik zu verhindern, was im wesentlichen gelang. Die Börse öffnete erst wieder am 3. September. In der Zwischenzeit zogen in- und ausländische Anleger noch mehr Geld ab. Die Berliner Großbanken büßten ein Drittel ihrer Einlagen und aufgenommenen Summen ein. Bei den kleinen Provinzbanken machte der Schwund fast die Hälfte aus. Allein die größeren Privatbankiers, die ihr Kreditvolumen reduziert und nur noch kurzfristige Darlehen ausbezahlt hatten, kamen mit 17 Prozent Einbußen davon. Die Unsicherheit nahm noch zu, weil die Länder des sogenannten Pfundblocks zur gleichen Zeit, aber weitgehend unabhängig von den Ereignissen in Deutschland, ihre Währungen um 40 Prozent abwerteten: Der größte Wirtschaftsraum, das Britische Empire, löste sich von der starren Goldbindung. Das kam einem Währungsbankrott gleich. London büßte seine dominierende Stellung im internationalen Warenkredit und Geldverkehr für Jahrzehnte ein.

Angesichts dieses düsteren Hintergrunds atmeten in der deutschen Bankenszene viele erleichtert auf, daß die Medien keine allzu tiefgehenden Ursachenforschungen betrieben. Das entstandene Chaos wurde mit dem Sturz des geheimnisvollen Geldmagiers erklärbar. Nach weiteren Gründen brauchte nicht gesucht zu werden. Heinrich Brüning – als Kanzler überdauerte er das Ende von Goldschmidts Danat-Bank nur um wenige Wochen – bilanzierte, die Banken hätten Goldschmidt retten können. Ihn, den sie noch kurz zuvor auf ihrem Bankierstag als Genie feierten, behandelten sie jetzt »wie einen Aussätzigen«. Man brauchte »einen Sündenbock«, und zwar einen überzeugenden, um zu erklären, warum der Crash eines einzigen Unternehmens, der Nordwolle, eine solche Kettenreaktion habe auslösen können. Angeblich, denn die Ursachen lagen keineswegs im »System Goldschmidt« begründet. Seine Unverfrorenheit war lediglich Ausdruck eines durch innere und äußere Einflüsse außer Rand und Band geratenen Freibeutertums, das die Wirtschaft durchzog und dem keine Kraft im Land mehr Zügel anzulegen vermochte.

Goldschmidts jüdische Herkunft, die bis dahin nach außen kaum eine Rolle gespielt hatte – schließlich waren die wichtigsten Privatbankiers fast alle jüdischen Ursprungs –, erhielt nun auf einmal eine diabolische Bedeutung. Robert Ley, der spätere Organisator der nationalsozialistischen Arbeitsfront, giftete am 31. Juli 1931 in seinem Blatt »Der Führer«: »Goldschmidt benutzt die ungeheure Wirtschaftsnot Deutschlands, um einen echt jüdischen, fetten Konkurs zu machen. Weshalb übergibt man die Hyäne nicht augenblicklich dem Staatsanwalt? (...) Gut, warten wir, das Dritte Reich wird mit diesen Aasgeiern der deutschen Arbeit schon fertig werden. Statt Reichsgarantie wird es Galgen und Stricke geben.«

Noch klang die Drohung wie eine großmäulige Phrase. Insgesamt ging zumindest die linke und die liberale Presse mit dem Gestürzten auffallend milde um. Auch die Mitarbeiter seiner Bank – im Gegensatz zu den intriganten Miteigentümern, die jahrelang stillschweigend von seinen Erfolgen profitiert hatten – sahen in ihm keineswegs das diabolische Scheusal. Der Sprecher der Mitarbeiter brachte auf der Hauptversammlung unter großem Applaus die Stimmung der Belegschaft auf den Punkt: »Der Bank fehlt ein Kopf wie Goldschmidt.« Man erinnerte daran, daß er es schließlich gewesen war, der bei der Sanierung des Stinnes-Konzerns einige tausend Arbeitsplätze gerettet hatte.

Die Danat-Bank existierte noch, wenn auch unter der Regie eines als Treuhänder bestellten Finanzbeamten. Ihr einstiger Herrscher stand formell noch immer an der Spitze. Während quälend langer Monate brach man ihm nun die Knochen Stück für Stück. Er mußte seinen zuverlässigsten und größten Schuldner, die Hapag, an die Deutsche Bank abtreten, seine besten Kunden waren für ihn verloren, die noch vorhandene Substanz verflüchtigte sich. Im März 1932 wurde die Danat-Bank – oder das, was von ihr übrig war – mit der Dresdner Bank verschmolzen. Und das war einigermaßen erstaunlich, denn die »Dresdner« standen selbst vor der Zahlungsunfähigkeit. Mit enormen Krediten an überschuldete Städte und Gemeinden hatten sie sich selbst an den Rand des Ruins manövriert. Der hohe Anteil an kommunalen Schuldnern erwies sich als ihr Glück. Die Reichsregierung konnte die »Dresdner« nicht fallenlassen, eine unabsehbare Kettenreaktion wäre die Folge gewesen. So mußten zur Rettung »Reichsgarantien« herhalten. Und das hieß im Klartext: Das Deutsche Reich besaß nun Dreiviertel des aufgestockten Aktienkapitals von 400 Millionen RM der Dresdner Bank und machte sie dadurch für einige Jahre zur Staatsbank. Die Danat-Bank hingegen verschwand völlig von der Bildfläche: Das vermeintliche Grundübel der Bankenkrise von 1931 war getilgt. Goldschmidt, »der Mohr«, hatte seine Schuldigkeit getan.

Auch Schwarz, Goldschmidt & Co., die Privatbank, mit der Goldschmidts Aufstieg zu Macht und Reichtum begonnen hatte – die Bank war tatsächlich all die Jahre über die unauffällige Schaltzentrale für viele seiner Operationen gewesen –, ging im Strudel von 1932 unter.

Im selben Jahr mußte übrigens auch Georg von Stauß internem Druck in der Deutschen Bank weichen, er wurde in den Aufsichtsrat weggelobt, behielt aber sein Büro auf der Direktionsetage der Berliner Zentrale und pflegte von dort aus noch jahrelang seine exzellenten Verbindungen zu Politikern und Wirtschaftsführern der Nazizeit.

Innerhalb von acht Monaten war nichts mehr, wie es gewesen war. Ein Imperium verschwand wie ein Spuk. Der gestürzte Großfinanzier bezog ein kleines Maklerbüro an der Behrenstraße in Sichtweite jenes Bankgebäudes, wo sein Aufstieg begonnen hatte. Goldschmidts 50. Geburtstag nahmen die Zeitungen noch wahr. Man beäugte ihn in seinem engen Büro wohlwollend, aber doch wie ein seltenes Tier, das schwer verwundet in der Ecke seines Käfigs lag und von dem jedermann annahm, es werde den Tag nicht überleben. Geburtstagswünsche sandte, wer sich ihm zu Dank verpflichtet fühlte. Es waren nicht mehr viele. Max Planck gehörte dazu, der sich für die großzügigen Spenden Goldschmidts für Wissenschaft und Forschung bedankte.

Wenige Wochen nach Hitlers Ernennung zum Reichskanzler verließ Jakob Goldschmidt mit seinem einzigen Sohn Alfred Erwin Deutschland und emigrierte via Schweiz in die USA. Seine Villa in Neubabelsberg und die Stadtvilla verkaufte er merkwürdigerweise nicht, obwohl er die Möglichkeit dazu gehabt hätte. Er behielt auch seinen deutschen Paß bis zur Ausbürgerung durch die Nazis im Jahre 1940 und führte lange Zeit einen doppelten Wohnsitz in Berlin und New York. Das erleichterte ihm die Transferierung eines Teils seines Besitzes ins Exil. 1938 ließ die Dresdner Bank die beiden Goldschmidt-Villen, 1941 auch seine Kunstsammlung versteigern, um damit die Forderungen an den Bankier zu decken. Nach dem Krieg fanden sich die meisten Käufer zur Rückgabe der Gemälde bereit. 1933 hatte Goldschmidts steuerpflichtiges Vermögen noch acht Millionen RM betragen.

Es tauchten Gerüchte auf, er habe zusammen mit anderen reichen Juden der NSDAP größere Parteispenden zukommen lassen. Zwar gab es in führenden jüdischen Kreisen 1930 tatsächlich Stimmen, die forderten, die beste Art, die Nationalsozialisten zu stoppen, sei es, ihnen Regierungsverantwortung aufzuhalsen. Möglich, daß zuletzt auch Goldschmidt dieser Meinung war. Daß er den Nationalsozialisten Geld gegeben habe, dementierte er jedoch am 4. November 1930 in der »Frankfurter Zeitung«.

Das »Argentinische Tageblatt« und danach auch die »New York Post« berichteten 1935, Goldschmidt führe in New York in Abstimmung mit seinem einstigen Partner Hjalmar Schacht Geheimverhandlungen über die künftigen Wirtschaftsbeziehungen mit den sich Deutschland gegenüber zunehmend skeptisch zeigenden USA. Auszuschließen waren solche Gespräche nicht. Deutsche wie Amerikaner hatten ein Interesse daran, nicht jedoch die auf wirtschaftliche Autarkie versessenen Nationalsozialisten.

Goldschmidt benutzte noch immer den deutschen Paß, was für aus Deutschland emigrierte Juden mit amerikanischem Wohnsitz höchst ungewöhnlich, eigentlich unmöglich war. Dies machte nur Sinn, wenn er in offiziellem, zumindest offiziösem Auftrag deutsche Interessen in den USA wahrnahm. Alles sprach für Protektion von hoher Stelle. Auch dieses Geheimnis nahm Goldschmidt mit ins Grab. Daß ihn bis zuletzt solche Mysterien umspielten, gehört zum ambivalenten Bild dieses geheimnisumwitterten Bankiers.

Was er in Deutschland zurückließ, wurde 1938 zur Begleichung der »Reichsfluchtsteuer« aufgerechnet. Die deutschen Behörden überwiesen ihm, ordentlich wie eh und je, die Abrechnung nach New York. Die Forderungen des Nazireichs an Jakob Goldschmidt stiegen mit Zinsen und Abgaben von zunächst 1,7 Millionen auf 10,5 Millionen Mark. Die Amerikaner hingegen boten ihm auch als Geschäftsmann eine zweite Chance. Er wurde Mitglied der Geschäftsleitung von Tennesse Copper und der Birdsboro Steel Foundry & Machine Co., saß im Board der New Yorker Handelskammer, der US-Akademie für politische Wissenschaften und des Metropolitan Museum of Art.

Nach seinem Tod versteigerten die Erben Jakob Goldschmidts kostbarsten Besitz: seine Gemäldesammlung. Sotheby's brachte 1958 in London innerhalb von 20 Minuten drei Manets, zwei Cézannes, einen Renoir und einen van Gogh unter den Hammer, für die bis dahin unerreichte Summe von 781 000 Pfund. Zahlenrekorde über den Tod hinaus. Auf Jakob Goldschmidt jedenfalls paßte, was der amerikanische Ökonom John Kenneth Galbraith 1994 über die heutigen Stars der Börse schrieb: »Allgemein wird geglaubt, daß diejenigen, die durch Hebelwirkung vom Boom getragen werden, von der Natur mit einem überragenden Verstand ausgestattet sind. Sie und ihr Scharfsinn in Finanzdingen sind die Wunder der Zeit. Nach dem Krach kommt die traurige Wahrheit zum Vorschein: Sie sind verletzbare Individuen, Gefangene der eigenen Phantasie. Nicht selten wird entdeckt, daß diese Phantasie sie hat Gesetze überschreiten lassen. Das letzte Kapitel im Leben des Finanzgenies berichtet von großer öffentlicher Mißbilligung und oft von einem aufgenötigten Exil.«

Anmerkung zu Seite 191:

Den *Vorsitz im Aufsichtsrat* (Stand 1930) führte Jakob Goldschmidt bei: Adrema Maschinenbaugesellschaft m.b.H., Berlin*; Bamag-Meguin, Aktiengesellschaft, Berlin; R. Frister AG, Berlin-Oberschöneweide; J. Hirschhorn AG, Berlin; Homophon Company G.m.b.H., Berlin; Miag Mühlenbau und Industrie-Aktiengesellschaft, Frankfurt a. M.; Standard Elektrizitäts-Gesellschaft AG, Berlin; Zoellner-Werke AG für Farben- und Lackfabrikation, Berlin-Neukölln.

Stellvertretender Vorsitz im Aufsichtsrat bei: Adlerwerke AG, Frankfurt a. M.; Julius Berger Tiefbau-Aktiengesellschaft, Berlin; Carl Lindström AG, Berlin; Consolidierte Alkaliwerke, Westeregeln; Continental Gummi-Werke AG, Hannover; Deutsche Orientbank AG, Berlin; Deutsch-Rumänische Handelskammer, Berlin; Deutsch-Südamerikanische Bank AG, Berlin; Gemeinschaftsgruppe Deutscher Hypothekenbanken, Berlin; Internationale Bank te Amsterdam; Kaliwerke Aschersleben; Kaliwerke Salzdetfurth AG; Königsberger Zellstoff-Fabriken und Chemische Werke Koholyt AG, Berlin; Linke-Hofmann-Busch-Werke AG, Breslau; Löwenbrauerei-Böhmisches Brauhaus AG, Berlin; Mitteldeutsche Stahlwerke AG, Berlin; Oberschlesische Holzindustrie AG, Beuthen; Oberschlesische Kraftwerk AG, Kattowitz; Schlesische Elektrizitäts- und Gas-Aktiengesellschaft, Breslau; Schultheiss-Patzenhofer Brauerei AG, Berlin; Vereinigte Märkische Tuchfabriken, Berlin-Niederschöneweide; Fritz Werner Maschinenfabrik AG, Berlin-Marienfelde; Viktoria zu Berlin Allgemeine Versicherungs-A.G., Berlin; Viktoria Feuerversicherungs-A.G., Berlin; Viktoria am Rhein Allgemeine Versicherungs-A.G., Düsseldorf.

Mitglied des Aufsichtsrats bei: Accumulatoren-Fabrik AG, Berlin-Hagen; A.-G. Charlottenhütte, Niederschelden; Akt. Ges. Georg Egestorffs Salzwerke u. Chemische Fabriken, Hannover; Aktien-Gesellschaft für Bergbau, Blei- und Zinkfabrikation zu Stolberg und Westfalen, Aachen; Aktiengesellschaft für Kohlenveredlung, Berlin; Allgemeine Elektrizitäts-Gesellschaft, Berlin; Aquila Akt. Ges. für Handels- und Industrieunternehmungen, Frankfurt a. M.; Ata Allgemeine Transportmittel Aktiengesellschaft, Berlin; Bank Elektrischer Werte AG, Berlin; Bergmann Electrizitäts-Werke, Berlin; Bismarckhütte AG, Bismarckshütte; Börsenvorstand, Berlin; Braunkohlen- und Brikettwerke Roddergrube AG, Brühl; Deutsche Gasolin Aktiengesellschaft, Berlin-Schöneberg; Deutsche Hypothekenbank, Meiningen; Deutsche Jute-Spinnerei und -Weberei, Meißen; Deutsche Luft Hansa Aktiengesellschaft, Berlin; Deutscher Aero-Lloyd Aktiengesellschaft, Berlin; Dresdner Chromo- und Kunstdruck-Papierfabrik Krase & Baumann AG, Dresden; Ehrich u. Graetz AG, Berlin; Eisenwerk-Gesellschaft Maximilianshütte, Rosenberg; Elektricitäts-Lieferungs-Gesellschaft, Berlin; Fried. Krupp AG, Essen; Gelsenkirchener Bergwerks AG, Essen; Gewerkschaft Orlas, Kleinwangen b. Nebra; Gewerkschaft Roßleben, Roßleben a. U.; Gewerkschaft Steinkohlenwerk Vereinigte Glückhilf-Friedenshoffnung, Hermsdorf; Gewerkschaft Wolf, Calbe a. S.; Interessengemeinschaft Ostwerke-Schultheiss-Patzenhofer-G.m.b.H., Berlin.

---

* Die Gründung der Adrema geht auf die jüngeren Goldschmidt-Brüder Julius und Louis zurück. Julius hatte ein geniales mechanisches Massenadressiersystem erfunden. 1913 nahm das Unternehmen mit 16 Mitarbeitern an der Potsdamer Straße 97 die Produktion auf. 1930 zählte die Adrema, inzwischen nach Alt-Moabit verlegt, über 3000 Mitarbeiter. Nach der Emigration Jakobs versuchte Julius das Unternehmen durch die Gründung der Adrema-Export GmbH vor dem Zugriff der Nazis zu schützen, was ihm jedoch nicht gelang. 1935 erfolgte der Zwangsverkauf an die Mercedes-Büromaschinenwerke Zella-Mehlis/Thüringen.

5

Krieg und Frieden auf Provisionsbasis

Er war imposant und schillernd, mystisch veranlagt und doch Realist, auf jeden Fall ein Unikum. Felix Somary ließ sich in die nüchtern definierte Welt der Privatbankiers nie richtig einpassen. Geld hatte für ihn nichts Sinnliches, ein branchenuntypischer Mangel, der ihn nicht unbedingt für sein Gewerbe empfahl. Sprachengewandt, stets elegant gekleidet, fühlte er sich in Europa, wo das Hauptfeld seiner Tätigkeit lag, ebenso zu Hause wie in den USA, wo seine Familie viele Jahre lang lebte: ein Leben im Spagat, wie es dem eurozentrischen Bankwesen seiner Zeit alles andere als selbstverständlich vorkam. Amerika und seine Wirtschaftsmethoden galten europäischen Bankiers nicht als nachahmenswert.

Felix Somary, 1881 in Wien geboren, war stolz auf seine klassische Bildung, zitierte gern griechische Klassiker, diskutierte mit Max Weber Währungsfragen und konnte sich mit Sigmund Freud stundenlang über Psychoanalyse unterhalten. Er bewegte sich auf politischem Parkett ebenso gewandt und unauffällig wie in der fein, aber unnachsichtig vorselektierenden Clubatmosphäre seines Gewerbes. Mit der Zeit wandelte er sich zu einem Privatpolitiker, wie es früher Privatgelehrte gab, ohne jedoch je einer Partei anzugehören oder irgendeinen Rang in einer Staatsverwaltung einzunehmen. Ihm gelang eine seltene, manchmal auch seltsame Symbiose zwischen Wirtschaft, Finanzwelt und Politik, und er schuf sich den Ruf eines unabhängigen, aber auch nie haftbar zu machenden Maklers zwischen Welten und Zeiten.

Er tauchte als Berater des Pentagons auf, aber auch des schweizerischen Bundesrates, manchmal sogar zeitgleich. Er schlüpfte – als österreichischer Staatsbürger – in die Rolle eines Reichskommissars für das vom Deutschen Kaiserreich im Ersten Weltkrieg besetzte neutrale Belgien, wo er, kaum 35jährig, der Belgischen Staatsbank den Plan für eine Ersatzwährung präsentierte. Er verkehrte, was ihn von Angehörigen seines Berufsstands markant unterschied, mit Sozialisten und Aristokraten und bereits in jungen Jahren mit hemdsärmeligen Politikern ebenso wie mit blasierten Generälen und Großfinanziers. Meist ließ er Auftraggeber und Öffentlichkeit im unklaren, auf wessen Pay-roll er gerade stand. Gern behauptete er, meist auf eigene Rechnung zu arbeiten, der unabhängigste Bankier der Welt zu sein, benutzte freilich hemmungslos Insiderwissen für seine finanziellen Transaktionen und Geschäfte. Sie waren sein Honorar, auf das er bei Regierungsaufträgen oft großzügig verzichtete. Und er beanspruchte für sich ganz selbstverständlich den Ruf, als Freelancer gelegentlich ins ganz große Rad der Weltpolitik zu greifen.

Ein Mann mit durchdringendem Blick und energischem Kinn, das in der Mitte eine markante Hautkerbe trug – Merkmale, die jeden Gesprächspartner vor seinem schier grenzenlosen Selbstbewußtsein warnten. Sein singendes Wiener Sprachmelos und seine verbindliche Art überspielten jedoch seine unübersehbar egomanischen Züge. Seine geheimnisvolle Aura pflegte er sorgfältig, und es gefiel ihm, wenn ihn argwöhnische Berufskollegen als Schwarzseher, als Nostradamus des weltläufigen Finanzbusineß, apostrophierten. Er war der Prophet der großen Krise, die er in der Ökonomie für unvermeidbar hielt. Sie werde unaufhaltsam in mehr oder weniger regelmäßigen Schüben auftreten, eine Theorie, die in den letzten Jahren vor dem Ersten Weltkrieg, als er seine ersten internationalen Erfahrungen sammelte, besonders absurd klang. Europa und die USA hatten Jahrzehnte eines unaufhaltsam scheinenden wirtschaftlichen Aufstiegs hinter sich, eine Zeitspanne, die in vielen Erscheinungen, etwa in der Globalisierung und in den Auswirkungen des internationalen Handels, denen der achtziger und frühen neunziger Jahre gleicht: In dieser Phase schien auch renommierten Ökonomen die Stabilität des Geldes und der Wirtschaft auf alle Zeiten gesichert.

Seinen Ruf als ewig dramatisierender Spielverderber verdankte er seiner umfangreichen publizistischen Aktivität. In seinen Artikeln, Büchern und Vorträgen sah er in der Tat viele Krisen präzise voraus, nannte bereits 1930 in einem Referat vor dem Royal Institute of International Affairs in London die dreißiger Jahre »eine Zeit zwischen zwei Weltkriegen« – für die Zuhörer eine abenteuerliche Prognose. Er warnte vor Hitlers Aufstieg, als dieser noch als Kleindarsteller im Fond eines Lieferwagens durch Berlin kurvte, um für seine NSDAP Spendengelder zu sammeln. Somary schrieb Abhandlungen über Kapitalverkehr und internationale Schuldenprobleme, erteilte den Teilnehmern von Weltwirtschaftskonferenzen ungefragt Ratschläge und korrespondierte über sowjetische und amerikanische Außenpolitik.

Er mokierte sich gern darüber, daß man ihn für einen »Gourmet des Lebens« hielt, der für sich nur das Beste herauspickte, und für einen, der sich anmaßte, ohne jede persönliche Überzeugung mit Völkergeschicken zu spielen. Obschon ersteres richtig, letzteres nur ungenau war. Er blieb beharrlich auf Distanz zu Nationalismus und Kommunismus, was für einen Vertreter seiner Branche und vor allem für seine Zeit, in der er zwischen Wirtschaftszentren, Regierungen, Kontinenten, zwischen Revolutionen, Krieg und Frieden pendelte, keineswegs selbstverständlich war.

Als Felix Somary am 11. Juli 1956 in Zürich 75jährig starb, waren sich seine Kritiker nicht einig, ob man hier einen grandiosen Scharlatan oder »eine der ungewöhnlichsten Erscheinungen des Bankiersgewerbes dieses Jahrhunderts« zu Grabe trug. Und wie es sich für einen Bankier seines Typus gehört, gibt es keine Literatur über ihn, nur eine Autobiographie mit vielen Lücken. Er war zumindest zeitweise ein einflußreicher Einflüsterer, der mit dem amerikanischen Präsidenten Herbert Hoover ebenso korrespondierte wie mit dem österreichischen Bundespräsidenten Karl Renner. Niemand wußte wirklich, wer hinter Somary stand – außer Somary, und der behauptete: ich allein. Zeit seines Lebens hat ihm das keiner geglaubt. Auch seine jeweiligen Auftraggeber zweifelten oft, auf welcher Schulter er wessen Wasser trug. Aber man war froh, ihn zu haben. Einer wie er konnte auf höchster Ebene ohne Protokoll Kontakte knüpfen, Stimmungen sondieren, Verhandlungen führen, ohne daß je eine Zeile über ihn in den Medien erschienen wäre. Das Spiel mit der Ungewißheit um die eigene Person kultivierte er zu seinem persönlichen Stil, der ihm erlaubte, mal als Finanzberater, mal als Geheimdiplomat, mal als Wissenschaftler in delikateste Fragen von Staaten einzugreifen, zu deren Bürgern er gar nicht zählte. Er genoß es, daß viele ihn für ein sphinxähnliches Unikum hielten, solang man ihn in seiner jeweiligen Rolle nur ernst genug nahm – und die Kasse jeweils stimmte.

Das Geldgeschäft, behauptete Somary von sich selbst, sei ihm immer nur Mittel, nie Inhalt gewesen. »Die Bedeutung von Macht und Geld auf dieser Erde war mir bekannt, aber ich habe keines von beiden um ihrer selbst willen angestrebt.« Den Preis dafür, so sagte er, habe er immer für zu hoch gehalten. Eine Aussage, die nichts bedeuten muß, weil jeder Politiker, jeder Wirtschaftslenker aufs Lebensende hin, dann, wenn er im Geist den eigenen Nachruf schönt, wohl zu ähnlich altersweisen Schlüssen gelangt. Sein unablässiges Rotieren zwischen den ewigen Gravitationszentren Geld und Macht stellt schließlich keiner gern als schnöden Selbstzweck dar. Bei Somary mag es sogar der Wahrheit entsprechen. Ihm ging es vor allem um Einfluß, und er wußte Einfluß von den Kategorien der Macht sorgfältig zu unterscheiden. Das Geschäft lief geräuschlos nebenher.

Die Bank, als deren Teilhaber er seit 1919 im Verwaltungsrat saß, war weder mächtig noch prächtig, angesehen zwar, aber unauffällig: Blankart & Cie., ein Geldhaus am Bleicherweg, wenige Schritte von Herz und Seele der Schweiz entfernt, dem Paradeplatz, eingerahmt von den wirklich Großen der Szene, Schweizerischer Bankverein und Schweizerische Kreditanstalt, etwas abgesetzt die Bank Leu und die Zürcher Kantonalbank, gegenüber das legendäre Café Sprüngli, wo sich zum Nachmittagstee damals wie heute Nerz an Chinchilla von vermögenden Witwen rieben und reiben. Daß er sich den Einstieg ins Bankgewerbe ein Jahr nach Ende des Ersten Weltkriegs als gerade 38jähriger leisten konnte, belegt, daß er an den Wirrnissen der Zeit als politischer Makler enormes Geld verdient hat; sein Vater jedenfalls hat ihm kein großes Vermögen hinterlassen.

Die Bank bestand aus einem Kassaraum und drei Büros im ersten Stock eines Privathauses. Das war das geheime Refugium des Bankiers, von dem nur wenige wußten, daß er hinter Blankart & Cie. stand. Gern gab er im Ausland eine Geschichte zum besten, die Ausmaß und Charakter seiner Privatgeschäfte in wenigen Strichen umreißen und seine Unabhängigkeit unterstreichen sollte: Kaum als Teilhaber in der Bank, fiel ihm auf, daß es keine Pensionskasse für die Angestellten gab. Umgehend ließ er einen Entwurf ausarbeiten und stieß damit bei der Belegschaft auf unerwarteten Widerstand: Man lehnte ab, so etwas sei doch »unschweizerisch«; kein einziger Mitarbeiter stimmte dafür. Die jüngeren Leute wollten angeblich ihre Freiheit behalten, die älteren fanden solche Sozialmaßnahmen zutiefst art- und wesensfremd. Die Geschichte mit dem gediegenen Understatement kam immer gut an: Felix Somary, der Weltmann, als sorgender Hausvater einer genügsamen Familiengemeinschaft – das paßte zur sorgfältigen Imagepflege.

In Wien als jüngstes von sechs Kindern eines Hof- und Gerichtsadvokaten geboren, durcheilte er im Sauseschritt das Studium der Rechts- und Staatswissenschaften und Nationalökonomie, das er bereits als 17jähriger begonnen hatte. Wien, Zentrum einer müde gewordenen, an geriatrischen Molesten kränkelnden Großmacht, war politisch alles andere als liberal. Im Parlament saß, typisch österreichisch, lange Zeit kein einziger Liberaler, aber an den Hochschulen hatte sich der Liberalismus über Jahrzehnte wie eine von der Geschichte vergessene Bastion erhalten, insbesondere in den Wirtschaftswissenschaften, für welche Namen wie Max Weber und Joseph Alois Schumpeter stehen. Beide kannte Somary aus enger persönlicher Beziehung, und beide prägten ihn, obschon er ein sehr konservativer Mensch war.

25jährig trat der promovierte Jungdynamiker als Präsidialsekretär in die Wiener Anglobank ein, ein typischer Karriereeinstieg für einen ehrgeizigen jungen Mann, der nicht damit rechnen konnte, per Erbgang Bankier zu werden. Er erkannte sofort, daß er in dieser Position zwar viele Hilfsdienste besorgen mußte, wie das tägliche Sortieren der Direktionspost oder das Abwickeln belangloser Alltagskorrespondenz, daß er aber auf diesem Weg auch sehr schnell erfuhr, bei wem die wichtigen Fäden zusammenliefen. Hinter dem Unternehmen standen der nordböhmische Kohlenindustrielle Ignaz Petschek und später die Bank von England als Großaktionäre; der weitaus interessanteste Mann unter dem Dach der Anglobank war jedoch der englisch-deutsche Finanzier Ernest Cassel.

Am Beispiel dieses Magnaten und seiner vielschichtigen internationalen Beziehungen läßt sich ein wesentlicher Teil des Mechanismus der internationalen Finanzszene vor dem Ersten Weltkrieg skizzieren: Privatbankiers als diskrete Helfer von Regierungen waren keine Seltenheit; sie mischten sich um ihrer Geschäfte willen höchst aktiv in die

Politik ein und trieben manchmal eine private Außenpolitik, an der sich nicht selten die Außenpolitik ganzer Staaten orientierte. Man kannte sich über die Grenzen hinweg; große Bankierssippen wie die Oppenheims, Rothschilds, Warburgs, Schiffs, Loebs waren kreuz und quer miteinander verwandt. Man verkehrte auf gleichem Niveau, brauchte sich nicht der Umständlichkeiten des diplomatischen Dienstes zu bedienen und konnte sich dem Auf und Ab von Parteipolitik und Regierungswechseln weitgehend entziehen. Die Mitgliedschaft in einer politischen Partei war verpönt, die Grundhaltung reichte von großbürgerlich liberal bis monarchistisch reaktionär. Anciennität, sonst wichtiger Bestandteil einschlägiger Benimm-Regeln, spielte hier keine entscheidende Rolle; auch der klangvolle Name allein genügte nicht unbedingt. Selbst Newcomer wie Somary konnten bis in die obersten Sphären aufsteigen, wenn auch oft mit dem Ruch des Neureichen behaftet.

Um als Mitspieler in dieses komplexe Spiel von privaten und staatlichen Interessen aufgenommen zu werden, brauchte man einen Leistungsnachweis als diskreter Verhandler und origineller Geschäftsmann mit hochrangigem Beziehungsnetz. Darüber wurde in diesem relativ kleinen Kreis Buch geführt, ohne Zahlen zu notieren. Bei aller Diskretion wußten Mitglieder des Clubs, wer welches bedeutende Geschäft tätigte, wer Zugang zu Regierungen und Monarchen besaß, wer wessen Großvermögen verwaltete. Es war kein Zirkel von Verschwörern; sie kämpften knallhart gegeneinander, wenn ihre Geschäfte es erforderten. Was sie zusammenhielt, war neben familiären Bindungen ihr Grundkonsens, daß die Wirtschaft die Politik bestimmen müsse, nicht umgekehrt – eine einfache Gleichung mit vielen Konsequenzen.

Man pflegte ähnliche Umgangsformen, wußte, wie man Übereinkommen über die Grenzen hinweg auch ohne schriftliche Verträge schließen konnte und wie man deren Durchsetzung dennoch sicherte. Daß es diesen Kreis von Wissenden gab, häufig Privatbankiers jüdischer Abstammung, erleichterte die Bildung abstruser Legenden. Deren wildeste wurden später unter dem geheimnisvollen Titel »Protokolle der Weisen von Zion« zusammengefaßt. Das Pamphlet suggerierte, daß in diesen Dokumenten eine angebliche Verschwörergemeinschaft den Plan zur Erlangung der Weltherrschaft niedergelegt habe. Diese 1905 erstmals erschienenen »Protokolle« – häufig auch von christlichen Verlagen nachgedruckt – schürten den überall in Europa immer stärker aufflackernden Antisemitismus, in Deutschland ganz besonders.

Ein Aufsteiger aus dem Nichts wie Somarys Lehrmeister Ernest Cassel mußte die düsteren Phantasien beflügeln. Und genau dieser Mann, ein Sproß der Kölner Bankiersfamilie Jakob Cassel, beeinflußte Somarys Karrierestart am nachhaltigsten. Gern erzählte Somary, wie er den geheimnisvollen »Great Gatsby« jener Tage in dessen schweizerischer Sommerresidenz auf der Riederfurka im Oberwallis besuchte. Der Finanzier, ein kurzgewachsener, bärtiger Mann, ebenso umgänglich wie sportlich, den man aber auf keinem Foto lachen sieht, hatte sich im Gebirge hoch über dem Aletschgletscher, weit abgeschieden von der Zivilisation, eine märchenhafte Villa mit allem Komfort bauen lassen. Nur Telefon wollte er keins installieren. Wer ihn besuchte, mußte vom Bergdorf Mörel einen Maultierritt von fünf Stunden einplanen. Unangenehme Menschen, so pflegte Cassel seine den Berg heraufkeuchenden Besucher von der Veranda der merkwürdigen Villa im Hochgebirge zuzurufen, scheuten den Weg hierher in die abgeschiedene Welt, wo es weiter oben nur noch den lieben Gott gab. Der exzentrische und verschwenderische Cassel war für Somary der erste wirkliche Großfinanzier, dessen Vertrauen er gewann. Der Pachtherr des exklusiven Gletscheretablissements – tatsächlich befanden sich weite Teile des größten Gletschers der Alpen, so etwas gab's nur in der Schweiz, im Privatbesitz der Hoteliersfamilie Seiler – war früh nach London ausgewandert, wo er in der Firma Bischoffsheim & Goldschmidt ein Vermögen machte: ein typischer Vertreter jener Geldmagnaten, die innerhalb weniger Jahre in die obersten gesellschaftlichen Kreise vorstießen, sich dominierende Positionen in der sich langsam international verflechtenden Finanzwelt sicherten und in der Politik oft wie selbstverständlich eine einflußreiche Rolle spielten, ohne je ein öffentliches Amt versehen zu haben.

Die bedeutendsten Geldhäuser der Zeit – eine der wenigen Ausnahmen war die Deutsche Bank – befanden sich noch in der Hand weniger Privatbankiers; Aktienbanken gewannen erst nach und nach an Boden. Cassel war zum Christentum konvertiert, unterhielt vorzügliche Beziehungen zum englischen Hof und gewann als Finanzberater und einer der engsten Freunde des Kronprinzen und späteren Königs Edward VII. Zugang zu höchsten Kreisen. Cassel vertrat in Europa das New Yorker

Bankhaus Kuhn, Loeb & Cie., damals eines der mächtigsten Häuser an der New Yorker Wall Street, hinter dem der aus Frankfurt gebürtige Jacob Schiff stand. Die Schiffs wiederum waren mit dem amerikanischen Zweig der Hamburger Warburgs familiär liiert, die ihrerseits als die einflußreichste Bankiersfamilie im Kaiserreich Wilhelms II. galt.

Die Bedeutung der Querverbindungen des europäischen und amerikanischen Bankadels – und was sich daraus machen ließ – erkannte Somary sofort. Er tauchte in diese Welt ein und wußte sich von Anfang an darin so leichtfüßig zu bewegen, daß er, obwohl nur Direktionsassistent, als Member of the Club akzeptiert wurde. Mit Cassels Geschäftspartner Max Warburg kam auch Somary in engen Kontakt. Max Warburg finanzierte ganze Kolonien und war ein enger Geschäftspartner des Hamburger Reeders und Chefs des Hapag-Lloyd, Albert Ballin, der seinem auf eine starke Handels- und Kriegsflotte versessenen Kaiser baute, was diesem gefiel: die schnellsten und stärksten Schiffe, als Krönung die 1912 vom Stapel laufende »Imperator«, der größte Passagierdampfer seiner Zeit. Unter den Hanseaten von Rang war Ballin der einzige Freund Wilhelms II.

Warburg half bei der Finanzierung dieser Weltmachtträume aus Stahl und Eisen; Reeder und Bankier zusammen bildeten ein starkes Team, das direkten Zugang zum zunehmend autoritär regierenden Kaiser fand. Die militaristische Kamarilla um den Hohenzollern-Imperator zeigte sich den international erfahrenen Geschäftsleuten jedoch wenig gewogen, nicht zuletzt, weil beide Juden waren. Der Kaiser ignorierte ihre Herkunft und behauptete später, als in Deutschland Antisemitismus Teil der Staatsideologie geworden war, die jüdische Abstammung Ballins sei ihm »nicht bewußt« gewesen.

Den Militärs erschienen Geldmenschen, jüdisch oder nicht, zutiefst suspekt. Dabei verfügten gerade sie über hervorragende Kontakte im angelsächsischen Raum und kannten die dortige Stimmung Deutschland gegenüber weit präziser als die Strategen des Generalstabs oder des Auswärtigen Amts. Die Entscheidungen, die zum Ersten Weltkrieg führten, so schrieb Bernhard von Bülow, der 1909 in Ungnade geschiedene Kanzler Wilhelms II., in seinen Erinnerungen, seien »in hermetisch verschlossenen Räumen des Auswärtigen Amts gefallen«, ohne daß man Diplomaten oder Geschäftsleute beigezogen hätte, die die internationalen wirtschaftlichen Zusammenhänge kannten.

Weltpolitik vor allem unter ökonomischen Gesichtspunkten zu betrachten und zu behandeln war im ersten Drittel des Jahrhunderts zumindest in Europa eine Sache einzelner Bankiers und Industrieller. In den Außenministerien Deutschlands und Großbritanniens kümmerten sich 1914 beispielsweise gerade je ein untergeordneter alter Beamter ohne praktische Geschäftserfahrung um solche Zusammenhänge. Außenminister wollten mit solchen Fragen nicht behelligt werden; sie dachten, wie ihre Regierungschefs und Monarchen, ausschließlich in den Kategorien von staatlicher und militärischer Macht. Kolonien galten ihnen in erster Linie als Erweiterung ihrer Territorien. Die Erschließung neuer Märkte war etwas für Krämerseelen. Probleme des militärischen Nachschubs, die Zahl der Einwohner, die geographischen Ausmaße ihrer Staaten galten ihnen mehr als das Funktionieren der internationalen Geld- und Handelsströme und deren Wirkung auf die Wirtschaft ihrer Staaten. Somarys Vorbilder wie Cassel erkannten diese Schwäche der Potentaten und Politiker. Sie suchten nach ökonomischen Strategien und trieben diese wie Diplomaten voran – Diplomaten von eigenen Gnaden und auf eigene Rechnung. Sie stellten das Verknüpfen von Interessen der einzelnen Volkswirtschaften über den Abschluß militärischer Bündnisse und politischer Allianzen und Finanzierungskonzepte.

An dem Unternehmerduo Ballin-Cassel wird dieses Zusammenspiel besonders deutlich. Ihre Monarchen, Wilhelm und Edward, repräsentierten die Rivalität zwischen zwei Mächten. Ihnen ging es um die Vorherrschaft auf dem europäischen Kontinent. Sie zählten ihre Kolonien wie Trophäen und rechneten Schiffstonne um Schiffstonne gegeneinander auf – wie unreife Halbstarke, die mit den Pferdestärken ihrer Motorräder protzen. Die Ballins, Cassels, Warburgs, Schiffs, dazwischen der noch namenlose Somary, bangten weniger um den Weltfrieden als um ihre Geschäfte. Aber gerade darum handelten sie oft klüger als die Politiker, weil sie in nüchternen Kategorien zu denken vermochten und sich nicht in Großmachtphantasien verloren. Als sich die Flottenfrage zwischen Großbritannien und dem Deutschen Reich zuspitzte und die Briten immer schärfer auf eine Selbstbeschränkung der deutschen Seemacht drängten, sprach der Kölner mit britischem Paß, Ernest Cassel, inzwischen zum Sir geadelt, beim Kaiser vor, um zu vermitteln. Er reiste unauffällig in der Delegation von

Kriegsminister Richard Haldane nach Berlin und hatte alle Einzelheiten zuvor mit Freund Ballin abgestimmt. Es kam tatsächlich zu einem Flottenpakt, der zwei Jahre hielt und der die beiden Regierungen zu einer vorübergehend engen Zusammenarbeit verpflichtete – so kurz vor dem Ausbruch des Krieges ein überraschendes Ergebnis, das Militärs und Diplomaten ohne die Makler im Hintergrund nicht zustande gebracht hätten. Berlin akzeptierte sogar den Vorrang der britischen Flotte und schluckte den Deal, daß neue Schiffe nur nach gegenseitig festgelegten Quoten gebaut werden sollten.

Das internationale Engagement dieser Privatbankiers und Unternehmer entsprang durchaus eigennützigen Motiven, lange genug hatten sie schließlich die Rivalität der beiden Mächte in Form von Bruttoregistertonnen mitfinanziert. Jetzt wurde ihnen diese Rivalität selbst unheimlich, sie sahen eine ernste Störung ihres weltweiten Handels voraus. Auf solche Entwicklungen reagierten sie sensibler, ein wichtiges Merkmal damaliger Privatbankiers, weil es um ihr eigenes Geld ging, um ihren ganz persönlichen Besitz, für den sie mit Haut und Haar hafteten. Das unterschied sie deutlich von den Herren der großen Aktienbanken, etwa der Deutschen Bank, die zu diesem Zeitpunkt in ähnlich wabernden Eroberungsträumen schwelgten wie die Spitzen ihres Staates. Was nicht heißt, ein Privatbankier vom Zuschnitt eines Max Warburg hätte nicht auch sehr national gedacht und gehandelt. Als sein Souverän vom Balkon des Berliner Stadtschlosses herab verkündete, ab dato kenne er »keine Parteien mehr, nur noch Deutsche«, fühlte auch Warburg ganz als Patriot und nicht als der nüchterne Bankier, der er im Grunde war und der die Konsequenzen dieses Krieges viel deutlicher voraussah als alle die pickelhaubigen Kriegstreiber in Berlin. Doch Kaiser und Vaterland gingen in solchen Zeiten für ihn allemal vor. Seinen Kindern, auch den Mädchen, besorgte Warburg, der neuen Weltlage Rechnung tragend, Miniaturuniformen samt Pickelhäubchen und freute sich, wenn sie aufgereiht wie Zinnsoldaten mit ihren Holzgewehren auf der Veranda der Hamburger Familiendomäne Haltung annahmen.

Im Vorfeld des Ersten Weltkriegs versuchte der inzwischen knapp 30jährige Privatbankier Felix Somary erstmals in die Speichen der wirklich großen Räder einzugreifen. Was davon tatsächlich auf sein

Konto geht, läßt sich schwer feststellen. Belegt sind jedenfalls seine häufigen Reisen zwischen Berlin und London im Umfeld des Flottenabkommens und die intensiven Kontakte zu Ballin und Cassel in diesem hektischen Countdown vor der Katastrophe. Dabei spielte vordergründig eine Bahnlinie eine wichtige Rolle.

Die Briten waren nicht nur wegen der deutschen Flottenkonkurrenz beunruhigt. Durch den Bau der legendären Bagdadbahn sahen sie ihre Verbindung nach Indien gefährdet. Auch hier gaben die Militärs den Ton an: Sie interessierten sich nur für den militärischen Nachschub. Der von der deutschen Regierung vorangetriebene Bahnbau wurde von einem Bankensyndikat unter Führung der Deutschen Bank finanziert. Somary schlug vor, um die Engländer nicht weiter zu provozieren, sollte die von Istanbul nach Bagdad gebaute Bahn von dieser Endstation bis zum Persischen Golf von den Deutschen und Briten gemeinsam gebaut und betrieben werden. Eine verblüffend einfache Idee, der Rivalität der beiden Großmächte die Spitze zu nehmen. Vorgesehen war die Beteiligung beider Staaten zu je 40 bis 45 Prozent; der Rest sollte von neutraler Hand gehalten werden, und damit meinten die hinter der Idee stehenden Bankiers sich selbst. Denn: Weltfriede in Ehren, aber die Provision mußte schon ordentlich sein.

Somary, nun ganz in seinem Element als politisierender Bankier, kam überraschend weit mit seinem verwegenen Polit-Solo. Er beschaffte sich die Kaufoption auf eine andere Bahngesellschaft von strategischem Wert: die Linie vom serbischen Belgrad zur griechischen Hafenstadt Saloniki. Für Österreich-Ungarn war dies der einzige und daher strategisch wichtige Zugang zum östlichen Mittelmeer. Der smarte Wiener wußte, daß er einen sehr guten Preis aushandeln könnte, wenn es ihm gelänge, diese Bahnlinie von der südserbischen Grenze bis Saloniki – dieser Abschnitt gehörte gleichfalls einem privaten Syndikat unter Führung der Deutschen Bank – an die Regierungen Österreich-Ungarns weiterzuverkaufen. Der Deal von hoher politischer Brisanz klappte innerhalb von zwei Wochen und ohne jedes Aufsehen. Das Geld floß in die Kasse des Syndikats der Deutschen Bank. Dieses aber war nahezu identisch mit der Bagdadbahn-Gesellschaft.

Somary sah den Zweck der Transaktion erfüllt. Neben der Provision, die für ihn abfiel und über die er, wie immer, kein Wort verlor, war nun die Bagdadbahn-Gesellschaft in der Lage, mit dem angehäuften Kapital die als gemeinsames Projekt zwischen Briten und Deutschen vorgesehene und heißumstrittene Strecke von Bagdad bis zum Persischen Golf zu finanzieren. Dies jedenfalls war der beinahe geglückte Plan des jungen Privatdiplomaten.

Aber nun wurde es richtig kompliziert. Denn statt eines dauerhaften deutsch-britischen Bündnisses, das Cassel, Ballin, Warburg und Somary mit ihren Aktivitäten befördern wollten, schlossen die zwei Großmächte 1913 einen abenteuerlichen Geheimdeal. Noch einmal durfte sich imperialistischer Egoismus in reinster Form austoben: Beide Länder teilten in eigener Machtvollkommenheit die portugiesischen Überseebesitzungen in Afrika unter sich auf. London sicherte sich den Süden Moçambiques und den Norden Angolas, Berlin den Süden Angolas und den Norden Moçambiques; Portugal wurde mit dem Versprechen auf eine beträchtliche Anleihe abgefunden.

Die Bankiers, hin- und hergerissen zwischen Friedensmission und eigenen Geschäften, fanden sich nun mittendrin in den Drahtverhauen der großen Politik. Max Warburg, mit dem sich Felix Somary in dieser Phase öfter traf, organisierte zusammen mit der Deutschen Bank und der Berliner Handelsgesellschaft die Kolonialisierung dieser Neuerwerbung für seinen Kaiser. Daß sich Privatbankiers als Einzelpersonen anmaßen konnten, sehr direkt in diese komplizierten Verhältnisse einzugreifen, spricht einerseits für ihren Rang. Anderseits drückt sich darin auch eine Selbstüberschätzung aus. Die Kapitalien, über die sie verfügten, standen in keinem Verhältnis zu den großangelegten Projekten, mit denen sie sich beschäftigten. Diese imposanten und vielschichtigen, oft auch schillernden Vertreter des Großbürgertums markieren das Ende einer Epoche. Mit dem Ersten Weltkrieg verschwand dieser Typus von Privatbankier. Somary war einer der letzten Protagonisten.

Bankiers, Finanziers und Industrielle, wie Warburg, Cassel, Ballin oder andere, wurden von den Mächtigen der Staaten nicht geliebt, aber gebraucht. Am Ende wurden sie von diesen Mächtigen rigoroser benutzt, als sie die Mächtigen für ihre Interessen einzuspannen vermochten. Somarys schöner Bagdadplan, der den Großmächten den Vorwand nehmen sollte, sich gegenseitig den Krieg zu erklären, wurde auf dem Schlachtfeld zerfetzt.

Der veränderten Situation nach dem Ersten Weltkrieg paßte sich der Bankier flexibel an. Er wurde Teilhaber in Zürich. Seinen Ruf als »Weltseismograph« begründete er mit drei präzisen Voraussagen, die er im Frühjahr 1931 im Rahmen eines Beratungsauftrags im Reichsfinanzministerium in Berlin abgab und die von dort den Weg in die Medien fanden: Die Prophezeiungen waren ja auch zu spannend, um sie unterm Deckel zu halten. Das Renommee stieg entsprechend, als sie sich später tatsächlich erfüllten. Ludwig Johann Graf Schwerin von Krosigk, Hitlers nachmaliger Finanzminister, beschrieb in seinen Memoiren (»Es geschah in Deutschland«) die Szene: »Auf die Frage, wie lange die Weltmarktkrise dauern werde, antwortete Somary, es müßten erst drei Ereignisse eintreten, ehe an eine Aufwärtsbewegung zu denken sei: Das Bankwesen in Wien und Berlin müsse durch eine Krise saniert werden, das englische Pfund werde sich vom Gold lösen, und der Zündholzkonzern des Schweden Ivar Kreuger werde zusammenbrechen. Im Frühsommer 1931 krachten die Banken in Wien und Berlin, im Spätsommer wurde das Pfund abgewertet. Als Somary im Frühjahr 1932 erneut nach Berlin kam, empfing ihn die Frage, ob man wirklich noch auf das dritte Ereignis warten müsse. Somary nahm nichts zurück, gab vielmehr die Versicherung ab, der Kreuger-Konzern werde in kurzer Zeit am Ende sein. Vier Wochen später erschoß sich der bankrotte Industrielle in Paris.«

Der Fall Kreuger warf ein Schlaglicht auf das Netz von privatwirtschaftlichen und politischen Interessen, ein Abgrund von Korruption tat sich auf, der einzelnen Freibeutern unglaubliche Chancen eröffnete. Kreuger stammte aus einer Industriellenfamilie, deren Firmengeflecht er geerbt und zu einem Industriemoloch namens Svenska Tändsticks Aktienbolaget verschmolzen hatte. Dann verlegte er sich auf Grundstücks- und Aktienspekulationen im großen Stil, wobei die Tändsticks nur den Deckmantel lieferten. Mit Hilfe der New Yorker Privatbank Lee Higgins & Co. gründete er zwei weitere Konglomerate: die International Match Corporation, die nach und nach in 43 Ländern 120 Streichholzfabriken unter ihre Kontrolle brachte, sowie die schwedisch-amerikanische Investment Corporation, die seinen Finanztransaktionen diente. In den meisten Ländern war die Herstellung von Streichhölzern in Staatsmonopolen zusammengefaßt. Kreuger bot den Regierungen insgesamt 14 Anleihen über 300 Millionen Dollar, um im

Gegengeschäft die Streichholz-Monopole zu übernehmen. Dies gelang ihm in Deutschland, Polen, den baltischen Staaten, Ungarn, Jugoslawien, Rumänien, Griechenland, Türkei und mehreren Staaten Lateinamerikas. Sein Imperium in Schweden wuchs gleichfalls ins Unermeßliche: Die Graengesberg-Erzgruben, große Teile von Ericsson und der Svenska Kugellagerfabriken, Zellulosegesellschaften, Goldbergwerke und die Skandinaviska-Bank gehörten dazu. Nach seinem Selbstmord stellte sich heraus, daß sein Firmengeflecht hoffnungslos überschuldet war, daß er mit gefälschten Wertpapieren gehandelt und Betrügereien in größtem Stil begangen hatte.

Angesichts dieses Hintergrunds scheinen die Voraussagen, die Somary Ende der zwanziger Jahre machte, heute wenig sensationell. Alle drei Ereignisse aber brachen fast wie Naturereignisse über Somarys Zeitgenossen herein und hatten weitreichende Konsequenzen. Besonders verblüffte, daß sie in der vorausgesagten Reihenfolge eintraten. Somarys Name war für die Öffentlichkeit kein Begriff. In den Staatskanzleien europäischer Hauptstädte verfügte er hingegen über ein erstaunliches Informationsnetz.

So kannte er zum Beispiel den Tag des Einmarschs deutscher Truppen in Österreich lange vorher. Den Bankier Louis Rothschild, Hauschef des Wiener Zweigs der Frankfurter Dynastie und Mitinhaber der Credit-Anstalt, gerade zum Winterurlaub in Kitzbühel, warnte Somary rechtzeitig telefonisch und riet ihm zur sofortigen Flucht. Der Baron zögerte ein paar Stunden zu lange, was ihn zwar nicht das Leben, aber einen großen Teil seines Vermögens kostete. Die Nazis beschlagnahmten sofort sein Bankhaus und das Palais an der Prinz-Eugen-Straße 22 im IV. Bezirk. Später richtete Adolf Eichmann dort die »Zentralstelle für jüdische Auswanderung« ein. Der Reizname Rothschild war eines ihrer ersten Ziele in Österreich. Für sechs Millionen Mark verscherbelte die Reichsregierung die Wiener Rothschild-Bank samt beträchtlichem Immobilien- und Aktienbesitz 1940 an die Münchner Privatbank Merck, Finck & Co. massiv unter Wert.

Auch den Beginn der Offensive in Polen am 1. September 1939 kannte man in Zürcher Busineßkreisen, in denen Somary, inzwischen Schweizer Bürger, verkehrte, schon im August. Mitschriften vom Vortrag Franz Halders, Generalstabschef des Heeres, vor dem Wehrmachtführungsstab kursierten samt Angriffsdispositiv in Kopie in

Zürichs verschwiegenen Insider-Zirkeln. Jedenfalls behauptete Felix Somary, die Dokumente gesehen zu haben. Das klingt durchaus glaubhaft.

Die Schweiz spielte schon in den zwanziger Jahren die Rolle einer verschwiegenen Informationsbörse. In seinen Memoiren beschreibt der bayerische Ministerpräsident Wilhelm Hoegner beispielsweise, daß »ein Zürcher Großbankier« um 16 Uhr des 8. November 1923 gewußt habe, daß in München um 20 Uhr ein Putsch erfolge – wovon die Sicherheitsbehörden Münchens erst später Wind bekamen. Hoegner hatte als Landtagsabgeordneter die Hintergründe von Hitlers Marsch auf die Feldherrnhalle untersucht und sich über die Zürich-Connection gewundert. Er stellte fest, daß Hitler persönlich 33 000 Franken aus Zürich bekommen hatte. »Die Spenden hat Hitler immer persönlich erhalten, sie wurden meist nicht verbucht.«

Zürcher Bankiers waren aufgrund solcher hausinternen Informationen in derlei Dingen erstaunlich agil. Es ging schließlich um ihre Geschäfte. Das machte sie hochsensibel in ihren Beobachtungen und verhalf auch hier wieder zu oft präziseren Einschätzungen, als sie vielen Politikern zugänglich waren.

Nicht umsonst horchte der Europa-Koordinator des amerikanischen Geheimdienstes OSS, Allan Dulles, ursprünglich Bankier, von seinem unscheinbaren Büro in der Altstadt von Bern aus tief in die Schweizer Geschäftswelt hinein. Ihre vielfältigen Verbindungen funktionierten auch während des Krieges vorzüglich. Diese Kanäle erwiesen sich für Dulles nicht selten als ertragreicher als sein umfangreiches Agentennetz.

Für Somary und seine kleine Bank setzte der »totale Krieg« aber dennoch immer engere Grenzen: Der Krieg schuf seine eigenen Gesetze. Nachdem die von dem Propheten des Unheils Jahre zuvor immer wieder beschworene Katastrophe eintrat, war sein Rat nicht mehr so sehr gefragt, zumal er nun manche Skurrilitäten zum besten gab, die irritierten. Der Politbankier sorgte vor allem in den USA für beträchtliche Aufregung, weil er den Amerikanern einreden wollte, die Wiedereinführung konstitutioneller Monarchien würde die Nachkriegslage in Europa stabilisieren. Zumindest für Japan behielt er damit recht: Den Tenno, obwohl den Amerikanern zutiefst verhaßt, beließ die Siegermacht auf dem Thron. Die Habsburger – Otto von

Habsburg korrespondierte mit Somary darüber – blieben den Europäern freilich erspart.

Somary, auch mit all seinen schillernden Seiten, war in seiner Art und seinem Selbstverständnis ein Privatbankier, wie er heute nicht mehr vorstellbar ist. Er war vermögend, aber kein Krösus, wie es die mächtigen Individualisten der neunziger Jahre sind: George Soros etwa, der die Bank von England das Fürchten lehrt, wenn er seine Milliarden kurzfristig umdisponiert, um den Kurs des Pfunds zu drücken, damit er billiger Devisen kaufen kann. Die italienische Regierung wollte dem Ungarn-Amerikaner den Staatsanwalt auf den Hals hetzen, als er die Lira unter Druck setzte, damit sie besser in seine persönliche Anlagestrategie paßte. Täglich werden drei Billionen Dollar oder 5000 Milliarden DM rund um den Globus gejagt. Nur ein winziger Teil davon – zehn Milliarden Dollar – ist für die Abwicklung des täglichen internationalen Handels notwendig. Der große Rest sind vagabundierende Finanzwerte.

Diese unglaublichen Möglichkeiten, wie Soros sie heute als Einzelperson einsetzt, standen Figuren wie Somary, Warburg oder Cassel nicht annähernd zur Verfügung, obwohl zumindest die letzten beiden zu ihrer Zeit gleichfalls sehr vermögend und einflußreich waren. Als notorische Individualisten griffen sie ins Weltgeschehen ein. Auch sie wollten in erster Linie Geld verdienen, obwohl sie das gern von sich wiesen und höhere Ziele vorschoben. Aber – und das macht den Unterschied aus – Bankiers wie Somary hatten zugleich eine präzise Vorstellung von der Welt, wie sie aussehen sollte. Ob man ihre Vorstellungen teilte, war eine andere Frage. Profit als alleiniger Zweck und als Endziel war ihnen jedenfalls zuwenig. Geld zu haben, allein um des Habens willen, kam ihnen nicht in den Sinn. Sie lebten luxuriös, aber Geld behielt für sie stets eine Funktion. Sie waren dabei keineswegs Herolde einer neuen Ethik. Ihre Grundüberlegung war eher simpel: Sie verachteten die Politik nicht, sondern begriffen sie als Notwendigkeit, das Zusammenleben so zu organisieren, daß Spannungen reduziert würden. Das nützte ihren Geschäften, und dieser Logik entsprechend hieß das: Es nützte allen.

6

Im Club der Milliardäre

»Ich nahm die Familienbilder von meinem Schreibtisch und verließ wortlos die Bank.« So beschrieb Iwan David Herstatt den Abgang aus seiner Bank, Unter Sachsenhausen 6, in der Kölner Innenstadt. Seit diesem 27. Juni 1974, als die Herstatt-Schalter schlossen, stand der Name des Bankiers für den »größten Bankenkrach in der deutschen Nachkriegsgeschichte«, wie die Zeitungen schrieben. »Herstatt«, das klingt für eine ganze Generation wie ein Synonym für außer Kontrolle geratenen Kapitalismus.

Unbeteiligte Bankiers, in ihren entrückten Chefetagen von den Medien bis dahin wenig behelligt, sahen sich ins Rampenlicht gezerrt. Ihre Mitarbeiter wurden als »Abzocker«, die Aktionäre als eiskalte Absahner beschimpft. Auch in Kommentare von Zeitungen, die Wirtschaftsthemen sonst zurückhaltend behandeln, mischten sich schrille Töne. So war da von den »Spielhöllen in Bankpalästen« zu lesen, womit die Devisentermingeschäfte gemeint waren, die das Bankhaus in den Abgrund getrieben hatten.

Was der »Roten Armee Fraktion« mit ihren revolutionären und martialischen Phrasen nicht gelang, schaffte offenbar dieser leutselige Kölner Bankier mit dem einprägsamen Vornamen Iwan David: die Solidarisierung breiter Bevölkerungsschichten mit jenen Bankenkritikern, die hinter den Fassaden der Geldhäuser schon immer diabolische Mächte witterten, die es in die Schranken zu weisen galt. Einige waren sogar der Meinung, der Mord von Repräsentanten dieses Bankensystems werde durch Ereignisse wie die Herstatt-Pleite geradezu legitimiert. Sie ermordeten später tatsächlich Bankiers wie Jürgen Ponto von der Dresdner und Alfred Herrhausen von der Deutschen Bank.

Das aufgeheizte innenpolitische Klima überzeichnete den Herstatt-Krach zum Bestandteil eines Katastrophenszenarios, demzufolge der angeblich nur noch röchelnde Kapitalismus dem absehbaren und verdienten Ende entgegensteuerte. Gesellschaftspolitisch aufgewühlte Jahre lieferten den Hintergrund zu den Vorgängen um die Pleite, deren Bedeutung für die damalige Zeit sich dem heutigen Betrachter nur erschließt, wenn er sich die brodelnde Atmosphäre jener Tage in Erinnerung ruft.

Sieben Jahre RAF-Terrorismus, vom ersten Mord 1971 bis zum kollektiven Selbstmord der fünfköpfigen Führungsgruppe 1977, veränderten das Land. Die »Rote Armee Fraktion« tauchte 1971 erstmals auf. Sie gab vor, Speerspitze einer revolutionären Bewegung zu sein, die als Spukgebilde tatsächlich aber nur im Kopf einer Handvoll junger Leute existierte. Im Untergrund hatten sie sich verschworen, den Staat und das von ihm geschützte »repressive System« durch permanente Verunsicherung zur Überreaktion zu provozieren und damit Unruhe auszulösen. Im Sommer 1972 waren die zwei Leitfiguren der RAF verhaftet worden: Andreas Baader, der Praktiker, und Ulrike Meinhof, die Intellektuelle. In kurzen Abständen wurden weitere drei Mitglieder der Kerngruppe gefaßt: Gudrun Ensslin, Jan-Carl Raspe und Holger Meins. »Zündet man ein Auto an«, hatte die Journalistin Meinhof vier Jahre zuvor ihren Weg in die Illegalität auf einer »Vollversammlung« im Audimax der Technischen Universität Berlin vorgezeichnet, »dann ist das eine strafbare Handlung. Werden Hunderte von Autos angezündet, ist das eine politische Aktion.« Dieser Satz stand für ein Programm, das eine Zeitlang tiefer in eine verunsicherte Gesellschaft hineinwirkte, als Wirtschaft und Politik in Deutschland einzuräumen bereit waren.

Das revolutionäre Pathos der Terroristen ließ sich entgegen den hochgestochenen Strategien, die das rasende Quintett jeweils in »Bekennerschreiben« formulierte, auf einen relativ einfachen Nenner bringen. Andreas Baader schrieb Ziel, Sinn und Zweck 1972 in einem Brief an das Münchner Büro der Deutschen Presse-Agentur in einem Satz auf: »Wir sind hier, um den bewaffneten Widerstand gegen die bestehende Eigentumsordnung und die fortschreitende Ausbeutung des Volkes zu organisieren.« Das übersteigerte Selbstbewußtsein der Gruppe dokumentierte der in Süddeutschland untergetauchte Baader mit dem Daumenabdruck unter seinem Brief: Wir sind die Bewegung. Dabei hatte bei den Mitgliedern des harten Kerns die Untergrundromantik die Lust an der Revolution längst überlagert. Die kriminelle Energie, deren es bedurfte, um mit Banküberfällen das Leben im Untergrund zu finanzieren, konspirative Wohnungen zu unterhalten, Waffen und Sprengstoff zu besorgen, schweißte die Gruppe stärker zusammen als die ermüdenden, stundenlangen Ideologiedebatten, denen sich die Mitglieder zur Selbstrechtfertigung immer wieder aussetzten.

Wahn und Anmaßung, mit Morden an prominenten Politikern, Managern, vorzugsweise Bankiers, ein sich nach Ruhe und Normalität sehnendes Land ungefragt und mit konfusen Parolen in die Revolution treiben zu können, waren das eine. Die andere Realität aber, das »weiche Umfeld« der RAF, existierte tatsächlich. Es ließ sich nicht einfach wegdiskutieren oder mit Polizeimaßnahmen dingfest machen. Eine Umfrage ergab 1970, also noch vor dem ersten RAF-Mord, daß jeder vierte Bundesbürger unter 30 für die Gruppe, die »dem System« – womit auch die USA und ihr Vietnamkrieg gemeint waren – den gewaltsamen Kampf angesagt hatte, zumindest gewisse Sympathien hegte. 18 Prozent der Befragten gestanden der RAF »einen Kampf aus politischer Überzeugung« zu. Jeder zwanzigste gab an, RAF-Mitgliedern im Fall des Falles Unterschlupf gewähren zu wollen. »Diese fünf Prozent wirken wie hundert Prozent«, kommentierte entsetzt die »Frankfurter Allgemeine Zeitung« (FAZ) und zeigte damit wie ein Fieberthermometer den Grad jener Nervosität an, von der die Führungsschicht des Landes erfaßt war.

Im Jahr des Herstatt-Krachs gelang es Sympathisanten, die Hungerstreiks der RAF-Häftlinge als »Fundamentalwiderstand gegen das Bullensystem« darzustellen; von »Isolationsfolter« war die Rede. Der Generalbundesanwalt arbeitete derweil an der offiziellen Anklage gegen die fünf Kernmitglieder der Baader-Meinhof-Gruppe. Der Prozeß sollte im folgenden Jahr unter aberwitzig anmutenden Sicherheitsbestimmungen in dem im Gefängnisbereich von Stuttgart-Stammheim speziell zu diesem Zweck errichteten Gerichtsbunker beginnen. Die Anklage lautete auf gemeinschaftlichen Mord in vier Fällen und versuchten Mord in 34 Fällen. Der Staat, dessen Repräsentanten behaupteten, die großmäulige Kriegserklärung der RAF nie angenommen zu haben, ließ nun doch Anzeichen eines Belagerungszustands erkennen. Das Bundeskriminalamt hatte innerhalb von nur zwei Jahren seinen Personalbestand auf 3600 Mitarbeiter verdoppelt, riesige Computerdateien angelegt, Millionen von Namen erfaßt, von Deutschen und Ausländern, die irgendwann irgendwie aufgefallen waren. Es kam zu »Rasterfahndungen« und Razzien, wie es sie in diesem Ausmaß zuvor und danach in der Bundesrepublik nicht gegeben hat. Die entscheidenden Hinweise zur Verhaftung der Täter lieferte jedoch nicht dieser allmählich gespenstische Formen annehmende Apparat. Die Tips kamen aus der Bevölkerung.

Dieses atmosphärische Knistern und Grollen wie vor einem schweren Gewitter gehört mit zum Hintergrund der Herstatt-Affäre: Das gereizte innenpolitische Klima verstärkte die Wirkung dieser im Grunde zweitrangigen Pleite ins ungeheuerliche. Erst durch die zuweilen bizarren Begleitumstände erhielt der Herstatt-Fall jene Dimension, die ihn als aufschlußreiches Stück Zeitgeschichte mit vielfältig schillernden Facetten erscheinen läßt.

Die Aufdeckung der Affäre begann mit einem vertraulichen Schreiben vom 9. Februar 1974. Das Bundesaufsichtsamt für Kreditwesen warnte in einem Rundschreiben: »Geschäftsleiter von Banken, die durch spekulative Devisengeschäfte die Gelder von Gläubigern gefährden, haben persönliche Konsequenzen zu erwarten.« Genauer: den Entzug der Banklizenz. Die ebenso unverhohlene wie für die sonst so zurückhaltend formulierende Aufsichtsbehörde ungewöhnliche Drohung hatte ihre Gründe. Meldungen von Verlusten in seriösen Großbanken häuften sich: Die Schweizerische Bankgesellschaft entließ ihren Chefdevisenhändler wegen massiver Fehlspekulationen, die Westdeutsche Landesbank mußte 270 Millionen DM in den Wind schreiben; die Bank of Westminster, die U. S. Franklin National Bank, die Hessische Landesbank, sie alle hatten ihre blauen Wunder im jahrelang prächtige Gewinne abwerfenden Devisenhandel erlebt. Es waren die Goldgräberjahre, die Devisenbörsen spielten verrückt. Insbesondere der seit Jahren sinkende Dollarkurs spornte die Broker zu immer riskanteren Geschäften mit immer höheren Einsätzen an. Innerhalb von eineinhalb Jahren sackte der Kurs von mehr als vier auf zwei DM. Als die Baisse Ende 1973 überraschend zum Stoppen kam, der Dollar wieder anzog, sahen sich eine ganze Reihe von Banken wegen Fehldispositionen vor einem rasant anwachsenden Schuldenberg.

Die Großen mit ihren stillen Reserven und satten Rückstellungen konnten solche Verluste stillschweigend verkraften. Einer kleinen, privaten Bank blieb bei solchen Einbrüchen jedoch schnell einmal die Luft weg. Zwar war die Bank von Iwan D. Herstatt angeblich die größte Privatbank Deutschlands. Noch auf seiner letzten Bilanzpressekonferenz 1973 dröhnte der 1,96 Meter große Hüne, man habe den Gewinn um zehn Millionen DM erhöht und die Bilanz auf 2,08 Milliarden DM gebracht. 309 Millionen Mark an Spareinlagen seien sicher angelegt, man zähle 791 Millionen an Sicht- und Termineinlagen, 667 Millionen DM an Verbindlichkeiten. Was Herstatt verschwieg: Einzig die Gewinne aus dem spekulativen Devisenhandel hielten seine Bank in den schwarzen Zahlen. Daß dies angeblich niemandem auffiel und auch die Revision bis fast zuletzt stillhielt, schürte nach dem Bankenkrach das Mißtrauen großer und kleiner Anleger noch zusätzlich. Andere Banken bekamen diesen Vertrauensschwund in gefährlicher Weise zu spüren, insbesondere die Privatbanken, denen nun mancher Kunde nicht mehr über den Geldtresen trauen mochte.

Auf der anderen Straßenseite, bei Sal. Oppenheim jr. & Cie., Unter Sachsenhausen 4, Ecke Tunisstraße, verfolgte man die Konkurrenz seit langem mit Argwohn. Die gerade 18 Jahre alte Herstatt-Bank hatte die über 200 Jahre alte Traditionsbank Oppenheim vom Platz 1 unter den deutschen Privatbankiers verdrängt. Nun drohten die Oppenheimer in die Bredouille von Herstatt gerissen zu werden. Die Lage war auch für andere Privatbanken über Nacht ernster geworden, als man hinter vorgehaltener Hand einzuräumen bereit war. Von einem Tag auf den andern zog die engstens mit Oppenheim liierte »Colonia«-Versicherung per Telefonanruf 32 Millionen von ihren Oppenheim-Konten ab, um das Geld bei der Landeszentralbank in Sicherheit zu bringen. Soviel Mißtrauen unter ein und demselben Dach markiert die Bedeutung, die auch Insider der Branche dem Herstatt-Debakel beimaßen.

Der Rückzug der »Colonia« war aber nur eine von vielen panikartigen Absetzbewegungen. Das Devisenhandelsbüro Düsseldorf, im Brokerkürzel »Oppidüss« genannt, weil dahinter Oppenheim stand, wurde in der Branche plötzlich als heiße Nummer gehandelt. Im Klartext: Finger weg! Kaum bekannt war, daß »Oppidüss« den umfangreichen Devisenhandel der Stahlindustrie besorgte, allen voran den von Thyssen. Und nun schrillten nicht allein bei Thyssen die Alarmglocken.

Es trat ein, was alle Bankiers fürchten: nicht die Pleite des einzelnen, und mag sie auch in Hunderte Millionen oder gar in die Milliarden gehen, sondern die daraus entstehende Kettenreaktion, das Raunen der Branche, der schleichende Vertrauensentzug – ideale Voraussetzungen für den klassischen Dominoeffekt. Um den ersten Stein zu eliminieren, bevor er andere umstoßen konnte, erweiterten die Banken 1975 den bestehenden »Feuerwehrfonds« für den Fall der Fälle. Der Herstatt-Schock bewirkte, daß seither 30 Prozent des ausgewiesenen Eigenkapitals jeder Bank abgesichert sein müssen. De facto bedeutet dies eine nahezu unbegrenzte Garantieerklärung für einzelne Einlagen.

Kuriose Bilanz: Herstatt hat mit seinem Absturz die deutsche Bankenszene in ungewöhnlichem Maß stabilisiert. Das Haus Unter Sachsenhausen 6 steht noch heute teilweise leer, als ob sich kein Mieter recht hineintraute. Dabei wäre der Schauplatz der Herstatt-Affäre eine kleine Gedenktafel wert, mit symbolisierten Ikarusflügeln drauf und der Inschrift: »In Dankbarkeit. Der unbekannte Bankkunde«.

Aber zunächst trieb das Debakel dem Siedepunkt zu. Am Abend des 26. Juni 1974, während im Fernsehen gerade die Live-Übertragung des Fußball-WM-Spiels Deutschland–Jugoslawien lief, übermittelte der Chef des Bundesaufsichtsamts für das Kreditwesen per Telex und Telefon die Anweisung nach Köln, wegen Überschuldung dürften die Schalter der Bank am nächsten Tag nicht geöffnet werden. Schon in der Nacht belagerten aufgeregte Kunden das Eingangsportal, am frühen Morgen waren es Hunderte. Wilde Gerüchte jagten sich. »Letzte Nacht war ein Lastwagen da«, lamentierte ein wild gestikulierender Kunde. »Ich hab's gesehen, weil ich die ganze Zeit vor der Bank stand. Die haben alles Geld abgeholt.« Ein anderer schrie: »Worauf warten wir? Hinein, bevor nichts mehr da ist!« Da schob sich ein Hüne von Polizist vor die Tür, offenbar erfahren im Umgang mit Volksaufläufen aller Art. Vor allem aber war er Karnevalspräsident der »Kölsche Grielächer«, ein Amt, das in der Stadt des Karnevals an sich schon beträchtliche Autorität verleiht. Er sei hier selber Kunde, aber so habe das alles doch keinen Sinn: »Wir müssen jetzt einen kühlen Kopf bewahren.« Er bot an, die Geschäftsleitung vor die Tür zu holen.

Lange dauerte es, bis Bernhard von der Goltz, der Generalbevollmächtigte, sich herauswagte zu der aufgebrachten Menge, um mit ein paar unverbindlichen Worten die Menschen über ein geliehenes Megaphon zu beschwichtigen. Zur Zeit wisse man nichts Genaues, man werde in aller Offenheit und Konsequenz ... Der Berichterstatter des

»Kölner Express« entdeckte »unter dem auffallend gebräunten Teint« im Gesicht des nervösen Mittdreißigers eine eigentümliche Blässe; er verzog sich nach wenigen Minuten wieder ins Gebäude. Später meldeten sich Prominente und weniger Prominente, die um ihr Geld bei Herstatt fürchteten. Margot Eskens, die Schlagersängerin, betrauerte wortreich 100 000 Mark, die katholische Caritas sah eine Million dahinsegeln, der Besitzer des örtlichen Eros-Centers bilanzierte beträchtliche Einbußen: Die Altersvorsorge seiner dienstbaren Damen habe er bei Herstatt angelegt. »Alles futsch!« wie er den Tränen nahe jammerte.

Zunächst war von einer halben Milliarde, dann plötzlich von 1,2 Milliarden Mark Verlusten die Rede. »Seit vierzehn Tagen gibt es an den Finanzmärkten nur ein Thema: den Zusammenbruch des Bankhauses I. D. Herstatt«, beschrieb die »Frankfurter Allgemeine« am 12. Juli die weiten Kreise, welche die Affäre zu ziehen begann. Wie sich die Schadenssumme genau zusammensetzte, blieb selbst nach einem Rattenschwanz von Prozessen, die über ein Jahrzehnt liefen, merkwürdig diffus. Das nährte später Gerüchte, das plötzliche Verschwinden der lästigen Konkurrenz sei anderen Banken nur recht gewesen, von Anfang an sei der Schaden übertrieben worden. Der »Platow-Brief«, ein üblicherweise gut informierter Wirtschaftsdienst, ortete Bemühungen dieser Art in der Kölner Bankenszene. Die Redaktion kam zu dem Schluß, die finanzielle Lage der Bank sei tatsächlich gar nicht so dramatisch: »Wären die Devisenkontrakte der Herstatt-Bank weitergeführt worden, so hätte die Bank heute (gemeint ist: Ende 1974) fast keine Verluste mehr. Für Herstatt kam die Dollarhausse rund zwei Monate zu spät.«

Hinter den Kulissen taten sich Friedrich Wilhelm Christians von der Deutschen Bank, Ludwig Poullain von der WestLB und Harald Kühnen, Bevollmächtigter der Oppenheims, zusammen, um eine Hilfsaktion zu starten. Von Anfang an stand jedoch fest, daß man Herstatt opfern würde. Das Tempo, mit dem die Branche die Bank fallenließ, erstaunt aus heutiger Sicht. Mit Blick auf das Risiko einer vorwiegend psychologisch bedingten Kettenreaktion ist es erst recht unverständlich.

Ludwig Poullain räumte 15 Jahre später ein, die Schließung sei im Grunde »nicht notwendig« gewesen, und Karl Otto Pöhl, der ehemalige Präsident der Bundesbank, meinte, bei der Regelung der Herstatt-Pleite seien »Fehler« begangen worden. Vieles würde man heute anders, vor allem geräuschloser erledigen, erkannte Pöhl, der jetzt im Dienst der Herstatt-Konkurrenz Oppenheim steht und die Details genau kennt. Immerhin: Oppenheim gab damals bei der Colonia- und Nordstern-Versicherungsgruppe den Ton an. Deren schärfster Konkurrent im Großraum Köln hieß Gerling. Und zu Gerling gehörte Herstatt. Es tobte hinter den Kulissen ein Machtkampf, den allerdings kaum jemand zur Kenntnis nahm, weil die vordergründige Szenerie um den Herstatt-Krach mit all den kuriosen Begleiterscheinungen das Interesse der Öffentlichkeit in Anspruch nahm.

In der Endabrechnung hielt sich zwar der Schaden für die Einleger in durchaus überschaubaren Grenzen, aber das Getöse drum herum veredelte die Kölner Affäre zum hintergründigen »Moneydram«. Privatkunden wurden zu mindestens 82 Prozent ihrer Forderungen entschädigt. Auffallend war, daß anfangs reihenweise empörte Gläubiger auf die sofortige Rückgabe ihrer zum Teil sehr hohen Einlagen bestanden. Mancher dieser Namen tauchte jedoch später auf den Gläubigerlisten nicht mehr auf – ein willkommener Ansatzpunkt für die Steuerfahndung, nachzuhaken. Wer ein Spar- oder Lohnkonto mit weniger als 20 000 DM unterhielt, wurde zu 100 Prozent aus dem »Feuerwehrfonds« der Banken sofort entschädigt. Kommunen wie die Stadtverwaltungen von Köln und Bonn sowie mehrere Gläubigerbanken mußten vorerst mit 75 Prozent an Schadensbegrenzung zufrieden sein.

Noch Mitte der neunziger Jahre waren zwei Abwickler bemüht, die letzten 17 Millionen an Entschädigungssummen auszustreuen. Die Abwicklung dauerte über zwei Jahrzehnte, und einige Ansprüche, insbesondere die des Chefdevisenhändlers der Herstatt-Bank, Dany Dattel, sind bis heute nicht erledigt. Ausgerechnet er, den viele für den Hauptschuldigen des Debakels hielten, führte über ein halbes Dutzend Prozesse – und gewann die meisten. Offen bleibt seine Millionenforderung an angeblich entgangenen Gewinnen aus Devisentermingeschäften. Die Abwickler, die nach über zwanzig Jahren endlich die Akten schließen wollten, boten Anfang der neunziger Jahre eine Abfindung von mehreren hunderttausend Mark an. Dattel lehnte ab – ein besonders langwieriger Fall von verzweifelter Ehrenrettung, die bis heute nicht gelang.

Den Erfolg des Stücks, das da gespielt wurde, garantierte die Besetzung der Hauptrollen: ein publikumswirksames Casting. Der Name Dany Dattel blieb im Gedächtnis der Zeitgenossen ebenso haften wie

Iwan David Herstatt. Dattel stand für Bankgeschäft in Turnschuhen, für Yuppie-Busineß, wie man später sagte; damals bediente man sich des unhandlicheren Ausdrucks »Devisenjongleur«. Niemand sprach aus, was die meisten dachten: Dattel? Ein Jude. Genauer: ein typischer Jude.

Jahrgang 1939, hatte Dattel als Kind KZ-Erfahrungen machen müssen, über die er später kaum je sprach. Der Mutter war es 1943 gelungen, mit dem Vierjährigen auf dem Arm aus dem KZ Auschwitz zu fliehen. Für seinen Werdegang spielte diese Vorgeschichte durchaus eine Rolle: Der radikale Bruch, mit dem, was war, trieb Dattel an. Einer wie er wollte und mußte besser sein als die anderen. In der 1955 gegründeten Herstatt-Bank fand er jenes von ungebremstem Aufstiegswillen geprägte Klima vor, das er suchte und das die Nachkriegswirtschaft der fünfziger und frühen sechziger Jahre prägen sollte. Die flotten Jungs der Devisenabteilung, deren teure BMWs auf dem Firmenparkplatz und in der Parkgarage jeder Mitarbeiter kannte und mit stillem Neid betrachtete, wollten nicht nur gut verdienen, und das hieß: das Doppelte und Dreifache von Bankangestellten in vergleichbaren Positionen. Sie wollten vor allem selbst an jenes große Geld heran, mit dem sie Tag für Tag auf fremde Rechnung und in Millionenhöhe umgingen.

Für die Einzelheiten der Bilanz interessierte sich außerhalb der Bank kaum jemand wirklich, und auch bankintern galten andere Maßstäbe. Zwar mußte sich Dattel öfter mit der internen Revision herumschlagen, »weil die ständig geprüft haben«, aber ihre Berichte verschwanden in der Ablage. Jeder, der sich mit dem Thema näher befaßte, wußte, daß das Lesen von Bankenbilanzen, insbesondere jener von privaten Instituten, etwas vom Schwierigsten und Unerfreulichsten ist. Zu viele Fragen nach versteckten Reserven, Rückstellungen, Risiken waren keineswegs so schlüssig mit Zahlen zu beantworten, wie die immer aufwendiger produzierten Geschäftsberichte und Hochglanzbroschüren vorspiegelten. Auch die Journalisten ließen sich blenden. Im Fall Herstatt hätten die enormen jährlichen Zuwächse genaues Nachfragen in den Augen der meisten Medienleute geradezu als obszön erscheinen lassen. Es lief flott, und selbst Sekretärinnen wedelten in der Bank vor ihren Vorgesetzten mit Kontoauszügen, mit denen sie schwarz auf weiß und triumphierend die Gewinne aus ihren privaten Devisengeschäften belegen konnten.

247

Als Herstatt 1955 sein Bankgewerbe begann, schafften 15 Mitarbeiter eine Bilanz von fünf Millionen DM, zwei Jahre später waren es 115 Millionen und 100 Mitarbeiter, am Ende brachte man es auf zwei Milliarden, 800 Mitarbeiter und 65000 Kundenkonten. Dattel stieg mit wachsendem Erfolg der Bank rasch auf, wurde stellvertretender Direktor und Chef der immer wichtiger werdenden Devisenhandelsabteilung. Im Haus nannte man ihn und seine sieben Mitarbeiter, alle ausnahmslos knapp um oder unter 30, die »Goldjungs«. Diese Auszeichnung hatten sie sich verdient: Anfang der siebziger Jahre stützten ihre Gewinne bald nicht nur die Bilanz, sondern auch den Ruf der Bank als eine der flottesten Devisenhandelszentralen Europas. Der schöne Schein des schnellen Geldes verlieh der Privatbank das Renommee einer marktbeherrschenden Großbank, deren Volumen aber in Wahrheit kleiner war als das der örtlichen Sparkasse. Vor allem war sie dilettantischer geführt als jede Lokalbank. Aber das zeigte sich erst nach dem Absturz.

Erstaunliche Einblicke in das Innenleben einer Privatbank gewährten die zahlreichen Prozesse nach dem Auffliegen der windigen Geschäfte. Man handelte kreuz und quer mit 70 Ländern und deren Devisen, das Kerngeschäft aber brachte der Dollar: Um ihn drehte sich das ganze Spiel, nicht allein bei Herstatt. 1972 wurde der Dollarkurs freigegeben. Das Floating eröffnete enorme Gewinnspannen. Das Handelslimit pro Tag lag angeblich bei 25 Millionen DM – nach heutigen Maßstäben eine geringe Summe, damals ein enormer Betrag. Jeden Abend zeichnete die Geschäftsführung die Liste ab. Nie hätten sich die Zahlen über dem Tageslimit bewegt, gab Herstatt zu Protokoll. Tatsächlich lagen die bewegten Summen viel höher. Ende 1973 erreichte der Jahresumsatz an Devisen 24 Milliarden DM, das sind im Schnitt pro Tag mindestens 100 Millionen, die via Telefonstandleitung sekundenschnell ge- und verkauft wurden. Nicht nur für eine kleine Bank mit gerade 44 Millionen DM Eigenkapital entsprach das gewaltigen Umsätzen.

Hinzu kam, daß man den Angestellten erlaubte, an dem zunächst scheinbar nahezu risikolosen Glücksspiel teilzunehmen. Selbst der Bevollmächtigte Bernhard von der Goltz hielt seine privaten Eisen im Feuer. Herstatt tätigte in den drei Jahren vor dem Absturz 20 Spekulationsgeschäfte in der eigenen Bank: »Das Ergebnis war erfreulich.« Dabei hingen Gewinne und Verluste meist nur von minimalen Kursschwankungen auf der dritten und vierten Kommastelle ab. Oft schickte von der Goltz seine Sekretärin in den Devisenraum, um über die Schultern der genervten Händler den aktuellsten Stand seiner privaten Deals zu erfahren.

Einmal, auch dies brachten die Gerichtsverfahren an den Tag, lieferte ein junger Goltz-Verwandter einen Blumenstrauß beim Chefhändler Dattel zu Hause ab. Daran war ein Kuvert geheftet, Inhalt: 30000 DM, ein Dankeschön »für besonders gute Beratung«. Dattel, klug genug, wohl die Blumen, nicht aber das Geld anzunehmen, es hätte ja ein Test seiner Vorgesetzten oder mißgünstiger Kollegen sein können, führte diese Begebenheit in seiner Verteidigung als entlastendes Element an. Dabei zeigte das kostbare Bouquet erst recht, welche Kreise der Handel inzwischen gezogen hatte und welche Unbekümmertheit herrschte. Mit der Direktion beratschlagte Dattel, was mit den 30000 Mark zu tun sei. Zurückgeben ging nicht, der Goltz-Sproß hätte die Rücknahme aus naheliegenden Gründen verweigert. Salomonische Lösung: Spende für den hauseigenen Sportfonds.

Die Summen, die insbesondere die Mitarbeiter der Devisenhandelsabteilung privat einsetzten, müssen enorm gewesen sein. Die Forderung, die Dany Dattel an die »Herstatt-Bank in Liquidation« noch offen zu haben meint, betrifft Gewinne aus Devisengeschäften in Luxemburg – die er über den Namen seiner Mutter abwickelte: zwölf Millionen DM. Ein später gleichfalls angeklagter Herstatt-Händler wurde zu zweieinhalb Jahren Gefängnis auf Bewährung verurteilt. Gemeinsam mit anderen betrieb er in enger Anlehnung an Herstatt die Frankfurter Brokerfirma Intervalor, die undurchsichtige Insidergeschäfte tätigte. Ein Richter bezeichnete »die Lage des Angeklagten als doch wohl sehr schlimm«. Die vom Gericht festgesetzte Kaution von mehreren Millionen Mark konnte er aber offenbar locker aus eigener Tasche hinblättern. In Frankfurt faßte er schnell wieder Fuß. Man hatte sich in den goldenen Herstatt-Tagen da und dort ein sehr, sehr weiches Polster für alle Fälle geschaffen. Auch der Bankchef selbst, nur nahm man ihm als persönlich haftendem Gesellschafter die Ruhekissen wieder weg.

Dabei handelte es sich keineswegs um Einbahngeschäfte, mit massivem Gegenverkehr mußte jederzeit gerechnet werden. Gelegentlich gingen auch die Verluste der Bankmitarbeiter aus eigenen Devisengeschäften in die Hunderttausende. Für 1973, das Jahr vor dem Crash, wurden sie auf 300000 DM errechnet. Viele finanzierten ihre Einsätze über Hauskredite. Damit die Mitarbeiter nicht unruhig wurden und die Sache nicht nach außen trugen, deckte man einmal die Verluste mit einem von Bankgeldern gespeisten Notfonds stillschweigend ab. Man schuf mit solchen Mitteln eine verschworene Gemeinschaft, in die große Teile der Bank involviert waren. Dies wirft ein Licht auf den Zustand der inneren Organisation des nach außen so gesund wirkenden Instituts. Zeugen beschreiben nach dem Knall den überaus lockeren Umgang mit Fondsgeldern von Kunden. Ein anderes Mal war das Durcheinander so schlimm, daß Mitarbeiter aus verschiedenen Abteilungen in den großen Konferenzraum beordert wurden, um die gesamten Fondsunterlagen zusammenzutragen und aufzuarbeiten. Die Nothilfe dauerte zehn Monate.

Daneben wirkte jene Episode, die ein Kriminalbeamter zu Protokoll gab, geradezu banal. Ihm war zu Ohren gekommen, wie die Bank über Jahre jeden Morgen die Devisenvorräte in ihre Tresore schaffte: Ein Hausbote holte täglich zur gleichen Zeit den Devisensack beim nahe gelegenen Postamt ab und trug ihn die 150 Meter zur Bank: allein, zu Fuß und unbewaffnet. Der Kriminaler konnte soviel Leichtsinn nicht fassen und meldete seine Beobachtung der Bank. Es dauerte Monate, bis man einen sichereren Weg für den Devisentransport fand.

Die Devisenabteilung rotierte hektischer denn je. Einer der jungen Händler stieg im August 1973, ein knappes Jahr vor dem Crash, aus, »weil mir der Streß in der Devisenabteilung gesundheitlich nicht bekam. Ein Privatleben gab es ja nicht, wir haben nur für den Job gelebt.«

Jürgen C. Jagla, Chefredakteur der »Kölnischen Rundschau«, beschrieb 1976 in einer Reportage für seine Zeitung anhand zahlreicher Interviews den Alltag im Devisenraum von Herstatt. So wie der Journalist es sah, ging es Anfang der siebziger Jahre in vielen Banken zu. Heute wirken Geschäfte dieser Art dank der Volldigitalisierung auf den Betrachter zwar wesentlich ruhiger, das Interesse verlagerte sich zudem völlig auf das Wertpapiergeschäft. Der für Außenstehende nach wie vor kaum durchschaubare Mechanismus dieses Handels ist jedoch der gleiche geblieben: für jeden Laien ein mörderischer Job, für jeden Broker »ein wunderbarer Beruf«.

Zu dieser Zeit litt die westliche Welt unter dem Preisdiktat der Öl-scheichs. Zum erstenmal seit dem Zweiten Weltkrieg wurde das durch die Erfolge des rasanten Wiederaufbaus gestählte Selbstbewußtsein der

Industriegesellschaften im Kern erschüttert. Autofreie Sonntage führten einer breiten Öffentlichkeit die Abhängigkeit ihrer Wirtschaft von weit entfernten Rohstoffquellen vor Augen: »Die Grenzen des Wachstums«, vom Club of Rome Jahre zuvor beschworen und bis dahin hauptsächlich von Theoretikern erörtert, wurde plötzlich und für kurze Zeit unmittelbar für alle spürbar. Das steigerte die Nervosität zusätzlich.

Journalist Jagla fing die Atmosphäre in Herstatts Devisenraum ein:

»Alle sieben Händler sitzen an ihren Plätzen vor den hellen Tafeln mit den vielen Lämpchen und Knöpfchen. 8.59 Uhr. Eine Minute früher als sonst knistert es im Lautsprecher. Der Händler aus Hamburg begrüßt Köln in offenbar bester Laune: ›Guten Morgen, ihr Yogis. Seid ihr fit? Alles okay? Dann wollen wir mal schön Lolly-Mark für die Scheiche kaufen.‹ Er hat kaum ausgeredet, da tönt aus der Zürcher Direktleitung: ›Gruezi mitenand. Wie fangt ihr heute an?‹

Die kleine Bank in Köln gebärdet sich am internationalen Devisenmarkt wie eine marktbeherrschende Großbank. In London, Zürich, Paris läßt man sich gern vom Herstatt-Team die Kurse stellen. Man zeigt ein ungewöhnliches Vertrauen in die Dattel-Crew.

9 Uhr. Dattel schaut in die Runde. Die Händler nicken. Dann bricht es über alle Lautsprecher und Telefone in den Raum hinein. Das Milliardenspiel beginnt. ›Mensch, Rolf, sag endlich, wie Dollar/Mark ist‹, kommt es ungeduldig aus Frankfurt. Von einer Kiste ist die Rede, in Wirklichkeit eine Million Dollar. Wenn von zwanzig zu dreißig gesprochen wird, meint man die Dollardifferenz in Tausendstel und Zehntausendstel. ›Fünfundzwanzig-fünfunddreißig!‹ schreit Hermann. Blitzschnell schaltet sich Manfred ein: ›Nein, verdammt noch mal, ich verliere Dollar mit fünfunddreißig an Bankverein!‹ Dattel ist nicht zufrieden: ›Hier sind ja alles nur Käufer im Markt ...‹

Der erste Kaffee wird gebracht. Die ersten Aschenbecher werden voll. Jemand tropft Korodin auf ein Stück Zucker, ein anderer schüttet zwanzig Tropfen Adenylkrat ins Wasserglas. Düsseldorf ruft Köln: ›Wie stellt ihr jetzt?‹ – ›Achtzig zu neunzig‹, sagt Wolfgang in geradezu provozierender Ruhe, um seine Aufregung zu verbergen. ›Dann schick mir mal mit neunzig für Oppidüss (Oppenheim, Büro Düsseldorf) zwanzig Kisten zur Chase Manhattan.‹ – Rolf schreit dazwischen: ›Ich glaube, du hast 'n Hammer, der Kurs ist doch neunzig zu rund, Mensch, mach deine Ohren auf.‹ – Wolfgang entschuldigt sich schüchtern: ›Mein Gott, nun habe ich doch so gestellt, dann muß ich auch dazu stehen.‹ Rolf zeigt Verständnis: ›Nun gut, dann gib Düsseldorf halt fünf Millionen.‹ Alle fürchten sich, etwas zurücknehmen zu müssen. Aus Mißverständnissen entstehen verhängnisvolle Unsicherheiten auf dem Markt.

Um 17.30 Uhr steht Iwan D. Herstatt in der Tür: ›Jungs, wie ist es gelaufen?‹ – Dattel schaut auf die vor ihm liegenden Zahlenreihen. ›Gut, wir können zufrieden sein. In zehn Minuten haben Sie die Zusammenstellung.‹ – ›Kann man schon etwas sagen?‹ – Dattel nickt: ›Ich glaube schon; ich nehme an, eineinhalb Millionen Gewinn hat dieser Tag gebracht.‹ – Bevor der Bankier den Raum verläßt, gibt er Dattel einen Wink: ›Kommen Sie einige Flaschen Sekt holen.‹ Und dann noch schnell: ›Ich glaube, wir werden in diesem Jahr zehn Millionen Gewinn mehr brauchen, als wir uns vorgestellt haben.‹ Herstatt zeigt sich stets großzügig. Nicht nur mit Sekt, auch mit Sonderzuwendungen, Tantiemen. Er weiß, was er in diesem Haus wem schuldig ist, von welcher Abteilung die Bank lebt, wo überhaupt noch Gewinn gemacht wird.«

Der rasche Erfolg der Herstatt-Bank beruhte tatsächlich zur Hauptsache auf der Abteilung »Schnelles Geld«. Ebenso wichtig war jedoch noch ein anderer Faktor, und der signalisierte vor allem den Finanzmärkten Sicherheit im Umgang mit der Kölner Bank: Ihr Hauptaktionär mit 81,4 Prozent hieß Hans Gerling. Er war Inhaber eines weitgespannten, aber unübersichtlichen Versicherungsimperiums mit damals 34 Tochterunternehmen und 57 Agenturen in der Bundesrepublik, von denen die meisten als Kommanditgesellschaften ihren eigenen Firmenmantel trugen und separat abrechneten. Eine Konzernbilanz, die eine Generalrechnung ermöglicht hätte, gab es nicht. Das hatte neben steuerlichen Gründen den Vorteil, daß Gerling keine Mitbestimmung in seinen Aufsichtsgremien dulden mußte, weil keine der Gesellschaften mehr als 500 Mitarbeiter zählte. Das alles erhöhte die Transparenz seiner Firmengruppe keineswegs, was Gerlings Absicht entsprach: Er konnte frei schalten und walten. Sein Konzern – und er legte Wert darauf, daß man sein Unternehmen stets »Konzern« nannte, er ließ »Gerling-Konzern« in großen, scharfkantigen Metall-Lettern über die Eingangsportale seiner Firmenpaläste setzen – sein Konzern also galt und gilt als weltgrößtes Versicherungsunternehmen, dessen Mehrheit einer einzigen Person gehörte und bis heute gehört.

1955 war Gerling mit über vier Fünfteln Hauptgeldgeber bei der Gründung der Herstatt-Bank gewesen. Was erst später ans Licht kam: Er besaß überhaupt nur wenige Anteile persönlich. 45 Prozent wurden von den Gerling-Versicherungsgesellschaften gehalten, 36 Prozent von der Gerling Global-Bank. Diese verwinkelten Verhältnisse erschwerten später die Haftungsfrage beträchtlich, was ebenfalls in der Absicht des Erfinders lag. Aufschlußreich war auch der Club der Milliardäre, der sich diskret hinter der Herstatt-Bank sammelte und von dem kaum ein Außenstehender etwas wußte. Ein Blick auf die zweite, wenig bekannte Ebene des Herstatt-Falls legte überraschende Perspektiven frei. Jedes einzelne Clubmitglied stand mit seinem Namen für ein eigenes, riesiges Firmenimperium. Jedes für sich hatte seine eigene lange Geschichte – Potenzen, wie sie sich selten zusammenfinden.

Iwan David Herstatt zeichnete als persönlich haftender Gesellschafter lediglich mit 5 Prozent oder 25 000 DM. Weitere 5 Prozent des Aktienkapitals von fünf Millionen Mark – man erhöhte erst später auf 44 Millionen – übernahm einer der damaligen Großaktionäre von Daimler-Benz und nachmalige Haupteigentümer von BMW, Herbert Quandt. Dessen Nachlaßverwalter Hans Graf von der Goltz, Coach des größten Familienvermögens Deutschlands, der Herbert Quandt Erben Holding in Bad Homburg, ist ein Verwandter von Bernhard von der Goltz. Nach seinem Herstatt-Fiasko kam Bernhard von der Goltz vorübergehend in der Quandt-Gruppe unter. Die Drähte auf diesen Etagen sind in der Not sehr kurz – oder sie funktionieren überhaupt nicht mehr, wie bei Iwan Herstatt.

Herstatt-Aktionär Herbert Quandt war ein Sohn von Günther Quandt, einem Großindustriellen, der sein Vermögen mit Textil, Kali, Stahl und Waffen (Mauserwerke in Oberndorf) gemacht hatte und aus einer Unternehmerfamilie stammte, deren Wurzeln sich ins 17. Jahrhundert zurückverfolgen lassen. Herberts Vater hatte sich als Geldgeber der NSDAP mit den braunen Machthabern eingelassen und wurde nach dem Krieg milde als Mitläufer eingestuft. Seine erste Frau, Magda, die Mutter Herberts, heiratete Joseph Goebbels. Den Wiederaufstieg der Quandt-Familie nach dem Krieg hat das nicht behindert.

Herbert Quandt, von Geburt halb blind, war eine unternehmerische Kraftnatur. In den fünfziger Jahren kaufte er sich für eine lächerliche Summe – man streitet, ob es eine oder zwei Millionen gewesen sind – bei den Bayerischen Motoren Werken ein. BMW hielt sich damals mit wunderschön gestylten, aber schlecht verkäuflichen Luxusautos wie dem legendären V 8, mit Motorrädern und einem kuriosen Miniwägelchen namens »Isetta« mehr schlecht als recht über Wasser. In das enge Gefährt mußte sich der Fahrer durch eine Fronttür zwängen. Jede Isetta war standardmäßig mit einem Faltdach ausgerüstet: als Notausstieg, wenn nach einem Unfall die einzige Tür klemmte.

1959 war Daimler-Benz drauf und dran, die kränkelnde Münchner Firma zu schlucken. Doch Quandt sah die Chance, bei dem rasant anziehenden Nachkriegsboom aus BMW mehr zu machen. Nach den Jahren quäkender Zweitakter, die ihr Öl-Benzin-Gemisch lachenweise auf die Straßen sabberten, nach hüstelnden Goggomobils, Messerschmitt-Kabinenrollern mit ihren 150-ccm-Motörchen, deren Fahrer man wegen der Kunststoffhaube als »Menschen in Aspik« bespöttelte, und nach den als »Leukoplast-Bomber« belächelten Lloyd Alexander und Goliath, 10 PS schwach, deren Karosserie bis 1955 aus kunstlederbespanntem Sperrholz bestand, brach das Zeitalter von teureren Mittelklassewagen an.

Quandt investierte enorme Summen in den konkursreifen Münchner Betrieb. Der Aufstieg zum internationalen Autokonzern verlief jedoch zunächst zäh. In der Branche nahm man den Newcomer nicht recht ernst. Nach zehn Jahren wurden gerade 1,5 Milliarden DM umgesetzt. Heute sind es mit Rover über 60 Milliarden. Der alte Quandt überließ das operative BMW-Geschäft einem Vertrauten, dem jungen Aufsteiger und heutigen Aufsichtsratspatriarchen Eberhard von Kuenheim. Die Kooperation mit ihm beschrieb Quandt lässig: »Drei- oder viermal im Jahr telefonieren wir miteinander, aber nur mit Anlaß.« 1993 überholte Kuenheim erstmals den Erzkonkurrenten Mercedes mit 550000 verkauften Autos jährlich.

Herbert Quandt starb 1982 und hinterließ aus drei Ehen Ehefrau, fünf Töchter und einen Sohn. Jedes der Kinder, so seine alttestamentarische Verfügung, sollte seine eigene Fabrik bekommen. Die Erben, allen voran seine Witwe und ehemalige Sekretärin Johanna, Jahrgang 1929, sowie deren Kinder Susanne (1963) und Stephan (1965), kontrollieren heute gute 70 Prozent des BMW-Kapitals. Der Börsenwert ihrer BMW-Aktien kletterte auf über zehn Milliarden DM, ihre Dividende liegt über einer Milliarde DM jährlich. Zu dem verschwiegenen Quandt-Konglomerat gehören außerdem die Mischkonzerne Delton (Eigentümerin: Susanne Quandt) und Altana (Eigentümer: Stephan Quandt) sowie die Batteriefabrik Varta, zu gleichen Teilen im Besitz der Quandt-Halbgeschwister Sonja (1951), Sabina (1953) und Sven (1955). Die Umsätze dieser Unternehmen liegen zwischen einer und drei Milliarden DM.

Herbert Quandts Bruder Harald war bei einem Flugzeugabsturz 1969 ums Leben gekommen. Er hinterließ Ehefrau und fünf Töchter.

Dieser Quandt-Zweig machte nach dem Erben schnell Kasse. 13 Prozent der Daimler-Aktien wurden an das Scheichtum Kuwait verkauft. Vermuteter Kaufpreis: eine Milliarde DM. Das Vermögen verwaltet heute die Harald Quandt Erben Holding, in einer Verwaltungszentrale in Bad Homburg, die auf Rufdistanz in derselben Straße residiert wie die Herbert Quandt Erben Holding. Man ist sich nicht feind, will aber geschäftlich nichts miteinander zu tun haben. Die beiden Privatvermögen werden völlig getrennt voneinander verwaltet. Die komplizierte Erbteilung hatte Jahre gedauert; man lebte sich auseinander, was angesichts der vielen Milliarden leicht nachvollziehbar ist.

Ein weiterer illustrer Herstatt-Miteigentümer, der allerdings ein Jahr nach der Gründung starb, war der Schweizer Rüstungsindustrielle Georg Emil Bührle. Der ehemals Königlich Württembergische Hauptmann, der nach dem Ersten Weltkrieg nach Zürich übersiedelt war und 1923 die kränkelnde Werkzeugmaschinenfabrik Oerlikon gekauft hatte, machte sein Geld vor allem mit Nazideutschland. Die Industriekapazitäten des größten Rüstungsbetriebs der neutralen Schweiz waren während des Zweiten Weltkriegs jahrelang mit Rüstungslieferungen für Hitlers Armeen vollständig ausgelastet. In den Akten des Oberkommandos der Wehrmacht wird das für die Nazis so wichtige Unternehmen als »Sonderfall Bührle« bezeichnet. 1939 versteuerte der Industrielle in Zürich – dort sind die Steuerverhältnisse der Bürger öffentlich einsehbar – ein Privatvermögen von 8,5 Millionen Franken; 1945 waren es 170 Millionen. Aus der Waffenschmiede entstand ein Mischkonzern, der bis heute von der Familie des Gründers, insbesondere von der 1926 geborenen resoluten Tochter Hortense Anda-Bührle, beherrscht wird: Oerlikon-Kanonen, Bally-Schuhe, Pilatus-Flugzeuge, Leybold-High-Tech-Beschichtungsmaschinen (im hessischen Hanau).

Der ehemalige Münchner Privatbankier Baron August von Finck, der 1990 »wegen Nachfolgeproblemen« sein ererbtes Bankhaus Merck, Finck & Co. an die britische Barclay's Bank verkaufte und mit seinem milliardenschweren Vermögen in die Schweiz übersiedelte, ist mit 10 Prozent an Bührle beteiligt. Finanziell engagierte er sich auch in der Schweizer Restaurant- und Hotelkette »Mövenpick«. Bührle-Miterbin Hortense (31 Prozent) und von Finck lernten sich im gemeinsamen Sommerurlaubsort St. Anton am Arlberg kennen und schätzen. Man verband sich geschäftlich (»Frau Anda hat mich gebeten«), und seitdem beherrschen sie mit ihren Anteilen zusammen den Bührle-Konzern.

Georg Emil Bührle, der Gründer, der nebenher auch in Zürich eine Privatbank besaß, trat als Kunstmäzen auf, in dessen Sammlung sich kostbare Gemälde aus requiriertem jüdischem Besitz fanden (er gab diese, einmal entdeckt, nach dem Krieg den ehemaligen Eigentümern zurück), stiftete dem Kunsthaus Zürich aus seinen Kriegsgewinnen ein neues, prachtvolles Gebäude sowie einen Teil seiner Sammlung.

Die Zürich-Connection spielte, wie in so vielen undurchsichtigen Finanzgeschäften auch bei der Herstatt-Pleite eine wichtige Rolle. In den späteren Gerichtsverfahren tauchte immer wieder eine merkwürdig intensive Verbindung zur Rämistraße 7 in Zürich auf. Dort residierte eine kleine Bank, die früher einmal »Ausländerbank« geheißen hatte und wo ein 24facher Multi-Verwaltungsrat namens Dr. Roger Frehner die für eine klassische Zürich-Connection charakteristischen Fäden zog. Es bestand der dringende Verdacht, daß Herstatt-Verluste auf Konten bei der Zürcher Bank wieder als Gewinne aufgetaucht waren. Umbuchungen liefen kreuz und quer zwischen Köln, Zürich und Luxemburg.

Für die von so verzweigten Ermittlungen in Wirtschaftssachen noch völlig überforderte Justiz verlor sich diese vielversprechende Spur im Nebel. Zwar hatten die Ermittler in diesem Gerichtsverfahren erstmalig in Deutschland versucht, per Computer Beleg für Beleg nachzuvollziehen, um die einzelnen Buchungsstränge zu entwirren. Die Beweiskraft der elektronischen Fahndung erwies sich jedoch noch als zu gering. Keiner der Angeklagten mußte, abgesehen von der Untersuchungshaft, einsitzen. In fast allen Verfahren kam es zu Revisionen, schließlich zu Freisprüchen oder zu milden Strafen auf Bewährung. 1987 wurde das Hauptverfahren ganz eingestellt. Viele Hintergründe blieben im dunkeln.

Die bemerkenswerte Gründer-Konstellation Gerling-Quandt-Bührle, die sich bei Herstatt zusammenfand, wurde kaum hinterfragt. Immerhin ist die Herkunft der einzelnen Bankbesitzer aufschlußreich. Es fällt auf, daß die Bank in den Anfangsjahren in der Sparte Goldhandel sehr viel Geld verdiente. Das braucht nichts zu bedeuten, aber interessant ist der Zusammenhang dennoch: Zur Zeit der Herstatt-Pleite saß der Industrielle Wolff von Amerongen im Aufsichtsrat bei Gerling. Mit

Gerling stand die Kölner Firma Otto Wolff seit je in enger Beziehung, zugleich mit der Herstatt-Konkurrenz Oppenheim, die ihre eigenen Interessen im Versicherungsgeschäft verfolgte. Die Firma war von Otto Wolff senior gegründet worden, einem Zeitgenossen von Hugo Stinnes und Jakob Goldschmidt. Wolff, Sohn eines Bonner Organisten, begann als Lehrling in der Kölner Eisengroßhandlung Peltzer, wo er gemeinsam mit einem andern Lehrling, Ottmar Strauß, Pläne für eine große Zukunft schmiedete. Die beiden machten sich schon bald selbständig und gründeten einen eigenen Stahlhandel. Wie alle Aufsteiger jener Jahre kamen Wolff und Strauß unmittelbar vor und während des Ersten Weltkriegs zu ihrem Vermögen. Als Heereslieferanten waren sie Kriegsgewinnler, aber nicht notwendigerweise Hasardeure. Sie nützten eine Konjunkturlage aus, wie sie sich eben bot. Sie trieben die industrielle Entwicklung voran, und sie unterschieden sich in ihrem Verhalten keineswegs von jenen »alten« Familien der Vorkriegszeit, die ihre immensen Vermögen zwar viel langsamer angehäuft hatten, deren Wachstum aber oft genug durch Kriegsereignisse beschleunigt worden war. Nach Moral in dieser Geschichte zu suchen ist sinnlos. Damals haben nur wenige nach solchen Kriterien gefragt.

Eine Erklärung für diese sagenhaften Karrieren aus dem Nichts liegt auch darin, daß die deutschen Börsen – im Gegensatz zu den ausländischen – vom 28. Juli 1914 bis zum 3. Dezember 1917 geschlossen blieben. Das erwies sich als gravierender Fehler einer von ökonomischen Fragen völlig überforderten Militärregierung: Die wilde Spekulation wurde nur noch mehr angeheizt. Der Keim für die Nachkriegsentwicklung war gelegt, und auch daran trugen die Herrschaften des preußischen Generalstabs eine bis heute kaum beachtete Verantwortung.

Zu den großen Gewinnern der Kriegskonjunktur zählten neben der Landwirtschaft Kohle, Stahl und Schiffahrt. Krupp steigerte seine Reingewinne allein von 1913 auf 1914 um 260 Prozent. Die Gewinne der Banken hingegen stagnierten. »Wirtschaftsgeneral« Erich Ludendorff – er war Generalquartiermeister und politischer Kopf der Militärführung gewesen – schrieb in seinen Memoiren »Kriegführung und Politik«: »Geld spielte keine Rolle mehr.« Es war tatsächlich im Überfluß vorhanden, aber es ließ sich wenig damit anfangen. In der Erinnerung vieler Zeitgenossen schienen zumindest die ersten Kriegsjahre keineswegs als die schlechtesten. Es wurde gut verdient, nicht allein von den Großen, auch vom Arbeiter und Landwirt, sofern sie nicht in den Krieg ziehen mußten, oder von deren Frauen. Die relativ hohen Kriegslöhne lagen weit über dem Vorkriegsniveau. Sie wurden auch später während vieler Jahre nicht mehr erreicht. Das ist übrigens mit ein wichtiger Grund, warum Kriege entstehen und warum sie so lange dauern können: Zunächst leben viele damit sehr gut.

Der Überfluß an Geld, mit dem die Warenproduktion gar nicht mithalten konnte, und die milliardenschweren Kriegsanleihen des Staates, die nie zurückgezahlt wurden, bereiteten den Boden für die Nachkriegsinflation. Zwar wurde im Juni 1916 eine Kriegsmehrwertsteuer eingeführt, die den Mehrgewinn um 30 bis 50 Prozent abschöpfen sollte, aber die großen Macher dieser Jahre traf das nicht allzu hart. Der ehemalige Stahlhandelslehrling Otto Wolff war sogar kurz vor Kriegsende in der Lage, heimlich die Aktien eines der renommiertesten Stahlwerke des Landes, Phoenix, zusammenzukaufen, bis er dort das Kommando hatte. Auch die traditionsreichen Rheinischen Stahlwerke in Duisburg zählten bereits in den frühen zwanziger Jahren zu Wolffs Revier. Hinzu kamen Schiffahrtlinien und Werften. Als erstem gelang ihm ein Joint-venture mit der jungen UdSSR. Gemeinsam mit der Sowjetregierung gründete er die Russische Handels AG mit einem Kapitel von 30000 Goldrubel.

Dieses Geschick auf östlichen Märkten hat Otto Wolff junior vom Senior geerbt. Die Firmenphilosophie von Vater und Sohn war im Kern einfach: Der Staat garantierte die Geschäftsbedingungen. Man mußte sich mit ihm gut stellen, um gute Profite zu machen, ob es nun eine kaiserliche, eine revolutionäre, eine faschistische, kommunistische oder bundesrepublikanisch demokratische Regierung war. Der Partner von Otto Wolff senior, Ottmar Strauß, der Diplomat des Unternehmens, sorgte für entsprechende Kontakte in Berlin. Ihm gelang es sogar, mit der kurzlebigen revolutionären Regierung Geschäfte zu machen. Und auch Wolff senior besaß, wie alle großen Aufsteiger jener Jahre, mehrere Zeitungen, von denen die »Kölnische Volkszeitung«, das Zentralorgan des katholischen Zentrums, und das »Kölner Tageblatt« die einflußreichsten waren. Kein Wunder, daß in der ersten Hälfte der zwanziger Jahre Otto Wolff eine der am meisten genannten Firmen im Land war.

Das Kölner Stahlhandelsunternehmen wiederum spielte am Ende des Zweiten Weltkriegs eine weitgehend unbekannte Rolle im umfangreichen Goldhandel des Nazireiches. Um während des Krieges den Außenhandel zu finanzieren und um Devisen zu beschaffen, verkaufte die Deutsche Reichsbank Goldbarren und -münzen in Milliardenhöhe. Das Gold kam teilweise aus dem Staatsschatz der eroberten Länder, war also staatliches Raubgut. Ein kleiner Teil davon stammte aus eingeschmolzenen Zahnfüllungen, Brillengestellen, Ringen und Schmuckketten von KZ-Opfern. 90 Prozent der kriegswichtigen Gold- und Devisengeschäfte der Nazis, so räumte die Schweizer Nationalbank 1946 stolz vor schweizerischen Bundesrichtern ein, liefen während des Zweiten Weltkriegs über die Drehscheibe Schweiz: Die Schweizer tauschten Raubgold der Nazis gegen Devisen im Wert von Hunderten Millionen Franken. Neueste Forschungsergebnisse zeigen, daß es »nur« 79 Prozent gewesen waren. Mit dem Geld kauften die Nazis wiederum Rüstungsgüter in Milliardenhöhe von den Schweizern, vorzugsweise bei Georg Emil Bührle, dem Gerling-Partner – ein grandioses Ringgeschäft, über dessen Details die Öffentlichkeit erst Jahrzehnte später Genaueres erfuhr. Ein amerikanischer Regierungsbericht stellte 1997 fest, daß solche Geschäfte der Schweizer den Zweiten Weltkrieg verlängerten und deren Neutralität zur Disposition stellten.

Der Rest des Nazigoldes wurde über neutrale Staaten wie Schweden und Portugal, zu einem kleineren Teil via Spanien gehandelt. Portugal kam eine besondere Bedeutung zu, weil die Mini-Kolonialmacht der deutschen Kriegsmaschinerie den größten Teil des raren Wolframs lieferte, das zur Herstellung von kriegswichtigen Stahllegierungen verwendet wurde. Der Stahlhändler Otto Wolff von Amerongen, Jahrgang 1918, saß gegen Ende des Krieges bereits in der Geschäftsleitung des Kölner Familienunternehmens und hielt sich bei Kriegsende längere Zeit in Portugal auf. Und zu diesem Zeitpunkt spielten ausgerechnet in Lissabon dubiose Goldtransfers der Nazis über die Firma Otto Wolff eine merkwürdige Rolle.

Am 20. August 1945, drei Monate nach Kriegsende, schilderte der Bankrat Karl Graupner, wie die Reichsbank noch kurz vor dem Zusammenbruch beträchtliche Goldmengen verschob, und nannte ausdrücklich die Firma Otto Wolff. Graupner war von den Alliierten verhaftet worden. Seine detaillierten Kenntnisse wurden auf einer offenbar sehr klapprigen Schreibmaschine getippt, das O und die vielen Nullen schlugen dauernd Löcher ins Papier.

Das Unternehmen Otto Wolff, vertreten durch den Miteigentümer Rudolf Siedersleben (er starb im Juli 1946), schaltete sich gegen Ende des Krieges in die Geschäfte ein: Mitte 1944 karrte die Firma beträchtliche Goldmengen aus Reichsbankbeständen nach Madrid und Lissabon: »Golddollar im Wert von circa zehn Millionen Reichsmark sowie Golddollar und Goldfranken (je zur Hälfte) im Werte von 1,1 Millionen Reichsmark«, schrieb der Reichsbankrat. Das waren nach heutigem Wert immerhin etwa 250 Millionen Mark.

Was der Zweck dieser beträchtlichen Verschiebungen in der letzten Kriegsphase gewesen ist, bleibt nach den Aufzeichnungen unklar. Ein Teil des Goldes tauchte auf dem Gelände der deutschen Botschaft in Madrid auf. Der deutsche Botschafter hatte die Kisten eigenhändig im Park der Residenz vergraben und sie bei Kriegsende dem Außenministerium des faschistischen Spanien übergeben. Die Kisten blieben eine Zeitlang im Keller des Ministeriums in Madrid und wurden angeblich später an die Alliierten ausgeliefert. Wohin die Amerikaner dieses Gold brachten, ist ungewiß. Die Spur des übrigen Goldes aus dem von Otto Wolff getätigten Handel verliert sich gleichfalls.

Die Aktivitäten zogen sich nach Graupners Bericht bis März 1945 hin, also beinahe bis zur Kapitulation. Er notierte, daß die Firma Otto Wolff Schweizer Franken, Escudos und Peseten aus den Golderlösen bei der Reichsbank ablieferte und dafür Reichsmark vergütet bekam. Überdies kassierte das Unternehmen kräftig Provisionen: 3 Prozent vom Umsatz. In der Graupner-Liste werden Einzelheiten wie etwa die der Spanien-Transaktion aufgeführt. So hat das Kölner Unternehmen Ende Juni 1944 den Betrag von 2 380 950 Golddollar »zur Verwertung« erhalten, verpackt in insgesamt 119 Kisten. In zwei getrennten Lieferungen schleusten Wolffs Leute das Gold per Lkw quer durch das vom Krieg durchpflügte Westeuropa. »Mittelsmänner der Firma Wolff«, so Graupner, »führten die Verwertung der Golddollar in Spanien durch.«

Nach ähnlichem Muster wurde Gold nach Portugal geschafft und dort »durch Vertrauensleute der Firma Wolff« zu Geld gemacht. Insgesamt gingen drei Goldtransporte am 17., 22. und 29. Juni 1944 auf die mysteriöse Reise. Diese Transaktionen wichen merkwürdig von der sonst während des Krieges von der Reichsbank geübten Praxis ab. Das neutrale Portugal hatte sich in der letzten Kriegsphase geweigert, direkte Geschäfte mit der Reichsbank abzuschließen. Der damals

26jährige Otto Wolff von Amerongen, seit 1942 für seine Firma in Südeuropa tätig, hielt sich, wie bereits erwähnt, zu diesem Zeitpunkt in Portugal auf. Zwei Jahre zuvor hatte er nominell die Führung der Unternehmensgruppe übernommen, nachdem sein Vater 1940 gestorben war. In der Bankenszene wußte man, daß die Firma Otto Wolff im Handel mit gestohlenen Wertpapieren aus jüdischem Besitz eine wichtige Rolle spielte. In der Schweizerischen Verrechnungsstelle, die den zentral geregelten Wirtschaftsverkehr mit dem Deutschen Reich überwachte, war Otto Wolff als einschlägig aktive Firma bekannt. Außerdem sind im Archiv des Schweizerischen Bundesgerichts Fälle dokumentiert, in denen immer wieder Wolff, Köln, als Lieferant von dubiosen Wertpapieren auftaucht. Nach dem Krieg mußten die Schweizer wegen der Klageflut von Opfern und deren Erben eine eigene Spruchkammer bei ihrem obersten Gericht einrichten – sie hieß Raubgutkammer und legte ihre Akten unter dem Buchstaben »R« an. Die Dokumente sind nach 50 Jahren Sperrfrist jetzt einzusehen.

Besonders viele Kläger kamen aus den Niederlanden. Zahlreiche Juden aus Deutschland hatten Teile ihres Vermögens über die Grenze gerettet, es beim Einmarsch der Wehrmacht aber nicht mehr weitertransferieren können. Per Verordnung Nr. 148 requirierte die Besatzungsmacht zwischen dem 8. August 1941 und dem 8. Mai 1945 jüdisches Kapitalvermögen in großem Umfang. Die Schweizer Bundesrichter zeichneten den Weg nach: »Die deutschen Behörden benützten die unter ihre Zwangsverwaltung gestellte Bank Lippmann, Rosenthal & Co. (in Amsterdam, d. Verf.) dazu, jüdisches Kapitalvermögen zu sammeln und nachher im Zuge der Devisenbeschaffung zu liquidieren. Entschädigung erhielten die Juden in Holland nicht. Es ist gerichtsnotorisch, daß sich die Vorgänge im allgemeinen so abspielten.«

Der Weg war auch in anderen Besatzungsgebieten ähnlich. Die Firma Otto Wolff lieferte der Eidgenössischen Bank bündelweise Aktien, die der deutsche Staat Juden weggenommen und privaten Unternehmen zur Verwertung übergeben hatte: Hehlerei in Staatsauftrag. Von der Eidgenössischen Bank (sie wurde später stillschweigend von der Schweizerischen Bankgesellschaft übernommen, samt Aktiva und unangenehmen Akten) gelangten die gestohlenen Effekten aus jüdischem Besitz an andere Schweizer Banken, um die Herkunft zu vertuschen. Tauchte in den Verfahren vor dem Bundesgericht in Lausanne der Name Wolff auf – und er tauchte oft auf –, war den Richtern aus früheren Fällen klar, daß es sich hier um gestohlene Ware handelte.

Zu diesem Kapitel der Firmengeschichte und zu Hintergründen dieses Gold- und Wertschriftenhandels hat sich der nachmalige Präsident des Deutschen Industrie- und Handelstages auch auf Nachfrage nie erklärt. Seine Firma, die zuletzt einen Umsatz von 3,2 Milliarden und einen Jahresüberschuß von 100 Millionen DM erwirtschaftete, verkaufte Otto Wolff 1990 an Thyssen. Der Unternehmer ist zusammen mit seinem Ex-Schwiegersohn Arend Oetker – ihm gehört der Lebensmittelkonzern Hero – Hauptgesellschafter der T.E.A.M.-Football, einer Finanzierungsgesellschaft von The Event Agency & Marketing AG im schweizerischen Luzern. Das Unternehmen kontrolliert den millionenschweren Handel mit Werbe- und TV-Rechten der Champions League. Zusammen mit dem Bankier Alfred von Oppenheim kaufte Wolff 1992 außerdem den Europa Verlag in Wien (jetzt München), ein eher erstaunliches Engagement, denn früherer Eigentümer war der Österreichische Gewerkschaftsbund, der 10 Prozent des Stammkapitals behielt.

Dieses Fluidum von diskreter Großfinanz, riesigen Privatvermögen, alten Kreuz- und Querverbindungen aus Kriegszeiten, dazu ein eher bieder wirkendes Aushängeschild namens Iwan David Herstatt: das machte das Schillernde der Herstatt-Bank aus. Ihr eigentlicher Besitzer, Hans Gerling, trat nie als Bankier in Erscheinung. Zwar besaß er ein Büro im Bankgebäude Unter Sachsenhausen 6. Gesehen hat man ihn dort aber kaum. Die Bank wurde von Iwan David Herstatt allein repräsentiert.

Herstatt, 1913 geborener Sohn eines Allianz-Direktors, hatte sich früh in den Kopf gesetzt, die Tradition seiner Ahnen neu zu beleben, die Kölns erste Privatbank betrieben hatten. Diese war aus einer von Isaak Herstatt 1717 gegründeten Textilmanufaktur hervorgegangen. Die Bank spielte in den Anfängen der Industrialisierung des Rheinlands im ersten Viertel des 19. Jahrhunderts eine führende Rolle. Die Firma Isaak Herstatt war die größte Bank der Stadt, verlor aber seit den vierziger Jahren des letzten Jahrhunderts an Bedeutung; Abraham Schaaffhausen und die Oppenheims rückten an die Spitze auf. 1888, nach 109 Jahren Selbständigkeit, wurde die Herstatt-Bank in das befreundete Bankhaus J. H. Stein überführt, weil Friedrich Johann David Herstatt, der letzte Eigentümer, überraschend gestorben war.

Wie dessen Enkel zum Namen Iwan kam, ist ein Familienhistörchen: Einen slawisch aussehenden Kutscher der Herstatts habe man Iwan genannt. Von daher sei der russische Vorname in die Familie gerutscht. Das war in der Tat das einzig Russische am durch und durch »kölsche Jong« Iwan, wie er sich selbst gern nannte. Später, als Bankier, hat er den exotischen Touch seines Namens sorgsam gepflegt, um die Familiengeschichte noch etwas auszuschmücken. Ein Herstatt wurde Bürgermeister, ein anderer Präsident der Handelskammer, Iwan Davids Vater trat als Mäzen hervor. Der Sohn spielte als junger Mann in einer Jazzband gemeinsam mit Robert Gerling, dem Bruder des nachmaligen Herstatt-Inhabers. Die Familien kannten sich, man pflegte freundschaftliche, wenn auch nicht allzu enge Beziehungen.

Die extrovertierten Herstatts, weit stärker als die introvertierten Gerlings, waren seit über hundert Jahren integrierter Bestandteil des »Kölschen Klüngels«. Diese spezifische Klumpform findet man auch in anderen Städten, aber Köln hält sozusagen das Copyright auf die Urform des rheinisch-germanischen Klüngels an sich. Das Phänomen ist nicht leicht zu erklären. Man muß es selbst erleben. Doch der Zugereiste wird dessen innere Mechanismen auch nach Jahren nie wirklich verstehen. Was im übrigen Sinn und Zweck jedes Klüngels ist: Außenstehende von fest verteilten, manchmal über Generationen vererbten, öffentlichen und halböffentlichen Pfründen fernzuhalten.

Der Kölsche Klüngel in seinen vielfältigen Erscheinungsformen gehört zum Fluidum um Herstatt ebenso wie der verschwiegene Club der Milliardäre. Der Klüngel steht für ein überaus zähes, unverwüstliches Gemisch aus regionalen Wirtschafts-, Partei- und Medieninteressen, verbrämt durch den Weihrauch des überall, selbst in Karnevalsvorständen präsenten katholischen Klerus. Erträglich wird diese Pech-Schwefel-Weihrauch-Chemie durch eine eher mediterrane Art des Gebens und Nehmens. »Kölsch« steht außerdem als Oberbegriff für zwei wichtige Zutaten des Klüngels. Zum einen ist es der Gattungsname für obergäriges Bier, das man aus zahnglasartigen Gefäßlein trinkt, dafür in beträchtlicher Anzahl, weil die Zapfzeit ungleich kürzer ist als beim Pils. »Kölsch« heißt auch der ortsübliche, niederrheinische Singsang, den viele Bayern oder Norddeutsche für ein Nebenprodukt des Niederländischen halten, was es im weiteren Sinn tatsächlich ist. Diese Laute sind weniger ein Dialekt, vielmehr eine fast eigenständige Sprache, die ein vordergründiges Gefühl von Gemütlichkeit selbst dann vermittelt, wenn es überhaupt nicht gemütlich gemeint ist. Vor allem: Das kölsche Platt, da nur für Eingeborene adaptierbar, ist ein probates Mittel, Stammesfremde elegant und wirksam auszugrenzen. Insofern ist Kölsch gleichfalls ein integrierender Bestandteil des Klüngels.

In diesem schwülen Klima, das seine Wärme aus intensivem Zusammenglucken bezieht, findet ein vergleichsweise seriöses Großunternehmen wie der Karneval reichen Nährboden. Die Vorgänge in den Vorständen der zahlreichen Karnevalsgesellschaften beschäftigen die städtischen Medien, und nicht nur sie, das ganze Jahr über in einer Art, wie man es den Vorständen von Wirtschaftsunternehmen nicht wünschen möchte. Intrigen um die vielfältigen Karneval-Chefposten, oft mit militärischen Rängen garniert – Herstatt war »Generalmajor« –, um die Reihenfolge von Büttenreden und andere Angelegenheiten von höherer Wertigkeit nehmen byzantinische Ausmaße an und werden mit großem Ernst öffentlich debattiert. Und wehe, es lacht ein Stammesfremder! Um die jedes Jahr neu erhobene Frage, wer das merkwürdige »Dreigestirn«, bestehend aus Prinz, Bauer und Jungfrau, darstellen darf, balgen sich seriöse Geschäftsleute gesetzteren Alters und ebensolcher Statur mit hohem finanziellem Einsatz. Die vom 11. 11., 11 Uhr 11, bis Aschermittwoch wochenlang in Frauenkleidern samt Strohzöpfen durch Lokale und »Sitzungen« schunkelnde »Jungfrau« wird ausschließlich von Männern beleibteren Umfangs gestellt. Als »Club der Clubs« galt jedoch zu Herstatts Zeiten der Cölner Club für Wassersport, der nur Mitglieder »aus allerersten Kreisen« aufnahm. Ein logenähnliches, geheimes Aufnahmeverfahren mit schwarzen und weißen Kugeln, die sogenannte Ballotage, entscheidet über Neumitglieder. Eine einzige schwarze Kugel genügt, um eine Bewerbung zu Fall zu bringen. Herstatt brachte die peinliche Prozedur locker hinter sich, während beispielsweise Wolff von Amerongen, wie der Bankier gern erzählte, an einem schwarzen Ball scheiterte.

Die muntere Cliquenwirtschaft setzt sich in den Stadtverwaltungen fort. In Köln gibt es zwei davon: die reguläre mit 22 000 Bediensteten und den Stadtwerkekonzern mit etwa 6000 Mitarbeitern. Letzterer ist zwar privatwirtschaftlich organisiert, unterliegt aber der städtischen Kontrolle, das heißt: den Parteien, den »Roten« und den »Schwarzen«. Am Postenschacher in diesen rund 20 Wirtschaftsunternehmen mit ihrer Unzahl Direktions-, Vorstands- und Aufsichtsratsjobs, alle ausnahmslos gut dotiert, läßt sich das Wesen von Seilschaften en détail studieren. Natürlich beschränken sich alle diese Erscheinungsformen längst nicht auf Köln. Unbestritten aber hat der Kölsche Klüngel in dieser Disziplin Maßstäbe gesetzt, auch wenn es die Kölner nicht gern hören. Die Parallele zur Wiener Parteienwirtschaft, wo bis heute selbst Hausmeister nach Parteibuch ausgesucht werden, ist nicht zu weit hergeholt.

Dieser volkskundliche Abstecher war notwendig, weil das Herstatt-Phänomen als Gesellschaftsereignis nur über diesen Umweg erklärbar ist. Die Karriere, die der junge Iwan David Herstatt zunächst einschlug, schien ihn nicht gerade für eine brillante Bankierslaufbahn zu empfehlen. 18 Jahre verbrachte er unauffällig bei der Deutschen Bank, leitete die Kreditabteilung einer im Krieg übernommenen französischen Bank in Metz, wickelte diese 1945 in Baden-Baden ab und führte einige Jahre später die Kölner Niederlassung der gewerkschaftsnahen Bank für Gemeinwirtschaft. Seinen Ausweis der Gewerkschaft »Handel, Banken, Versicherungen«, HBV, zeigte er noch Jahre später vor, zum allgemeinen Gaudium der vielen Herrenklubs, in denen er verkehrte.

Mit Achtungserfolgen in der Kölner Filiale der Bank für Gemeinwirtschaft fiel Herstatt der Branche erstmals auf. Gerling engagierte den Mann mit klingendem Namen, tönendem Baß und jeder Menge kölscher Querverbindungen als seinen Vorzeige-Bankier. Basis für geplante große Geschäfte war die 1955 gemeinsam gekaufte Minibank Hocker & Co., von der es in der Branche spöttisch hieß, die Küster der vielen katholischen Kirchen der Stadt deponierten bei Hocker jeweils montags die Inhalte ihrer schweren Klingelbeutel. Die neue Bank erhielt den Namen Herstatt, obwohl sie gar nie Herstatt gehörte, aber das wußten damals nur Insider. Die Gründung wurde bei Gerlings mit Champagner begossen.

Herstatt und Gerling, die zwei Männer, die sich da zuprosteten, waren nicht nur äußerlich ein seltsames Duo. Auf der einen Seite der scheue Einzelgänger Hans Gerling, 40 Jahre alt, asketisch, fast zierlich. Er war verschlossen, redete in Gesellschaft wenig, und wenn, dann leise; außerhalb seines Imperiums oder allein unter Fremden wirkte er unsicher. Getönte Brillengläser erhöhten den offenbar beabsichtigten Eindruck der Unnahbarkeit. Er war zwar gebürtiger Kölner, entsprach aber nicht den Repräsentationsvorstellungen extrovertierter städtischer Notabeln. Nur ganz selten zeigte er sich öffentlich, vorzugsweise auf Vernissagen, die seine Frau zur Förderung junger Künstler organisierte; aber auch dort hielt er sich meist im Hintergrund. Sein stets kühles, distanziertes Auftreten interpretierte man nicht zu Unrecht als Arroganz.

Zurückgezogen lebte er mit Ehefrau Irene, den drei Töchtern Helen, Brita, Danny und Sohn Rolf auf der Marienburg, einer Villa aus der Gründerzeit, umgeben von einem riesigen Park. Das ehemalige Luxushotel gab dem vornehmsten Kölner Stadtteil seinen Namen. Für ein Privatgrundstück war das Gelände ungewöhnlich scharf gesichert: insbesondere nach dem Herstatt-Krach – aber auch schon davor –, hatte es doch eine ganze Reihe Morddrohungen und Erpressungsversuche gegeben. Mehrfach wurde die Entführung der Gerling-Kinder angekündigt, und die Polizei nahm die Drohungen sehr ernst.

Die unangenehmen Begleiterscheinungen übergroßen Reichtums verfestigte die in Hans Gerlings Naturell angelegte Neigung, sich abzuschotten, zu einer undurchdringlichen Mauer. Die Marienburg verstand er tatsächlich als Trutzburg, auch wenn kein Wassergraben und keine Ziehbrücke ungebetene Besucher fernhielten; selbst dem Haus Nahestehenden galt die Marienburg als Terra incognita. Nur ganz wenige der drei Dutzend Vorstandsmitglieder von Gerlings Unternehmen haben das Refugium zu Lebzeiten des Hausherrn je von innen gesehen. Zu ihnen gehörte der spätere Vorstandsvorsitzende des Konzerns, Adolf Kracht, ein Bankmanager, den sich Gerling von der Münchner Privatbank Merck, Finck & Co. als Vertrauten geholt hatte. Von Soireen und eleganten Gartenfesten in der Marienburg, wie sie sonst hinter den hohen Mauern der Villen in diesem Stadtteil üblich waren, etwa bei Herstatts, die in der Nähe gleichfalls ein Stadthaus bewohnten, wußten nur wenige aus eigenem Erleben zu berichten. Das Haus strömt keine Wärme aus, es wirkt noch heute abweisend: eine unpersönliche Mischung aus Richard Wagners »Haus Wahnfried« und Kruppscher »Villa Hügel« in Essen.

Hans Gerlings Sohn Rolf, der heutige Hauptaktionär des Konzerns, vermietete die Marienburg bald nach dem Tod des Vaters 1991 an sein eigenes Unternehmen, als wollte er dem Schatten des übermächtigen

Vaters entweichen. Im Hallenschwimmbad, wo Vater und Sohn einst um die Wette schwammen, befindet sich jetzt ein Konferenzsaal, wo Gerling-Mitarbeiter in Schulungskursen über das Zusammenspiel von Ökologie und Ökonomie unterrichtet werden.

Dies war das eine Gesicht der Herstatt-Bank, jene Welt hinter den verschlossenen Portalen. Die andere Welt, die der offenen Türen und Taschen, repräsentierte Iwan David Herstatt, zwei Jahre älter als Gerling, jovial, dröhnend, den vielfältigen Genüssen des Lebens zugetan. Er gehörte nach eigenen Auskünften 52 Vereinen an – davon 20 Karnevalsvereinen sowie 30 Klubs –, saß in 19 Aufsichtsräten und hätte »endlich gern einmal ein ganz anderes Ehrenamt« übernehmen wollen, als zwölfmal den Schatzmeister zu machen, unter anderem im »Großen Senat« des Karnevals, dem 40 Big-shots der Kölner Wirtschaft angehören. An den Sonntagen vor Aschermittwoch besuchte er jeweils pro Tour ein halbes Dutzend seiner Vereine und wurde bei solchen Gelegenheiten regelmäßig mit Orden überhäuft.

Er betrieb dies alles natürlich nicht allein aus Spaß an der Freud, sondern nutzte unermüdlich tausendundeine Verbindung fürs Geschäft. In erster Linie erfüllte Herstatt zwar die Funktion als barockes Aushängeschild der Bank, aber bloß den Frühstücksdirektor spielte er denn doch nicht. Er war ein Talent in Sachen Selbstdarstellung und Marketing. Blankoformulare zur Eröffnung eines Kontos trug er stets bei sich, neue Geschäftsfreunde sollten bei einer Zusage gleich unterschreiben. Wer einen Empfang mit ihm als Ehrengast schmücken wollte, tat gut daran, vorher Herstatt-Kunde zu werden. Von den Geschäften wußte er jedenfalls weitaus mehr, als er später einräumen mochte. In den 18 Jahren seit Bestehen der Bank versäumte er keinen einzigen Arbeitstag, Briefe pflegte er gleichentags zu beantworten, Rechnungen umgehend zu zahlen.

Oft kam es vor, daß die bessere Klientel ihr Geld bündelweise im Aktenkoffer zur Bank trug. Für erfreuliche Ereignisse dieser Art stand das »Venezianische Zimmer« zur Verfügung, in dem ein Tabernakel-schrank aus dem 17. Jahrhundert signalisierte, daß man mit dem Mitgebrachten am richtigen Ort war. Die Konditionen waren durchweg besser als bei der Konkurrenz. Noch im März und April 1974, wenige Monate vor dem Finale, schleppte der Kölner Stadtkämmerer einen

Teil einer 85-Millionen-Mark-Anlage angeblich eigenhändig zu Herstatt, wobei nie ganz klargeworden ist, ob diese schweißtreibende Transaktion nur einer günstigen Einlage öffentlicher Gelder diente oder als Stütze für einen verzweifelten Freund, der den Crash auf sich zurollen sah. Am Tag, als die Schalter schlossen, kam der Chef des städtischen Finanzressorts erneut in die Bank, diesmal eilenden Schritts, ziemlich aufgebracht und mit leerem Koffer. Er forderte das Geld zurück, und zwar auf der Stelle, allerdings vergeblich.

In den Jahren des unaufhaltsamen Aufstiegs fiel es vergleichsweise leicht, von Iwan David Herstatt Kredit zu erhalten, insbesondere wenn man einem der unzähligen Klubs und Vereine angehörte, wo der Bankier Mitglied war. Vom Bankchef wußte man, daß er bei Abklärungen von Kreditrisiken nicht mit lästigen Details behelligt werden mochte. Ein Druckereibesitzer bekam auf seinen Geldwunsch zu hören: »Wer wie Sie Gebetbücher druckt, kann von mir soviel Kredit haben, wie er will. Gebetet wird immer, da gibt's keine Pleiten.« Wenn ein Mitarbeiter Probleme hatte, steckte ihm der Chef schon mal ein Kuvert zu: »Für Ihren familiären Notfall.« Am Freitag plauschte er oft mit leitenden Angestellten zwecks Pflege des Geschäftsklimas im nahe gelegenen Agrippabad. Feste feierte Herstatt, wie sie eben fielen. Und sie fielen oft. Zu seinem Sechzigsten mietete er Oper samt Gürzenich-Orchester, der Pianist Philippe Entremont gab Rachmaninows Klavierkonzert Nummer 3. Von den 900 Gästen, die dem umschwärmten Geburtstagskind ihre ehrerbietige Aufwartung machten, mochte dem wenige Monate später Gestrauchelten kaum einer mehr die Hand reichen.

Niemand wußte, daß er, der einzig persönlich haftende Gesellschafter der Privatbank, bereits 1958 eine urkundlich beglaubigte Gütertrennung mit seiner Frau vereinbart hatte. Anerkanntermaßen führte er eine glückliche Ehe. Er wußte, welches persönliche Risiko er mit der Bankgründung eingegangen war, und auch, daß alles an ihm hängenbliebe, sollte es einmal schieflaufen. Die Gütertrennung rettete ihn später vor dem Totalabsturz. Als alles vorbei war, beteuerte er, sein gesamtes Privatvermögen sei für die Befriedigung der Gläubiger draufgegangen, drei Millionen Mark, nach eigenen Angaben. Im bezahlten Nebenjob schrieb er nun für die Sektkellerei Hochheim Geschäftsfreunde von einst an, um für Bestellungen zu werben. Während der jahrelangen Vergleichsabwicklung mußte er sich statt eines Einkommens mit einer monatlichen Zahlung von 3000 DM zufriedengeben, die man »Präsenzgeld« nannte. Als der Bankier in Untersuchungshaft kam, versiegte auch diese Quelle. Allzusehr darben mußte er aber nicht, seine Stadtvilla in Köln hat er noch Jahre danach halten können. Und der in Büttenreden kolportierte Spruch seiner Frau Ilse: »Jetzt können wir nur noch Kartoffelsupp' essen«, klang, wenn nicht wahr, dann zumindest gut erfunden.

Aber noch lief ja alles rund, man genoß weit über die deutschen Grenzen hinaus in der Branche den Ruf eines sachkundigen und fixen Devisenhandelshauses, das Risiken nicht scheute. Insbesondere im Ausland vertraute man auf den Background des Gerling-Konzerns und verfolgte dessen Aufstieg genau. 1948 wies Gerling gerade einmal 79,47 Millionen DM Prämieneinnahmen aus. 1990, in der letzten Bilanz, die der Patriarch selbst verantwortete, waren es hundertmal mehr: 8,2 Milliarden – einer der größten Industrieversicherer Europas.

In der Kölner Innenstadt, unweit des Hohenzollernrings, am Gereonshof, steht Hans Gerlings steinernes Vermächtnis: ein bombastischer Büropalast mit mehreren Seitentrakten, verkleidet mit hellen Steinplatten. Das pompöse Eingangsportal läßt jeden Besucher als Wicht erscheinen. Noch heute wirkt der Bau wie eine Kulisse aus »Citizen Kane«, jenem Film, mit dem Orson Welles dem 1951 gestorbenen amerikanischen Emporkömmling und Pressezaren William Randolph Hearst ein zweifelhaftes Denkmal setzte. Citizen Hans: Das ehemalige Chefbüro in der zweiten Etage des Seitenflügels, heute ein Konferenzraum, läßt ahnen, was Gerling mit dieser in der deutschen Nachkriegszeit seltenen Gigantomanie bezweckte: Die Sache ist alles, der einzelne gilt nichts. Das Chefbüro verfügte über ein eigenes Eingangsportal. Symbolhafte Insignien überall. Die im ersten Stock nach außen kragende Fensterfront ruht auf mit Königskronen versehenen Metallpilastern. Eine überlebensgroße Christophorusfigur an der Ecke der seitlichen Außenwand spiegelt das religiöse Empfinden des Inhabers ebenso wie sein Verständnis der übergeordneten Kategorien von Sicherheit: Starker Mann trägt schwaches Kind unbeschadet durch reißende Flut und erhält, nachdem er fast ertrunken ist, überreichen Lohn. An der Hausfront dem Chefbüro gegenüber bringen in einem Relief die Heiligen Drei Könige dem Gottessohn ihre Gaben dar, wobei, wie man weiß, Gold eine nicht unwesentliche Rolle spielte. Man darf davon ausgehen, daß der Auftraggeber, der so sorgsam mit symbolischen Stilelementen hantierte, sich über die Auswahl des Sujets eigene Gedanken gemacht hat. Wie in Gerlings Bank verlieren sich in der Heiligen Familie die Spuren des Goldes; die Bibel läßt offen, was damit geschah. Die Familie schlug sich bekanntlich bitterarm durchs Leben. Womit denn auch die allegorische Ausdeutung des Reliefs an Grenzen stößt.

Als der Bau in Betrieb genommen wurde, spöttelten Lästerer über die »neue Reichskanzlei«. Die Zeiten ändern sich: Heute wird das Gerling-Monument als schützenswert eingestuft. Zu Recht vielleicht: Als steinernes Symbol des untergegangenen Spätfeudalismus prägt der Bau ein in den letzten Jahren überaus wohnfreundlich gestaltetes Stadtviertel.

Faschistische Elemente sind unübersehbar, der architektonisch überhöhte Feldherrenhügel mitten in der Stadt ist deutlich von den Großkünstlern des Dritten Reichs, von Albert Speer und Arno Breker, inspiriert. Der Besucher wird auf den Haupteingang verwiesen. Das Chefportal bleibt seit dem Abgang Hans Gerlings verschlossen wie die Heilige Pforte im Petersdom, die nur alle paar Dutzend Jahre aufgestemmt wird. Der Besucherweg ist lang, er führt durch hohe, nur spärlich beleuchtete Flure. Enorme Leuchtschalen aus Metall reflektieren Dämmerlicht von der Decke. Die mystisch-feierliche Atmosphäre war beabsichtigt. Der Besucher sollte physisch spüren, was Macht bedeutet. Heute wirkt der stille Trakt wie ein Mausoleum ohne Leichnam. Auf dem langen Weg zum Allerheiligsten streift der Blick ein Metallrelief Arno Brekers, Hitlers Leibkünstler, der mit Vorliebe und homoerotischen Anspielungen muskulöse Jünglingsgestalten formte. Zwei solcher Riesenplastiken mit zeitgemäß gerecktem Arm flankierten das Hauptportal zur Neuen Reichskanzlei, die Albert Speer seinem Führer an der Wilhelmstraße in Berlin nach nur neun Monaten Bauzeit hingeklotzt hatte. Speer integrierte dort das später im Gerling-Bau kopierte Prinzip des langen und einschüchternden Besucherwegs durch einsame Flure, was einen tempelartigen Eindruck vermitteln sollte.

Auf dem weiteren Weg zum Gerlingschen Parthenon wird der Blick auf zwei lebensgroße Gemälde gelenkt. Das linke zeigt Gerling senior, den Gründer, als jugendlich wirkenden Konzernchef, mit Frack und Zylinder, in Dandy-Pose. Das Bild rechts führt einen alten Mann vor,

Hans Gerling junior, Gründersohn und Schöpfer des Konzerns im Alter von 76 Jahren, abgeklärt, müde, von Krankheit gezeichnet. In der Zeitspanne dazwischen liegt eine der bemerkenswertesten Unternehmensgeschichten Deutschlands.

Der ins Chefbüro zitierte Untergebene oder Gast passierte den Flur zum »Casino« mit den Club- und Speiseräumen des Vorstands. Der bis dahin wahrscheinlich schon ziemlich nervös gewordene Besucher nahm sich am besten noch schnell Zeit, seine verschwitzten Hände unter den vergoldeten Hähnen des Casino-Lavabos zu spülen. Dann stand er endlich vor den Flügelportalen des Chefbüros. Die Türgriffe sind in Form von Weltkugeln gestaltet; sie liegen prall und satt in der Hand. Der Eindruck, den innersten Tempelbezirk erreicht zu haben, war gewollt. Das ehemalige Büro Hans Gerlings ist so groß wie zwei Squash-Hallen. Es wird von einer riesigen gardinenverhangenen Fensterfront dominiert. Davor stand der enorme Schreibtisch. Den heutigen Besucher blenden die Strahlen des Gegenlichts. Säße jetzt Hans Gerling vor dieser gleißenden Kulisse, wie er früher dort hinter seinem gewaltigen Corpus gethront haben muß – eine gottähnliche Aura würde ihn umstrahlen.

Kein Detail an diesem Wirtschaftstempel ist Zufall, die baulichen Elemente zur Einschüchterung sind sorgsam geplant, ihr Effekt wirkt bis heute nach. Noch stand der Gast in der Tür. Schließlich hatte er die gut ein Dutzend Meter vom Portal zum Chef-Schreibtisch zurückzulegen, allein und unter unablässiger Beobachtung durch den Konzernherrn, ohne daß der Besucher wegen des blendenden Lichts dessen Augen würde sehen können. Dieser Anmarschweg vom Hauptportal bis hierher muß auch aus selbstbewußten Direktoren demütige Angestellte gemacht haben. Ältere unter ihnen erzählen noch heute von diesem innerhalb von Minuten sich vollziehenden, physisch scheinbar spürbaren Prozeß der Miniaturisierung, bis man endlich vor dem Schreibtisch stand. Die Besucher von einst, heute gestandene Direktoren, lächeln bei ihren Erzählungen, aber ihre Kniekehlen scheinen in Erinnerung noch immer leicht nachzugeben.

Diese Selbstdarstellung betrieb Gerling ebenso bewußt wie erfolgreich. Sein Unternehmen war zum Zeitpunkt des Herstatt-Krachs keineswegs so finanzstark, wie die stolze Fassade vorgab. Aber jedermann mußte den Konzern und seinen Alleininhaber, so, wie sie sich präsentierten, für unermeßlich reich und mächtig halten.

Als Zwanziger übernahm Hans Gerling 1935 das Unternehmen von seinem verstorbenen Vater. Der hatte im Alter von 26 Jahren 1904 ein Versicherungsbüro betrieben und es zu einer Holding beträchtlichen Ausmaßes entwickelt, die »Gerling-Konzern Rheinische Versicherungs-Gruppe AG«. Robert Gerling starb 1935 als einer der reichsten Männer Deutschlands, hinterließ allerdings keine klare Nachfolgeregelung, was bald zu einem 22 Jahre dauernden Zweikampf zwischen den Brüdern Hans und Robert führte. Hans scheute sich nicht, Robert 1957 per Gerichtsklagen aus Unternehmen und Familienvermögen zu drängen. Die Folgen des Rauswurfs milderte eine vergleichsweise karge Abfindung von 30 Millionen Mark offensichtlich nur unzureichend; denn der gekränkte Robert versuchte zeit seines Lebens, seinem dominanten Bruder Konkurrenz zu machen. Seine Gerling-Bank in Zürich erlitt ebenso Schiffbruch wie seine Genfer Rechtsschutzversicherung »Défense Automobile et Sportive«. Sie mußte 1994 unter Zwangsverwaltung des Schweizerischen Bundesamts für Privatversicherungswesen gestellt werden; die Auffanggesellschaft ging an den Deutschen Automobilschutzverband DAS. Auch das dritte größere Unternehmen Robert Gerlings, die »Universale Rück«, eine Rückversicherungsgesellschaft mit Sitz in der Schweiz, ging pleite.

Der zähe Hans hingegen schmiedete erfolgreich an Vaters umfangreichem Erbe. Dessen Grundprinzip bewährte sich, etablierte Versicherungsunternehmen mit ihren kartellähnlichen Preisabsprachen ein ums andere Mal mit einer aggressiven Preispolitik zu unterbieten. Statt die teure Infrastruktur der Großen mit seiner Maklertätigkeit mitzufinanzieren, verkaufte Gerling seine Policen lieber direkt an die Unternehmen und profilierte sich bei der Klientel als fintenreicher Außenseiter. Sein Studium holte der Jung-Vorstand nach, während er, gerade 18jährig, nach dem frühen Tod des Vaters schon fast zuoberst im Unternehmen saß. Er studierte Betriebswirtschaft und promovierte als Diplomkaufmann mit einer Arbeit über »Geldwert und Arbeitslosigkeit« zum Dr. rer. pol. Über seine Jahre als Soldat hüllte er sich stets in Schweigen. Den Vorsitz über das Gesamtunternehmen übernahm er in Wehrmachtsuniform.

Nach 1945 baute Hans Gerling die Firma neu auf. Der Schwung der Wirtschaftswunderjahre trug beide rasant nach oben: Kreditversicherung, Industriehaftpflicht, Rechtsschutz, Lebens- und Rückversicherung ergänzten im Lauf der Jahre die Gruppe, die heute über hundert Einzelfirmen zählt. Die Vermögensanlagen des Konzerns beliefen sich 1990 auf 22,5 Milliarden DM. Um seine Bank schien er sich hingegen im operativen Geschäft wenig zu kümmern, sie lieferte schöne Erträge, expandierte laufend und vermehrte mit Devisenoperationen auch die Rücklagen des Konzern in beträchtlicher Höhe.

Unter Sachsenhausen 6/Ecke Tunisstraße ließ Gerling seinem Bankier Herstatt ein vom eigenen Feldherrenhügel inspiriertes sechsstöckiges Gebäude hinstellen, gegenüber der behäbigen und um ein Stockwerk niedrigeren Schaltzentrale des Konkurrenten Sal. Oppenheim jr. & Cie. Man stand nun an historischer Stelle. Ganz in er Nähe hatte eine jahrzehntelang sehr bedeutende Bank ihren Anfang genommen: der von Gustav Mevissen im Revolutionsjahr 1848 eröffnete Schaaffhausen'sche Bankverein. Bis zur Gründung der Deutschen Bank 1870 war dieses Institut die erste und wichtigste Aktienbank Preußens gewesen, eine Industriebank neuen Typs. Man begnügte sich nicht mehr mit dem Verwalten von Geld und Vermögen oder mit der Ausgabe von Anleihen, sondern verstand sich als Finanzierungsgesellschaft für die aufstrebende Großindustrie. Die neue AG besorgte alle Kreditoperationen: Kapitalausstattung, Emission von Obligationen und Aktien, Absicherung langfristiger Kredite; auch das Girokonto, bis dahin kaum bekannt, wurde eingeführt. Ohne diese neuen Dienstleistungen hätten sich große Industrieunternehmen überhaupt nicht entwickeln können.

Die Bank war bis in die Einzelheiten die Kopie eines erfolgreichen Originals: des Crédit Mobilier. Das Vorbild dieser Pariser Bank, die zwar nur kurzen Bestand hatte – sie ging 1867 unter –, wirkte wie eine Initialzündung auf das westdeutsche Geldgeschäft und die Expansion der Industriefinanzierung, insbesondere in Köln, das unter starkem französischem Einfluß stand. Der Ausbau der Infrastruktur, vor allem von Eisenbahn und Binnenschiffahrt, eine Voraussetzung zur raschen Entwicklung von Industrie und Handel, wurde von Privatbanken, nicht von Regierungen oder Industrieunternehmen angestoßen. Eine der ersten wichtigen Bahnen am Mittelrhein, die Linie Köln–Minden, die den direkten Anschluß nach Bremen brachte, führten die Oppenheims am Anfang als Privatunternehmen.

Der Beginn des ersten deutschen Wirtschaftswunders, »die industrielle Revolution«, läßt sich ziemlich genau datieren: ins Jahr 1850, zwei Jahre nachdem die bürgerliche Revolution niedergeschlagen worden war. Dieser gescheiterte Aufstand gegen ein autoritäres Herrschaftssystem hatte trotz des politischen Mißerfolgs jene marktliberalen Kräfte freigesetzt, die sich nun in einer ungestümen wirtschaftlichen Entwicklung entfalteten. 1850 war das Jahr des »take off«. Von da an boomte die Wirtschaft mit jährlichen Wachstumsraten von 10 Prozent und mehr. Dieser Aufstieg trug sich selbst und war nicht einfach eine Begleiterscheinung zeitgleicher internationaler Entwicklungen. Der bis dahin beispiellose wirtschaftliche Aufschwung beruhte auf industrieller Produktion im Inland und einer raschen Steigerung der Produktivität, dank der Maschinen, die man nun nicht mehr aus England importierte, sondern selbst herstellte. Der Handel florierte, die kümmerlichen Verkehrswege wurden rasend schnell ausgebaut.

Der Schaaffhausen'sche Bankverein, gleichfalls eng liiert mit Oppenheim, hatte beträchtlichen Anteil an dieser Entwicklung. Er war aus einer Beinahe-Katastrophe hervorgegangen, die deutliche Parallelen zum Herstatt-Krach zeigte – für Abergläubige ein böses Omen. Nicht weit davon entfernt, schloß am 29. März 1848 »Abraham Schaaffhausen«, eine der bedeutendsten Privatbanken Deutschlands, wegen Zahlungsunfähigkeit die Schalter. Zu ihrer Klientel gehörten 170 Unternehmen mit 40000 Arbeitnehmern und einem Jahresumsatz von 50 Millionen Talern. Der preußische Finanzminister, ein liberaler Rheinländer, erkannte sofort, was das bedeutete. Er organisierte mit Staatsgeldern eine Rettungsaktion. Das Ergebnis war die Schaaffhausen'sche Bankverein Aktiengesellschaft. Der spätere Retter der Oppenheims und Intimus Konrad Adenauers, Robert Pferdmenges, leitete jahrelang »die Schaaffhausen'sche« als Generaldirektor, bevor er zur Konkurrenz wechselte. Der Bankverein ging 1914 in Mehrheitsbesitz der Berliner Disconto-Gesellschaft über, die 1929 von der Deutschen Bank geschluckt wurde.

Eine wichtige Rolle bei den Vorgängen um Schaaffhausen spielte, wie später bei Herstatt, wiederum die Konkurrenz von gegenüber. Wie beim Herstatt-Krach fürchteten die Oppenheims in der Mitte des 19. Jahrhunderts schon einmal, vom Strudel des untergehenden Konkurrenten mitgerissen zu werden. Mit gutem Grund: Sie standen gleichfalls am Rand des Konkurses. 1849 verbuchte ihre Bank auf der Habenseite 496000 Taler, verteilt auf 376 Konten, auf der Sollseite hingegen fast 2,4 Millionen Taler. Worüber Privatbankiers sonst niemals reden, schrieb Simon Oppenheim seinem Bruder Abraham am 3. April 1848: »Der Staat muß einschreiten, wenn er nicht zu große Calamitäten herbeiführen will.«

Simon Oppenheim hatte in aller Eile sein Testament ändern und der neuen, keineswegs rosigen Vermögenslage anpassen müssen. Er zog Bilanz und kam zum Schluß, daß er über Nacht verarmt war: »Eine Umwälzung aller sozialen und politischen Verhältnisse hat leider mein beim Ausbruch der Revolution sehr großes Vermögen dermaßen erschüttert und in Frage gestellt, daß ich meinen Erben heute keine Lasten nach meinem Tode aufbürden darf und will.«

Der Staat griff ungewöhnlich schnell und beherzt ein, auch schon deswegen, weil mit dem Zusammenbruch der Bank eine Verschärfung der revolutionären Unruhen verbunden gewesen wäre, die das Land gerade von oben nach unten durchpflügten. Mit der raschen Staatshilfe wurde nicht nur Schaaffhausen saniert, und zwar durch einfache Umwandlung der Schulden in Eigentumsanteile. Auch den Oppenheims sicherte der preußische Staat das Überleben mit einer Liquiditätsspritze von einer halben Million und ermöglichte der Kölner Familie, ihre Führungsposition in der westdeutschen Hochfinanz zurückzugewinnen. Bei Sal. Oppenheim jr. & Cie., der heute größten Privatbank Deutschlands, will man über solch intime Staatsnähe, der man die heutige Existenz verdankt, allerdings nichts mehr wissen.

Diese ganze Vorgeschichte kannte Iwan David Herstatt vermutlich nicht in Einzelheiten, und hätte er sie gekannt, würde sie ihn womöglich dazu verleitet haben, in der Stunde X gleichfalls auf Staatshilfe zu vertrauen. Der Fall X trat im Frühsommer 1974 ein, und der Staat war weit weg. In der Devisenabteilung von Dany Dattel, inzwischen die einzige Ertragsstütze der Herstatt-Bank, lief nichts mehr so, wie es sollte. Im täglichen Devisenhandel fiel die Bank der Konkurrenz auf, weil sie immer mehr Geld hereinnahm und immer weniger in den Eigenhandel steckte. Geld ist ein scheues Reh, sein Fluchttrieb wird schon durch leises Rascheln an den Wertpapierbörsen aktiviert. Setzt sich Mißtrauen in der Branche einmal fest, kann die Luft um gestern noch bewunderte Gipfelstürmer schlagartig dünn werden, ohne daß die Konkurrenz auch nur ein Wort über den Klimasturz verlöre.

Am 10. Juni 1974 beliefen sich die Verluste auf 100 Millionen. Inzwischen wurde auch der Hauptaktionär, Hans Gerling, nervös. Herstatt beruhigte ihn, versprochen sei versprochen, es bleibe bei vier Millionen Gewinn zum Jahresende. Sechs Tage später summierten sich die Verluste auf 520 Millionen. Das konnte schon mal passieren. Dattel und seine Crew hatten sich zu sehr auf den weiter sinkenden Dollar verlassen. Die Durststrecke würde noch eine Zeitlang dauern. Die gelte es auszuhalten. In dieser Phase höchster Nervosität fiel der verbürgte Satz des Bevollmächtigten, Bernhard von der Goltz: »Herr Gerling bezahlt alles, also Ärmel hochkrempeln und weitermachen!« Die Durchhalteparole schwebte später als geflügeltes Wort über der Herstatt-Pleite.

Gerling übernahm tatsächlich alles, aber in einem andern Sinn, als die Bankiers sich das dachten. Von einem Tag auf den andern gaben nun seine Abgesandten die Kommandos in der Bank. Am 23. Juni fand eine Krisensitzung im Privathaus von Bundesbankpräsident Karl Klasen in Hamburg statt. Der Gerling-Vertraute und Aufsichtsrat Otto Wolff von Amerongen saß dabei und kaute nicht nur an den herumgereichten, hanseatisch karg belegten Broten schwer. Er befand sich in einer heiklen Situation. Der Herstatt-Konkurrent Oppenheim agierte als Hausbank seines Stahlhandels. Daß die Oppenheims kein Interesse an Herstatts Überleben hatten, war klar. Und daß Gerling unbeschadet aus der Affäre herauskäme, darauf konnten die Oppenheims gleichfalls nicht erpicht sein. Ein klassischer Fall doppelter Loyalität.

Offene Forderungen an die Herstatt-Bank von 470 Millionen sollten durch eine Bürgschaft der Großbanken abgedeckt werden. Das war der Plan, den Gerlings Abgesandte in der Sandwichrunde in Hamburg vortrugen. Er ging nicht auf, die Banken zogen nicht mit. Warum? Die Summe, um die es ging, schien nicht unüberschaubar hoch. Klar hingegen war: Der Außenseiter Gerling besaß offenbar nicht viele Freunde in Hochfinanz und Großwirtschaft, dafür unzählige Neider und noch mehr Schadenfreudige. Nicht wenige rechneten sich aus, daß sich mit der Bank auch gleich die lästige Versicherungskonkurrenz vom Hals schaffen ließe. So wurde es nun auch um Gerling ziemlich schnell einsam. Wo blieben seine Kollegen aus dem Club der Milliardäre? Jedenfalls war das Scheitern von Herstatt keineswegs zwingend. Aber schon drei Tage nach der Hamburger Sitzung beschlossen die übrigen Banken in Absprache mit der Bundesbank, Herstatt zu opfern.

Bei Gerling jagten sich die Krisensitzungen. Man erkannte, daß es jetzt auch dem Konzern an den Kragen ging. Ein Pressekrieg begann, jeder versuchte den andern über die Medien anzuschwärzen und für das Debakel verantwortlich zu machen. Dany Dattel merkte, daß er in die Rolle des alleinigen Sündenbocks geriet. Außer ihm gab es offenbar nur Ehrenmänner, in der Bank und bei Gerling. Dattel bestritt, daß hausintern ein verbindliches Tageslimit von 25 Millionen DM im Devisenhandel festgeschrieben worden sei. Nach allem, was man heute weiß, hatte er recht. Er meinte, mit einer Spritze von 200 Millionen DM hätte Gerling die Situation retten können, wenn er nur gewollt hätte, und erzählte das allen Journalisten, die ihn, den vermeintlichen Hauptschuldigen, mit vorwurfsvollen Fragen belagerten.

Kurt Papler, Bevollmächtigter bei Gerling, schrieb dem »Hasardeur« in dieser aufgeheizten Situation voller Hektik und Turbulenzen einen bemerkenswerten Brief. Ohne Anrede. Die überscharfe Tonlage und die wenig stilvolle Grammatik belegen die Nervosität, von der die Führungsetage erfaßt war: »Es scheint nun doch zu stimmen, was allgemein angenommen wird, daß ein Mensch, der eine solch große Verantwortung trägt, nur ein völlig krankes Gehirn haben kann, um eine solche Hasardeurleistung zu vollbringen. Ihre Äußerungen kennzeichnen Ihren Geisteszustand (…) Wir hoffen, daß man Sie als verantwortungslosen Burschen (…) für viele Jahre hinter Gitter steckt.«

Zunächst sah es ganz danach aus. Am 22. August 1976 wurden acht Hauptverantwortliche verhaftet, neben Dattel auch von der Goltz, mehrere Devisenhändler und vier Tage später, morgens um sechs, auch Iwan David Herstatt. Dieses Foto, das durch die Weltpresse ging, hat ihm die Branche nie verziehen: ein deutscher Bankier, von der Polizei abgeführt wie ein Handtaschendieb! »Die erste Nacht der Millionen-Jongleure in Ossendorf« titelte der »Kölner Express«: »Herstatt: Selbstmord – so ein Unsinn«. Der Bankier, den die Eliten der Stadt noch zwei Jahre zuvor, an seinem 60. Geburtstag, in den höchsten Tönen hatten hochleben lassen, mußte sieben Wochen Untersuchungshaft absitzen, Justizvollzugsanstalt Ossendorf, Trakt 10, unter Dieben, Rauschgiftdealern und drei Mördern. Die Zelle maß sechs Quadratmeter: Bett, Tisch, Stuhl, Spind, Waschbecken, Wasserklosett (ohne Brille). Der Strom zum Rasieren wurde bereits morgens um sieben Uhr abgeschaltet: »Man mußte sich beeilen.« Das Licht ließen die

Aufseher nur in der ersten Nacht brennen, sie fürchteten Selbstmordabsichten. Scharfe Gegenstände hatte man dem Bankier abgenommen. Sich mit Leintuch am Fensterkreuz aufhängen ging jedoch nicht, wie Herstatt festgestellt hatte: »Für mich war das wegen meiner Größe technisch unmöglich.«

Aber düstere Gedanken beschäftigten ihn nur ganz am Anfang. Nach und nach richtete er sich hinter Gittern häuslich ein. Man kannte sich. Der Gefängnisdirektor war Mitglied der Karnevalsgesellschaft, in der Herstatt mal Ehrensenator gewesen war; den Gefängnispfarrer kannte er aus dem Lions Club. Ein Besucher, mit dem Herstatt gemeinsam im Vorstand des Überseeclubs gesessen hatte, hielt im Aufenthaltsraum von Ossendorf einen Vortrag über Finnland. Wie früher im Überseeclub als gefeierter Bankier Herstatt beteiligte sich nun im Knast der einsame Häftling Herstatt an der den Vortrag beschließenden Diskussion.

Jetzt war endgültig klar: Er würde als Bankier nie mehr einen Fuß auf die Erde bekommen, er würde nicht, wie sonst in solchen Fällen üblich, stillschweigend mit einem Versorgungsposten aus der Schußlinie genommen und zugleich auf elegante Art zum Schweigen gebracht werden – »entsorgt«, wie man es in der Branche emotionslos nennt. Ein Bankier im freien Fall und erst noch in aller Öffentlichkeit, das war denn doch ein seltenes Ereignis in der Zunft. Klubs und Vereine, denen er angehörte und die darum gestritten hatten, welche Jahresversammlung sich mit seiner Anwesenheit schmücken durfte, legten nun keinen Wert mehr auf seine Mitgliedschaft. Aus den meisten trat er rechtzeitig aus, »aus finanziellen Gründen«. Die Zeit, über die der herzkranke Herstatt nun im Überfluß verfügte, nutzte er zum Schreiben zweier Bücher, deren Inhalt sich vorwiegend in Anekdoten verliert. Sein pathetisches Fazit: »Ich bin durch verbrecherische Devisenspekulationen meiner Mitarbeiter um mein Lebenswerk gebracht worden.«

Die 10. Große Strafkammer des Kölner Landgerichts verurteilte Herstatt zu viereinhalb Jahren Gefängnis wegen schweren Bankrotts und Untreue. Das Bundesgericht sah es in der Revision noch einmal anders und befand nur den Vorhalt wegen Untreue als akzeptabel, was zu einer bedingt ausgesprochenen Strafe von zweieinhalb Jahren führte. Die Prozesse nahmen manchmal kuriose Wendungen, die nur noch gelegentlich das Interesse des Publikums weckten. Der angeklagte Bankier, so machte sein Verteidiger als mildernden Umstand geltend, leide unter dem »Pickwick-Syndrom«, benannt nach der voluminösen Romanfigur von Charles Dickens; dessen Pickwick wird häufig und plötzlich von Schlafattacken heimgesucht. Der beigezogene Essener Neurologe Johannes Noth benannte im Herstatt-Gutachten die Symptome: durch extrem lautes Schnarchen und Übergewicht ausgelöste schwerwiegende Schlafstörungen, die tagsüber zu Konzentrationsmängeln und krampfartigen Schlafanfällen führen können. Genauere Aufschlüsse vermöge allerdings nur ein Elektroenzephalogramm zu geben, ein Verfahren zur Messung der Gehirnströme. Dem Professor schwante jedoch, daß dafür »eine Hauptverhandlung nicht der richtige Ort« wäre. Herstatt selbst räumte ein, häufiger mal einzunicken, wenn ihn Dinge persönlich nicht betrafen. Das sei ihm auch schon früher in Aufsichtsratssitzungen passiert: »Dann bin ich plötzlich weg. Ob das eine Stunde dauert oder nur fünf Minuten, weiß ich nicht. Wenn man wach wird, ist das auf jeden Fall sehr unangenehm.« Verständlich, daß die Branche sich von Einblicken dieser Art peinlich berührt zeigte.

Im Verfahren gegen einen weiteren Devisenhändler gab das merkwürdige Verhalten eines Richters Anlaß zu Gerede; der hatte mit dem Angeklagten Tennis gespielt – Matchresultat 5 : 5 – und gestand danach im vertraulichen Gespräch beim Erfrischungstrunk, daß er die Anklage nicht für zulässig halte, ja, sie »lächerlich« finde. Der Devisenhändler notierte über das Meeting mit seinem redseligen Tennispartner: »Dr. E. erklärte mir nochmals, daß er mich nicht verurteilen wolle.«

Allein die Tatsache, daß das Gericht fünf Jahre zur Eröffnung des Hauptverfahrens benötigt hatte, ließ nichts Gutes ahnen. Sämtliche Angeklagten beantragten Revision, die meisten erreichten Freisprüche. Alle Verfahren wurden 1987 von Staates wegen eingestellt. Nur der einsame Dany Dattel kämpft noch immer um seine Rehabilitierung – und um angeblich verschwundene Provisionen.

Auch Hans Gerling war juristisch gut beraten. Er wich in ein Schweizer Sanatorium für Herzerkrankungen aus und ließ sich dort von einem offenbar aus lauter Dankbarkeit besonders ergebenen Arzt ein ums andere Mal Verhandlungsunfähigkeit bescheinigen. Gerlings schweigsamer, in Köln zurückgebliebener Butler mußte hingegen für mehrere Tage in Beugehaft. Nach einem Strafbefehl über 1,8 Millionen Mark »wegen Steuerverkürzung« im Zusammenhang mit Parteispenden ließ der scheue Konzernherr in einem andern Verfahren eine Gerichtsverhandlung platzen, was ihm einen Haftbefehl wegen Fluchtgefahr eintrug. Das Schweizer Sanatorium sandte unermüdlich weitere Atteste an deutsche Behörden. Um einer Verjährung zuvorzukommen, gab sich das Gericht schließlich mit einer Zahlung von 280 000 DM zugunsten einer Kölner Klinik zufrieden. Im Gegenzug verzichtete man auf eine Schuldfeststellung zum Bereich Parteispenden.

Aber alles in allem waren das Lappalien. Der große Coup seines bewegten Lebens gelang Hans Gerling erst kurz vor seinem Tod: ein Stück, das seinen Meister lobt, wie auch seine Kritiker einräumen mußten. Im Vergleichsverfahren zur Entschädigung der Herstatt-Gläubiger erklärte sich Gerling nach einigem Zögern und mehr oder weniger freiwillig bereit, 220 Millionen Mark an Schulden zu übernehmen. Den Namen »Herstatt« strich er fortan aus seinem Vokabular. Um das Geld aufzubringen, mußte er 51 Prozent von allen seinen Gesellschaften verkaufen. 25,1 Prozent übernahm die Schweizer »Zürich«-Versicherung, die größte Vollversicherungsgesellschaft der Eidgenossen, in der Absicht, bei der günstigen Gelegenheit gleich den ganzen Konzern zu schlucken und von dieser Basis aus den deutschen Markt aufzurollen. 25,9 Prozent der Gerling-Aktien gingen an ein hastig zusammengetrommeltes deutsches Industriekonsortium (VHDI), das die Abwanderung in ausländische Hände aus naheliegenden Gründen unbedingt verhindern wollte. Faktisch verlor Gerling damit die Kontrolle über seinen Konzern. Er wechselte in den Aufsichtsrat und ließ sich dort mit einer jährlichen »Aufwandsentschädigung« von 750 000 DM alimentieren. Hinter den Kulissen arbeitete der mittlerweile 61jährige jedoch an etwas, woran nur er allein noch glaubte: am Comeback als Eigentümer und Alleinherrscher.

1978 trat überraschend Friedrich Karl Flick dem Milliardärsclub bei. Flick hatte gerade einen großen Packen »Daimler-Benz«-Aktien für 1,83 Milliarden DM verkauft und war flüssig. Immerhin entsprach der Gegenwert seines Aktienpakets 29 Prozent des Daimler-Kapitals. Der Milliardär kaufte 86 Prozent der VHDI-Anteile und wurde damit Chef im Hause Gerling. Die »Zürich« drängte man mit vereinten Kräften ganz aus dem Rennen. Das Flick-Engagement erwies sich mit Ausnahme der Schweizer für alle Beteiligten und in jeder Beziehung als ersprießliche Verbindung.

Flick war Sohn und Haupterbe von Friedrich Flick, der 1972 gestorben war und ein riesiges Konglomerat an Beteiligungen und Firmen hinterlassen hatte: die Edelstahlwerke Buderus in Wetzlar, die Panzerschmiede Krauss-Maffei in München, das Chemieunternehmen Feldmühle mit elf Werken allein in der Bundesrepublik, die Dynamit Nobel AG in Troisdorf und noch einen Rest jenes Pakets an Daimler-Aktien, die Flick senior einst für eine vergleichsweise lächerliche Summe von 80 Millionen Mark erworben hatte.

Der ehemals mittellose kaufmännische Lehrling Friedrich Flick hatte, ähnlich den Quandts, den Grundstein zu seinem Riesenvermögen während der Inflationsjahre gelegt. Auf Kredit kaufte er die konkursreife Norddeutsche Eisenhütte, in der er seine Lehre absolviert hatte. Es war die erste seiner Großerwerbungen; die Bankkredite zahlte er mit ständig stärker entwerteter Reichsmark zurück. Die Hütte verschmolz er mit anderen mittelständischen Unternehmen und verkaufte den neuen Großbetrieb mit entsprechendem Gewinn, nachdem sich die Währung stabilisiert hatte: ein ständiges Kaufen und Verkaufen von Unternehmen und Beteiligungen. Der Durchbruch gelang 1932 mit dem Verkauf seiner Anteile der Gelsenkirchener Bergwerks AG an die Reichsregierung für 100 Millionen RM – zum vierfachen Tageswert, wie sich später herausstellte. Schmiergeldzahlungen und Ausübung politischen Drucks sind verbürgt. Eine Zeitlang hatte er sogar den von seinem Freund und wichtigsten Finanzier Jakob Goldschmidt zusammengeschmiedeten Stahlverein beherrscht, der 50 Prozent des gesamten Stahls und 25 Prozent der Steinkohle in Deutschland produzierte. Aber wie immer besaß Flick eine untrügliche Nase für den richtigen Zeitpunkt des Ein- und Ausstiegs. In den dreißiger Jahren sprang der agile Aktionjongleur vom kriselnden Stahlverein ab und wurde mit einer Reihe kleinerer, mitteldeutscher Betriebe zweitgrößter Stahlproduzent des Landes. In diesem Reich hatte nun er uneingeschränkt das Sagen. Er trat als großzügiger Spender des »Freundeskreises des Reichsführers SS Heinrich Himmler« in Erscheinung, was aber weiter nicht ungewöhnlich war. Viele Unternehmer taten es ihm gleich, denn die SS war, neben ihrem ursprünglichen Auftrag, wegen der billigen

Arbeitskräfte in den Konzentrationslagern ein Wirtschaftsfaktor von beträchtlicher Bedeutung.

Nach dem Krieg wurde Flick als erster deutscher Industrieller wegen Sklavenarbeit und weiterer »Verbrechen gegen die Menschlichkeit« zu sieben Jahren Gefängnis verurteilt, von denen er aber nur drei absitzen mußte. Von seinem Vermögen blieben ihm zwei Bergbaugesellschaften im Ruhrgebiet und Anteile an einer Stahlhütte. Angeblich entsprach dies gerade noch einem Zwanzigstel der ursprünglichen Kapazität. Die 5 Prozent waren aber gesund und groß genug, um den Grundstock eines neuen Imperiums zu bilden. Zwar hatte der Vater sein Unternehmen faktisch an die Söhne verschenkt, um Steuern zu sparen und das Vermögen über Krieg und »Entnazifizierung« zu retten. Dank juristischer Kunstgriffe behielt er jedoch die ganze Zeit über die uneingeschränkte Verfügungsgewalt. Der Nachwuchs bekam es zu spüren.

Mit seinem ältesten Sohn Otto Ernst, den er als Nachfolger aufgebaut hatte – er besaß zum Schein 45 Prozent der Firmenanteile –, überwarf sich der als bärbeißig gefürchtete Vater; er setzte den Filius als Generalbevollmächtigten kurzerhand ab. Der zweite Sohn, Friedrich Karl, vom Senior spartanisch erzogen, worüber sich der Junior in einem seiner raren Interviews beklagte – klugerweise nach dem Tod des Vaters –, verhielt sich vorsichtiger und trat erst öffentlich in Erscheinung, als der Patriarch gestorben war. 1972 übernahm Friedrich Karl die Führung im größten in privater Hand liegenden Industriekonglomerat des Landes. Energisch drängte er zunächst seine beiden hartnäckigen Neffen und potentiellen Nachfolger Friedrich Christian (»Mick«) und Gert-Rudolf (»Muck«), die einen Führungsanspruch am Unternehmen erhoben, sowie deren Schwester aus Konzern und Vermögen. Die familieninterne Bereinigung im Milliardärshaushalt kostete 300 Millionen Mark an Abfindungen, was für den Onkel einer vergleichsweise günstigen Lösung entsprach. Aber der stille Mann an der Spitze, der nur in eng vertrautem Kreis mit Leuten aufblühte, die nichts mit seinen Geschäften zu tun hatten, litt unter dem Erbe seines dominanten Vaters mehr, als daß er Erfüllung in der Rolle als Unternehmer gefunden hätte. Als aktives Mitglied der Münchner »Bussi-Gesellschaft«, wo einer schnell eine große Entourage um sich sammelt, der hofzuhalten versteht und großzügig mit Trinkgeldern um sich wirft, entzog er sich gern und immer häufiger dem Streß des Alltagsgeschäfts. Eine Zeitlang machte er mehr in der Regenbogenpresse als in den Wirtschaftsteilen seriöser Zeitungen von sich reden.

Nach den Turbulenzen der als »Flick-Skandal« in die deutsche Wirtschaftsgeschichte eingegangenen Parteispendenaffäre verkaufte der sich nach einem ruhigen Rentnerleben sehnende Erbe 1985 alle in der Düsseldorfer »Friedrich Flick Industrieverwaltung« zusammengefaßten Unternehmen und Beteiligungen zum Festpreis von fünf Milliarden DM an die Deutsche Bank. Die Bankiers teilten den Besitz auf und placierten die Aktien in mehreren Blöcken an der Börse. Dabei wandten sie einen merkwürdigen Trick an, um weder Gewerbekapital- noch Vermögenssteuer bezahlen zu müssen. Der Besitz ging zu einem fiktiven Zeitpunkt – nach 24 Uhr des 31. Dezember 1985 und vor null Uhr des 1. Januar 1986 – an die Bank über. Dieser Spartrick durch Anhalten der Uhr wurde durch einen sogenannten »Mitternachtserlaß« ermöglicht, der für Fälle vorgesehen ist, wenn Unternehmen vorübergehend in der Hand von Banken »geparkt« werden sollen. Die »Frankfurter Allgemeine« rechnete vor, daß man mit dem Flick-Erlös 20000 Einfamilienhäuser zu je einer Viertelmillion (damals ließ sich dafür noch ein ordentliches Haus bauen) errichten könnte. Für Nicht-Hausbesitzer veranschaulichte »Der Spiegel« das Volumen: Um das Flick-Vermögen anzuhäufen, »müßte ein Lottospieler 100 Jahre lang jede Woche sechs Richtige tippen«. Flick verlegte seinen Wohnsitz nach Österreich – aus Rache für das ihn nach seiner Ansicht schäbig behandelnde Deutschland – und aus Sympathie für das mildere Steuerklima Österreichs. Auf einer Halbinsel im Wörthersee errichtete er sich ein Refugium, eine Mischung aus Bunker und Lustschloß, mit einem Sicherheitsdispositiv, das an die »Festung« Wandlitz erinnert, hinter deren Stacheldrahtverhaue sich die Chef-Kommunisten der DDR vor einer bedrohlichen Umwelt einst zurückgezogen hatten, freilich längst nicht so komfortabel.

Das Engagement Friedrich Karl Flicks 1978 bei Gerling war eine strategische Beteiligung, zumal der Staat dem Einstieg eine »besondere volkswirtschaftliche Förderungswürdigkeit« bescheinigte. Und das hieß einmal mehr: Steuern fielen kaum an. Am Versicherungsgeschäft war Flick nicht wirklich interessiert, obwohl er sich 51 Prozent des Aktienkapitals an Gerling gesichert hatte. Sein Engagement glich eher einer beiderseits einträglichen Bruderhilfe unter Milliardären. Denn, was man erst Jahre später erfuhr: Die beiden Tycoons hatten ein geheimes Abkommen getroffen. Flick garantierte schriftlich einen festen Rückkaufpreis für den Versicherungskonzern, wenn es Gerling gelänge, das nötige Geld bis Ende 1985 aufzutreiben. Der Hintergrund: Flick saßen die Finanzbehörden im Nacken. Um den Steuervorteil aus dem Verkauf seiner eigenen Unternehmen optimal zu sichern, mußte er seinen Erlös aus den Daimler-Aktien anderweitig anlegen. Dieser Zeitdruck nützte wiederum Gerling.

1986 war es soweit: Am 1. Januar saß Hans Gerling wieder dort, wo er zehn Jahre zuvor hatte weichen müssen und wo seiner Meinung nach nur einer hingehörte: er allein. Die Erinnerung an die Herstatt-Affäre war in der Öffentlichkeit verblaßt. Der Konzern befand sich wieder in seiner Hand. Welche Summen bei diesen Transaktionen hin und her geflossen sind, blieb im dunkeln.

Sicher ist, daß der inzwischen umgebaute und konsolidierte Konzern noch jahrelang an 400 Millionen DM »Sonderaufwendungen« litt. Gerling hatte einen großen Teil des Rückkaufs durch Bankkredite finanziert, unter anderem von der Deutschen Bank, die wenig später noch einmal aktiv und im eigenen Interesse bei Gerling in Aktion trat. Das Unternehmen erhielt in der Zwischenzeit eine moderne Struktur, die nicht mehr auf den Alleinherrscher zugeschnitten war. Das entsprach einer Bedingung jener Banken, die das Comeback mit ihren Krediten ermöglicht hatten. Die Rolle der Banken war kreativ, aber natürlich nicht uneigennützig. Die künftige Bedeutung einer engen Verzahnung von Bank- und Versicherungsgeschäft zeichnete sich ab. Die Strategie bekam beiden Unternehmen. Heute zählt Gerling zu den größten privaten Versicherungsunternehmen Europas, ist in Deutschland der Industrieversicherer Nummer 1 – und die Deutsche Bank hält 30 Prozent der Anteile.

Ein Rollback dieser Größenordnung durch einen einzelnen Unternehmer ist in der deutschen Wirtschaftsgeschichte selten, wenn auch nicht einmalig. Klaus-Michael Kühne, Inhaber des milliardenschweren Transportmultis Kühne & Nagel, gelang das gleiche Kunststück. Es lohnt hier erzählt zu werden, weil das Beispiel einen Einblick in eine verborgene Sphäre gibt. Es zeigt, daß ein einzelner Unternehmer, der sich nicht nur als Erbe versteht, in schwerer See im Alleingang das Ruder wieder herumreißen kann, wenn er die Statur dazu besitzt, auch wenn die Besatzung ihn längst aufgegeben hat und sich an einem neuen Kapitän orientiert. Verbissener Ehrgeiz und eiserner Wille genügen nicht für ein Rollback dieser Art, auch bloße Lust an großem Geld und der damit verbundenen Macht ist keine ausreichende Erklärung. In vergleichbaren Fällen spielt der Schatten eines übermächtigen autoritären Vaters eine wichtige Rolle; er treibt die Söhne zu jenen Parforceleistungen an, die letztlich zum Erfolg führen.

1981 verlor Kühne 50 Prozent seines Familienunternehmens an den britischen Mischkonzern Lonrho. Das Schiffahrtsengagement der Familie hatte zu enormen Verlusten geführt, fünf Monate lang stand das Schicksal von Kühne & Nagel auf der Kippe. Man mache in solchen Phasen die Erfahrung, innerhalb von Minuten Freunde zu verlieren, deren man sich über Jahre sicher gewesen sei, erzählt Kühne heute. Hausbanken, seit Jahrzehnten mit dem Unternehmen verbunden, reagierten plötzlich schroff und arrogant. Schadenfreude, Spott, unauffällige gesellschaftliche Ächtung sind die Begleiterscheinungen. »Ein Weg durchs Fegefeuer, den ich meinem schärfsten Konkurrenten nicht wünschen möchte.« 23 Gläubigerbanken drängten zum Verkauf, sechs Monate standen zur Verfügung, um unter 70 Offerten, darunter 20 seriösen, den richtigen Partner zu finden: »Bei solchen Verhandlungen aus der Defensive lernt man das ganze Spektrum des menschlichen Charakters kennen«, erinnert sich Kühne.

Elf Jahre danach, 1992, boten heftigste interne Machtkämpfe beim unberechenbaren Partner Lonrho dem Hamburger die Chance, sein Unternehmen wieder herauszulösen. Mit Hilfe des Münchner Mischkonzerns Viag (Energie, Handel, Aluminium, Telekommunikation) gelang der spektakuläre Rückkauf. Bedingung für die Nothilfe: Die Viag wollte 33,3 Prozent von Kühne & Nagel. Ein weiteres Fünftel des Aktienkapitals ging später an die Börse. Kühne & Nagel zählt heute zu den zehn größten Logistikunternehmen der Welt und steht erneut unter der operativen Führung der Gründerfamilie.

Heute leitet Klaus-Michael Kühne den weltweit tätigen Konzern über eine Management-Holding im Schweizer Dorf Schindellegi, hoch über dem Zürichsee. Vor dem Bürofenster grast zufriedenes Schweizer Braunvieh auf fetten Wiesen. Kühne läßt sich durch die irreal wirkende Kulisse inspirieren: »Bimmelnde Kuhglocken vor dem Fenster fördern kreatives Nachdenken über die strategischen Ziele. Das schafft Distanz zur Hektik des großstädtischen Tagesgeschäfts.«

Dem Wohlbefinden dient mindestens ebensosehr die steuerliche Sonderbehandlung, die man in diesem nur vordergründig betulich wirkenden Winkel der Welt noch persönlich mit dem zuständigen kantonalen Finanzdirektor (Finanzminister) im Kantonshauptort Schwyz aushandeln kann, sofern die zu versteuernde Masse attraktiv genug ist. Solche legalen Deals laufen in der Schweiz unter dem treffenden Namen »Kuhhandel«. Der kühle Hamburger genießt von seinem dörflichen Idyll den Blick auf das Ostufer des Zürichsees, wegen seiner ungewöhnlichen Dichte an Millionärshaushalten »Goldküste« genannt, und freut sich seines stets erhofften, aber nicht mehr wirklich erwarteten Rückkaufs. Einzig bedauert er, wegen später Heirat das zurückgewonnene Familienimperium nicht mehr einem Stammhalter übergeben zu können. Denn, obwohl es natürlich alle bestreiten: Dynastisch wird in diesen Kreisen schon noch gedacht.

Die Nachfolgeprobleme hatte Hans Gerling für sein Unternehmen noch rechtzeitig gelöst. Den Bankier Adolf Kracht setzte er interimistisch an die Spitze des Unternehmens. In den letzten Lebensjahren des schwererkrankten Konzernchefs holte Kracht jeweils detaillierte Anweisungen und Ratschläge in der Kölner Marienburg ab, wohin sich Gerling, zurück aus seinem Schweizer »Exil« und nach Einstellung einschlägiger Gerichtsverfahren, verkrochen hatte. Danach führte Kracht das Unternehmen nach strengen testamentarischen Anweisungen des im August 1991 verstorbenen Konzernherrn, straffte das verschachtelte Unternehmen und schaffte bis zu seinem Abschied Ende 1995 eine stetig wachsende Eigenkapitalrendite von 9 Prozent. Besonders aber bereitete er den Universalerben Rolf Gerling entsprechend den Vorgaben im Testament auf die schwere, aber ertragreiche Hinterlassenschaft vor. Die drei älteren Schwestern des Haupterben wurden abgefunden. Rolf Gerling, gerade 38 Jahre alt, übernahm 1991 den Konzern. Ein Jahr später rückte er in den Vorsitz des Aufsichtsrats auf, nachdem er 30 Prozent der Aktien an die Deutsche Bank verkauft hatte, nicht zuletzt, um die Abfindung der Schwestern und die Erbschaftssteuern bezahlen zu können. Neuerdings droht die Bank an, auszusteigen, wenn sie nicht bald die Mehrheit erhalte.

In der Branche nahm man den zurückhaltenden Rolf Gerling als Unternehmer zunächst nicht ernst: reicher Sohn aus reichem Haus, ein unbeschriebenes Blatt, Montessori-Schüler, der ein jahrelanges Studium der Tiefenpsychologie am C. G. Jung-Institut in Küsnacht im Schweizer Kanton Zürich absolviert hatte. Zum Ökonomen promoviert, nahm er seit 1975 seinen permanenten Wohnsitz in der Schweiz. »Im Großraum Zürich« – den genauen Ort will er aus Sicherheitsgründen nicht genannt wissen – lebt er zurückgezogen mit Ehefrau Katharina, einer Deutschkanadierin, und der gemeinsamen Tochter Tessa. Daß er die Kontrolle über 70 Prozent der Gerling-Aktien behalten und damit den bestimmenden Einfluß im Haus ausüben würde, machte er schon bald nach Antritt zum Erstaunen des eigenen Managements deutlich: »Unsere Welt fordert permanente Anpassung. Keiner unserer Manager wird in Zukunft mehr sagen können: Jetzt habe ich das begriffen. Nun ist wieder zehn Jahre Ruhe.« In einer Villa am Zürichberg betreibt er die Akademie für Risikoforschung, die sich insbesondere mit den Auswirkungen der Klimaveränderungen auf die Versicherungswirtschaft befaßt.

Im Gespräch geht Rolf Gerling auf das Verhältnis zu seinem übermächtigen Vater und die Vorgänge um den Herstatt-Krach nur indirekt ein, gibt aber dennoch einen überraschenden Einblick in das Leben eines aktiven Erben und politisch regen Milliardärs:

»Ihr Vorstandsvorsitzender sagte, wenn er von Ihnen den Auftrag erhielte, den Konzern zu verkaufen, würde er bei zehn Milliarden DM anfangen. Demnach gehören Ihnen mindestens sieben Milliarden. Stimmt der Wert?«

»Die Frage stellt sich nicht. Den Wert eines solchen Unternehmens kann man ohnehin nur schwer beziffern.«

»Die Zentrale des Gerling-Konzerns steht in Köln. Sie leben schon lange in der Schweiz. Warum sind Sie gerade in Zürich hängengeblieben?«

»Nach meinem Abitur lebte ich in Hamburg, wo ich ein Bankpraktikum absolvierte. In Deutschland ist man als Träger des Namens Gerling sehr bekannt, man steht unter ständiger Beobachtung. Das fand ich nicht angenehm. In der Schweiz ist das nicht der Fall. Vor gut 20 Jahren studierte ich an der Uni Zürich Betriebswirtschaft, machte dann meinen Doktor, lernte meine Frau hier kennen. So war es naheliegend, mich hier zu etablieren.«

»Ihr Vater war das Paradebeispiel eines dominanten Firmenpatriarchen. Sein Chefbüro hatte die Ausmaße einer Tennishalle, wo sich jeder
noch so selbstbewußte Besucher als Wicht vorgekommen sein muß …«

»… Ausmaße einer Squashhalle, würde ich sagen …«

»… von zwei Squashhallen. Sind Sie damals vor der Dominanz des
Vaters ins Ausland geflohen?«

»Wenn man in einem großen Haus aufgewachsen ist, nimmt man
als Kind das alles für normal. Man stellt erst sehr viel später fest, daß
es nicht normal ist. Ich bin keineswegs vor dem angeblich so unper-
sönlichen Elternhaus geflohen. Ich suchte das Abenteuer und wollte
einfach raus.«

»1992, ein Jahr nach dem Tod Ihres Vaters, wurden Sie Aufsichts-
ratsvorsitzender. Sie hielten eine untypische Rede für einen Konzernchef. Sie sprachen davon, daß Autorität, Beherrschung, Macht, Karriere
an Bedeutung verlieren werden, daß es in Zukunft um Motivation
ginge, das sei der entscheidende Wert. Mancher Ihrer Manager hatte
Mühe beim Zuhören.«

»Das mag für einige zutreffen. Als Eigentümer hat man den Vorteil,
ein paar unangenehme Dinge offen aussprechen zu können. Menschen, die Macht ausüben, müssen zuerst selber Macht über sich
erlangen. Ich muß zuerst wissen, wer ich bin, bevor ich über andere
bestimmen kann, wenn letzteres überhaupt möglich ist.«

»Sollten Manager, bevor sie auf ihre Mitarbeiter losgelassen werden, ein psychologisches Training durchlaufen?«

»Ich habe es zumindest getan, und zwar ganz gezielt. Am C. J. Jung-
Institut in Küsnacht studierte ich Tiefenpsychologie. Es war ein langer
Weg zu mir selber, den ich Schritt für Schritt ging.«

»Das Ergebnis dieses Suchens war, daß Sie den Konzern nicht selbst
operativ führen wollten. Was schreckte Sie ab?«

»Ich habe mich präzise vorbereitet und mir klargemacht, wo ich nach
meiner Meinung optimal wirken kann, welches mein Platz ist. Und das
ist eben nicht so sehr das operative Geschäft, sondern die Rolle des
Aufsichtsratsvorsitzenden, wo es mehr um längerfristige Strategien und
Perspektiven geht. Wir diskutieren ohnehin zuviel über persönliche Vorlieben und Egos, statt zu würdigen, um welche Sachen es geht.«

»Die Zeiten sind aber doch ganz anders. Die Macht in der Wirtschaft konzentriert sich auf immer weniger Unternehmen und Top-

Personen, die ihr Ego pflegen. Sich durchzusetzen, den Schwächeren zu besiegen ist das Wesen der Marktwirtschaft.«

»Dieser Analyse stimme ich nicht zu. Der sogenannte Schwache hat ganz gut gelernt, sich zur Wehr zu setzen: Weltumspannende Organisationen von Uno bis Amnesty und Greenpeace haben großen Einfluß. Was hingegen offensichtlich ist: Zwei Machtbereiche prallen jetzt mit aller Härte aufeinander. Es gibt heute ein echtes Gegenüber zur wirtschaftlichen und politischen Macht.«

»Sind Sie Greenpeace-Mitglied?«

»Nein.«

»1995 präsidierten Sie in Berlin am Rand des Uno-Klimagipfels einer Konferenz von Managern internationaler Versicherungen und Banken, die viel rigoroser zur Klimaveränderung und ihren Folgen sprachen als die meisten Politiker und Wissenschaftler. Was blieb von dieser überraschenden Offensive übrig?«

»Man hat sich in der Öffentlichkeit schon zu sehr daran gewöhnt, daß beispielsweise die größten Rückversicherer der Welt, die Münchener und die Schweizerische, seit ein, zwei Jahren aufgrund ihres riesigen Datenmaterials alarmierende Berichte publizieren. Daraus geht klar hervor: Es gibt tatsächlich eine Klimaveränderung. Wir haben zusammen mit anderen Versicherungsgesellschaften eine Erklärung zum United Nations Environment Programme UNEP unterzeichnet. Die Landschaft ist also durchaus in Bewegung.«

»Die Uno konnte sich nur gerade auf den kleinsten gemeinsamen Nenner einigen. Die offizielle Formulierung lautet: ›Es ist unwahrscheinlich, daß der festgestellte Erwärmungstrend allein auf natürliche Ereignisse zurückzuführen ist.‹«

»Es gibt ja nicht nur eine einzige Ursache für den Klimawechsel, es ist ein Zusammenspiel von natürlichen und vom Menschen verursachten Einwirkungen. Kein vernünftiger Mensch zweifelt an den globalen Konsequenzen des künstlichen CO_2-Ausstoßes. Wissenschaftlich wird sich der genaue Anteil jedoch nie genau feststellen lassen.«

»Der wissenschaftliche Nachweis fehlt bis heute.«

»Das stimmt ja auch, aber es bleibt in der Konsequenz völlig egal, ob der Mensch zu 60 oder 80 Prozent Verursacher der Klimaveränderung ist. Klar ist doch: Das Risiko, daß etwas sehr Schlimmes passiert, nimmt immer mehr zu.«

»Welche Folgerungen zieht der Eigentümer eines internationalen Versicherungskonzerns daraus?«

»Es gibt drei Möglichkeiten: Man kann sich aus Bereichen, die einem als Versicherer zu risikoreich erscheinen, ganz zurückziehen; man kann Selbstbehalte und andere Ausschlüsse einführen; oder man kann die Deckungskapazität verringern. Das sind inzwischen alles sehr praktische Fragen in unserer Branche, nicht irgendwelche Phantomgeschichten. Der Wirbelsturm Andrew ...«

»... der 1992 die amerikanische Westküste heimsuchte und als dessen Auslöser die ungewöhnliche Lufterwärmung über dem Pazifik angenommen wird ...«

»... verursachte Schäden von 30 Milliarden Dollar, 20 Milliarden davon waren versichert. Das kostete einige Versicherungen die Existenz. Als Versicherer konnte man sich da ja nicht einfach zurückziehen und sagen, diese Küstengebiete werden uns zu risikoreich. Denn die US-Regierung hat verfügt: Ihr müßt in Problemregionen weiter versichern, auch wenn's teuer wird.«

»Es gibt Hochrechnungen, wonach ein einziger großer Wirbelsturm samt Überschwemmungen Versicherungsschäden von 40 Milliarden Dollar auslösen kann.«

»Wenn das ein-, zweimal kurz hintereinander passiert, tut es wirklich weh, dann wird es auch gefährlich. Es wird vergessen, daß gerade bei Naturkatastrophen entweder der Konsument zahlt oder der Staat. In diesem Fall ist es wieder der Bürger, der via Steuern dafür aufkommt. Letztlich trifft es jeden. Das sind keine theoretischen Kalkulationen.«

»Was läßt sich konkret tun?«

»Schäden verhindern, bevor sie entstehen.«

»Da graben Sie sich selbst das Wasser ab. Wo kein Schaden zu erwarten ist, braucht's keine Versicherung.«

»Das ist zu kurz gedacht. Natürlich ist es auch in meinem Interesse als Versicherer: Zuerst das Schadensrisiko ganz ausschließen oder minimieren, erst dann versichern.«

»Das klingt theoretisch.«

»Nein, das ist ganz pragmatisch gedacht. Vor einigen Jahren haben wir eine Consulting-Gruppe im Konzern gegründet, die das gesamtheitliche Risiko von Unternehmen abklärt. Es wird also nicht wie bisher nur eine einzelne Maschine oder ein isolierter Produktionsvorgang analysiert. Anhand detaillierter Checklisten wird ein Unternehmen durchleuchtet und das effektive Risiko festgestellt, insbesondere in der Auswirkung auf die Umwelt.«

»Wie reagieren die Unternehmen darauf?«

»Am Anfang galten wir als grüne Spinner. Heute wird das ganz anders gesehen. Unternehmen der Konsumgüterindustrie sind ganz scharf auf dieses Zertifikat. Konzerne wie VW und BMW bemühen sich ausdrücklich darum. Sie haben gelernt, daß sie eine breite Akzeptanz in der Öffentlichkeit haben müssen, weil sich das unmittelbar auf Umsatz und Gewinn auswirkt.«

»Diskutieren Sie mit Unternehmern auch über die Ökosteuer, die den Ressourcen-Verschwender und damit auch den Klimaheizer bestraft, den Innovativen begünstigt?«

»Als Unternehmer lebt man im politischen Raum. Man kann sich nicht herausreden, man sei politisch neutral. Die Ökosteuer ist eine hochpolitische Frage. Als Versicherer hätten wir keinerlei Schwierigkeiten damit. Probleme bekäme die Grundstoffindustrie, die Chemie.«

»Einen direkten Hebel hätten die Banken in der Hand bei der Kreditvergabe. Warum benützen sie ihn kaum?«

»Banken sind von der Natur ihres Geschäfts her konservativ. Sie verschmutzen ja die Umwelt nicht, tragen ein abstraktes Risiko und sind in diesem Bereich wenig sensibilisiert. Aber es wird sich ändern.«

»Was macht Sie so optimistisch?«

»Unternehmen mit einem Öko-Zertifikat sind doch marktgängiger, dynamischer, ihre Produkte sind leichter absetzbar. Sie sind nicht nur für Versicherer, sondern auch für Banken ein geringeres Risiko, somit attraktivere Kunden. Jeder von uns muß zuerst einmal sein eigenes Haus in Ordnung bringen. Damit haben wir noch genug zu tun. Man darf nicht in den Fehler verfallen: An meinem Wesen soll die Welt genesen.«

»Auf welche Reaktionen stoßen Sie mit Ihren Aktivitäten bei der Konkurrenz?«

»Als ich vor fünf Jahren die Akademie für Risikoforschung in Zürich gründete, gab es viele Zweifel in der Branche, gelegentlich auch Hohn, in der Schweiz nicht anders als in Deutschland. Auch für mein eigenes Unternehmen war die Akademie ein Fremdkörper. Aber das ist für die Gerlings nicht untypisch.«

»Warum?«

»Schon mein Vater schwamm häufig gegen den Strom. Inzwischen betreibt die Akademie die Aus- und Weiterbildung im eigenen Konzern in unserem Sinn. Die Stimmung hat sich völlig gewandelt. Den Menschen wird allmählich klar, was der Paradigmawechsel bedeutet.«

»Was bedeutet er?«

»Unser Weltbild kippt. Je mehr wir uns diesem Punkt nähern, um so schärfer wird die Konfrontation auf allen Ebenen. Anzeichen dafür sind wachsender Fundamentalismus, massenweise auftretender Sinnverlust, Verteilungskämpfe. Der Wechsel von Weltbildern ist immer schmerzhaft.«

»Letztlich ist es eine Machtfrage.«

»Der Wechsel vom Mittelalter in die Neuzeit war gleichfalls eine Machtfrage. An einer solchen Schwelle stehen wir. Das jagt vielen Angst ein, weil es keine klaren Antworten und Lösungen gibt.«

»Die Wirtschaft steht vielen Entwicklungen ebenso ratlos gegenüber wie die Politik.«

»Die Wirtschaft ist flexibler. Manager müssen längerfristig denken als Politiker. Die Lancierung eines Produkts kann zehn, fünfzehn Jahre dauern. Politiker denken in Wahlzyklen, so kommt keine langfristige Politik zustande. Politiker müßten viel mehr Zivilcourage zeigen. Aber eher geht ein Kamel durchs Nadelöhr, fürchte ich.«

»1994 flossen 93 Millionen DM an Gewinn aus dem Gerling-Konzern auf Ihre Konten. Legen Sie das Geld nach den von Ihnen beschriebenen Grundsätzen an?«

»Ich trinke nicht jeden Tag Château Mouton Rothschild, wenn Sie das meinen. Ein beträchtlicher Teil fließt wieder ins Unternehmen zurück, die Eigenkapitalisierung ist hoch.«

»Und der ansehnliche Rest?«

»Ich habe ein Unternehmen gegründet, das sich speziell mit ›venture capital‹ befaßt.«

»Was heißt das?«

»Damit sollen Produkte marktfähig gemacht werden, die zum Beispiel in bezug auf Ressourcenverzehr besonders fortschrittlich sind. Ideen und Unternehmen sollen gefördert werden, die nicht die nötige Kapitalausstattung von den Banken erhalten, um die Forschung voranzutreiben oder ein entsprechendes Produkt serienreif zu machen.«

»Da werden Sie sich vor Erfindern, ernsthaften und Spinnern, nicht retten können.«

»Es gibt hochinteressante Ideen, die zum Beispiel an Universitäten brachliegen, weil entsprechendes Know-how oder Kapital zur Umsetzung fehlt. Oder es werden in einem Konzern Entwicklungen gemacht, die nie verwirklicht werden, weil sie nicht ins Konzept des Unternehmens passen. Einzelnen Ingenieuren zu erleichtern, sich damit selbständig zu machen, kann ein Weg sein.«

»Die Vermutung liegt nahe: die Spielwiese eines Milliardärs …«

»Für Spielwiesen wäre mir das Geld zu schade. Es muß Hand und Fuß haben. Natürlich werde ich kritisiert, weil das Projekt nicht perfekt ist. Man wird nicht gelobt, sondern belächelt, wenn man solche Initiativen ergreift. Das muß man wegstecken können.«

»Können Sie das?«

»Inzwischen ja. Wir müssen wegkommen von unserer Dinosaurier-Mentalität, die immer gleich nach einer perfekten Megalösung fragt. Die große Lösung gibt es nicht. Wir alle müssen uns durchwursteln. Wir müssen an vielen Stellen gleichzeitig ansetzen: *trial and error.* Einer kommt dann schon durch. Mein Grundrezept ist simpel: ›Nicht ewig herummäkeln – probieren!‹«

Der Kontrast vom Gerling-Erben zu Iwan David Herstatt, der mit dem Vater Rolf Gerlings in einer so merkwürdigen Symbiose gelebt hatte, könnte schärfer nicht sein. Obwohl keineswegs die Hauptperson in dem Crash-Theater, war er der Hauptverlierer. Jahrelang kämpfte er noch im Rollstuhl um seine Rehabilitierung, ein bizarrer Prozeßmarathon, den niemand außer ihm mehr ernst nahm. Zuletzt wurde seine Klage von der Europäischen Menschenrechtskommission abgewiesen. 1995 starb der Bankier 81jährig. Der Vorsitzende des Kölner Haus- und Grundbesitzer-Verbandes, dem viele Ex-Herstatt-Kunden angehören, ließ sich unpathetisch zum Tod des Bankiers zitieren. Er gab nüchtern den Tenor an, den andere ehemalige Freunde nur hinter vorgehaltener Hand anschlagen mochten: »Ich habe ihn gut gekannt. Er war nicht unsympathisch, aber als Bankier zu aufgedreht, zu bombastisch und zuwenig realistisch.«

7

They don't come that way any more

In Hamburg tragen die Bankiers die Nase noch etwas höher als in der Banker-City Frankfurt, wo man unter internationalem Druck Offenheit an den Tag legt, oder in Köln, wo man das Solide und Bodenständige schätzt. Dabei ist der dezente hanseatische Snobismus nicht durch Fakten gedeckt, weder von den Umsätzen her noch durch internationale Orientierung der Banken, nicht einmal durch besondere Solidität, einmal abgesehen von einigen alteingesessenen Häusern.

Seit dem Herstatt-Jahr 1974 schloß die Bankenaufsicht bis Ende 1995 nicht weniger als 28 Banken, darunter auffallend viele hamburgische Unternehmen. 1974: Mertz u. Co., Hamburg; Bass & Herz, Frankfurt. 1980: Hassel & Cie., Frankfurt; Pister Bank, Mannheim. 1981: Rost & Salchow, Hamburg; Askanische Bank Trautwein & Co., Berlin. 1983: Robert Meyerding, Hamburg; Schröder, Münchmeyer, Hengst & Co., Hamburg/Frankfurt; 1984: Martin Friedburg & Co., Hamburg. 1985: Schneider & Münzing, München; Wilh. Basse, Hannover. 1988: Steinhart KG, Pforzheim. 1989: Sinzinger KG, München. 1992: Bendikt Baudrexel, Kempten.

Oft waren es einzelne Kreditnehmer, mit denen sich die Banken übernommen hatten, wie 1995 Günter Fischer, der persönlich haftende Gesellschafter von Fischer & Co. in Hamburg. Ihn zwang der Zusammenbruch der Auto-Leasing-Firma HLS in Filderstadt in die Knie; Fischer hatte von HLS 600 Millionen an Forderungen übernommen. Mit drin hing der zweite Gesellschafter der Bank, die Verlegerfamilie Jahr, die enorme Verluste stillschweigend ausbuchen mußte. Der Einlagensicherungsfonds der Banken sollte zunächst 1,6 Milliarden DM lockermachen. Günter Fischer haftete »bis zum privaten Farbfern-

294

seher«, wie ein Konkurrent vom Alsterufer, in seiner Bank gleichfalls persönlich Haftender, ebenso erschreckt wie mitfühlend registrierte: einer der wenigen Crashs, wo es wirklich fast ums sprichwörtlich letzte Hemd ging.

Die Hamburger Konkurrenz diskutierte hinter verschlossenen Türen über eine Rettungsaktion. Innerhalb von drei Tagen hätte der Entscheid stehen müssen. Aber das maßgeschneiderte Hemd war eben doch näher als das Gucci-Veston.

Solche Vorgänge laufen, völlig verständlich, nach sehr nüchternen kaufmännischen Kriterien ab: 1. Schadet ein Zusammenbruch den andern? Löst er eine Kettenreaktion aus? 2. Lohnt es, einen Konkurrenten am Leben zu erhalten? Im Fall Fischer war die Antwort auf beide Fragen klar: nein. Die Bank war zu klein, um andere in Mitleidenschaft zu ziehen. Das Risiko erwies sich zwar nicht als unüberschaubar, aber gemessen am Nutzen für potentielle Retter doch als enorm. Hinter den weißen Mauern der etablierten Häuser räusperten sich die Bankiers, und manche blockten eine Erörterung des Themas einfach ab. In den fetten Jahren glaubten halt einige, hieß es dann, man könne »mit ein bißchen Börsengeschäft« gleich eine Privatbank eröffnen.

Gemeint, wenn auch nicht namentlich erwähnt, war damit zum Beispiel Arend G. Mody, Vorstandsvorsitzender der Hamburger Mody Privatbank. A. G. Mody scheiterte in der Tat wenig honorabel: Einer seiner Wechsel platzte, was einem Privatbankier nun wirklich nie passieren darf. In der vom oft selbstverschuldeten Bankentod am stärksten gebeutelten Hansestadt stürmten die durch weitere Bankenkräche am Ort verunsicherten Privatkunden Modys Schalterhalle. Sie erhielten ihr Geld fast vollständig zurück. Die Bank wurde im Januar 1995 ohne allzuviel Aufhebens geschlossen. Die Branche registrierte die stille »Flurbereinigung« gelassen. Die Mody Bank (1990) war neben dem Bankhaus Steinhart in Pforzheim (1982) und Gries & Heissel Privatbankiers, Berlin (1987), eine der ganz wenigen Neugründungen seit Jahren gewesen. Von dem Gründertrio überlebten nur Gries & Heissel.

Schröder, Münchmeyer, Hengst & Co. KG (SMH) gehörte in eine ganz andere Kategorie, sowohl was die Größe wie die kriminelle Energie betrifft, die sich hinter feinen Fassaden in erstaunlichen Dimensionen entfaltete. Die stets kleiner werdende Gilde der Privatbankiers vibrierte, und das aus verständlichen Gründen: Der Ausfluß des SMH-Debakels drang in die Substanz des Gewerbes vor wie eine Säure, deren zersetzende Wirkung zunächst unkalkulierbar schien. Es geschah 1983, im Jahr 9 nach Herstatt – in der Branche ist diese Zählweise nach dem Kölner Bankencrash üblich geworden. Faule Großkredite an den Baumaschinenhersteller Horst-Dieter Esch trieben die SMH an den Rand des Ruins. Diesmal aber fanden sich im Gegensatz zum Fall Herstatt 20 private Kreditinstitute, eine Reihe öffentlicher Banken sowie die Bundesbank und das Bundesaufsichtsamt für Kreditwesen zu einer raschen Stützungsaktion bereit. Dabei waren die finanziellen Ausfälle bei SMH gravierender als bei Herstatt: In der Endabrechnung fehlten 480 Millionen, wobei zunächst von über einer Milliarde die Rede gewesen war.

Die Einleger kamen ohne finanziellen Schaden davon, das Wertpapiergeschäft übernahm die Londoner Lloyds-Bank 1997. Aus den intakt gebliebenen Teilen bauten die Briten die SMH zu einer völlig neuen Bank auf. 1997 ging SMH für 350 Millionen DM in den Besitz der Schweizerischen Bankgesellschaft (UBS) über, die kurz darauf mit dem Schweizerischen Bankverein zur United Bank of Switzerland (UBS) fusionierte: eine der größten Banken der Welt. Nach dem völligen Wegfall des Kreditgeschäfts verwaltet UBS/SMH heute in Deutschland Vermögen von über 20 Milliarden DM und entwickelt den Ehrgeiz, zum größten ausländischen Vermögensverwalter in Deutschland zu avancieren. Zum Vergleich: Die Deutsche Bank verwaltet außerhalb Deutschlands in sämtlichen Ländern der Erde, wo sie vertreten ist, 100 Milliarden DM an Privatvermögen. Da liegen die kühlen Geldvirtuosen aus der Schweiz mit ihren 20 Milliarden Deutschland-Anteil hervorragend im Rennen. Die Schweizer Lebensversicherungen nennen in Deutschland einen Bestand von 70 Milliarden DM (1996); sie sind die wichtigsten ausländischen Versicherungen im Land. Seit ihrem Verkauf an die Schweizer ist SMH jedenfalls unter sicherem Dach.

Das war nicht immer so, und gerade bei Schröder, Münchmeyer, Hengst & Co. zeigen sich die Besonderheiten des hanseatischen Geldgeschäfts und seiner Historie besonders augenfällig. Beim Aufstieg ebenso wie im freien Fall legt man in jener deutschen Stadt mit den meisten Millionären besonderen Wert auf Stil. Mit ihren Bilanzzahlen standen die Hamburger Häuser, von wenigen Ausnahmen abgesehen, nie an der Spitze. Der Aufstieg verlief oft keineswegs so glanzvoll, wie er in den edlen Broschüren der Häuser dargestellt wird. Im Gegensatz zur Konkurrenz in Frankfurt, Köln oder Wien wurden die Hamburger Bankiers bis in die siebziger Jahre des vorigen Jahrhunderts kaum je mit Regierungsgeschäften betraut, während ihre Konkurrenten mit Kaisern, Königen und vielen Staaten in höchst umfangreichen Geschäftsbeziehungen standen.

Die Kölner Bankenszene hielt man an der Alster zu Unrecht schon gar nicht für ebenbürtig, abgesehen von den Oppenheims, die wegen des Umfangs ihres Geschäfts seit langem unangefochten in der obersten Liga spielten. Iwan David Herstatt, der Repräsentant der Kölner Privatbanken und zugleich bekannteste Crash-Pilot der Republik, trat zwar als Gast und gelegentlicher Redner im feinen Hamburger Überseeclub auf. Aber im Vergleich zu Alwin Münchmeyer, dem SMH-Gründer und Grandseigneur der Bankenszene, als Crash-Bankier später auffallend von allen Seiten geschont, wirkte der Kölner Herstatt denn doch eher wie ein zu groß konzipierter Barockengel mit Honigfaß neben einem asketisch proportionierten Klassizismusengel. Zwei Repräsentanten derselben Branche, zwei Crashs, zwei Welten.

Für Münchmeyer, den langjährigen Vorsitzenden des Deutschen Industrie- und Handelstages, war 1983 nicht nur eine Bank zusammengekracht, die zu einem Drittel seiner Familie gehörte. Eine Welt war aus den Fugen geraten, die er für so unerschütterlich gehalten hatte wie die Steinquader der einem Triumphbogen ähnlichen Eingangsportale der Hamburger Börse. SMH ging zwar nicht in Konkurs, davor rettete sie der kurz zuvor von Münchmeyer selbst als Bankenpräsident neu konzipierte Feuerwehrfonds des Kreditgewerbes. Daß aber ausgerechnet seine Bank eine der ersten Nutznießerinnen dieser finanztechnisch ausgeklügelten Auffangvorrichtung sein sollte, zählt zu den ironischen Schlenkern der Bankengeschichte. Obwohl wesentliche SMH-Teile gerettet wurden, stand fest: Münchmeyers Familienunternehmen war zerstört.

Gern hatte er sich in den erfolgreicheren Jahren mit unzähligen Grußadressen auf Kongressen, in Toasts auf Banketten, in Interviews internationaler Blätter auf Werte und Traditionen berufen: »Meine Vorfahren hatten uns nicht nur eine Firma, sondern die dazugehörige Geisteshaltung vererbt. Die moralischen Verhaltensmöglichkeiten waren geprüft und gewogen. Wahrheitsliebe, Fairneß, Selbstdisziplin und Leistungswille zählten zu den unverrückbaren Tugenden. Was sich als redlich und nützlich erwies, hatten wir uns zu eigen gemacht. Unser gesicherter Stand machte es uns leicht, die Spielregeln einzuhalten.« Großbürgerliche Philosophie hinter den gediegenen, weißen Fassaden Hamburgs ... Seltsam antiquiert klingen die Sätze heute, man hört dabei geradezu das leise Knistern in der enormen Dunhillpfeife, mit deren weihevoller Handhabung der weißhaarige, stets äußerst sorgfältig gescheitelte Bankensenior souveräne Gelassenheit zu zelebrieren pflegte.

Münchmeyer. Der Name besaß in Hamburg einen Klang wie Warburg, nur nicht so international und mondän. Man stand immer im Schatten der weltläufigen Warburgs, lebte aber sehr flott in der zweiten Reihe. Durch bewegte Jahrzehnte glitten er und seine Bank elegant und unbehelligt nach einer praktischen Maxime: »Niemand hielt mich für eine echte Gefahr, weil ich zu klein war und nicht irgendeine Hausmacht hinter mir stand. Ich bot wenig Angriffsfläche und stieß daher auch nur selten auf Widerstand: Ich war wohl eine geeignete Integrationsfigur.« Folgerichtig wurde er später in hohe und höchste Ämter der Branche gewählt und diente Politikern, insbesondere Bundeskanzler Helmut Schmidt, als geschmeidiger Vermittler und Berater.

Nie habe er einen Anflug von Lampenfieber verspürt, nie unter irgendeinem Seelendruck gelitten, nicht einmal, als ihn die Prüfer mit der knappen Mitteilung überraschten, sein Geschäft sei zahlungsunfähig: »Ich weiß nicht, wie und wann ich davon erfuhr.« Seltsam distanziert klingen die Bemerkungen, als stünde da einer dauernd neben sich und habe aus seinem Unvermögen, sich mit Herz und Seele auf eine Sache einzulassen, nach außen hin eine Tugend gemacht. Den Moment, als ihm bewußt wurde, daß er als Bankier am Ende war – es war am 1. November 1983 –, beschrieb er mit dem Satz: »Äußerlich wurde ich an jenem Tag zu einer Marionette meiner Disziplin.« Ähnlich wie Iwan David Herstatt schickten ihn manchmal kurze Schlafanfälle in eine wolkige Welt, wo er nichts mehr wahrnahm, ohne daß die Umgebung dies bemerkt hätte. Öfter saß er allein, regungslos und ohne zu denken in seinem Arbeitszimmer. Ein Denkmal seiner selbst.

Durchdrungen von der höheren Wertigkeit des Standes der Geldhändler, fühlte sich sein Haus von einem Sendungsbewußtsein getragen, das von Generation zu Generation, von Jahresabschluß zu Jahresabschluß wuchs, seit der Gründung der Firma 1846, als der Umsatz mit Kaffee aus Lateinamerika und von den Westindischen Inseln noch bedeutender war als der mit Geld. Der Urgroßvater war als junger Kaufmann nach Haiti ausgewandert, um wenige Jahre später als reicher Mann heimzukehren. In der Familie erzählte man sich die Anekdote, der alte Münchmeyer habe dem Herrscher von Haiti den Druck seiner Landeswährung besorgt und sich dafür ausbedungen, jede zweite Banknote behalten zu dürfen. Die phantasiereiche Erzählung war wohl aus der Verlegenheit geboren, schlüssig zu erklären, wie der von Hause aus wenig begüterte Münchmeyer auf der kargen Kaffeeinsel in kurzer Zeit einen solchen Reichtum hatte erwerben können. Jedenfalls war er nach seiner Rückkehr so vermögend, daß er mit seiner neugegründeten Firma von Anfang an mit alteingesessenen Großbetrieben konkurrieren konnte.

Sie nannten sich Merchant Bankers, von denen es in Hamburg Dutzende gab. In ihren Kontoren roch es noch im 19. Jahrhundert nach vielerlei Düften. Man handelte mit allem, was das Überseegeschäft bot. Bis in die achtziger Jahre des letzten Jahrhunderts war die Hansestadt, die sich später etwas arg euphorisch Deutschlands Tor zur Welt nannte, ziemlich verschlafen und rückständig. Daher guckten die aristokratischen Herrschaften anderer Bankenplätze wie Frankfurt oder Amsterdam etwas abschätzig auf die bürgerlichen Krämerladen-Bankiers, »die Koofmichs« an der Alster, die ihrerseits die spürbare Zurücksetzung in sich ruhend und überaus selbstbewußt zu kompensieren wußten. Erst mit der Gründung des Freihafens 1888 begann der Aufstieg Hamburgs zur Handelsmetropole. Das Selbstbewußtsein wuchs nun ins unermeßliche, nicht zuletzt, weil man eine republikanische Insel in einer Monarchie war, die absolutistische Erscheinungsformen anzunehmen begann. In der Stadt erzählte man sich feixend die Geschichte, Wilhelm II. habe an den Bürgermeister geschrieben, soeben habe er einen seiner Bürger in den Adelsstand erhoben. Der Bürgermeister habe zurückgeschrieben, mit Verlaub und in aller Ehrerbietung, einen Hanseaten könne man nicht »erheben«. Dem echten Hanseaten sind Adelstitel wie Orden bis heute verpönt.

Diese stolze Haltung in besseren Kreisen führte mitunter zu inzuchtartigen Erscheinungen. Alwin Münchmeyers Vater verkehrte, wie seine

Kollegen, ausschließlich mit Geschäftsfreunden, bestenfalls noch mit Regimentskameraden. In der Bankiersvilla auf dem »Lußbarg« in Rissen hielt man sich, zwecks Auflockerung des Erscheinungsbilds, zwei bis drei exotische Bekannte, wovon einer »in Arien machte«: ein Opernsänger. Wer nicht »in Geld machte«, in Kaffee, Tee, Stahl, Wolle oder anderen greifbaren Gütern, galt in diesen Kreisen wenig. Den Rang bemaß man in Zahlen. Auch wenn man diese nicht veröffentlichte, kannte man untereinander den Nennwert. Als Lokalfavoriten erzielten die aus dem Braunschweigischen zugezogenen Münchmeyers am Ende des 19. Jahrhunderts die höchsten Gewinne unter allen Hamburger Konkurrenten.

In Alwin Münchmeyer repräsentierte sich noch einmal, ein letztes Mal, die klassische Buddenbrooksche Welt, wie Thomas Mann sie beschrieben und letztlich als Scheinwelt dargestellt hat. Schon als junger Mann wirkte er steif, erpicht auf Ehre und im Auftreten durchaus arrogant, ein Zug allerdings, den er angenehm durch angelsächsisches Flair und Talent zur Ironie zu mildern wußte. 1933 trat er, 25jährig, »als welterfahrener Junggeselle« als Prokurist ins elterliche Unternehmen ein. Zum Einstand gab's nicht mal ein Glas Sherry. Auch das gehörte zum Stil des Hauses: nur keine Emotionen!

In den von seiner jüngsten Tochter Stefanie, einer Journalistin und Autorin, aus 40 Tonbandkassetten destillierten Memoiren beschrieb der nachmalige Bankenchef das merkwürdige Verhältnis zu seinem übermächtigen Vater: Es ist der Passepartout zu seiner Persönlichkeit. Kein einziges Mal hat er mit seinem Alten Herrn über persönliche Dinge gesprochen: »Wir haben unsere Gefühle bis zum Ende verborgen. Nur einmal, als er schon im Todeskampf lag, habe ich an seinem Bett gesessen und geweint. Er hat es nicht mehr gemerkt.«

In dieser abgehobenen, sorgsam abgesonderten Welt, wo noch in Alwins Generation die Kinder vom Personal als »Gnädige Herrschaft« bedienert wurden, ist auch die ältere Münchmeyer-Tochter Birgit aufgewachsen. Sie wurde später als Birgit Breuel-Münchmeyer Wirtschaftsministerin in Niedersachsen, bevor sie als Präsidentin der »Treuhandanstalt« die Staatswirtschaft der DDR privatisierte und liquidierte. Danach übernahm sie verantwortlich die Vorbereitung der Weltausstellung 2000 in Hannover.

In der Münchmeyer-Bank pflegten Prokuristen, befragt nach den

Ausbildungsmöglichkeiten für den Herrn Sohn, sich beim Frager ironisch herablassend zu versichern: »Ist er denn schon geboren?« Womit klargestellt war, daß wegen übergroßen Andrangs von Lehrlingen nur die Sprößlinge sehr, sehr guter Geschäftsfreunde eine Chance erhielten, unter den Fittichen der Münchmeyers das Geldgewerbe zelebrieren zu lernen.

Nicht nach Umfang seines Geschäfts, aber nach Zahl seiner Wahl- und Ehrenämter während vieler Jahre einer der »Big shots« der Bankenszene, hatte Alwin Münchmeyer die Fusion zur SMH-Bank forsch vorangetrieben. Der Zusammenschluß von drei Privatbankhäusern war damals etwas Neues und wurde in der Branche sofort als zukunftsweisend gefeiert. Dabei entsprang der Drang zur neuen Größe mehr der Not und mancherlei Zufällen als zukunftsorientierter Konzeptionslust. Die wachsenden Risiken wollten abgedeckt sein, wie später auch die massiven Kreditabschreibungen des in Schwierigkeiten geratenen Warenhauskönigs Josef Neckermann zeigten. Zudem riß der Konkurs des Pelzgroßhändlers Nachman Deitsch ein Loch in die Hauskasse. Der Verlust lag bei 20 Millionen DM. Für eine Großbank weniger als Peanuts, für eine Sparkasse ein peinlicher Vorgang, für einen Privatbankier ein Grund, sehr ernsthaft über das persönliche Haftungsrisiko nachzudenken. Unter anderem Namen verkauften die feinen Privatbankiers aus Hamburg in einem gemieteten Geschäftslokal in Brühl bei Bonn Pelze und Felle aus dem Deitsch-Debakel.

Die Bankiersfamilien Hengst und Münchmeyer hatten eher zufällig zusammengefunden. Man traf sich beim Skilaufen in Arosa, fand rasch so viel Geschmack aneinander, daß Münchmeyer bei der gerade anstehenden Hochzeit Ferdinand von Galens mit der Frankfurter Bankerbin Anita Hengst den Trauzeugen machte – Münchmeyer war einer von sechsen. Nur zwei Trauzeugen, so wurde in der für Klatsch aller Art empfänglichen Branche gewitzelt, hat man in dieser doch recht bewegten Verbindung nicht getraut. Irgendwie schien Münchmeyer der flotten Anita von Galen, geborene Hengst, verfallen, wenn auch mehr im platonischen Sinne. Bei einem Empfang im Hamburger Hotel »Vier Jahreszeiten« zur Feier eines Stapellaufs stieß man auf gegenseitige Sympathie an. Diese ließ sich auch geschäftlich nutzen: »Scherzhaft kamen wir überein, daß es wohl das beste wäre, wenn unsere Häuser sich zusammenschlössen«, erinnerte sich Münchmeyer. Aus dem Scherz erwuchs schließlich die Katastrophe. Aber vor dem Fall stand zunächst ein kometenhafter Aufstieg.

Auch der 1,90 Meter große Graf gefiel dem Hamburger Grandseigneur, besonders wegen seiner gepflegten Umgangsformen: »Er war groß, gut aussehend, wortgewandt, sprachbegabt und damals noch relativ bescheiden.« Außerdem trug er englische Maßschuhe und wies beiläufig, aber gern auf deren Herkunft, Machart und Preis hin. Dann reizten Münchmeyer natürlich auch Name und realer Hintergrund des Erben aus altem westfälischem Landadel. Daß sich das »relativ bescheidene« Auftreten der von Galen-Hengsts im Lauf der Jahre änderte, erkannte der Trauzeuge zwar früh. Als Beirat der SMH-Bank zog er jedoch keine Schlüsse daraus. Man stand sich zu nahe und riskierte kein offenes Wort. Die Geschäfte liefen ja prächtig, der schöne Schein verdeckte dunkle Stellen des Seins.

Als jedoch auch der grellste Glanz nicht mehr genügte, klang es etwas nüchterner. Anita wurde von Münchmeyer senior jetzt kurz und knapp eingeschätzt: »Intelligent, ambitioniert, herrschsüchtig.« Schließlich hatte sie ihren Ferdinand mit dem väterlichen Erbe der Hengsts erst zu dem gemacht, was er zu seinen besten Zeiten gewesen war: einer der vermögendsten Privatbankiers Deutschlands. Das gab sie ihm öfter und gelegentlich auch vor aufmerksamen Zuhörern zu verstehen. Möglich, daß dieses Ausgangsdispositiv Graf Galen zwecks Leistungsnachweis in immer neue Risiken trieb.

1968 hatte sich Münchmeyer nach den Frankfurter Hengsts auch mit den hanseatischen Lokalkonkurrenten, den Schröder Gebr. & Co., verbunden. Die Schröders stammten aus Quakenbrück. Die Brüder Johann Rudolph und Bernhard Hinrich gründeten im gleichen Jahr wie die Münchmeyers, 1846, ihr Hamburger Geschäft als Merchant Banker. Ein Ableger entstand in Bremen. Angeregt hatte sie der Erfolg ihres Großonkels, der unter seinem anglisierten Namen John Henry Schroder & Co. ein erfolgreiches Londoner Merchant Banking-House betrieb. Das Unternehmen besteht noch heute als einer der fünf größten Kapitalverwalter der Londoner City.

Ihr Eigentum hielten die einzelnen Schröderschen Familienzweige scharf getrennt, sie betrieben aber gemeinsam vielfältige Handels- und

Bankgeschäfte. So kam es, daß die Hamburger Schröders dank der London-Connection von 1884 an zum größten Lieferanten von Chile-Salpeter für Deutschland, Frankreich, Belgien und Holland aufstiegen. Salpeter dient als Grundstoff zur Herstellung von Lösungsmitteln, vor allem aber von Kunstdünger und Sprengstoff – im Zeitalter des Imperialismus äußerst begehrte Materialien, deren Handel ein Riesenvermögen abwarf. Ein hochexplosives Geschäft war es außerdem, es führte unmittelbar zu einem Krieg. Der »Salpeterkrieg« brach 1879 zwischen Chile und Bolivien aus und dauerte vier Jahre. Es ging um Marktanteile und die Vorherrschaft in diesem Geschäft. Die Londoner Schroders zogen die Fäden und errichteten in der Folge ein Quasimonopol im Handel mit diesen aus der Natur gewonnenen Leichtmetallsalzen. Davon profitierte der deutsche Zweig.

Die Erträge aus dem Salpeterhandel erlaubten den Hamburg-Schröders, sich nun ganz aufs Geldgeschäft zu konzentrieren. Der Sohn des London-Schroder, Sir Henry, berief Bruno, den Bruder des Hamburg-Schröder Rudolf, zum Chef des Londoner Hauses. Beide, die Londoner und die Hamburger, kauften sich 1904 den preußischen Freiherrentitel. Mit dem Ersten Weltkrieg kam es zum Bruch, die beiden Linien trennten sich, ähnlich wie die Battenbergs und Mountbattens. Aus dem preußischen Freiherrn Bruno wurde nun Sir Bruno mit britischem Paß, der von seiner deutschen Verwandtschaft nichts mehr wissen wollte.

Die Dritten im SMH-Bund, die Hengsts in Offenbach und Frankfurt, blickten auf eine wesentlich kürzere Tradition zurück. 1938 hatten sie die jüdische Bank S. Merzbach & Co. übernommen und den Namen in Hengst & Co. geändert. Anrüchig, so fing Münchmeyer mögliche Spitzen gegen seine neuen Partner schon im Vorfeld ab, seien solche Transaktionen von jüdischen in arische Hände nicht gewesen, habe man doch »den Rappolts einen ähnlichen Gefallen erwiesen«, damals, »als niemand etwas gegen Hitlers Rassenwahn unternahm«. Den prächtigen Immobilienbesitz der Gebrüder Franz und Paul Rappolt hatten die Münchmeyers 1939 für 1,7 Millionen Reichsmark sehr günstig, aber immerhin im Einvernehmen mit den bedrängten jüdischen Geschäftsleuten, übernommen. Diese emigrierten gerade noch rechtzeitig vor dem Zugriff von Hitlers Schergen, wobei nicht bekannt ist, was sie von der erlösten Summe noch außer Landes schaffen konnten; es dürfte nicht viel gewesen sein. Die Rappolts nannten sich fortan Ernest und Harvey und wollten weder mit Deutschland noch mit den Münchmeyers etwas zu schaffen haben; sie starben vor Ende des Krieges im Exil. Die Münchmeyers hielten ihre gepflegte hanseatische Art der Arisierung damit für erledigt. Aber die Wiedergutmachungskammer des Hamburger Landgerichts sah es nach dem Krieg anders. Die Richter sprachen den Rappolt-Erben 42,5 Prozent des ursprünglichen Familienbesitzes zu. Im Klartext hieß das: Die Münchmeyers hatten einen jüdischen Besitz als ihr Eigentum reklamiert, der ihnen nur teilweise gehörte. Ihre edlen Immobilien mußten sie fortan wieder mit den ursprünglichen Besitzern teilen, die allerdings nur Wert auf ihren Anteil an den Erträgen legten.

Seine damalige Haltung formulierte Alwin Münchmeyer, wenn er bei Laune war, etwas direkter. Er sprach dann zwar von sich, meinte aber immer auch »die Hanseaten« seiner Klasse: »Wir haben uns verhalten wie die berühmten Affen: nichts hören, nichts sehen, nichts sagen.« Tatsächlich konnte man solche vom NS-Staat erzwungenen »Freundschaftsdienste«, bei denen »arische« Bankiers unter akzeptablen Bedingungen die Geschäfte ins Ausland getriebener jüdischer Kollegen übernahmen, oft noch als Gentlemen's Agreement betrachten, wenn man das brutale Hauen und Stechen bei derlei »Handänderungen« in anderen Branchen als Maßstab setzte.

Der Bankier George Behrens beispielsweise, Inhaber einer traditionsreichen Hamburger Merchant Bank, kehrte 1948 aus dem Exil zurück und erhielt ohne weiteres die Warenabteilung seines Handelshauses von der Firma Willink & Co. zurück, wo die Anteile während der Exiljahre »geparkt« waren. Die Firma überlebte diesen Wechsel allerdings nicht lange. Nach 170 Jahren wurde L. Behrens & Söhne 1970 liquidiert, ohne es noch einmal geschafft zu haben, ins Bankgeschäft zurückzukehren.

Im Fall SMH nahmen sowohl die Hengsts wie die Münchmeyers für sich mildernde Umstände in Anspruch: »Wir alle waren miteinander anständig geblieben.« An anderer Stelle räumte Alwin Münchmeyer hingegen ein: »Das Wort ›anständig‹ wurde damals kräftig strapaziert.« Kurz: Es besagte nicht viel.

Daß Alwin Münchmeyer die Schröders nicht ausdrücklich in den

Freispruch einbezog, lag daran, daß Kurt von Schröder, Abkömmling des weitverzweigten Bankiersclans, im Rang eines SS-Brigadeführers als einer der eifrigsten Arisierer der deutschen Bankenszene hervorgetreten war. Insbesondere den Kölner Oppenheims, seinen unmittelbaren Konkurrenten, machte er im Wortsinn die Hölle heiß. Im »Bank-Archiv«, der Zeitschrift des Bankenverbandes, schrieb er 1936: »Daß es wie in der gesamten Wirtschaft so auch innerhalb des Privatbankierstandes noch das Rassenproblem zu lösen gilt, versteht sich hierbei von selbst.«

Die Jahre bis Kriegsbeginn überstanden von den bedeutenden Hamburger Geldhäusern nur gerade drei ohne staatliche Eingriffe: Conrad Hinrich Donner, Schröder Gebr. & Co. und Münchmeyer & Co. Allein daraus ergibt sich, daß Münchmeyer sehr wohl und im Detail wußte, was um ihn herum geschah. Jüdische Bankiers verloren schon früh ihre Aufsichtsratsmandate – allein die Warburgs saßen in 108 Aufsichtsräten – und nach und nach auch ihre Geschäftsverbindungen. Die »arischen« Bankiers traten geräuschlos und ohne Hemmungen an ihre Stelle. Münchmeyers Freispruch in eigener Sache relativiert sich damit deutlich.

1978 schluckten die nun zur großen Privatbank fusionierten Schröder, Münchmeyer und Hengst das kleine, aber feine Frankfurter Bankhaus Koch, Lauteren & Co. Die Kommanditistenliste der SMH konnte sich sehen lassen: Neben den Münchmeyers, denen ein Drittel der Bank gehörte, zählte Ferdinand Graf von Galen zu den Miteigentümern, sein Schwiegervater hatte die Hengst-Bank gegründet. Ebenso die von Schröder-Freiherren Johann Rudolf und Manfred sowie Rosa Ida von Bülow und Ingrid Julinka Freifrau von Plotho. Das klang alles sehr edel, sehr ehrenwert, aber in Wahrheit stand das Privatvermögen der persönlich haftenden Gesellschafter in keinem Verhältnis zum rasch wachsenden Risiko.

Bald galt die Bank nach der Dresdner und der Deutschen Bank als eines der führenden Wertpapierinstitute im Land. Das Volumen blähte sich ballonartig auf – eine Parallele zum Devisenhandel, an dem kurz zuvor die Kölner Herstatt-Bank bankrott gegangen war. In den siebziger Jahren verwaltete SMH sieben Milliarden DM allein an Petro-Dollar-Vermögen internationaler Großanleger, Versicherungsgesellschaften und Pensionskassen, was im internationalen Vergleich wenig scheinen mag, für eine Privatbank aber ein enormes Volumen bedeutete. Alwin Münchmeyer hatte sich mittlerweile aus dem aktiven Geschäft zurückgezogen und die Geschäftsführung Sohn Hans Hermann übertragen, der sich bald in einen Konkurrenzkampf mit dem neu hinzustoßenden und weltmännisch auftretenden Grafen von Galen verhedderte. Vater Münchmeyer sah den Querelen zwar besorgt zu, hielt sie aber andererseits – wohl getreu der Devise, daß Konkurrenz das Geschäft belebt – für einen Faktor von produktiver Unruhe. Die Zahlen gaben ihm zunächst recht, und mit Verve widmete er sich seinen vielen Ämtern und Ehrenämtern. Entgegen hanseatischem Brauch nahm er jede Menge Orden an: Bundesverdienstkreuz samt Stern und Schulterband, Officier de la Légion d'Honneur, Commander of British Empire.

Die stetig wachsende Bank wagte sich derweil auf immer heiklere Pfade. Schließlich verband man sich mit dem Geschäftsmann Horst-Dieter Esch, der insbesondere in dem ebenso vigilanten Grafen von Galen seinen idealen Gegenpart fand.

Mit Grippe im Bett, will Galen zum erstenmal von Esch erfahren haben, als er das »Handelsblatt« studierte. Ein Jubelartikel über den angeblichen Magier elektrisierte ihn. Noch von der Bettkante aus rief er Esch an. Die Bettgeschichte diente später wohl dazu, die eigene Verteidigung zu untermauern: Gutgläubig sei man einem Blender auf den Leim gegangen. Dabei gab es zwischen Eschs Firmen und Hengst & Co. alte geschäftliche Verbindungen. Vor allem aber: Die Chemie zwischen den beiden Unternehmernaturen stimmte. Sie verstanden sich auf Anhieb, weil sie sich in vielen Eigenschaften ähnlich waren. Der eine – Esch – ließ sich gern mit dem Spitznamen »Napoleon« schmeicheln, der andere – Galen – wurde in der Bank manchmal »Papst« genannt, weil er gelegentlich penetrant auf Unfehlbarkeit pochte. Manchmal hieß er auch nach dem Boxweltmeister »unser Cassius Clay«, weil er sich als entsprechend durchschlagsstark erwies.

Binnen weniger Jahre stampfte Esch den angeblich drittgrößten Baumaschinenkonzern der Welt aus höchst porösem Boden. Das Dach der verschachtelten Firmengruppe bildete die IBH-Holding in Mainz, den industriellen Kern die Wibau AG in Offenbach, an der die SMH aus alten Hengst-Tagen eine Mehrheit besessen hatte. Die Bank tauschte die Anteile gegen eine 7,4-Prozent-Beteiligung an Eschs IBH.

Für eine Privatbank eine abenteuerliche Verbindung, die insbesondere die auf stete Überkorrektheit erpichten Münchmeyers niemals hätten akzeptieren dürfen. Denn zugleich trat die SMH als wichtigster Kreditgeber des extremen Konjunkturschwankungen unterworfenen Esch-Konzerns auf.

Der Kapitalbedarf des durch ständige Zukäufe rasch expandierenden Unternehmens war gewaltig. Am Schluß, als der Baumarkt einbrach, steckte SMH mit Hunderten Millionen an Verlusten mittendrin in Eschs unergründlichem Baggerloch. Denn die Geschäfte liefen auch in besseren Tagen nie so, wie der hyperaktive Unternehmer, vom Grafen freundschaftlich gedeckt und gefördert, gern nach außen prahlte. Medien bejubelten »Bulldozer-Esch« noch als Manager des Jahres, als die lahmende Baukonjunktur schon signalisierte, daß der Bedarf an Betonmischern und Teermaschinen bald nachlassen würde. Viele ließen sich von den Namen der übrigen IBH-Anteilseigner blenden: General Motors (19,6 Prozent) oder Babcock (10,1 Prozent). Esch selbst hielt 8,6 Prozent an direkten Anteilen. Was sollte da schiefgehen?

Es krachte dann eben doch, und zwar so gewaltig, daß die Bankenszene zitterte: Das völlig überschuldete und unübersichtlich gewordene IBH-Gebilde fiel über der SMH-Bank zusammen. Noch bevor die Öffentlichkeit vom Ernst der Lage erfuhr, wurde Graf von Galen in die Direktionsetage der Bundesbank zitiert, unten wartete sein Mercedes 560. Galen mußte sich auf dem Flur vor dem Konferenzraum drei Stunden lang gedulden, einen Stuhl bot man ihm nicht an. Eine kleine Flasche Mineralwasser erhielt er auf Nachfrage. Seine glanzvolle Rolle hatte er ausgespielt, und man ließ es ihn umgehend und nachhaltig spüren.

Noch ging es um Forderungen in Höhe von einer halben Milliarde DM, aber nicht um ein strafbares Verhalten der Bankiers. Die Staatsanwaltschaft ermittelte zunächst nur wegen Verdachts auf verspätet gestellten Konkursantrag und wegen versuchter Bilanzfälschung gegen das IBH-Management. Die Untersuchung wurde auf die Bank ausgedehnt, nachdem 300 Beamte Berge von Akten sichergestellt hatten. Später gab der nun gleichfalls angeklagte Graf Galen vor Gericht die erstaunliche Erkenntnis zu Protokoll, man habe sich überhaupt nicht vorstellen können, von dem flotten Herrn Esch derart aufs Kreuz gelegt zu werden: »Das waren wir von unserer Klientel nicht gewohnt.«

Die Klientel nahm überrascht etwas ganz anderes zur Kenntnis, woran sie von Bankiersseite nicht gewöhnt war: Die SMH-Bank hatte Eschs Firmenkonglomerat Kredite eingeräumt, die das Eigenkapital der Bank um das Achtfache überstiegen. Die von Esch angegebenen Sicherheiten von 1,2 Milliarden DM bewertete die Bank hingegen nur mit 300 Millionen DM. Viele der Kredite liefen über die SMH-Tochter in Luxemburg, wo Ferdinand Graf von Galen im Aufsichtsrat saß. Daher war der deutschen Bankenaufsicht die Interessenverquickung lange Zeit nicht aufgefallen.

Als ebenso abenteuerlich erwies sich die Haftungslage. Die SMH-Bank wies zu diesem Zeitpunkt vier persönlich haftende Gesellschafter aus: Münchmeyer junior, von Galen sowie die Direktoren Wolfgang Stryj und Hans Lampert. Dem Auffangkonsortium der Banken hatten die vier Gesellschafter eine genaue Aufstellung vorzulegen, ihr Vermögen sollte den Nothelfern der Konkurrenz übertragen werden, um die Abwicklung der Bank zu gewährleisten. Dabei stellte sich heraus, daß Lampert und Stryj überhaupt kein Vermögen besaßen. Ihr Einkommen hatten sie in die SMH investiert und ihre ursprünglichen Beteiligungen fremdfinanziert: zwei bis über beide Ohren verschuldete Bankiers, von denen nichts zu holen war. Einer von ihnen, Stryj, klagte noch Jahre später Ruhegelder ein – vergeblich.

Bei Hans Hermann Münchmeyer, dem Sohn des Grandseigneurs, sah es für die Gläubiger freundlicher aus. Sein Ururgroßvater, der Geschäftsgründer, hatte noch 13 Millionen Goldmark hinterlassen. Hans Hermann selbst nannte ein Privatvermögen von fünf Millionen DM. Es verschwand zum großen Teil in Eschs Baggerschlamm.

Weil Hans Hermann Münchmeyer als Gesellschafter alle SMH-Beschlüsse mitgetragen hatte, wurde er zu einem Jahr und neun Monaten Gefängnis auf Bewährung verurteilt. Diese etwas peinliche Nebenrolle verübelte man ihm in Hamburger Bankenkreisen noch mehr, als wenn er als Akteur mittendrin gestanden hätte: Sie offenbarte Schwäche. So etwas goutierte man in diesen Kreisen schlecht. Graf Galen, der forsche Hauptakteur, konnte denn letztlich auch mit mehr Unterstützung, wenn auch nicht gerade mit Sympathie in der Branche rechnen.

Münchmeyer senior wurde nicht belangt, obwohl er als Vorsitzender des Bankbeirats hätte eingreifen müssen. Letztlich blieb seine tatsächliche Rolle beim Crash ungeklärt. Auch in seinen Memoiren huschte er über die Verantwortlichkeiten locker hinweg. Esch wanderte für dreieinhalb Jahre hinter Gitter, wegen Untreue und Betrug. Das Urteil fiel verhältnismäßig milde aus, weil er ein Geständnis abgelegt hatte.

Für Galen sah es zunächst weniger günstig aus. Er bekam drei Jahre und neun Monate Gefängnis aufgebrummt – drei Monate mehr als Hauptakteur Horst-Dieter Esch. Immerhin bescheinigte das Gericht dem Bankier bis zu seinem Sturz einen »gradlinigen Lebenslauf«. Die Mitgesellschafter mußten für drei Jahre und sieben Monate sowie zwei Jahre und drei Monate hinter Gitter. Damit fanden sich die Hauptdarsteller alle wieder versammelt, diesmal nicht in gediegenen Direktionsgemächern, sondern in kargen Gefängniszellen der Haftvollzugsanstalt Frankfurt-Preungesheim, inklusive Horst-Dieter Esch, den die anderen drei Häftlinge aber mieden wie einen Cholerakranken. Auch untereinander reduzierten die Ex-Bankiers ihre Kontakte aufs Notwendigste.

Die Situation gewann nun doch an Flair des Absurden. Würde man sie im Roman beschreiben, läse sie sich wirklichkeitsfremd und albern: Die drei Inhaber und zugleich geschäftsführenden Direktoren einer angesehenen Bank, jahrelang an engste Zusammenarbeit gewöhnt, saßen nun gemeinsam und schweigsam hinter Gittern, auf Rufdistanz zu jenem Mann, der sie in diese Lage gebracht hatte. Den Beteiligten muß dies als Haftverschärfung erschienen sein, obwohl sie einen Teil ihrer Strafen als »Freigänger« abdienen durften. Jeden Morgen passierten sie die kleine Pforte des für Temporärhäftlinge reservierten »Gustav-Radbruch-Hauses«, das sich auf dem Gefängnisareal befindet. Als Freelance-Prisoners mußten sie lediglich eine geregelte Arbeit nachweisen.

Die Solidarität in der Branche wirkte noch, wenn auch nur für einen: den Grafen. Er arbeitete vorübergehend in einer gemeinnützigen Gesellschaft von Casimir Prinz zu Sayn-Wittgenstein, einem vorzeitig pensionierten Manager der Metallgesellschaft. Das gemeinnützige Engagement signalisierte Ansätze von Reue, diente aber in Wahrheit dazu, die Haftbedingungen so angenehm wie möglich zu gestalten. Öfter sah man den prominenten Häftling mittags beim Edel-Italiener »da Piva« nahe der Messe, wo ihm der »Saltimbocca« sichtlich mehr behagte als das eher bescheidene Speisenangebot in der Staatsherberge. Spätestens um 22 Uhr mußte sich der Ex-Bankier wie ein Internatszögling wieder im Radbruch-Haus zurückmelden.

Der umhegte Aufenthalt hat das überschäumende Selbstbewußtsein der beiden Hauptakteure Esch und Galen nur vorübergehend in Mitleidenschaft gezogen. Nach der Entlassung kaufte der mittlerweile 45jährige Horst-Dieter Esch 1989 auf den Namen seiner Frau, »um einen neuen Anfang« zu machen, an der New Yorker Park Avenue eine ziemlich erfolglose Model-Agentur namens »Wilhelmina« – und brachte sie in Schwung. Wo er das Geld hernahm, bleibt sein Geheimnis. Auch die heutigen Eigentumsverhältnisse verlieren sich im Dunst der Straßenschluchten von New York. Bald hatte Esch ganz wie in alten Tagen, nur ein paar Nummern kleiner, einen Kranz neuer Firmen um »Wilhelmina« herum aufgebaut, unter anderem eine Consulting-Firma, die deutschen Neustartern in USA den Weg ebnen will.

Auch Graf von Galen stand wieder auf beiden Füßen. Bei ihm wurde das Resozialisierungsprogramm der oberen Stände wirksam. Einen der Ihren wie einen ordinären Euroscheckbetrüger kriminalisiert zu sehen förderte die Solidarität, auch wenn niemand nach außen mit den Galens etwas zu tun haben mochte. Regungen, die weniger auf Mitgefühl beruhten als auf der Erkenntnis, daß ein Börsenpräsident und Privatbankier hinter Gittern dem Ansehen der Branche nachhaltig schadete, egal, welche Schuld ihn traf. Der ehemalige Bundesbankpräsident Karl Klasen fand, ein Jahr »Internat« – von Haft konnte man wirklich nicht sprechen – sei für einen Bankier mehr als genug. Die Begründung des Gnadengesuchs, von Klasen für Galen gestellt, blieb, wie immer in solchen Fällen, geheim. Im September 1987, nur 14 Monate nach dem Urteilsspruch, kam der westfälische Edelmann vorzeitig frei. Klasen war ein guter Freund Münchmeyers. Hanseaten unter sich verloren über solche Operationen nicht viele Worte.

Dabei traf auf den Grafen stärker noch als auf die andern Gesellschafter der SMH-Bank zu, was die Staatsanwaltschaft ermittelt hatte: »systematische Verschleierung« des Esch-Engagements. Um seine Schäfchen ins trockene zu retten, hatte Galen mit seiner attraktiven Frau Anita noch rasch vor dem Offenbarungseid einen Vermögenstausch arrangiert. Die Friedrich Hengst GmbH (Inhaberin: Anita Gräfin von Galen) verkaufte ihre Kommanditanteile von 20 Millionen DM an die Galen Industrie KG (Inhaber: Ferdinand Graf von Galen). Pech für das gräfliche Paar: Die 20 Millionen wurden auf das Privatvermögen des Bankiers angerechnet; man schätzte es auf insgesamt 100 bis

200 Millionen DM, je nachdem, wie hoch man den Immobilienbesitz bewertete.

Darben mußte das Ehepaar trotz herber Einschnitte ins Familienvermögen jedoch nicht. Gräfin Anita besaß dank früher Gütertrennung nicht angreifbare Immobilien und Aktien in den USA. Auch ohne die im Pleitestrudel versunkenen Millionen blieben noch ansehnliche Reste. Nach dem Crash wurde deutlich, wie sorgsam man sich vorbereitet und rechtzeitig Substanz abgezogen hatte. Der US-Anzeiger »The Foreign Buyers of U. S. Property« posaunte hinaus, der nach Amerika ausgewanderte Graf suche in Arizona sein neues Glück auf dem Rücken wilder Pferde. An der Grenze zu Mexiko war er Rancher geworden und erwarb gemeinsam mit seinem Schwiegervater je zur Hälfte 8000 acres Land für 6,3 Millionen. Das war erstaunlich, weil seine Familie sich geweigert hatte, eine Kaution von 16 Millionen DM aufzubringen, was ihm zumindest die Untersuchungshaft erspart hätte. Am meisten, so hörte man später, schmerzte den Bankier der Verlust seiner erlesenen Flintensammlung, Marke »Purdey«, aus Großbritannien. Sein Freund, der gleichfalls westfälische Landedelmann und ehemalige Bauernpräsident Constantin Freiherr Heereman von Zuydtwyck hatte die edlen Stücke ersteigert. Anita von Galen kaufte sie später zurück und schenkte sie ihrem Ehemann.

Außerdem tauchte in Anitas Besitz eine 20-Prozent-Beteiligung am US-Konzern Bangor Punta auf, während zu Hause das mit der Schadensbegrenzung beauftragte Bankenkonsortium empört anmahnte, die von den vier SMH-Gesellschaftern als Haftungskapital anerkannten 50 Millionen DM seien noch gar nicht eingezahlt worden. Nach heftigem Gerangel hinter den Kulissen einigte man sich auf einen Vergleich, der den gescheiterten Unternehmern und Bankiers noch enormen Freiraum ließ. Etwa die Hälfte war für die Gläubiger greifbar, auch wenn sich unter dem Besitz schwer Verwertbares fand wie das Wasserschloß Assen bei Beckum, zwischen zehn und 30 Millionen wert, je nachdem, was man dazuzählte. Der später gleichfalls in Schwierigkeiten geratene bayerische Fleischgroßhändler Alois Moksel kaufte das Adelsetablissement zu einem nicht bekannten Preis: Man munkelte: 25 Millionen, samt Landwirtschafts- und Zuchtbetrieben.

Doch Pech zieht Pech an: Moksel mußte von seinem Konkurrenten Willi März vor dem Konkurs gerettet werden. Die Gebrüder Willi und

Josef März hatten eine Aufsteigerkarriere geschafft, wie sie für die goldenen Jahre der Bundesrepublik typisch sind. Sie entwickelten aus einem bayerischen Milchladen einen der größten Nahrungsmittel- und Getränkekonzerne im Land, zu dem neben dem Fleischgroßhandel auch Brauereien wie EKU, Tucher, Henninger und Bavaria-St. Pauli gehören. Auf ihrem Höhepunkt, 1992, erwirtschaftete die Gebr. März AG mit 7000 Beschäftigten zwei Milliarden DM Umsatz. Das Familienunternehmen war ein Jahr zuvor von einer Familiengesellschaft in eine an der Börse gehandelte AG umgewandelt worden. Doch das Engagement bei Moksel riß tiefe Löcher in die Kasse. Weitere Fehlinvestitionen in Ostdeutschland führten dazu, daß die März-Familie, die einst über den Firmenpatriarchen Josef engste Verbindungen zur Strauß-Dynastie unterhalten hatte, ihre sämtlichen Familienanteile an die Banken verpfänden mußte. Schließlich blieb nur noch der Gang zum Konkursgericht.

Esch, von Galen, Moksel, März, am Ende auch Münchmeyer: lädierte Marksteine aus den Boomjahren der Bundesrepublik. Mit ihren Namen verbinden sich Triumph und Tragik von ungestümen Unternehmernaturen. Sie packten mit beiden Händen jene Bündel an Chancen, die ihnen die Zeit des endlos scheinenden wirtschaftlichen Aufstiegs vor die Füße warf. Daß ihnen die Konsolidierung ihrer Imperien nicht gelang, lag nicht allein an den Umständen. Das Unvermögen der vom Erfolg Verwöhnten, auch in Zeiten zurechtzukommen, in denen schon kleine Fehler von den Mechanismen des Markts bestraft werden, warf sie aus der Bahn.

Bezahlt haben sie alle, obwohl keiner von ihnen arm geworden ist. Der Verlust an Selbstwert, an gesellschaftlicher Achtung, an öffentlichem Interesse und, natürlich: an Macht zählt in dieser Kategorie mindestens ebensoviel wie die Zahlen auf den Kontoauszügen. Die erste Million sei die schwerste, behaupten jene, die diese Schwelle aus eigener Kraft überwunden haben. Mag sein. Aber wahrscheinlich vermittelt »Geld haben« nach der ersten Million nicht mehr jenes erotische Vergnügen, das dahinter vermutet, wer noch immer hinter der ersten Million herjagt. Es müssen andere Werte und Antriebskräfte sein, die zu diesem Aufbruch zum Gipfel motivieren. Edzard Reuter, 1995 abgelöster Chef von Daimler-Benz – er hat Höhen und

Tiefen des Unternehmerdaseins erlebt –, nannte Neid als wichtigste Antriebsfeder und am meisten verbreitete Eigenschaft auf Führungsetagen.

Ist es Macht über andere, die zu solchen Karrieren antreibt? Jeder, der Macht hat, bestreitet sie vehement. Sind es Bewunderung und Ansehen in der Öffentlichkeit, ist es jener geschlossene Kreislauf der Privilegierten, deren Verluste am meisten schmerzen? Viele, die alles eingebüßt haben, nennen aus zeitlichem Abstand diese eher simplen Grundmotive an vorderer Stelle. Neid als Hauptantrieb nennt Reuter allerdings als einziger offen und beruft sich dabei auf jahrzehntelange Beobachtungen auf obersten Ebenen von Industrie und Banken.

Im Fall des Grafen Ferdinand von Galen legte die Bewältigung der Katastrophe, ähnlich wie im Fall Münchmeyer, eine zweite Dimension frei, die sonst meist verborgen bleibt: die Folge für die nur am Rand beteiligte Familie. Ferdinands Vater, Graf Bernhard, kaufte Schloß Assen wieder zurück, bei Moksel blieb noch ein Teil der Ländereien. Auch die VEBA behielt ihren Anteil, den sie seinerzeit von den Galens, wohl als Dienst am Freund, übernommen hatte. Der alte Graf, hoch in den Neunzigern, wohnt als letzter der Galens in dem Schloß, das er 1997 einer katholischen Vereinigung übereignete. Eine Szene, die an den Grafen in Tomasi di Lampedusas Welterfolg »Der Leopard« erinnert, in dem der Alte in stoischer Ruhe im Schloß das Ende seiner Zeit und seines Geschlechts erwartet – freilich mit dem Unterschied, daß der Erbe von Lampedusas Roman-Grafen sich als Begründer einer neuen Ära in eine andere Zeit hinüberrettet.

Der Bank-Graf nahm nach seiner U-Haft nur noch kurze Zeit Wohnung auf dem Wasserschloß. Dann verschwand er aus der Wahrnehmung des Galen-Städtchens Lippborg. Die Verbindung zu Stammsitz und Familie ist seitdem gestört. In der kleinen westfälischen Gemeinde, die zu Lippetal gehört, einst Leibgut der Galen, hat man registriert, daß Ferdinand als einziger der engeren Familie dem 90. Geburtstag seines Vaters fernblieb. Im Ort zürnt man dem verlorenen Sohn als Liquidator jahrhundertealter Galenscher Familientradition. Allzusehr jedoch dürfte der Verlust des Stammsitzes die Arizona-Galen nicht gegrämt haben. Jahre nach dem SMH-Crash zitierte ein offenbar gut informierter Anonymus in einem Zeitungsbericht die angebliche oder tatsächliche Süffisanz Ferdinands: Ein im »Spiegel« abgedrucktes Foto von dem neuen amerikanischen Latifundium des einstigen SMH-Matadors zeige gar nicht seinen eigentlichen Besitz, sondern leider nur das Pförtnerhaus ... Daß ein alter Freund gelegentlich auf dem Anwesen auftauche, Karl Otto Pöhl von Sal. Oppenheim jr. & Cie., wurde am Rand vermerkt. Pöhl war zu Zeiten des SMH-Crashs Präsident der Bundesbank gewesen.

Ihre schwarzgestrichene Villa in Frankfurt im Wert von 6,5 Millionen DM war weniger von Geschichte als von Geschichten geprägt. Die Galens wurden die Immobilie schneller los als ihr unhandliches Wasserschloß. Das feine, gelegentlich auch weniger feine Frankfurt hatte sich in diesem erlesen ausgestatteten Anwesen zu Festen mit über 500 Gästen getroffen. Französischer Champagner floß kistenweise. Die hanseatischen Partner erschienen zwar regelmäßig, verließen aber zumeist früher als andere die Party. Der zur Schau gestellte Protz entsprach nicht ihrem Lebensstil; vielleicht spielte aber auch jener erwähnte Neid mit, in diesem Fall über den lockeren Glamour, den die von Galen-Hengsts & Co. verbreiteten. Zu exotischen Musikerauftritten wurden Köstlichkeiten gereicht, die extra per Flugzeug herbeigeschafft worden waren. Immerhin, so registrierte später der Richter anerkennend: Die Festivitäten wurden aus der Privatschatulle bezahlt. Hinzu kam der Glanz von Namen, Titeln und Ämtern. Galen war Präsident der Wertpapierbörse und Vizepräsident der Industrie- und Handelskammer gewesen. Partner Münchmeyer galt als ein international geachteter Senior Adviser. Doch mit einemmal hatte das alles keine Bedeutung mehr.

Enttäuscht, nicht verbittert, aber sehr um den Nachruhm besorgt, starb Alwin Münchmeyer 1990 auf dem Familiensitz »Lußbarg«. Die Hamburger Presse, sonst gern zur Aufmüpfigkeit neigend, verzehrte sich fast in Ehrfurcht: »Sein Leben hat sich erfüllt« (»Bild«); »Dem Denker von weltweitem Format wurde die Pflicht zur Freude« (»Hamburger Abendblatt«). Etwas prosaischer, aber gleichfalls ergriffen die linke »Tageszeitung«: »Ein ganzes Leben im Maßanzug«.

In Rezensionen zu seinen Memoiren zwei Jahre zuvor hatte es noch etwas weniger ergeben geklungen, etwa in der »Zeit«. Zu deren langjähriger Chefredakteurin Marion Gräfin Dönhoff hielt der Bankenpatriarch über Jahre engen Kontakt. Er gehörte einem von der Journalistin geführten prominenten Gesprächszirkel an, zu dessen diskreten

Treffen auch Helmut Schmidt regelmäßig erschien. Unbeeindruckt von diesem erhabenen Hintergrund schrieb der »Zeit«-Rezensent über Alwin Münchmeyer: »Ein Mann kommt zum Vorschein, dem seine Umwelt allerhöchsten Respekt zollt, doch es wird spürbar, daß Münchmeyer bei aller Wichtigkeit seine Welt nicht überragt. Dieser Mann hatte niemals den Anspruch, etwas anderes zu sein als Kaufmann. Kein Gedanke von Alwin Münchmeyer ist neu, kein Gedanke war unbequem. (...) Was Münchmeyer auszeichnet, kam vom Vater: Vermögen wie politische Meinung waren geerbt. (...) Er saß an zentralen Schalthebeln der Wirtschaft. Er war politischer Berater der jungen Bundesrepublik; privat kaufte er in der Panik der Koreakrise der fünfziger Jahre einen mit Lebensmitteln vollgestopften Seelenverkäufer – für die mit Sicherheit unmögliche Flucht der Familie über das Meer, falls die Russen kommen.«

Der Kahn hieß übrigens »Glückauf«, und angeblich war er nur als »Nervenpulver für die Damen« des Hauses angeschafft worden. Das stimmte allerdings nicht, denn manche begüterte Hamburger legten sich solche Never-come-back-Liner zu, die man unter sich ungeniert »Fluchtboote« nannte. Man nahm die Vorbereitungen durchaus ernst und belegte damit, in welch fernen Welten man sich über die Jahrzehnte eingerichtet hatte.

Diese Ängste von sehr spezifischen Boat people scheinen in den fünfziger Jahren in Hamburger Unternehmerkreisen besonders wild grassiert zu haben. Die Furcht vor einer Besetzung durch Stalins losgelassene Kommunistenhorden war eine Zeitlang so akut, daß alteingesessene Unternehmerdynastien wie die Kühnes von der Speditionsfirma Kühne & Nagel ihre Unternehmenspolitik daran orientierten. Eilig verlagerte Kühne senior beträchtliche Teile des Geschäfts nach Kanada. Er lenkte seine Firma aus seinem bunkergeschützten Befehlsstand im Schweizer Hochgebirge, im Dorf Lenzerheide, in der vermutlich richtigen Annahme, kommunistische Aggressoren würden im Fall der Fälle, wie Jahre zuvor schon die Nazis, wenigstens den Geldtresor Europas, die Schweiz, in Ruhe lassen, weil eidgenössische Banken ja schließlich große Geldmengen kommunistischer Regime horteten und einen wesentlichen Teil ihres Zahlungsverkehrs mit dem Westen regelten.

Die Abwicklung des SMH-Debakels erwies sich in der Bilanz als durchaus positiv für die Branche. Die deutschen Banken hatten bewiesen, daß sie in der Lage waren, Beinahe-Pleiten intern zu bereinigen; sie erfüllten damit internationale Standards. Der Bankenverband stand zunächst wegen mangelnder Bemühungen um eine straffere Aufsicht eher blamiert da, machte dann aber als Treuhänder bei der SMH-Abwicklung gute Figur. Man wußte, daß das Ausland sehr genau beobachtete, wie die Elite des Landes mit solchen Affären umging. Im Grunde setzte der Crash und seine Bewältigung ein Zeichen für die Robustheit der deutschen Wirtschaft. Mit den 20 Banken des SMH-Katastrophenteams, von der Hessischen Landesbank über die Deutsche Verkehrs-Kredit-Bank, die Nassauische Sparkasse bis zu den Großen wie Dresdner und Deutsche Bank, die beide zusammen für den massivsten Brocken von 142 Millionen aufkommen mußten, stand der gesamte Bankenadel hinter der Sanierung. Für die Privatbanken bedeutete dies: Die Großen nahmen sie nun stärker unter ihre Fittiche, der Glanz selbst eines Namens wie Münchmeyer zählte kaum mehr.

Noch einmal griff das »Hamburger Abendblatt« aus dem Springer-Verlag, durchdrungen von hanseatischer Nostalgie, im Oktober 1993 in den ganz großen Farbtopf und verlieh dem Hinschied »von einer Art Hamburgensie« das entsprechende Gepränge. Im Alter von 92 Jahren starb auf Ibiza an den Folgen eines Unfalls der Bankier Enno von Marcard. Er entstammte einer Epoche, so schrieb sein Freund und Kunde, der Springer-Publizist Claus Jacobi, da »Tapferkeit noch Tugend und Eleganz keine Sünde war. So blieb er furchtlos, hart gegen sich, gütig zu den Schwachen. Sein Herz war preußisch, sein Glaube katholisch.«

Eine andere Zeit, eine andere Welt, die da mit Enno von Marcard versank. Kein Titan, ein Gentleman, »very British« jedenfalls, oder zumindest eine hamburgische Version dessen, was man sich unter »very British« eben vorstellte. Allerdings fehlte der hamburgischen Kopie stets der nötige Schuß Selbstironie, der das britische Original auszeichnet. Diskrete Neigungen zu Extravaganz allerdings, in Deutschland, vielleicht mit Ausnahme Münchens, sonst weithin verpönt, galten in dieser eigenen Welt zwischen Elbe und Alster als akzeptiert. Die Sommerfrische auf dem komfortablen »Tuulhof« in Kampen auf Sylt gehörte ebenso dazu wie das Bad in der Nordsee bei 15 Grad Wassertemperatur – unter bewundernden Blicken von Passanten und Freunden.

»They don't come that way any more«, bedauerte ein Londoner Bankier auf der Geburtstagsfeier zu Marcards Siebzigstem. Zur Lunchtime pflegte er mit ausgewählten Kunden und Geschäftspartnern an dem über Jahrzehnte reservierten »Marcard-Tisch« eines Hotels zu speisen, mit Blick auf die geblähten Segel der Sportboote auf der Alster, mitten in der City. Beflissene Kellner und Hotelmanager umwieselten den »Herrn Baron«, und Gäste priesen die vom Busineßalltag total entrückte Atmosphäre, die »easy going aristocratic manners« des Gastgebers, »his immense charm, his charisma and his joy of savoir vivre« (Haig Simonian in der »Financial Times« 1987).

Im Sommer trug Marcard entgegen flatterhaften Modeflausen eine Kornblume im Knopfloch, im Winter schritt er stets mit Bowler und weißem Kavalierstuch ins Büro am Ballindamm 36, auch noch als 92jähriger. An den aristokratischen Avenuen längs der Alster gaben sich in Nachbarschaft zum Bankerdoyen auch die Warburgs, Berenbergs, Delbrücks und Münchmeyers die Ehre, mit blankpolierten, nicht allzu großen, mehr distinguiert als protzig wirkenden Messingschildern anzuzeigen, daß man jederzeit einer besonderen Klientel zur Verfügung stehe. Und »jederzeit« ist wörtlich gemeint. In Bankbroschüren findet sich noch zu Beginn der neunziger Jahre der leicht frivole Hinweis: »Hausbesuche auch außerhalb der Bürozeit«.

Damen, die zu einer Beerdigung einen andern Schmuck als Perlen trugen, strafte Enno von Marcard mit Nichtbeachtung. Ansonsten sollen seine »Windsor-blauen Augen« auf junge und weniger junge Mädchen bis in sein hohes Alter ebenso betörend gewirkt haben wie auf alte, reiche Anleger. In seinen Memoiren (»Bankier in Hamburg«) kommt Marcard selbst nicht so gravitätisch daher, wie ihn die Jubiläums- und Nachrufschreiber erstrahlen ließen. Dennoch ließ er keinen Zweifel, daß er es nicht als Zufall, sondern als Vorsehung empfand, in seine Klasse hineingeboren zu sein. Ausgeprägtes Stilempfinden und Neigung zur Verschrobenheit liegen nahe beieinander. Zu seinem Begräbnis ordnete er gelben und blauen Blumenschmuck an, Rosen und Kornblumen, die Farben des Hauses. Und zumindest wer ihm nahestand, war mit Nachdruck gehalten, im »Cutaway« zu erscheinen, der einstigen Banker-Uniform für den Vormittag. Die meisten hielten sich dran, wenn auch einer der Cut-Träger vorsichtig einwandte: »Er mag manchmal etwas verschroben gewesen sein, besaß aber bemerkenswert viel Stil.«

Als Sproß einer alten preußischen Offiziersfamilie wuchs er im sorgsam gehegten Edelghetto von Winterhude auf: Großvater General samt »Pour le mérite«, Vater Kommandeur im 2. Hanseatischen Infanterieregiment Nr. 76. Erzogen wurde er hingegen von drei Frauen: Mutter, Großmutter, Urgroßmutter, was in seinem Modeflair wohl nachwirkte. Als junger Mann pflegte er einen Dandy-Stil, der im spröden Hamburg seiner Jahre und seiner Klasse auffiel, aber akzeptiert wurde. Bald kannte er die Variationsbreite jedes Bordeaux von Bedeutung und wußte über die Rangfolge im Adels-Gotha bestens Bescheid. Als arrivierter Bankier erzählte er gern, wie er einen Lehrling namens Claus im Kontor das Einmaleins der hanseatischen Geschäftsführung gelehrt hatte. Der zurückhaltende Marcard-Lehrling brachte es zum »Prinz der Niederlande«: Claus von Amsberg wurde Gemahl der niederländischen Königin Beatrix.

Beruflich ist Marcard kaum je über Hamburgs Stadtgrenzen hinausgekommen. Der Bankier empfand das nicht als Nachteil, es entsprach seinem Selbstverständnis. »Er wurde fast so alt wie sein Jahrhundert, aber er war der Bessere von beiden«, rief ihm Freund und Bonmot-Ziselierer Claus Jacobi ins Grab nach. Im Bankhaus »Wilhelm Rée jr.«, an dem der Inhaber der ältesten Privatbank Deutschlands, Cornelius Freiherr von Berenberg-Gossler, beteiligt war, absolvierte Marcard seine Lehre, trat dann bei »Lasally & Sohn« ein und handelte neben Geld auch mit Kaffee. Beide Engagements, so berichtete er in milder Rückschau, verliefen nicht sehr glücklich. 1922, kurz vor dem Putsch des rechtsradikalen Politikers Wilhelm Kapp, kündigte der junge Marcard in Erwartung heroischer Ereignisse die Stelle, nicht ohne zuvor das Konto beim Lehnherrn aufgelöst zu haben. Als kurz darauf der Putsch scheiterte, mußte Marcard mangels Alternative wieder an seinen alten Schreibtisch in der Rée-Bank zurück; er verbrachte dort keine sehr gemütliche Zeit bis zum fälligen Stellenwechsel.

Auch mit Paul Lasally, seinem neuen Arbeitgeber, hatte der junge Offizierssohn wenig Glück. Der Bankier ohrfeigte ihn, weil er – zu Unrecht – glaubte, sein Commis führe ein privates Telefonat. Der Gewatschte wechselte zu »Delmonte & Co.«, wo es gleichfalls nur zäh voranging, die Zeiten waren für steile Karrieren im Bankgewerbe nicht eben günstig. Die Filiale, in der er begann, wurde bald geschlossen; in der Zentrale setzte man ihn zeitweise mangels Masse auf die Hälfte des Lohns. Von 100 Angestellten blieben im Lauf der Jahre gerade sieben übrig. In der jüdischen Bankiersfamilie schien man noch vor der Machtübernahme Hitlers zu ahnen, welche Katastrophe sich am Horizont abzeichnete. Bereits 1932 fanden es die Delmontes zweckmäßig, einen vom Kapp-Putsch so begeisterten Offizierssohn im Gesellschafterkreis zu wissen: Mit 32 Jahren wurde Enno von Marcard als Teilhaber aufgenommen. Ähnlich wie seine Freunde und Konkurrenten, etwa die Münchmeyers, erkannte der soignierte Aufsteiger die Chance, die sich unter der sich zunehmend grob gebärdenden Diktatur bot. In Absprache mit der ins Ausland getriebenen Besitzerfamilie übernahm er Mitte der dreißiger Jahre die Geschäftsführung. 1941 gehörte ihm die Mehrheit der 1893 gegründeten Bank. Sie trug nun seinen Namen: »Marcard & Co.«.

Mehr schlecht als recht versuchte man über die Runden zu kommen, die Mitarbeiter waren von der Wehrmacht eingezogen worden, der Außenhandel lag völlig darnieder. Als Soldat aus amerikanischer Gefangenschaft heimgekehrt, begann Marcard in einem geliehenen Anzug und mit geborgter Schreibmaschine den Neuaufbau seiner Bank aus den Ruinen an der Hermannstraße 31. Ganz so frugal ging's in Wirklichkeit freilich nicht zu. Seinen Mahagonischreibtisch, den er 1932 von den Delmontes übernahm, hatte er mit manch anderem gerettet. Das edle Stück stand bis zu Marcards Tod in seiner Bank.

1952 beschäftigte Marcard erst sieben Angestellte, während die ehemalige Warburg-Bank bereits wieder 126 zählte und Joh. Berenberg, Gossler & Co. über 50. Der Nachkriegsboom beließ jedoch gerade den Kleineren ihre Chance. 1955 zählte man in Hamburg wieder 120 Banken mit 360 Zweigstellen. Während Warburg, Berenberg oder Donner sich als Finanziers des Außenhandels verstanden, verlegte sich Marcard & Co. vor allem auf Vermögensverwaltung. Wer zu Enno von Marcards Freunden zählte, war häufig zugleich Kunde: Rudolf August Oetker, Heinrich Toepfer, Michael Otto, Rudolf Augstein, Marianne Fürstin zu Sayn-Wittgenstein, Fritz Graf von Brockdorff. Der Kundenstamm war ausgesucht edel, die Kapitaldecke blieb jedoch immer dünn. 1982 waren es 18 Millionen DM. Vier Jahre später – der

86jährige Doyen mit dem Bowler als Markenzeichen saß längst im Aufsichtsrat, besorgte aber noch jeden Tag in seinem Büro die Post – fusionierte die Bank mit dem damals 196 Jahre alten Traditionshaus J. H. Stein in Köln. Vergessen waren die Zeiten, als in diesem Bankhaus »SS-Schröder« (Kurt Freiherr von Schröder) aus der angesehenen Hamburger Bankiersfamilie in der Uniform eines SS-Brigadeführers ins Kontor gestiefelt kam. Zwar saßen beide Gründerfamilien noch im Aufsichtsrat, aber das Kommando übernahm bald die zu den Privatbankiers gestoßene »Indosuez-Bank«, Tochter der französischen Compagnie de Suez, ein Konglomerat mit über hundert Untergesellschaften; die wichtigste davon die »Société Générale de Belgique«. Ihr Kern ist aus königlich belgischem Kolonialbesitz hervorgegangen. Der mit Ertragsproblemen kämpfende und schwer überschaubare Koloß erzielt Umsätze von 200 Milliarden Franc.

Enno E. Marcard jun. verkaufte seinen Anteil an Marcard, Stein & Co. – es waren noch 0,2 Prozent – an »Suez«. Ein Jahr später stieg mit Johann Heinrich der letzte der von Steins aus. 201 Jahre lang hatte seine Familie deutsche Bankengeschichte geschrieben. Geblieben ist allein der Name.

8

Doktor Oetkers Bankrezepte

»Die Küche bei Lampe ist vorzüglich«, scherzt Senior Rudolf August Oetker, wenn er sein Schmuckstück potentiellen Kunden besonders ans Herz legen will: »Küche und Parkplatz sind essentiell für eine Privatbank.«

Den Parkplatz bekommt jeder. Wer es dann bis zum gediegenen Speiseraum im obersten Stock des Düsseldorfer Bankhauses Hermann Lampe geschafft hat, darf sich nicht nur an Kalbsfilet auf Steinpilzsauce und Herzoginkartoffeln delektieren (die persönliche Menükarte auf Büttenpapier ist Hausbrauch bei Lampe & Co.); der mit allerlei freundlichen, aber präzisen Fragen dezent ausgeforschte Gast kann sich spätestens bei Pflaumentörtchen mit Vanilleeis der Gewißheit hingeben, als Bankkunde den letzten Härtetest bestanden zu haben. Bei Lampe nimmt man nicht jeden. Unter 500 000 DM im Portfolio möchte der Kunde doch bitte entsprechendes »Entwicklungspotential« nachweisen.

Im Parterre der Düsseldorfer Zentrale erinnert nur ein bescheidener Schalterraum daran, daß man es hier mit einer Bank zu tun hat. Das unübersehbare Schild neben dem Aufzug »Honorarkonsul des Großherzogtums Luxemburg VI. Etage« gibt dem dieserart freudig Eingestimmten jedoch die Gewähr, in gewandten Händen zu sein: Der Konsul sitzt praktischerweise im Gesellschaftsausschuß des Bankhauses. Für Besucher mit räuberischen Absichten ist Lampe hingegen eine miserable Adresse. Gerade eine Million Mark lagern im Tresor. Sparbücher, fast eine Sammlerrarität, hält man nur noch älteren Kunden zuliebe: karge 16 Millionen DM Einlage. Interessant sind Anlagen, wie sie sich im Geschäftsbericht unter dem beiläufigen Titel

»übrige Verbindlichkeiten« sammeln: zwei Milliarden – die Vermögensverwaltung.

Das Geschäftsvolumen mit 5,2 Milliarden DM (1996) macht Hermann Lampe zu einer der wenigen noch echten Privatbanken Deutschlands: Kaum ein Dutzend ihres Zuschnitts gibt es mehr. »Privat« heißt: Hier kümmert sich der Chef mitunter persönlich um die Speisenfolge im bankeigenen Dining-room, vor allem aber haftet er im Fall der Fälle mit Haut und Haar, Haus und Hof. Aber bei Lampe trifft's keinen Lazarus: Rudolf August Oetker, *der* »Doktor Oetker«, dessen Vorfahren mit Backpulvertütchen zu zehn Pfennig die Grundlage für ein buntgeschecktes Familienvermögen in Milliardenhöhe gelegt haben, ist in dritter Generation zusammen mit drei weiteren Partnern persönlich haftender Gesellschafter. Dem Wiederentdecker von Omas Originalzupfkuchen und anderen Konfektionsbackwaren gehört die kleine, feine Bank zu 95 Prozent.

Ob Lampe & Co. in Bielefeld und Düsseldorf, Joh. Berenberg, Gossler & Co. in Hamburg, Delbrück & Co., Köln, es gibt sie noch, die edlen Geldpalais, wo dem auserwählten Kunden, der entsprechendes »Entwicklungspotential« im Rücken weiß, vom Butler in weißen Handschuhen aus dem Mantel geholfen wird. Ihr vornehm angestaubter Stil ist nicht Marotte, sondern kluge Überlebensstrategie. Das Kreditgeschäft ist für Kleinbanken des Risikos wegen uninteressant geworden. Noch nicht allzu lange ist es her, daß Milliardär Oetker in seinem Haus Kreditgesuche über 10 000 Mark persönlich prüfte. Die Zielrichtung ist heute eine ganz andere: der wachsende Markt der privaten Vermögensverwaltung. Besonders attraktiv entwickelt sich das Firmenkundengeschäft. In vielen Unternehmen, großen wie mittelständischen, ist Geld alles andere als Mangelware. Konzerne wie VW, Daimler-Benz, Siemens haben das schon lange entdeckt. Nicht selten erzielen sie mit reinen Finanzgeschäften mehr Gewinn als mit der angestammten Produktion. Beispiel: Die Münchner Siemens AG schaffte 1993 nur deshalb schwarze Zahlen, weil die hauseigenen Broker und deren Bankiers und Berater gute Nasen hatten; die Produktion schrieb in jenem Jahr hingegen tiefrote Zahlen. Auf den Dreh, daß mit Finanzgeschäften bei geringerem Aufwand und Risiko mehr zu verdienen ist als mit mühseliger Produktion unter immer härteren Wettbewerbsbedingungen, kommen mit tätiger Hilfe der Bankiers auch immer mehr Mittelständler. »Wir verwalten freie Mittel, die für den eigentlichen Geschäftsbetrieb nicht notwendig sind«, empfiehlt sich Lampe & Co. mit Termin- und jeder anderen Art Anlagegeschäften.

Auf diese finanzstarke Klientel sind mit rasch wachsendem Hunger auch die Großbanken scharf. Da müssen sich die Kleinen und Feinen eben etwas mehr einfallen lassen. In ihren edlen Nischen haben sich einige von ihnen pfiffig eingerichtet. Es geht schließlich nicht um Peanuts. Das gesamte Privatvermögen in Deutschland beträgt 12,8 Billionen DM oder viermal das gesamte Bruttoinlandsprodukt des Landes. Die Zahl ist riesig, besagt aber noch nicht viel. 40 Prozent davon sind Barvermögen; das macht die Sache schon konkreter. Daß allein in den Jahren von 1987 bis 1992 in Deutschland 800 Milliarden DM vererbt wurden, was dem vierfachen Jahresumsatz des neuen Megariesen Daimler-Chrysler entspricht, läßt die Werte schon richtig greifbar erscheinen. Statistisch ist aber erst jede 25. Erbschaft für Lampe, Delbrück oder Joh. Berenberg, Gossler & Co. von Interesse: dann, wenn dankbare Erben mindestens eine Million einstreichen und auf rasche Vermehrung des Kapitals drängen. 1996 konnte allein diese Klientel eine Barschaft von 30 Milliarden DM zu Markte tragen. Darunter finden sich keineswegs nur prominente Namen. Bei Delbrück in Köln weiß man, was man zum Beispiel am soliden Bäckermeister hat, der da und dort wieder einmal eine Filiale eröffnet. Die Stillen und Stetigen unter den 1200 Delbrück-Kunden sind den Privatbankiers lieber als die Lauten und Protzigen, denn spätestens in der zweiten Generation wächst bei den Stillen das Interesse an spezifischer Kapitalanlage. Von den 1200 bringt ein rundes Viertel jeweils mehr als 500 000 DM auf die Goldwaage.

Der geordnete Erbgang in mittelständischen Unternehmen ist gleichfalls ein Aktionsfeld der Privatbankiers, mit dem »unique selling point« der Individualität. Ein Bereich übrigens voller gut getarnter Fußangeln, denn die Nachkommen wollen es selten so, wie die Erblasser es vorgeschrieben haben. »Schreckt der Kunde nachts aus einem Alptraum hoch«, sagt Christian Graf von Bassewitz, haftender Gesellschafter bei der Oetker-Bank Lampe, »muß er mich anrufen können.« Das kommt – gutes Gewissen, sanftes Kissen hin oder her – öfter vor, als dem Grafen lieb ist.

Zum Ausgleich spielt der Bankier Tennis, sein Compagnon Golf. Und selbstverständlich ist auch das bewußt gepflegter Teil des Geschäfts. Ebenso die persönlichen Anschreiben zu Geburtstagen, Hochzeiten und Todesfällen. Man stiftet gelegentlich Ehen (und achtet darauf, daß die Vermögen zusammenpassen und wenn möglich der Bank erhalten bleiben) und kittet die eine und andere eheliche Beziehung; der Kunde wird es zu danken wissen. Die Seele des Privatbankengeschäfts verlangt eben nach einfühlsamer Massage: »Dafür sind wir auch etwas teurer.« Und das heißt: Die Bank kassiert zwischen einem halben und einem Prozent des Kurswerts des verwalteten Vermögens. Das bedeutet zweierlei: Der Bankier ist darauf aus, möglichst große Vermögen zur Verwaltung an Land zu ziehen und diese möglichst gewinnbringend anzulegen, also nicht immer nur die eigenen Fonds zu bedienen, wie das bei Großbanken und Sparkassen häufig der Fall ist. Um über entsprechende Wechselfälle des Lebens auf dem laufenden zu sein, liest Peter von der Heydt Freiherr von Massenbach, persönlich haftender und geschäftsführender Chef von Delbrück & Co., nicht allein trockene Fachliteratur, sondern auch regelmäßig die Gesellschaftskolumnen von Zeitungen und Zeitschriften.

Privatbankiers teilen ihre Kundschaft in drei Typen ein: den Parvenue, den Typus mit drei oder vier Generationen Erfahrungshintergrund (selbstredend bei den Bankiers der beliebteste, wenn auch nicht kurzfristig ertragreichste) und den hedonistischen Jungdynamiker, forsch und risikofreudig. Mit ihm läßt sich schnell und gut verdienen, er ist aber auch als »untreue Tomate« gefürchtet: Bei jeder besseren Gelegenheit wechselt er zur Konkurrenz. Die Einschätzung der Kunden ist Erfahrungssache, die Dicke der Aktienbündel und persönliches Auftreten sind nicht einmal das entscheidende. Privatbankiers können nur sanft darüber lächeln, daß bei manchen Großbanken »Ohrenmarken-Listen« in Umlauf sind, die als Hilfestellung für Bankangestellte Tips enthalten, worauf sie bei unbekannten Kunden zu achten haben: Paßt die Krawatte zum Anzug? Ist das Auto des Kunden eine Nummer zu groß, die Zigarettenmarke zu billig? Zinsversprechen von 15, gar 20 Prozent, mit denen manche private Geldhändler in ihren Hochglanzbroschüren locken, hält man bei Lampes, Delbrücks und Berenbergs für »absolut fahrlässig«, räumt aber ein, daß auch edlere Häuser damit arbeiten. Man möchte mit »the rich kids« mithalten und hat lernen müssen, daß die rasch wachsende Zahl junger Erben, die nun die süßen Trauben der sauren Aufbaujahre ihrer Väter genießen,»sich mit einem Privatdinner in der Bank nicht mehr beeindrucken lassen« (Bassewitz). Die Zeiten, als Bankiers Audienzen gewährten, sind vorbei. Privatbanking ist »hard selling business« geworden.

Auf den luxemburgischen Honorarkonsul unter dem gemeinsamen Dach wird man bei Lampe nicht gern angesprochen: »Wir sind keine Finanzbeamten«, umschreibt man den Spielraum des alltäglichen Kompromisses. Man gehe – »natürlich« – davon aus, daß der Kunde ordnungsgemäß versteuere. Ohnehin werde die Lage für Luxemburg immer schwieriger, weil die Vorteile für Anleger langsam dahinschmelzen. Razzienartige Durchsuchungen von Großbankfilialen durch Staatsanwälte haben Kunden verschreckt – ein unauffälliges Werbeargument für verschwiegene Privatbankiers. Als aufstrebender Finanzplatz mit allerlei Möglichkeiten gilt Irland mit seiner Anbindung an die angelsächsischen Märkte. Neben dem für Bankiers angeblich nicht mehr existierenden Steuerhafen Luxemburg erfüllt das Großfürstentum noch andere, nicht existierende Funktionen: »Wenn einer vor seiner in Scheidung lebenden Frau Geld verstecken will«, deutet ein Lampe-Mitarbeiter die Zielrichtung an, »werden wir ihn nicht hindern.« In letzter Zeit häufen sich übrigens die Fälle, in denen die Frau das Geld vor ihrem eingeheirateten Mann versteckt.

Auch bei anderen Privatbanken sind die Beziehungen zu attraktiven Vorposten seit langem eingespielt. Manchmal sind die Drähte sehr direkt. Ein Teilhaber von Delbrück, Adolf Ratjen, baute den Off-shore-Platz Liechtenstein mit auf. Ratjen (Jahrgang 1910), der langjährige und intensive Beziehungen zum Fürstenhaus Liechtenstein unterhielt, siedelte 1945 von Berlin nach Vaduz über, wurde dort Delegierter des Verwaltungsrats der Bank in Liechtenstein und war von 1951 bis 1981 deren Präsident. Das Bankhaus gehört der Fürstenfamilie (siehe Kapitel 9) und ist der eigentliche Pionier des schillernden Briefkastenwesens in Liechtenstein. Die Teilhaberschaft an der Delbrück-Bank behielt Ratjen auch während seiner Liechtensteiner Jahre. Sowohl bei Delbrück, Köln/Berlin wie bei der Bank in Liechtenstein war er über Jahrzehnte der prägende Kopf – eine für den Privatbankkunden nahezu ideale Symbiose …

Auch wenn sie sich im Typus sehr ähnlich sind, unterscheidet sich die Geschichte der drei Privatbanken Lampe, Delbrück und Berenberg und deren Hintergründe doch erheblich. Die Berenbergs in ihrem modernen Glasbau an der Hamburger Binnenalster werben kurz und knapp mit beträchtlicher Souveränität:»400 Jahre Erfahrung hat Zukunft«. Damit kann in Deutschland kein Konkurrent mithalten. Tatsächlich ist Joh. Berenberg, Gossler & Co. das älteste Bankhaus und eins der ältesten Unternehmen Deutschlands überhaupt. 1590 gegründet, hat die Bank eine wechselvolle Geschichte hinter sich, verlor 1931 auch für einige Zeit die Selbständigkeit – Berenberg war einer der letzten Einkäufe, die dem Berliner Großbankier Jakob Goldschmidt gelangen. Für die Bank eine mittlere Katastrophe, denn kurz danach ging Goldschmidts Danat-Bank in Konkurs (siehe Kapitel 4). Aber wer seit Generationen im Geldgeschäft steht, läßt sich nicht so leicht aus der Bahn werfen. Die Bank kam wieder in die Hand der Gründerfamilie, auch wenn man 1945 mit einem Gesellschaftskapital von gerade einmal 180000 DM nahezu bei Null wieder anfangen mußte. Heute beträgt das Kapital das Achtzigfache, das Geschäftsvolumen liegt bei vier Milliarden DM.

Joachim von Berenberg-Consbruch, einer von vier haftenden Gesellschaftern der Bank, repräsentiert die zwölfte Generation. An seinem Ringfinger funkelt ein Siegelring mit blauem Saphir, ein Erbstück, das seit 1621 jeder Berenberg seinem Stammhalter vererbt. Sein Vater trug ihn während des Kriegs im Stiefel mit sich, und auch die dreizehnte Generation wird den Saphir in Ehren halten. »Aber wir wollen die Tradition nicht übertreiben«, sagt der nüchterne Jurist. »Für meinen Sohn ist der Ringtausch keineswegs automatisch mit der Nachfolge in der Bank verbunden. Der soll sich erst bewähren.« Berenberg ist im Devisenhandel stark, »aber nur mit fremdem Geld«, wie man betont. »Wir sind bekannt für konservative Geschäftsführung.«

Eine Hamburger Bankspezialität spielt eine besondere Rolle: der Rembourskredit. Es ist ein Vorschuß auf schwimmende Ware mit Laufzeiten von höchstens 90 Tagen. Mittelständische Handelsunternehmen finanzieren damit ihre Schiffsfrachten, wobei die Bank als Sicherheit die Verladedokumente zurückhält. Dieses traditionelle Küstengeschäft verlangt hohe Flexibilität, wie sie nur eine kleine Bank bieten kann. Darum ist den Berenbergs auch vor dem nächsten Jahrhundert nicht bang. Ihre Schiffskredite führte sie in Gegenden, wohin sich andere deutsche Banken noch lange nicht trauten.

Berenberg war eine der ersten westlichen Banken überhaupt, die in der Bank of China in Shanghai ein Konto eröffneten. 1978 kam das noch einem verwegenen Abenteuer gleich. Der erste chinesische Banktrainee in Deutschland absolvierte seine Ausbildung am Neuen Jungfernstieg. »China entwickelt sich sehr gut«, freut man sich an der Alster. »Der Beratungsbedarf ist enorm.« Hamburg ist für die Volksrepublik das deutsche Handelszentrum. Da trifft es sich gut, daß ein Berenberg-Onkel seit vielen Jahren in China die Kontakte vor Ort pflegt. Denn Chinesen sind schwierige Handelspartner. Ihre Vertragstreue gilt als nicht sonderlich ausgeprägt, und sie geben selbstbewußt weiter, daß sie als Handels- und Industriemacht der Zukunft ihre Partner aussuchen können – und es auch rigoros tun. »Bei aller Modernität legen chinesische Geschäftspartner enormen Wert auf langfristige Geschäftskontakte. Sie schätzen es überhaupt nicht, immer wieder mit neuen Gesichtern zu verhandeln«, hat man bei Berenberg gelernt.

Hinter den oft unscheinbaren Fassaden dieser kleinen Geldhäuser verbergen sich häufig originelle Biotope mit tiefem Boden, der sich zum Wurzelschlag besonders gut eignet. Bei den Delbrücks in Köln, schräg gegenüber den ewigen Konkurrenten, den beträchtlich größeren Oppenheims, verwahrt man im Archiv die Kopie vom Brief eines besonders übellaunigen Schuldners. Mit Datum vom 18. Januar 1758 weist Friedrich der Große seinen aufmüpfigen Hofbankier zurecht, der sich erfrecht hatte, für einen Vorschuß von 243 662 Talern Sicherheiten und baldige Rückzahlung zu verlangen. Ihre Majestät trotzte (und belegte nebenbei, daß dero bevorzugte Umgangssprache Französisch, nicht Deutsch war): »Der Herre wird Geldt kriegen wan es Zeit sein wird er und seine Consorten Sie sein wehr Sie wollen belieben sich zu gedulden.« Der patzige Monarch hat die Schuld kurz nach dem Mahnschreiben dann doch beglichen. Der »Herre und seine Consorten« waren die Gründer des Delbrück-Vorläufers, David Splitgerber und Gottfried Adolf Daum, die ihr Handels- und Bankhaus 1712 in Berlin gegründet hatten und als wichtige Finanziers des preußischen Staates galten.

In der Gründerzeit des 19. Jahrhunderts kamen zu der engen Verbindung mit dem Königshaus große Privatkunden hinzu, schließlich vereinigte man sich 1910 zu Delbrück, Schickler & Co. Adelbert Delbrück, ein enger Berater der Industriellen Werner von Siemens und Alfred Krupp, war eine der treibenden Kräfte zur Gründung der Deutschen Bank am 22. Januar 1870. Delbrück wurde ein Jahr später zum zweiten Vorsitzenden gewählt; er blieb es 28 Jahre lang. Der Privatbankier trieb die Ausrichtung der rasch wachsenden Großbank auf den Außenhandel voran.

Deutschland lag, im Gegensatz zu Großbritannien und Frankreich, aber auch zu kleinen Staaten wie den Niederlanden, auf diesem Feld merkwürdig weit zurück. Der deutsche Außenhandel war zwischen 1800 und 1835 gerade um 40 Prozent gestiegen; bis 1873 schnellte er dann um 420 Prozent hoch. In diese Phase fallen auch die Auseinandersetzungen der immer selbstbewußter auftretenden Direktion mit dem Verwaltungsrat. Die Folgen des Streits waren weitreichend: Erstmals setzten sich lohnabhängige Direktoren gegen die Patriarchen durch, die, wie bis dahin üblich, zugleich die Mitbesitzer der Bank gewesen waren und sich von daher befugt fühlten, dauernd ins Tagesgeschäft einzugreifen.

1884 steht in der Chronik der Deutschen Bank als »Geburtsjahr« des modernen Managements einer Aktienbank. Delbrück, der Patriarch, zog sich zurück. Doch seine kleine Berliner Privatbank mischte sich noch öfter in die Geschäfte der großen »Deutschen« ein, am nachhaltigsten durch einen Banklehrling, der schon als Zwanzigjähriger bei Delbrück als Überflieger gegolten hatte und 1935 Teilhaber der Bank wurde: Hermann Josef Abs. Drei Jahre später berief ihn die Deutsche Bank zum Direktor der Auslandsabteilung.

Bald sah man Abs für Jahrzehnte als den führenden Kopf des Unternehmens an. Er saß im Aufsichtsrat der IG Farben, die im Zweiten Weltkrieg tief verstrickt war in die Vernichtungsmaschinerie von Auschwitz. Der amerikanische Historiker Harold James kommt in seiner Studie über die Bank in der NS-Zeit zu dem Schluß: »Hermann J. Abs, ohne Zweifel das dynamischste und kreativste Vorstandsmitglied der Deutschen Bank während des Krieges, war zwar in der Lage, wenn auch in etwas verschleierter Form, die gesamte Handelspolitik des nationalsozialistischen Deutschland anzugreifen, aber als er Kontakt zu den Männern des Widerstands hatte, war er gehemmt und entschied sich, kein Held zu sein. (...) Viele Bankiers zogen sich in jene Welt zurück, mit der sie am meisten vertraut waren: in die behagliche Sicherheit der ökonomischen Rationalität.« Das Ergebnis, so James, war zweifellos eine »extreme moralische Kurzsichtigkeit«.

Die Neigung, den politisch Mächtigen etwas näher zu sein als andere, scheint sich bei Delbrück seit den Zeiten Friedrichs II. erhalten zu haben. Der heutige Geschäftsführer und Mitinhaber der Bank, Peter von der Heydt, Urenkel Karl von der Heydts, dessen kleine Bank sich 1919 mit Delbrück/Köln verband, die wiederum 1968 mit Delbrück & Schickler, Berlin, zur jetzigen Bank Delbrück & Co. fusionierte, brachte seine politischen Lehrjahre 1976 bis 1983 als CDU-Abgeordneter im Bundestag hinter sich. Er saß im Finanz- und im Auswärtigen Ausschuß und pflegte zu Helmut Kohl »ein enges, zeitweise sehr enges Verhältnis«. Warum er ausgerechnet beim Regierungswechsel 1983, als die CDU nach langen Oppositionsjahren wieder an die Macht gekommen war, »bei Kohl rausfiel«, weiß von der Heydt bis heute nicht recht: »Ich gehörte zu den 200 der Truppe der kalt Verabschiedeten.« Die hautnahe Erfahrung mit dem politischen Handwerk möchte er jedenfalls nicht missen – eine absolute Ausnahme unter Privatbankiers, wie er weiß: »Bankiers neigen dazu, Politik zu verachten. Ein Fehler, der sich letztlich gegen ureigene Interessen richtet.«

Solche Gedankenspiele sind den Mitarbeitern von Lampe & Co. fremd. Hier verläßt man sich seit je auf westfälische Bodenständigkeit. Die Flachländer genießen bis heute den »Berggasthof-Effekt«, wie ein führender Mitarbeiter das provinzielle Ambiente von Bielefeld und Minden glossiert. Hier ist das Bier warm, dafür hat man den Überblick.

Die Keimzelle des Oetkerschen »Berggasthofs mit Tresor« ist in einem Weser Renaissance-Riegelbau von 1680 untergebracht. Das Portalrelief beschreibt, in Bronze gegossen, die einfache Hausmaxime von Bank und Besitzer: »Man darf das Schiff nicht an einen einzigen Anker und das Leben nicht an eine einzige Hoffnung binden.« Kein Zweifel: Der Anker hält auch einen mittleren Orkan aus. Keine deutsche Privatbank kann sich eines so wohlhabenden Inhabers rückversichern wie Lampe & Co. Zwar legt man Wert auf Eigenständigkeit. »Oetker ist Oetker«, sagt Graf von Bassewitz prononciert, »und die Bank ist die

Bank.« Aber der alte Herr und sein industrieller und finanzieller Hintergrund wirken doch sehr beruhigend. Obwohl schon über achtzig, aber mit niedrigem Blutdruck gesegnet und noch immer rüstig, macht Rudolf August Oetker seinem Management bei Bedarf klar: »Ich bezahle euch nicht, damit ihr mein Geld verliert.«

Als 1995 die Bielefelder Balsam AG und die Wiesbadener Factoring-Firma Procedo zusammenkrachten (Bassewitz nennt es einen »systematisch geplanten Betrug«), hing mit 49 Banken auch Lampe drin, und nicht zu knapp. Über 40 Millionen DM kostete der Bankrott die Bank: »Es war unser herbster Ausfall.« Oetker zahlte seinen bereits ausgeschütteten Lampe-Gewinn an die eigene Bank zurück. Die drei haftenden Geschäftsführer mußten es dem Patriarchen gleichtun und ihren bereits kassierten Gewinnanteil nachträglich herausrücken, immerhin einige hunderttausend DM. Wenn sie davon erzählen, lächeln sie süß-säuerlich. Diese sehr persönliche Art der Schadensregulierung ist bei Banken selten genug. Aber »Persönlich haftender Gesellschafter« ist eben nicht bloß ein gut zu präsentierender Titel – er zwickt auch ganz schön, wenn der Haftungsfall da ist.

Rudolf August Oetker, bei seinem Auftritt eher bieder und scheu wirkend, macht bei alldem gern in Understatement: »Ich kenne Leute, die sind wirklich reich. Die haben Geld – und Geld zum Ausgeben. Bei uns reicht's nie. Es kann kommen, wie es will, es reicht hinten und vorne nicht.«

Doch das allgemeine Erbarmen darf sich in Grenzen halten. Aus seinem kriegsversehrten Rumpfbetrieb hat Dr. Oetker immerhin eines der größten Familienvermögen des Landes aufgebaut. Im Jahr, als er geboren wurde – 1916 –, fiel sein Vater vor Verdun. Seine Mutter, sein Stiefvater, der das Unternehmen weiterführte, sowie zwei Halbschwestern kamen im Zweiten Weltkrieg 1944 in Bielefeld bei einem Bombenangriff ums Leben. »R. A. O.«, wie Rudolf August Oetker bald intern seine Geschäftspost patriarchenhaft abzeichnete, übernahm die Reste des Unternehmens als 28jähriger.

Sein Großvater August, ein Apotheker, hatte das Kuchenteigimperium gegründet. 1891 war er auf die Idee gekommen, Backpulver für je ein Pfund Mehl in Tütchen abzupacken und Backrezepte gratis mitzuliefern. »Backin« ist eine jener bestechend einfachen Königsideen, auf die nur Außenseiter verfallen können. Bereits 15 Jahre nach dem ersten verkauften Backin-Tütchen waren 50 Millionen Stück abgesetzt. Dabei hat Dr. Oetker das Backpulver nicht erfunden, das gelang Justus von Liebig. Oetker hat es nur portionsweise in den Handel gebracht. Allerdings erwies sich der Apotheker von Anfang an als Marketing-Genie des einfachen Gedankens. Er brachte als flankierende Maßnahme ein Rezeptbuch heraus, »Backen macht Freude«. Es ist bis heute in Deutschland neben der Bibel das am meisten verkaufte Buch (bisher etwa 30 Millionen Exemplare). Sonst aber hielten sich die Innovationen in recht engen Grenzen. Viele Jahre blieb es bei Soßen- und Puddingpulver, Vanillezucker und ähnlichem. Als fast ebenso erfolgreich wie Schwester »Backin« zeigte sich übrigens Bruder »Gustin« (Speisestärke).

Der Enkel jenes Mannes, der das Pulver zum zweitenmal erfand, R. A. O., ist gelernter Bankkaufmann, der von sich behauptet, er verstünde nur vom Bankgeschäft wirklich etwas. Dabei baute er nach dem Zweiten Weltkrieg das geerbte Nahrungsmittelwerk zu einem beeindruckenden Industrie- und Finanzkonglomerat aus. Bis heute wird es als reines Familienunternehmen geführt, von dem es noch viele Jahre etwas bösartig hieß, es werde gemanagt wie eine Kette von Onkel-August-Shopping-Centers. Die Konzernstruktur mit August Oetker jun. an der Spitze hat sich jedoch mit den neunziger Jahren deutlich profiliert, auch wenn man mit Details nach außen nach wie vor sparsam umgeht. Man kennt zwar die Umsätze (1996 für die ganze Gruppe 7,3 Milliarden DM), nicht aber die Gewinne. Die seien, wird auf Nachfrage erklärt, »zufriedenstellend«.

Dieses mit beträchtlicher Dickköpfigkeit vorangetriebene Wirtschaften, unauffällig, unspektakulär, bei still genossenem Erfolg, muß mit der westfälischen Mentalität zusammenhängen, die sich in der norddeutschen Tiefebene, von äußeren Einflüssen noch erstaunlich wenig berührt, offenbar frei entfalten kann. Nur wenige Kilometer von der Oetker-Zentrale entfernt finden sich zwei sehr ähnliche Beispiele von beharrlichen Durchstartern, zurückgezogen schaffend wie die Oetkers. Im benachbarten Gütersloh baut Rudolf Miele unentwegt seine Waschmaschinen und sonstigen Haushaltsgeräte, ein reiner Familienbetrieb mit über zwei Milliarden DM Jahresumsatz. Auf der anderen Seite der Eisenbahnlinie stampfte Reinhard Mohn einen der größten Kommunikationskonzerne aus der schweren westfälischen Erde.

Sein Bertelsmann-Konzern (er verschenkte ihn inzwischen größtenteils an eine Stiftung) hat sich innerhalb von gleichfalls nur einer Generation aus einem kleinen pietistisch-religiösen Buchverlag entwikkelt. Durch Zukäufe – vor allem im Ausland – und Neugründung von Tochterunternehmen ist Bertelsmann heute der größte Buchverlag der Welt.

Rudolf August Oetker zeigt sich als der Verschlossenste von den dreien. Bis 1990 gab es nicht einmal einen veröffentlichten Gesamtbericht mit aussagekräftigen Geschäftszahlen. Die Lampe-Bank kaufte R. A. O. 1949 für ein trockenes Kuchenstück (anstelle des sprichwörtlichen Butterbrots). Die 1852 von einem 23jährigen Transporteur gegründete Klein-Bank schaffte 1949 gerade noch eine Bilanz von 4,1 Millionen DM; heute sind es tausendmal mehr. Oetker übernahm gleichfalls die Hamburger Condor-Versicherungsgruppe. Über die »Frankfurter Bankgesellschaft gegr. 1899«, die er kaufte, kontrolliert er eines der größten Brauerei-Imperien Deutschlands. Kernunternehmen ist die Binding Brauerei AG, Frankfurt. Als weitere Traditionsmarken gehören dazu: die Dortmunder Actien-Brauerei, Berliner Kindl, Clausthaler sowie Radeberger. In den achtziger Jahren kamen die Sektkellerei Henkell & Söhnlein sowie Fürst Metternich hinzu. Henkell in Wiesbaden hatte einen ominösen Vorbesitzer: Joachim von Ribbentrop, Hitlers Außenminister, der die Haupterbin Anneliese Henkell heiratete. Vor seinem Aufstieg in der NS-Hierarchie hatte Ribbentrop die Sektvertretung in Berlin übernommen. Später, in den Diadochenkämpfen des Naziregimes, verhöhnte ihn sein Intimfeind Hermann Göring öffentlich als »Sektvertreter«. 1946 wurde der von Kriegsbeginn an immer mehr von der Macht verdrängte Hitler-Adlatus vom Nürnberger Tribunal zum Tod durch den Strang verurteilt. Ribbentrops Sohn Robert kam bei Oetkers Lampe-Bank unter, die er bis 1980 leitete.

Neben Henkell und Söhnlein finden sich weitere Produkte mit starkem Marken-Image bei Oetker: Selters-Mineralwasser, ültje-Nüsse, Familia-Birchermüesli, Langnese-Honig und viele andere. Sie alle werden unter dem Dach von Oetker International geführt. Ein starkes Standbein, das allerdings starken Konjunkturschwankungen ausgesetzt ist, bildet der Bereich Reedereien mit 64 Frachtschiffen (1996). Berühmte Namen sind in diesem milliardenschweren Portefeuille versammelt: Weststar Co. Ltd., Royal Mail Liners, The Pacific Steam Navigation, Furness Withy & Co. Ltd., Oceangas, Johnson Line Singapur, vor allem aber die Hamburg-Südamerikanische Dampfschiffahrts-Gesellschaft Eggert & Amsinck (heute: The Shipping Group). In einem Pool mit der Blue Star Line betreibt Oetker zudem weltweit eine der größten Flotten an Kühlschiffen.

Ein paar teure, nicht allzu ertragreiche Hobbys hat sich Oetker mit erlesenen Luxushotels zugelegt: Brenners Parkhotel und Villa Stephanie, Baden-Baden; du Cap-Eden Roc, Cap d'Antibes; Le Bristol, Paris; Parkhotel Vitznau (Schweiz). Zum Privatbesitz sollen ferner eine Farm in Argentinien sowie ein Haus auf Long Island gehören. Aber über solche intimen Details dringt aus dem Familiensitz »In der Senne«, einem Stadtteil Bielefelds, ohnehin nichts nach draußen.

Auf der Chefetage des Bankhauses Lampe in Düsseldorf (das Gebäude gehört den Oetker, die Oetker-Bank ist Mieterin bei Oetker) kann bestaunt werden, was den Senior sonst noch umtreibt: Biedermeiertische, Rokoko-Kommoden, kostbares Porzellan, an der Wand ein Spitzweg, »Der Ballonfahrer«, alles Privatbesitz des Backin-Königs. Rudolf August Oetker, der sich zwar aus fast allen Funktionen seines Konzerns zurückgezogen hat, aber immer noch die wichtigsten Fäden kontrolliert, fühlt als Kunstliebhaber klassisch bodenständig, westfälisch eben: »Was sich über Jahrhunderte bewährt, kann nicht schlecht sein.« Seine Sammlung alter deutscher Meister wird gerühmt. Das Know-how hat sich der Chef 1986 gleich selber eingekauft: Eines der bedeutendsten Kunsthandelshäuser für alte Meister, P. u. D. Colnaghi, 1760 in London, Ecke Old Bond Street, gegründet (Jahresumsatz: 200 Millionen Pfund) ist eine von 206 Gesellschaften (1996) im Oetker-Reich. Den Colnaghi-Kauf kommentierte er auf seine trockene Art nicht ohne Stolz: »Da muß so ein alter Kerl wie ich noch so ein Ei legen!«

Der Butler, der im Besprechungssalon der Bank den Cognac serviert, gehört gleichfalls zum Oetker-Haushalt. Seine makellos weiße Livree, seine distinguierte Körpersprache lassen langjährige Schulung unter persönlicher Anleitung des Patriarchen vermuten. Der gepflegte Herr gesetzteren Alters ist zugleich Herrschaftschauffeur und wechselt, so wird versichert, Autoreifen ebenso formvollendet.

Bei Mitarbeitern, die ihn gut kennen, gilt R. A. O. als »Adenauer-Typ«, der komplizierte Sachverhalte auf Kürzestfassung stutzt. »Geht's um Beteiligungen oder den Kauf eines Unternehmens, fragt er: Wo steht die ›cash cow‹? Kann die Frage nicht sofort und klar beantwortet werden, wird nicht gekauft.«

Die Regeln sind in Konzern und Haushalt nach alter Herren Sitte präzise festgelegt: »Nach dem Abendessen, das habe ich mit meiner Frau ausgemacht, muß ich noch eine Stunde oder, wenn ich früh nach Hause komme, noch zwei Stunden haben, in denen nicht gesprochen werden darf.«

Der »kleine Oetker«, Arend, ein Vetter, beschreibt den »großen Oetker«: »Mein Onkel ist ein wirklicher Unternehmer im Sinne Schumpeters. Er würde es selbst zwar nie so nennen, aber er hat eine Nase für alles, was Gewinn bringt.« Die Eigenschaft liegt in der Familie, denn der »kleine Oetker« hat sich gleichfalls und unabhängig vom großen ein milliardenschweres Imperium aufgebaut (Hero-Konserven, Schwartau-Konfitüren).

Traumatische Erinnerungen hinterließ in der Familie 1976 die Entführung des Oetker-Sohnes Richard. Auf dem Parkplatz vor der Universität Weihenstephan im bayrischen Freising war der Brauerei- und Landwirtschaftsstudent verschleppt und bereits im Fluchtauto in eine enge Kiste gesperrt worden. Über eine Gegensprechanlage kommunizierte der Entführer mit ihm. Der Verschlag war mit einer elektrischen Sperre versehen. Das Opfer löste am zweiten Tag aus Versehen diesen Stromkontakt aus. Durch den schockartigen Schlag und die dadurch verursachte Verrenkung in dem engen Behältnis brach sich Oetker beide Hüftgelenkknochen. Das zentrale Nervensystem wurde schwer geschädigt. Richard Oetker muß seitdem Krücken zu Hilfe nehmen. Dem Entführer gelang es trotz dieses brutalen Zwischenfalls, das Lösegeld von 21 000 Tausenderscheinen, verpackt in einem 60 mal 90 Zentimeter großen Alu-Koffer, in Empfang zu nehmen. Überbringer war August Oetker jun., der designierte Konzernchef. In der Fußgängerpassage unter dem Stachus in München wurde der Bruder des Opfers zu einer grauen Metalltür beordert; sie ließ sich nur von innen öffnen. Es war der Notausgang einer Parkgarage. Obwohl die Polizei die Übergabe überwachte, gelang es dem Entführer, die Tür aufzustoßen, den Koffer an sich zu reißen und die Tür, die außen keine Klinke hatte, hinter sich wieder ins Schloß zu werfen. Er entkam unbemerkt, nicht zuletzt deswegen, weil das Geld genau in den Hohlraum eines

Pritschenwagens paßte, wo er keiner Polizeikontrolle auffiel. Mit Papierschnipseln hatte der Entführer vorher ausprobiert, wie viele Geldscheine sich in die Nische hineinpacken ließen, daher die ungerade Lösegeldsumme. Der mutmaßliche Alleintäter Dieter Zlof wurde bei dem Versuch verhaftet, numerierte Scheine aus der Beute einzutauschen. Die Millionen aber blieben verschwunden. Nach seiner Freilassung 1994 heftete sich die Polizei erneut an seine Fährte. Im Mai 1997 konnte er mit dem Rest des Lösegeldes in London verhaftet werden. Es stellte sich heraus: Der größte Teil der 21 000 Geldscheine, die 18 Jahre und länger in einem Erdloch nahe an einem See vergraben waren, erwies sich als verfault und unbrauchbar – eine späte, wenn auch nicht hinlängliche Genugtuung für das Opfer und seine Familie.

Dieses tief eingreifende Ereignis scheint die nicht immer einfachen Familienverhältnisse der Oetkers etwas geklärt zu haben, auch wenn noch immer manches durcheinandergerät. August Oetker jun. heiratete 1992 in zweiter Ehe eine geschiedene Rechtsanwaltsgattin. Der dazugehörende Rechtsanwalt revanchierte sich – und spannte einem jüngeren Oetker-Bruder die Ehefrau aus, wobei sich manche süffisant an den Werbespruch des Konzerns erinnert fühlten: »Man nehme Dr. Oetker …«

Der Senior hat aus drei Ehen fünf Söhne und drei Töchter. Eine Art Hausgesetz in Abstimmung mit den potentiellen Erben regelt den höchst komplizierten Nachlaß, wenn Doktor Oetker die Fäden einmal ganz aus der Hand gibt. Formell haben die Kinder einen Erbverzicht unterschrieben, sind aber mit Beteiligungen entschädigt worden (insbesondere mit Bier und Sekt). Diese Teile zählen zwar zum Gesamtkonzern, werden aber in der Jahresrechnung gesondert ausgewiesen.

R. A. O., so wird berichtet, verschicke an seine zahlreichen Angehörigen ab und an Presseberichte über Erbstreitigkeiten in Familienunternehmen: bei den Keks-Grossisten Bahlsen in Hannover, bei den Porsches in Zuffenhausen, im Kölner »4711«-Clan oder bei den Dorniers in Friedrichshafen. Oft führen diese Zwiste zum »Großwäschewaschen« vor Gericht, worunter nicht nur die Familien, sondern oft auch die Unternehmen bis an den Rand ihrer Existenz leiden. Rudolf August Oetker sieht es trotz allem pragmatisch: »Bei uns geht es immer hin und her, mal rauf, mal runter, aber es bleibt alles drin.«

9

Die Liechtenstein-Connection

Ein Briefkasten aus Aluminium, einer von zwei Dutzend. Auf dem leicht eingedellten Türchen in auffällig großen Buchstaben der Name »Max Moser«; keine Berufsangabe, kein Hinweis auf eine Firma, nur die Mahnung, keine Werbesachen einzuwerfen. Die ersten drei Etagen des »City-Hauses« in der Zürcher Innenstadt, am Talacker 50, werden von der Bank für Handel und Effekten (BHE) in Anspruch genommen, »Die andere Privatbank«, wie sie sich vieldeutig in der Eigenwerbung nennt. Wer hierherkommt, möchte nicht gern beobachtet werden. Im Lift weist ein Schild auf »Dr. R. Holzach, Sekretariat, V. Etage«. Holzach ist eine Legende der Zürcher Bankenwelt. Man sagt, er habe in seinen besten Jahren die Schweiz, und nicht nur sie, regiert. Das ist natürlich nicht ganz korrekt. Jahrelang lenkte er eigenwillig und überaus selbstbewußt die größte Bank des Landes, die Schweizerische Bankgesellschaft (UBS), zunächst als Generaldirektor, dann als Präsident des Verwaltungsrates. Seit 1988 ist der heute 76jährige Ehrenpräsident und noch immer ein einflußreicher Mann. Der britische Finanzminister George Brown, der in den sechziger Jahren entnervt das Wort von den »Gnomen von Zürich« in die Welt schleuderte, könnte dabei an ihn gedacht haben. Der Lift hält im elften Stock. Gegenüber eine Bürotür, wieder mit auffallend großer Schrift: »Max Moser«. Nebenan bietet die Haute Coiffure »once« ihre Dienste an. Max Moser ist nicht zu sprechen. Ein renommiertes Zürcher Anwaltsbüro teilt per Fax mit, daß Herr Moser keine Interviews gibt.

Sieben Stockwerke tiefer ist, nach mehreren Anläufen, Bruno Battaini etwas gesprächiger. Er ist Direktor der Bank für Handel und Effekten. Die Fragen nach Max Moser umkreist er lange, ohne sie zunächst zu beantworten. Ausführlich beschreibt er hingegen die Neigung zur Kunst Nicki de Saintphals. Eine ihrer drallen, bunten Originalplastiken steht in seinem Büro auf einer Steinsäule. Ungefragt weist der Direktor auch auf einige Symbole, die in seinem sorgsam ausgewählten Büroschmuck eine Rolle spielen: Erkennungszeichen der Freimaurer. Herr Battaini gehört in führender Stellung der über 200 Jahre alten Zürcher Loge Modestia cum Libertate an. Sie sei, erwähnt er beiläufig, nicht ohne Einfluß, obwohl der Freimaurerei zu Unrecht der Ruf eines mysteriösen Geheimbundes anhafte. Zürcher Bankdirektoren sind im allgemeinen nicht als übertrieben mitteilsam verschrien, und so fällt sein Exkurs denn doch als ungewöhnlich auf. Den Gesprächspartnern ist überlassen, ob er die Vorrede als sanfte, aber deutliche Drohung verstanden wissen will. Im übrigen sitze der Haupteigentümer des größten Zeitungs- und Zeitschriftenverlags des Landes im Verwaltungsrat der Bank. »Aber das wissen Sie sicher«, beendet Herr Battaini die ausgedehnte und sorgfältig zurechtgelegte Einführung, sich vergewissernd, daß der Gesprächspartner die Bedeutung der plazierten Hinweise zu werten weiß.

Nun also: Max Moser. Ja, der sei ihm natürlich bekannt. Er habe hier in der Bank seit 1978 sein Büro gehabt. Seit »der Sache damals« sei er aber »aus praktischen Gründen« aus den Räumen der Bank in den elften Stock umgezogen. Mit »der Sache« ist jener Vorgang gemeint, als 1990 nach dem Zusammenbruch der DDR ruchbar wurde, daß die unscheinbare Bank für Handel und Effekten (Bilanzsumme: eine Milliarde Franken; 75 Mitarbeiter) 21 Jahre lang als Finanzdrehscheibe für die ostdeutschen Kommunisten gedient hatte. Max Moser war der Privatbankier von Alexander Schalck-Golodkowski, Staatssekretär im Ministerium für Außenhandel der DDR, Chefdevisenhändler und Stasioffizier »im besonderen Einsatz«.

Nein, Max Mosers Großkunden habe er in der Bank nie gesehen, beteuert Herr Battaini, er habe auch keinerlei Wert darauf gelegt, ihn kennenzulernen. Zum Neujahr hat man jeweils ein paar Kisten Schweizer Wein nach Ost-Berlin geschickt, »der ganzen Gesellschaft dort«, wie von Herrn Moser, der keine Interviews gibt, bei späterer Gelegenheit zu erfahren sein wird. Die Spesen bezahlten jeweils Moser oder die Bank. Aber sonst weiß Herr Battaini über die Geschäfte des Herrn Moser, der zwölf Jahre sein Büronachbar gewesen ist, sehr wenig. Eigentlich nichts. Auf die »materiellen Entscheidungen über die Vermögensverwaltung« habe er, der Bankdirektor, keinen Einfluß gehabt. Waltraud Lisowski und Geheimdienstoberst Manfred Seidel, engste Mitarbeiter von Schalck, besuchten zu DDR-Zeiten öfter mal die BHE, ebenso Schalcks Ehefrau, und immer verschwanden sie still im Büro von Herrn Moser.

»Ausgangspunkt für die Tätigkeit der BHE ist der Kunde mit seinen individuellen Bedürfnissen und Absichten«, erklärt die Image-Broschüre des Hauses. Besonders gern kümmert man sich um »anspruchsvolle Privatkunden, die eine dauerhafte Beziehung zu einer kleinen Bank suchen und großen Wert auf persönlichen Service, Diskretion und Sicherheit legen«. Daß Bruno Battaini über den bis Dezember 1989 mit Abstand größten Einzelkunden seiner Bank mit seinen sehr individuellen Bedürfnissen so gut wie überhaupt nicht Bescheid weiß, ist nicht die einzige Überraschung dieser Geschichte. Immerhin flossen im Lauf der Jahre Hunderte von Millionen Franken aus Schalcks Imperium, bestehend aus mindestens neun Liechtensteiner Scheinfirmen, über die von seinem Bankier Max Moser betreuten Konten. Natürlich tauchte »Schalck« niemals auf. Die Transaktionen liefen über »Anstalten« und Konten mit Namen wie Metropol, Sultan, Congregatio, Alexander, Mondessa. Letzteres, so vermuten Ermittler in Berlin, habe unter anderem zum Bezahlen von Agentenlöhnen im Westen gedient. Und immer führte die Verbindung nach Liechtenstein. Das gemischte Doppel mit Liechtensteiner Briefkastenfirmen – man nennt sie dort »Anstalten« – war und ist ein wichtiger Bestandteil dieser Art von Banking: ein in unzähligen Trainingsstunden geübtes Zusammenspiel zwischen den »Finanzplätzen« Schweiz und Liechtenstein – ein Match gegen den Rest der Welt.

Aus Liechtenstein, so sagt Herr Battaini mit großer Überzeugung, habe man seiner Bank bestätigt, Mosers Kunde sei der Staat DDR, vertreten durch eine Regierungsbehörde. Das war schon viel, denn üblicherweise erhält man aus dem Fürstentum keinerlei Antworten auf solche Fragen. Daß Kommunisten mit Zürcher Kapitalisten so rege Geschäfte machten, sei doch wirklich nichts Anrüchiges. Geld sehe man schließlich nicht an, ob es ein Kapitalist oder ein Kommunist in der Hand gehabt habe, beendet Herr Battaini das Gespräch, begleitet von einem sanften Lächeln über so viele naive Fragen.

So alltäglich ist »die Sache« natürlich nicht. Der öffentlichkeitsscheue Bankier Max Moser, der sich gern einen »arbeitenden Rentner« und »einfachen Verwalter« nennt, schuf sich eine ungewöhnliche, selbst für Schweizer Gebräuche phänomenale Position. Nach außen hielt jeder den weißhaarigen, schlanken Senior mit Bronzeteint (vom Golfplatz) für einen Direktor der Bank für Handel und Effekten. Aber zwei Jahrzehnte lang war er etwas ganz anderes: eine Bank in der Bank, auf eigene Rechnung arbeitend, als »freier Mitarbeiter«. Ein Mann außer Kontrolle. Diesen Status hält er bis heute. »Herr Moser führt Hunderte Konten«, erklärt Herr Battaini und wirkt dabei selbst etwas überrascht. Die Geschäfte wickelt er als Treuhänder selbständig ab. »Ich meine, das ist der Sinn der Nummernkonti, daß sie geheim bleiben«, bemerkt Moser später. Der Bank gegenüber, in der oder mit der er arbeitet, ist er nur sehr begrenzt Rechenschaft schuldig. Wenn sich seine Kunden bei der BHE meldeten, nannten sie meist einen falschen Namen. »Das gibt es öfters im telefonischen Kontakt mit Schweizer Banken, daß Kunden, die man kennt, sich mit anderem Namen melden.« (Moser) Diese merkwürdige Stellung des Treuhänders oder »freien Mitarbeiters« segnete die sonst so strenge Eidgenössische Bankenkommission mit einer Sondergenehmigung ab. Auch Herr Battaini räumt ein, derart weitgehende Vollmachten seien selbst in der Schweiz »sehr selten«, eben »eine Mosersche Spezialität«, und heute würde man mit so etwas wohl nicht mehr durchkommen.

Geldströme, die über solche und ähnliche Konstruktionen gelenkt werden, sind letztlich für niemanden sonst nachvollziehbar als für den Treuhänder selbst – und das ist der ganze Zweck der aufwendigen Übung. Wenn nicht gerade eine Unpäßlichkeit wie zum Beispiel das Verschwinden der DDR dazwischenkommt, wodurch allerlei geheime Papiere nach oben gespült und Untersuchungen in Gang gesetzt werden, verlieren sich solche Spuren im dunklen. Gerichts- und Steuerbehörden sind im Normalfall machtlos, »die stoßen da auf ziemlich harten Boden« (Moser). Immerhin: Die Bank für Handel und Effekten ist eine Tochter der zweitgrößten Bank der Schweiz, der Credit Suisse Group (CS). Und dort weiß man, was man an den höchst diskreten Töchtern hat. Die CS Holding besitzt in Zürich fünf weitere Privatbanken, die überhaupt nicht privat sind: Bank Leu AG, Bank Hofmann AG, Clariden Bank, Bank Heusser & Cie. AG und die Affida Bank.

Abenteuerliche Konstruktionen wie das Mosersche System könnte sich die Muttergesellschaft ihres Rufes wegen nicht erlauben. Also läßt sie lieber ihren unscheinbaren Töchtern sehr viel Freiraum; auf die guckt niemand so genau. Jede Großbank hält sich solche Dependancen. Für alle möglichen Fälle.

So kommt eben eins zum andern. Schweizer Banken sind nach wie vor die größten Vermögensverwalter der Welt. Globalanteil: rund 35 Prozent. Allein die Nummer 1, die UBS, verwaltet Vermögen von 730 Milliarden Franken. Dieses bis dahin streng gehütete Geheimnis lüftete die Bank 1997 erstmals. Den andern Geldhäusern gelten selbst solche allgemeinen Angaben noch als unstatthafte Indiskretion. Man ist auf Schätzungen angewiesen, kann sie aber als verläßlich nehmen. Die von Schweizer Banken umhegten Vermögen belaufen sich auf 2 340 000 000 000 Franken (1997). Davon entfallen 65 Prozent auf Privatkunden und 35 Prozent auf institutionelle Anleger. Die Wertpapiere lagern zentral im Herzen der Schweiz: ein kaltes Herz, das künstlicher Wärmezufuhr bedarf. Es liegt etwa in der Mitte des Dreiecks zwischen den Städten Zürich, Bern und Basel, im Untergrund der kleinen Stadt Olten, unter einem mit rötlichen Steinplatten verkleideten Verwaltungsbau der Schweizerischen Effekten-Giro AG. Hier, mitten im kalten, acht Meter tiefen Grundwasserstrom, lagert in einem unterirdischen Bunker die vermutlich größte private Vermögensansammlung der Welt – Wertschriften von einer Billion Franken stapeln sich hier in Plastikbehältern auf langen Regalen: 80 Prozent der in Zürich kodierten Aktien und Obligationen. Würden die 30 Millionen Blatt Altpapier aus irgendeinem Grund plötzlich zerstört, wäre die Schweiz mit einem Schlag mausearm – und nicht nur sie. Aber das ist ein theoretisches Schreckensszenario: einmal, weil der Bunker diebstahl-, feuer-, wasser-, erdbeben- und vermutlich atombombensicher ist; zum andern, weil Cyberbanking in wenigen Jahren die Papierhortung sowieso überflüssig machen wird. Außerdem müßten sich für eine Katastrophe, die den Namen Kapitalismus-GAU verdiente (GAU = Größter Anzunehmender Unfall), die elektronisch separat gespeicherten Registriernummern und Daten gleichzeitig in nichts auflösen.

Neben diesen Werten der Banken wirken die der Versicherungsunternehmen des Landes fast schmalbrüstig, obwohl die vier Topgesellschaften gleichfalls zu den größten Europas zählen. Sie gebieten über

Kundengelder von 250 Milliarden Franken. Ausländer schließen nicht selten Schweizer Lebensversicherungen »auf Einmalbetrag« ab (die gesamten Prämien werden bei Abschluß einbezahlt). Das ist jeweils ein ziemlich sicherer Hinweis auf Schwarzgeld. Außerdem schätzt man, daß rund 500 Schweizer Treuhänder 100 Milliarden an ausländischem Vermögen betreuen. Mit dieser geschickten Arbeitsteilung zwischen Banken, Versicherungen und Treuhändern stehlen sich Schweizer Bankiers aus unangenehmen Schlagzeilen. Zweifelhaftes Geld arbeitet dennoch für Schweizer Interessen.

Dieter Ondracek, ein gestandenes bayrisches Mannsbild, vor dem auch selbstbewußte Steuersünder kleinlaut wirken, kennt sich auf den verschlungenen Pfaden aus. Ondracek ist Chef der Deutschen Steuergewerkschaft. Hinter deren kleinem Bürobau in Bonn verbirgt sich der Interessenverband von 75 000 Steuerbeamten. Kenntnisse über die Wege von Flucht- und Schwarzgeldern sind nirgendwo größer als in diesem Verband. Zwar bindet das Amtsgeheimnis die Fahnder, aber ihre Studien über das Ausmaß an Kapitalflucht sind gefürchtet, auch wenn keine einzelnen Firmen und Namen darin auftauchen. Das hier versammelte Insiderwissen ist größer als das jedes Finanzministeriums. Ondracek und seine Mannen gehen davon aus, daß 300 Milliarden von insgesamt 800 Milliarden DM unversteuerten Schwarzgelds aus Deutschland in Luxemburg gelandet sind. Weitere 300 Milliarden gingen in die Schweiz und nach Liechtenstein.« Der größte Teil davon sind echte Schwarzgelder. Nur gerade 20 Prozent der Zinserträge aus dem Ausland werden versteuert. Die Ermittler haben ein enges Zusammenspiel zwischen den Briefkastenfirmen und Schweizer Banken ausgemacht. Häufig ist ein Treuhänder zwischengeschaltet.

Dabei stehen die Schweiz und Liechtenstein nicht allein. Länder wie Österreich, Luxemburg, besonders Großbritannien mit den praktischen Kanalinseln sowie der Isle of Man vor der Tür und dem etwas weiter entfernten Cayman, gelten als willkommene Adressen für Geldwäscher jeglicher Herkunft. Die Bahamas kamen etwas aus der Mode, dagegen sind die Cayman Islands vor der kubanischen Küste ein zwar schwer erreichbares, dafür aber lohnendes Ziel. Auf dem gerade sieben Kilometer langen und zwei Kilometer breiten, flachen Koralleninselchen und seinen Nebeninseln kommt auf je 28 Einwohner eine Bank: 500 Banken sind es insgesamt. Alle großen schweizerischen und deutschen Geldhäuser sind dort vertreten, natürlich auch die Bank in Liechtenstein mit ihrer BIL Finance, aber auch Landesbanken, die Hessische Landesbank sogar mit einer echten Tochterbank. Selbst die Deutsche Bundesbank verfällt dem Zauber der Karibik: mit einer Dependance ihrer Tochter Deutsche Girozentrale Overseas Ltd. Auf all diesen schönen Plätzen und Plätzchen wird das Off-shore-Banking gepflegt: internationales Geldgeschäft, das nicht internationalen Reglementierungen oder Institutionen unterworfen ist.

Bei allen Reizen der Exotik ist die solide Schweiz/Liechtenstein-Connection unter Experten aber noch immer die gefragteste. Die beiden kleinen europäischen Länder setzen mit Erfolg auf den Erfahrungsvorsprung. Ihr System der verschlungenen Kapitalströme haben sie über Jahrzehnte so sehr verfeinert, daß auch staatliche Maßnahmen, sie nur sehr bedingt transparent zu machen vermögen. Die Regierung, um den Ruf des Landes besorgt, verschärft zwar schrittweise einschlägige Gesetze, aber die Praktiker sind den Staatsjuristen stets einige Schritte voraus. Für Kapitalflüchtlinge, so hat der deutsche Steuerschreck Ondracek gelernt, »ist die Schweiz noch immer das sicherste Land der Welt«. Nicht nur wegen des Bunkers von Olten.

Und hier setzt die Geschichte des kommunistischen Kapitalisten und kapitalistischen Kommunisten Doktor Alexander Schalck-Golodkowski wieder ein. Seine Dissertation legte er im Mai 1970 der juristischen Hochschule des Ministeriums für Staatssicherheit in Potsdam vor: Sie liest sich wie eine Anleitung im Umgang mit Steuerparadiesen und Geldwaschanlagen; verfaßt hatte er sie gemeinsam mit seinem Freund Heinz Volpert, einem dem Ministerbüro von Geheimdienstchef Erich Mielke zugeordneten Stasioffizier. Bereits am 26. Mai promovierten die beiden sozialistischen Kenner der kapitalistischen Materie mit »magna cum laude« zum Dr. iur. Doch ihre wegweisende Arbeit wurde sofort vom Geheimdienst unter Verschluß genommen, Aktenzeichen MfS 354/70. Das Doktorandenduo beschrieb den Zweck der Arbeit so: »… dem Feind mit allen uns zur Verfügung stehenden Mitteln und Möglichkeiten, durch Anwendung seiner eigenen Methoden und Moralbegriffe Schaden zuzufügen sowie die sich bietenden Möglichkeiten des feindlichen Wirtschaftspotentials zur allseitigen Stärkung der DDR voll zu nutzen«. Die beiden kannten sich erstaunlich gut aus, obwohl sie seit dem Bau der Mauer 1961 – an der übrigens Schalck »mit einer Hundertschaft« mitgebaut und einen Orden für besonders eifrigen Einsatz erhalten hatte – nicht mehr ins NSW (Nichtsozialistisches Wirtschaftsgebiet) reisen durften. NSW kam dafür zu ihnen. Die beiden Doktoranden wußten genau, »daß in der kapitalistischen Gesellschaftsordnung eine Vielzahl von Personen käuflich sind und bei entsprechenden Gewinnaussichten zu jeder Art von Geschäften legaler und illegaler Art, auch zur nachrichtendienstlichen Tätigkeit bereit sind«. Hinterher, als auch ihr Land zum NSW gehörte, haben beide argumentiert, das wären eben die notwendigen Floskeln gewesen, um ihre damaligen Vorgesetzten zu täuschen. Aber für solche Rücksichtnahmen waren Schalck und Volpert viel zu eifrig, machten zu rasch und zu steil Karriere. Tatsächlich war ihre Dissertation ein präziser Plan, an den sie sich in den nächsten zwei Jahrzehnten getreu und sehr erfolgreich halten sollten.

Zur gleichen Zeit, als das Doktorandenduo für seine Promotionsarbeit recherchierte, lernte Max Moser, »es war 1967 oder 1968«, Schalck-Golodkowski kennen. Sein Freund, der Westberliner Privatbankier Otto Scheuermann, vermittelte den Kontakt. Ein schlitzohriger Kaufmann, der in der Grauzone zwischen Ost und West seine Geschäfte betrieb, nahm an dem Treffen gleichfalls teil: der staatenlose Simon Goldenberg, der über einen belgischen Paß verfügte, im Ostteil Berlins, in Pankow, eine Villa besaß und einen stadtbekannten grünen Mercedes fuhr. Als Moser und Schalck sich kennen- und schätzenlernten – der zeitliche Zusammenhang der Dissertation mit den vielen Hinweisen auf die verschlungenen Anlagemöglichkeiten im NSW ist augenfällig –, wurde »über verschiedene Möglichkeiten der Vermögensverwaltung bei Schweizer Banken gesprochen, und es ist dann in der Folge auch zu Kontoeröffnungen gekommen«.

Der Tip mit der Liechtenstein/Schweiz-Connection stammte von Moser. Schalck hatte zunächst die Niederlande als Basis für seine ausgedehnten Geschäfte im Auge gehabt. Der Großkunde in Ostdeutschland, so machte sich Moser und seinen gelehrigen Schüler später unnötig klein, »war für mich ein Kunde wie Meier und Müller«. Doch Meier und Müller, die Hunderte Millionen an Devisen in der Welt herumgondeln lassen, sind auch bei Schweizer Banken eher seltene Erscheinungen. Moser (»Ich bin natürlich hundertprozentig diskret, nicht?«) verwaltete im Auftrag Schalcks bald »sehr große Wertschriftenbestände;

das sind sehr große Umsätze gewesen«. Als der unauffällige Eidgenosse 1975 einmal nachfragte, was denn das viele Geld, das durch seine Hände ging, eigentlich mit der Schweiz zu tun habe, gab Schalck zurück: »Das ist die eiserne Devisenreserve der DDR.« Eigentlich ein Treppenwitz: In einer kleinen Bank in Zürich saß eine noch kleinere Bank – der Ein-Mann-Betrieb Max Moser – und verwaltete nicht nur die eiserne Devisenreserve eines Staates, er *besaß* sie auch. Ein Teil davon lief tatsächlich auf seinen Namen: Max Mosers persönliche Staatsreserve.

Um welche Summen es bei all den Transaktionen ging, zeigt eine zweite Linie. Sie war von der Moserschen getrennt und führte nach Wien zu dem Geschäftsmann Martin Schlaff. Mehrere Ermittlungsverfahren laufen gegen den Österreicher. Schlaffs Firmengeflecht flossen von Ende 1986 bis März 1990 mindestens 200 Millionen DM zu. Die Zahlungen gingen über ein anonymes Nummernkonto 823 – so etwas gab es sogar in der DDR –, bei der Deutschen Handelsbank in Ost-Berlin, Kennwort Susanne. Kurz vor Torschluß, Anfang 1989, beschaffte Schlaff der DDR eine auf der westlichen Boykottliste (Cocom) stehende High-Tech-Beschichtungsanlage der Hanauer Firma Leybold. »Der Fall Schlaff«, so berichtet ein frustrierter Ermittler der Arbeitsgruppe Regierungskriminalität, »ist zentral, da müßte man alle Kräfte drauf konzentrieren.«

Mit einer Schweizer Firmengruppe ähnlichen Umfangs kam Max Moser in der Schweiz in Berührung. Die Intrac S.A. an der Via Generale Guisan 16 in Lugano-Paradiso gehörte zu 40 Prozent dem naturalisierten Deutschen Ottokar Hermann und dessen Frau Gerda und zu 40 Prozent – verdeckt – der DDR. Diese Firma war ein Hauptlieferant der DDR für Embargogüter: Waren, die von Westfirmen nicht in den Osten geliefert werden durften. Zu diesem Tessin-Komplex gehörten noch die Befisa S.A., gleichfalls in Lugano, die Inver Canary S.A. auf Gran Canaria, die A. F. Buri Holding AG in Zug, die Hotel Bellevue Betriebs GmbH in Wien. Eine besonders kuriose Rolle spielte die Rexime S.A. in Morcote bei Lugano. Von dieser Firma verwaltete Moser 2000 Aktien. Dahinter standen die umfangreichen Grundstücke der Kommunistischen Partei (West-)Deutschlands.

Moser, der auch als 76jähriger noch über ein blendendes Gedächtnis verfügt, konnte sich jedoch an den auffälligen Namen Ottokar partout nicht mehr erinnern. Bei Gelegenheit wollte er in seinem Keller »eine ägyptische Ausgrabung« veranstalten, eine Visitenkarte dieses »Heinrich Sohl oder irgendwas Ähnliches« werde sich wohl noch finden. An die Bedeutung der Hermannschen Unternehmungen im Tessin kann sich Moser aber schon noch entsinnen: »Ja, das ist ein riesiger Konzern gewesen, da unten.«

Hermann, eine äußerst gepflegte Erscheinung, 1,90 Meter groß, hatte im Krieg einen Arm verloren, den leeren Ärmel trug er stets korrekt festgenäht in der Jackentasche. In Berlin zog Hermann einen Antiquitätenhandel auf, ließ sich später in der Schweiz nieder und baute die Firmengruppe auf, die zum Ärger der Ostberliner Kontrolleure immer mehr ein Eigenleben zu führen begann. Nach dem Ende der DDR konnte Hermann die Hauptgesellschaft Intrac der Treuhandanstalt abkaufen, zu einem Spottpreis von gerade zwölf Millionen DM. Allein für den Verkauf von Inver Canary kassierte er eine Provision von 2,7 Millionen DM. Das alles war zwar erstaunlich, aber soweit man weiß, nicht illegal, obwohl Schalck in einem Schreiben an den damaligen Chef des Kanzleramts, Wolfgang Schäuble, allein den Wert der Intrac mit 80 bis 100 Millionen DM beziffert hatte.

Die Tessin-Connection jedenfalls zeigte, wie gründlich sich durch diese Schachtelbeteiligungen und anonymen Konten Spuren verwischen ließen. Selbst westliche Geheimdienste tappten im dunkeln, obschon sie mit großem Aufwand recherchierten. Der Bundesnachrichtendienst behauptete nachträglich, von den Machenschaften der Intrac seit 1983 gehört zu haben. »Aber nichts Genaues wußte man nicht«, trotz mancher gesprächiger Überläufer. DDR-Funktionäre und MfS-Offiziere, die in häufigem Kontakt zum Ausland standen, waren durchaus anfällig für westliche Bestechungsversuche. Eine Ermittlungsgruppe innerhalb der Staatssicherheit beschäftigte sich ausschließlich mit einschlägiger Fahndung in eigener Sache. Aber das Firmen- und Kontensystem erwies sich als so wasserdicht wie das Wertpapierlager von Olten. Zumindest auf diesem Feld der zweifelhaften Ehre vermochte der Sozialismus den Kapitalismus mit den eigenen Waffen zu schlagen. Der Doktorand Schalck-Golodkowski hatte in seiner Dissertation nicht übertrieben.

Geldumlauf und Vermögensverwaltung von Mosers Linie besaßen für die DDR eine enorme Bedeutung. Das Geld stammte hauptsächlich aus dem Zwangsumtausch, den DDR-Besucher in Devisen abliefern mußten, aber auch aus den beträchtlichen Hilfsgeldern, die von den Kirchen als Devisen in die DDR überwiesen wurden; die Ostbrüder im Geiste erhielten den Gegenwert in DDR-Mark ausbezahlt. Die Devisen – im Ost-Jargon: Valuta – legte Schalck in dem mit Mosers Hilfe gebauten Kanalnetz im Westen an und besorgte Güter aller Art, was keineswegs illegal zu sein brauchte. Zinsen und Erträge flossen zu einem großen Teil in den disponiblen Parteifonds der SED bei der Deutschen Handelsbank in Ost-Berlin.

Das verschachtelte System machte für die DDR dreifach Sinn:
- Die Herkunft der Gelder konnte auf diesen verschlungenen Wegen verschleiert werden, denen auch westliche Geheimdienste nicht auf die Schliche kamen. Wollte die DDR eine Firma in Westdeutschland gründen, brauchte sie eine Genehmigung. Um diese zu umgehen, schaltete man auf diesen verschlungenen Pfaden Firmen in Liechtenstein und der Schweiz ein. Die so gegründeten Firmen konnten dann frei agieren, ohne daß ihr Eigentümer, der Staat DDR, je genannt wurde.
- Anders als der Handel über die Notenbanken war die Schalck-Moser-Konstruktion höchst flexibel. DDR-Unternehmen litten dauernd an Devisenmangel. Ging eine Anlage kaputt, die nur im Westen zu beschaffen war, lag der Betrieb für Wochen und Monate still, weil das nötige Westgeld nicht kurzfristig aufzutreiben war. In diesem Fall wurde, vor allem in den achtziger Jahren, das im Ausland angelegte Geld unbürokratisch über die Schalck-Moser-Connection in die DDR zurückgeschleust.
- Schließlich trug das sozialistische Anlagesystem im Kapitalismus schöne Zinsfrüchte. Das ging so weit, daß die DDR einen mühsam über den bayerischen Ministerpräsidenten Franz Josef Strauß ausgehandelten Milliardenkredit zu Teilen umgehend in die Pipeline nach Liechtenstein und Zürich pumpte, wo sich in der verschwiegenen BHE Max Moser wunderte, als auf die Konten 12031, 12032, 12033 und 12034 bei der BHE unerwartet Geldströme sprudelten, daß es nur so eine Freude war. Ein gut gelaunter Schalck ließ seinen Zürcher Bankier wissen, Strauß habe über viele dieser Details besser Bescheid gewußt als der eigentliche Auftraggeber in Ost-Berlin: SED-Generalsekretär Erich Honecker.

Durch eine aufgeregte Berichterstattung in den Medien wuchs das
»Schalck-Imperium« in den ersten Jahren nach der Wende zu einem
übertriebenen Mythos heran. Die Kleinarbeit mehrerer parlamentari-
scher Untersuchungsausschüsse zeichnete in der Folge ein nüchternes
Bild, das sich einer frühen Einschätzung des Ex-Politbüromitglieds
Günter Schabowski immer stärker annäherte. Der hemdsärmelige
SED-Chef von Berlin nannte Schalck »den Alleskleber der DDR-Wirt-
schaft«. In den letzten Jahren »hat die sozialistische Planwirtschaft gar
nicht mehr existiert. Die Defizite hat Schalck mit Warentermingeschäf-
ten ausgeglichen. Der hat aus Sandflöhen Money gemacht. Der
Mann hätte jederzeit ein großer Manager in einem bundesdeutschen
Unternehmen sein können.« Ohne Schalck, ohne seinen Zürcher Ban-
kier, ohne die flexiblen Firmengeflechte im Westen hätte die DDR-
Wirtschaft vermutlich gar nicht mehr so lange durchhalten können.

Schabowski schildert die tatsächliche Lage mit einem anschaulichen
Beispiel: »Ich fand Schalck clever. Er war ein bißchen geheimnistue-
risch, aber umgänglich. Man könnte sich ja in der Position einen Typ
vorstellen, der sagt: Ihr könnt mich alle mal. So war Schalck nicht. Er
war hilfsbereit. Ich erinnere mich an einen Fall im Winter. Schnee war
gefallen, aber die Stadt war unzulänglich geräumt. Also hau ich Krack,
den Oberbürgermeister, an und sage: ›Jetzt macht doch endlich die
Straßen frei!‹ Antwortet der: ›Würde ich gern machen, aber wir haben
nicht ausreichend Pflüge.‹ Darauf bitte ich Krack, mit Schalck zu reden. Der besorgte dann Pflüge. So schnell ging das.«

Was Moser von alldem wußte, behält er für sich. Über Politik habe
man sonst nicht viel gesprochen, meint er, »obwohl ich schon neugierig war«. Man traf sich öfter, meistens in Berlin. Anlaufstelle war
dort gleichfalls eine kleine Privatbank, die Otto Scheuermann Bank-KG,
heute eine Tochter der Dresdner Bank. Schalck führte das Stamm-
konto 18474300, auf den Namen »Keller«. Verblüffend allein schon,
daß man unter falschem Namen ein Konto eröffnen kann! Über das
Unterkonto 18474301 hatte Schalck-Bankier Moser die Verfügung.

Scheuermann-Direktor Hansjürgen Laborne nimmt die Sache nicht
ganz so kaltschnäuzig wie sein Zürcher Pendant, BHE-Direktor Battaini. Bevor die DDR im Orkus verschwand, habe er nicht gewußt,
daß ein gewisser Kunde »Keller« mit dem gewissen Kunden »Schalck«
identisch gewesen sei, beteuert Laborne. Jedenfalls war das Verhalten

der Banken, insbesondere das des Zürcher Bankiers Moser, hochkonspirativ und zumindest nach westdeutschen Gesetzen illegal.

Moser wurde denn auch 1997 zu 45 000 Mark Strafe verurteilt, Laborne zu 75 000. Das Gericht hatte allerdings nur gerade die Spitze des Eisbergs ermittelt: den Zeitraum von November 1988 bis November 1989, als die DDR bereits im Koma lag. Der Streitwert lautete auf karge 15 Millionen Mark, die im letzten DDR-Jahr von den Bankiers aus Zinserträgen an den Kontrollbehörden vorbeigeschmuggelt worden waren. Die DDR-Konten wurden, soweit bis heute bekannt, von Moser jedoch korrekt liquidiert.

Wie bei der BHE besaß Moser auch bei Scheuermann eine verblüffend starke Position, obwohl er weder als Angestellter noch als Teilhaber auftrat. Scheuermann senior war bis 1977 persönlich haftender Gesellschafter der Bank gewesen. Selbst unter Bankiers unüblich: Der Deutsche und der Schweizer führten bei der eigenen Bank gemeinsame Konten. Mosers Verhältnis zu dem verschworenen Kreis war so familiär, daß es genügte, wenn er per Telefon und Notizzettel Anweisung an die Scheuermann-Bank gab. Das Geld floß in die Pipeline vom Hohen Wall 17 (Schalcks Abteilung Kommerzielle Koordinierung, KoKo, im DDR-Außenhandelsministerium, Ost-Berlin) zum Kurfürstendamm 52 (Otto Scheuermann Bank-KG, West-Berlin) weiter an die Aeulestraße 38 (Briefkastenfirma in Vaduz) bis zum Talacker 50 (BHE und Moser, Zürich) und von dort nach unzähligen Abzweigungen und Ruhepausen wieder nach Ost-Berlin zurück. Als besonderen Härtetest empfanden Fahnder später, daß Zahlungen unter anderem auch über die BHE Overseas Limited in Nassau, Bahamas, liefen. Schalcks Kurier Peter Dimitroff, manchmal auch Schalcks zweite Ehefrau Sigrid, gleichfalls erfolgreiche Ökonomin und Stasioberst, besorgten Botendienste zwischen den Andockstellen in Ost- und West-Berlin.

Mit der Zeit hatte man sich so richtig liebgewonnen. Moser ging in der DDR ein und aus. Zu seinem Freund Simon Goldenberg – ein trinkfester Mann, mit dem Moser die Leidenschaft für reife Bordeaux und Burgunder teilte – brach der Schweizer Bankier die Beziehung Anfang der achtziger Jahre dann abrupt ab. Der windige Goldenberg hatte Schalck »aufs Kreuz gelegt«, wie dieser Moser gegenüber klagte: Der staatenlose Millionär mit Wohnsitz in der DDR flog in hohem

Bogen aus dem Land hinter der Mauer. Nicht zuletzt durch Ereignisse dieser Art war Moser klargeworden, daß aus dem von ihm betreuten Doktoranden Schalck alias Keller ein einflußreiches, hohes Tier in der DDR-Nomenklatura geworden war.

»Esel-streck-dich«-Schalck, der letztlich mit seinen umfangreichen West- und Devisengeschäften die DDR in der Endphase am Leben hielt, wurde mit Auszeichnungen überhäuft: Karl-Marx-Orden (1982), Held der Arbeit (1983), Großer Stern der Völkerfreundschaft (1984), Goldmedaille für Treue Dienste der Nationalen Volksarmee (1985). Letzteres war besonders interessant, weil Schalck über sein Firmennetz Embargogüter aller Art, also auch Waffen und Waffenteile, besorgen konnte. Am 8. Februar 1985 übermittelte Stasichef Mielke seinem »Lieben Genossen Oberst Alexander Schalck-Golodkowski herzliche tschekistische Kampfgrüße« und bedauerte sehr, ihn nicht sofort zum Generalmajor befördern zu können. Das ginge leider erst, wenn Schalck wieder ins Ministerium für Staatssicherheit zurückkehre. Der Gehaltsunterschied vom Stasiobersten zum Stasigeneral werde ihm aber selbstverständlich in der Zwischenzeit gutgeschrieben. Aus bekannten Gründen kam es aber nicht mehr zur Auszahlung.

In dieser konspirativen Welt fühlte sich der unauffällige Schweizer Bankier Moser erstaunlich wohl. Im Stasiarchiv finden sich vier Dutzend Avisierungsbelege für seine Besuche in Ost-Berlin. Der letzte stammt vom 22. September 1989/14.15 Uhr. Bevor er in die DDR einreiste, besorgte ihm KoKo jedesmal eine Ausnahmebescheinigung. Schalcks Fahrer holte ihn mit dem schwarzen Dienst-Citroën, DDR-Nummer IS 23-63, via Grenzübergang Friedrichstraße/Zimmerstraße, ab und absolvierte die übliche »Stadtrundfahrt«, wie der Bankier die Tour zu den regelmäßig zu besuchenden DDR-Dienststellen scherzhaft nannte. Die Meldezettel trugen den Vermerk, bei dem Schweizer sei nur eine kurze Identitätskontrolle erforderlich, ein Eintrag in den Paß dürfe unter keinen Umständen erfolgen (die vielen Stempel wären zu Hause dem einen oder anderen »Zöllner« aufgefallen), die fehlende polizeiliche Anmeldung sei bei der Ausreise nicht zu beanstanden. Außerdem wurde für ihn extra die Diplomatenspur freigegeben. So behandeln Diktatoren Gäste, die ihnen besonders teuer sind.

Ausgesprochen gut verstand sich Max Moser mit Waltraud Lisowski, einer zupackenden und umsichtigen Managerin. In jedem westlichen Konzernvorstand hätte sie eine gute Figur gemacht. Sie war in der KoKo-Abteilung zuständig für eine ganze Latte von DDR-Firmen im Westen. Man telefonierte mindestens zweimal in der Woche, war per du. Die Stasi hörte jedes Telefonat ab und protokollierte säuberlich Wort für Wort, was einer hundertprozentig diskreten Schweizer Privatbank denn doch im Wortsinn »ans Eingemachte« geht. In der BHE in Zürich, von Frau Lisowski gelegentlich besucht, stellte sie sich, wie am Telefon, mit »Gutmann« vor. War Moser in Ost-Berlin, lud er, ganz Charmeur alter Schule, die Dame zum Essen ins Palast-Hotel oder ins Metropol ein. Es gab immer viel zu besprechen und zu regeln. Jeder, der mit Moser zu tun hatte, beschreibt ihn als stets freundlich, umgänglich und mit einem fabelhaften Gedächtnis gesegnet.

Moser ist alles andere als ein Kommunist, und was ihn antreibt, auch im hohen Alter von 80 Jahren noch die Strapazen auf sich zu nehmen, Hunderte von einschlägigen Konten zu führen, weiß nur er selbst. Einmal äußerte er sich, er habe einfach ordentlich Geld verdienen wollen, das sei der einzige Grund für seine Ostgeschäfte gewesen. Nur selten gibt er seine gut gespielte Rolle des neutralen, etwas naiv wirkenden Vermögensverwalters auf, der angeblich allein über Zahlen Bescheid weiß und den die Hintergründe des komplexen Geflechts, das er aufbauen half, nie interessiert haben. Nur hin und wieder verplappert er sich: »Ich wußte genau, wie ich von Schalck alles herausbekommen konnte, was ich wollte.« Einzig wenn die Panzerschicht der Diskretion zu platzen drohte, konnte der wegen seiner tiefliegenden Augenlider ewig schläfrig wirkende Treuhänder ziemlich böse werden: »Das war seinerzeit mit der Firma Infino und ihrer Buchdruckkerei, die kommunistische Propaganda und so weiter (herstellte), in Portugal. In diesem Zusammenhang sind damals in Liechtenstein Leute vom Bundesnachrichtendienst, oder was das gewesen ist, aufgekreuzt. Ich habe damals dem Schalck ein Ultimatum gestellt und gesagt: Noch einmal so eine Geschichte, und dann soll er meinen Namen vergessen. Denn erstens einmal hat das mit politischen Dingen zu tun, wo wir das Heu nicht im selben Stall hatten, und zweitens ist das ein Widerspruch zu der Geheimhaltungspflicht, die mir ja bank- und berufsmäßig auferlegt worden ist, daß ich natürlich hundertprozentig diskret bin, nicht? Also in dem Moment, wo diese Firmen sich da kommunistisch exponiert haben, da war Feuer im Dach.« Der Sturm ging vorüber, die sorgsam gepflegte Fassade blieb heil.

Gelernt hat Moser seine spezielle Fingerfertigkeit von dem West-berliner Bankier Otto Scheuermann, mit dem er sich eng befreundete und der sich längere Zeit in der Schweiz aufhielt. Vom alten Scheuer-mann heißt es, er habe vor dem Zweiten Weltkrieg jüdische Vermögen in die Schweiz in Sicherheit gebracht. Dabei habe er eine Virtuosität entwickelt, Wege auszukundschaften, die den Nazihäschern verbor-gen blieben; noch heute ist die Scheuermann-Bank für die jüdische Gemeinde Berlins eine höchst angesehene Adresse.

Seit 1926 ermöglichen Liechtensteiner Gesetze einschlägige Gesell-schaftsgründungen. Vorerst ging es darum, das von der deutschen Industrie massenhaft aus Deutschland abgezogene Investitionskapital zu verbergen. 1931 registrierte man 751 Firmen, darunter 284 Stiftun-gen und »Anstalten«. Zwei Jahre später steckten in diesen Tarnfirmen bereits 280 Millionen Franken (heutiger Wert: über drei Milliarden).

Liechtensteins Staatshaushalt brachte es im selben Jahr auf gerade mal drei Millionen Franken Ausgaben. Ein Viertel der Einnahmen des ärmlichen Agrarstaates stammte aus dem Briefmarkenhandel. Eine weitere Einnahmequelle brachte die Einbürgerung gegen Cash. Ein Paß kostete samt Gebühren und Steuern etwa 40 000 Franken; 30 000 Franken an Kaution kamen hinzu: Das kam nur für Millionäre in Frage, zumal der Wohnsitz nicht im Land genommen werden mußte.

Zu diesem Zeitpunkt wurde erstmals die Bedeutung der Liechten-stein-Connection sichtbar. Die »Vossische Zeitung« in Berlin berich-tete 1933, es lägen bereits 15 Milliarden Fluchtgelder in Liechtenstein. Das war zwar maßlos übertrieben, die Richtung stimmte aber. Die Va-duzer Regierung antwortete in jener verschleiernd naiven Art, wie man sie später jahrzehntelang erfolgreich kultivierte: Das sei alles Mumpitz, die örtliche Sparkasse besitze doch nur »einen gewöhnlichen Geld-schrank mit ein paar Fächern«, und die Bank des Fürsten, im Rathaus von Vaduz untergebracht, verfüge über einen nur wenig größeren Tre-sor. Wo, bitte schön, sollte man denn das viele Geld hinstopfen? Das stimmte und war trotzdem falsch, denn das Kapital war natürlich längst in die Schweiz transferiert worden, über jene Kanäle, die nach dem Krieg insbesondere für die anspruchsberechtigten Erben von KZ-Opfern nicht mehr nachvollziehbar waren. Wieviel jüdisches Fluchtgeld auf diesen Wegen auf Nimmerwiedersehen versickert ist, wird nie zu klären sein. Der optimale Schutz, den die Fluchtwege boten, richtete sich letztlich gegen die Flüchtlinge und deren Nachkommen.

Was sich vor und während der Nazidiktatur als zweckdienlich erwies, ließ sich unter den Bedingungen einer kommunistischen Diktatur erst recht anwenden: Methoden und Wege blieben die gleichen. Die Zusammenarbeit Max Mosers mit Otto Scheuermann lief zunächst über das kleine Zürcher Bankhaus Hugo Kahn & Co., wo Moser 30 Jahre lang Prokurist und Direktor gewesen war. »1978 hatte ich die Absicht, mit 60 Jahren einen angenehmen Lebensabend zu verbringen, und bin deshalb bei Hugo Kahn ausgeschieden. Da ich eine größere Anzahl privater Kunden hatte, für die ich Vermögensverwaltung betreibe, haben diese mich gebeten, die Verwaltungstätigkeit fortzusetzen. Aus verschiedenen Gründen wollte ich dies nicht im Bankhaus Hugo Kahn tun, ich habe mir deshalb eine neue Basis für diese Tätigkeit gesucht.« Überraschend genug: Er konnte seinen Kundenstamm zur Bank für Handel und Effekten einfach mitnehmen. Die BHE bot als Gegenleistung den ungewöhnlichen Sondervertrag als »Bank in der Bank«. Das alles geschah »auf Wunsch der DDR-Leute« (Moser), vor allem von Schalck. Der Schweizer Kapitalist genoß bei den ostdeutschen Kommunisten inzwischen eine besondere Vertrauensstellung.

Johann Legner, Sprecher der »Gauck-Behörde«, die den endlosen Papierwust der Staatssicherheit der DDR archivarisch verwaltet, kennt die Verbindung: »Vor allem in den fünfziger, sechziger und ersten siebziger Jahren war die Moser-Connection für die DDR essentiell, weil es ja kaum einen ordentlichen Devisenhandel gab. Der stand in der DDR unter staatlicher Kontrolle wie früher bei den Nazis. In den achtziger Jahren war es dann mehr eine buchmäßige Abwicklung von komplexen Bankgeschäften.« Moser hatte in der DDR demnach schon einen Namen, lange bevor Schalck die Szene betrat.

Diktaturen kommen und gehen, das Schweizer Bankgeheimnis bleibt bestehen. Potentaten der unterschiedlichsten Provenienzen kennen den Simpelreim. Ihre Fluchtburgen gründen auf diesem Fundament wie auf einem uneinnehmbaren Granitfelsen: Das legendäre Bankgeheimnis, festgeschrieben in Artikel 47 B des Eidgenössischen Bankengesetzes stammt aus dem Jahr 1934. Es ist trotz mancher Modifizierung noch immer der wichtigste Markenartikel des Landes. Das »Journal de Genève« schrieb noch 1997: »In den Augen der Welt sind Bankgeheimnis und schweizerischer Finanzplatz untrennbar.« Die Eidgenossen führten es ein, um französische und deutsche Finanzfahnder zu hindern, Steuerflüchtlingen auf die Spur zu kommen. Später behaupteten die Bankiers gerne, man habe das »Gesetz der Gesetze« vor allem zum Schutz der bedrängten Juden eingeführt. Zum Zeitpunkt der Konzipierung des Gesetzes spielte die Judenverfolgung durch die Nazis jedoch noch gar keine entscheidende Rolle. Vielmehr fürchtete man sich davor, daß rote Stadtregierungen, die in manchen Schweizer Städten an die Macht gekommen waren, ihre Finanzverwaltungen auf unverbuchtes Kapital hetzen könnten; ein besonderer Kontenschutz schien daher angebracht. Seitdem muß schon die geringste Verletzung des Bankgeheimnisses von Amts wegen geahndet werden, als ginge es um Kapitalverbrechen wie Mord und Totschlag.

Das diszipliniert sowohl Bankpersonal wie Justiz, aber auch die ewig neugierigen Finanzbehörden, überhaupt den gesamten politischen Apparat. Das Bankgeheimnis genoß über Jahrzehnte den Rang eines Verfassungsartikels. Es in Frage zu stellen hieß, die Grundfesten von Staat und Gesellschaft zu bedrohen. Auf der andern Seite gewährt die Schweiz keinerlei Rechtshilfe für die ihren Steuerflüchtlingen aussichtslos hinterherrennenden Regierungen anderer Staaten. Es muß sich schon um Betrug, Geldwäscherei und Insidergeschäfte handeln, und auch dann sind Rechtshilfeverfahren langwierig und mühsam.

Allerdings hat in jüngster Zeit das Schweizerische Bundesgericht am Bankgeheimnis sanft gerüttelt, es relativiert, es aber – um Gottes willen – nicht in Frage gestellt. Zu viele Diktatoren, Mafiabosse und Drogenbarone deponierten ihre Millionen auf Schweizer Bankkonten, zu häßlich klangen die immer häufigeren Schlagzeilen in ausländischen Medien über das einnehmende Wesen der Schweizer. Insbesondere die amerikanische Regierung verstärkte den Druck, den rigiden Konten- und Kundenschutz zu lockern. Ein neues Gesetz verpflichtet die Banken, Geldwäscherdelikte zu melden. Steuerhinterziehung zählt nach wie vor nicht dazu. Banken, Anwälte und Notare wurden schon früher etwas härter drangenommen. Das großzügig gefaßte Rahmengesetz definiert seit April 1998 auch die Sorgfaltspflicht der Treuhänder, überläßt es aber ihnen selbst, gegen schwarze Schafe der eigenen Branche vorzugehen und Sanktionen zu verhängen. Vieles daran ist pure Augenwischerei. Obwohl sich Treuhänder (ähnlich wie die Banken heute schon) vom Jahr 2000 an selbst kontrollieren sollen – ihre Standesorganisationen und Verbände dürfen das übernehmen –, sieht der Chef der staatlichen Kontrollstelle für die Bekämpfung der Geldwäscherei in der Schweiz, Niklaus Huber, auch nach der Einführung dieses Gesetzes noch immer »einen großen Handlungsbedarf«. Weniger diplomatisch formuliert: Dieser Dunstkreis ist noch weit davon entfernt, von rechtsstaatlichen Maßnahmen nachhaltig erfaßt zu werden. Böcke, die plötzlich Gärtner spielen und sich dabei erst noch selber auf die Pfoten schauen sollen, strapazieren die Vorstellungskraft denn doch ungemein.

Für viele eher überraschend, beschied das oberste Schweizer Gericht im Mai 1997 außerdem, dem Bankgeheimnis käme keineswegs der Rang geschriebenen oder ungeschriebenen verfassungsmäßigen Rechts zu. Vielmehr leide das Ansehen des Landes, wenn »deliktisch erlangtes Geld« in der Schweiz problemlos angelegt werden könne: »Wenn die übrigen Voraussetzungen der Rechtshilfe, besonders aber die Anforderungen an die Einhaltung der Menschenrechte, in ausländischen Strafverfahren erfüllt sind, dürfte es sich kaum je rechtfertigen, allein zum Schutz des schweizerischen Bankgeheimnisses die Rechtshilfe zu verweigern.« Womit gesagt wird, daß fragliches Geld schon auf besonders »deliktische« Art »erlangt« worden sein muß, bevor das Bankgeheimnis geknackt werden kann, und auch dann nur, soweit es »die Auskunft über die Bankbeziehungen einzelner Kunden« betrifft.

Nach den Richtlinien der Bankenkommission dürfen »Finanzintermediäre« (so wolkig bezeichnet man die gallertartige Mischform Bankier-Treuhänder-Rechtsanwalt) »keine Gelder entgegennehmen, von denen sie wissen oder annehmen müssen, daß sie aus Korruption oder aus dem Mißbrauch öffentlicher Vermögenswerte stammen«. Nur: Wie die Erfahrung und Herr Battaini lehren, ist dem Geld, sofern es »richtig« angelegt ist, nicht anzusehen, aus welcher Quelle es letztlich stammt, wem es wirklich gehört. Max Moser und die Gilde der schweizerischen »Finanzintermediäre« könnten aus ihrem reichen Erfahrungsschatz dieser ehrlich bemühten staatlichen Kommission noch manchen zweckdienlichen Tip geben – wollten sie denn ihre eigene Geschäftsbasis gefährden.

Zu einer strengeren gesetzlichen Auslegung haben vor allem die Millionen des philippinischen Diktators Ferdinand Marcos beigetragen. Über zehn Jahre lang mußten sich die nachfolgenden philippinischen Regierungen durch sämtliche Schweizer Gerichtsinstanzen klagen, bis 1998 das vom Marcos-Clan zusammengeraffte und auf Schweizer Konten versteckte Geld zur Rückführung nach Manila freigegeben wurde: 520 Millionen US-Dollar. Duvalier (Haiti), Somoza (Nicaragua), Mobutu (Zaire), Pahlewi (Iran), Suharto (Indonesien) – die Liste läßt sich beliebig verlängern. Vergleichsweise kleine Potentaten wie die ehemalige pakistanische Ministerpräsidentin Benazir Bhutto bringen es immerhin auf rund 40 Millionen auf Schweizer Konten, wobei im Fall Bhutto unvorsichtigerweise vier Fünftel bei einer einzigen Schweizer Bank lagen und wahrscheinlich noch immer liegen. Aber diese Namen geben den Blick nur auf den höchsten Grat des Matterhorns frei. Die große Masse des Berges der Berge liegt weiterhin im Schatten.

Provozierend fragte im April 1998 das »Wall Street Journal«: »Does the World Still Need the Swiss?« (Braucht die Welt die Schweizer noch?) Das Pflichtblatt der eidgenössischen Finanzelite kam zu der für sie desillusionierenden Antwort: Not at all! Voller Schadenfreude listete die US-Zeitung auf, man wisse doch längst, daß nicht nur unentdeckte Nazi- und Diktatorengelder auf Schweizer Konten schlummerten: »Was ist mit dem Geld des korrupten nigerianischen Staatsbeamten, dem Fluchtgeld des brasilianischen Seifenherstellers oder mit dem Schmiergeld des Parteischatzmeisters? Was ist mit den Kapitalien der Finanzflüchtlinge, der korrupten Drogenbeamten, der ehemaligen sowjetischen Agenten, der Paranoiden aller Länder?«

Auf den Zinssätzen der Schweizer Banken beruht die magnetische Anziehungskraft des Alpenmassivs jedenfalls nicht. Die Zinsen sind durchweg niedriger als in den meisten Ländern Westeuropas. Im Vergleich zu Deutschland betrug die Differenz in den siebziger und achtziger Jahren drei Prozent, schrumpfte in den neunziger Jahren dann im Durchschnitt auf ein Prozent. Dieses Geld – von dem wir natürlich nicht behaupten, es stamme nur aus trüben Quellen, aber doch zu einem sehr erheblichen Teil – wird oft an jene Länder zurückverliehen, aus denen es stammt, jetzt aber unter dem neutralen Label »Schweizer Kapital« und zu beträchtlich höheren Zinssätzen. Diese Differenz macht im Grunde einen beträchtlichen Teil des heutigen Reichtums der Schweiz aus.

Das »Wall Street Journal« sieht den außer dem Bankgeheimnis wichtigsten Konkurrenzvorteil der Schweizer bereits erodieren – wahrscheinlich etwas verfrüht: Neben dem einst vielgelobten Steuersystem der Schweizer gebe es inzwischen modernere: »Die Schweiz ist stillgestanden, während die andern immer mehr wie die Schweizer geworden sind.«

Auf das kleine Fürstentum Liechtenstein, an der Ostgrenze der Schweizerischen Eidgenossenschaft (so die offizielle Bezeichnung des Landes), trifft das schleichende Phänomen der »Verschweizerung« zuallererst zu. Die Liechtensteiner erwiesen sich nicht nur als gelehrigste Adepten der Schweizer Finanztechnokraten, sie entwickelten sich auch zu unentbehrlichen Partnern des »Finanzplatzes« Schweiz, obwohl beide Länder gern den Eindruck erwecken, als betrieben sie ihre Finanzgeschäfte völlig getrennt voneinander. Die winzige Monarchie am Ostufer des Oberrheins, 41,1 Kilometer kurz, 160 Quadratkilometer klein, mit 31 143 Einwohnern in elf Gemeinden, ist ein souveräner Staat, der viertkleinste – und zweitreichste Europas, nach Luxemburg. Das Miniland hat sich »im Rucksack der Schweiz«, mit der es seit 1921 in einer Währungs-, seit 1923 in einer Zollunion verbunden ist, jahrzehntelang sehr wohl gefühlt. Mit wachsendem Wohlstand legt das Fürstentum jedoch Wert auf Eigenständigkeit. Der kleine und der winzige Nachbar ergänzen sich auf unauffällige Weise kongenial. Für Finanzanlagen jeder Art bilden sie eine nahezu ideale Symbiose, wie es sie wohl nirgendwo auf der Welt gibt. Grundlage ist die gemeinsame Währung, der Franken, sowie das gleiche nüchterne Verständnis im Umgang mit Geld. Beide Staaten machten mangels anderer Ressourcen – außer Wasser für die Stromerzeugung – Geld zu ihrem wichtigsten Rohstoff. So behandeln sie das vorwiegend fremde Geld auch: als wertneutrale Handelsware, die sich jeder moralischen Betrachtungsweise entzieht. Die Anonymität dieser Geschäfte dient nicht allein dem Schutz der Kunden, sondern auch der Geldhändler selbst. Wer weitgehend mit Zahlen und inhaltlosen Namen arbeitet, kann sich in Zweifelsfällen ruhigen Gewissens auf Nichtwissen und Gutgläubigkeit berufen, was denn auch immer wieder geschieht.

Am nachhaltigsten erfaßt man Strategie und Taktik im Freundschaftsspiel Schweiz–Liechtenstein bei einem Besuch an der Aeulestraße im Hauptort Vaduz. Manche nennen die Straße den »Edelstrich« des Fürstentums, aber das ist unfair. Es ist ein sehr ordentlicher Ortsteil. Tür an Tür arbeiten hier die drei Größten der Branche: Allgemeine Treuhand, die Kanzlei Prof. Dr. Dr. Herbert Batliner und, in Haus Nummer 38, die Präsidial-Anstalt. Was sich vornehm liest, nennt Szenekenner Max Moser profan »Firmenfabriken«: prosperierende Unternehmen, die Firmen am Fließband herstellen. Beim größten Unternehmen der Dritten Art, der Präsidial-Anstalt, kann man auch Verwaltungsräte für jeden Zweck kaufen: Sie fragen nicht viel, tun still, unauffällig, effizient und relativ billig ihre Arbeit – für Hunderte und Tausende Firmen gleichzeitig. Es sind jene »Briefkastenfirmen«, von denen man in Liechtenstein mehr als doppelt so viele zählt wie Einwohner: 75 000; die Hälfte davon sind sogenannte »Stiftungen«.

Die Präsidial-Anstalt ist die weitaus produktivste Firmenfabrik von allen. Ihre Produkte mit den einfallsreichen Namen dienen jedem, wirklich jedem Geschäftszweck. Schon für wenig Geld kann man dort eine Firma gründen. Das Nominalkapital braucht nur 30 000 Franken zu betragen; darauf wird eine Jahressteuer von einem Prozent oder mindestens eintausend Franken fällig.

Ein harmloser Fall: Wer Erbschaftssteuern sparen will, beschenkt die von ihm gegründete »Stiftung« in Vaduz: Kein anderer Staat kann beim »Beschenkten« die Steuer eintreiben. Der Gründungsakt samt rechtsgültiger Urkunde ist eine Sache von wenigen Stunden. Der »Gründer« wird in einem der intimen Besprechungszimmer der Präsidial-Anstalt empfangen. Dort macht der eine und andere Direktor auch schon mal klar, und zwar wörtlich, worum es im Leben eben auch geht: »Lügen gehört zu meinem Geschäft.«

Max Moser erzählt: »Ich hatte als Bankier dreißigjährige sehr gute Beziehungen zur Präsidial-Anstalt. Sie ist eine Domizilstelle, die als Dienstleistungsunternehmen Firmen gründet und zur Verfügung stellt. Es wird davon geredet, daß die Präsidial-Anstalt 20 000 bis 40 000 Firmen verwaltet. Die Präsidial-Anstalt gehört indirekt dem Fürstenhaus. Sie trägt einen guten Namen und achtet darauf, daß sie nur seriöse Geschäftspartner hat. Ich habe verschiedene Liechtensteiner ›Anstalten‹ und Stiftungen über die Präsidialabteilung gegründet, und zwar für ganz unterschiedliche Kunden, nicht nur in Zusammenhang mit dem Bereich Kommerzielle Koordinierung oder Herrn Schalck. Die Anstalten hatten typischerweise ein Gründungskapital von 30 000 Franken. Die Gründungskosten lagen bei 10 000 bis 12 000 Franken, worin die Verwaltungsgebühren für das erste Jahr enthalten waren. Der Firmenzweck dieser Anstalten war jeweils umfassend umschrieben, so daß sie jede Art von Tätigkeit ausüben durften. Verwaltungsräte waren Mitarbeiter der Präsidial-Anstalt. Rein tatsächlich ist es daher notwendig, daß diese Verwaltungsräte alle wesentlichen Dokumente unterschreiben müssen, damit sie rechtsgültig werden.«

Halten wir fest: Die Firmen konnten zumindest bis 1990 gegründet werden, ohne daß die Verwaltungsräte dieser Firmen die leiseste Ahnung hatten, was diese Firmen trieben oder wem sie gehörten. Sie unterschrieben, ohne zu wissen, was sie unterschrieben, »rein tatsächlich«, nach Max Moser. Aber selbstverständlich legt die »Firmenfabrik« Wert darauf, »daß sie nur seriöse Geschäftspartner hat« – Treuhänder, Rechtsanwälte, Bankiers, »Finanzintermediäre« eben. Den tatsächlichen Geschäftspartner kennen die eigentlich für die zu gründende »Firma« in letzter Instanz verantwortlichen Verwaltungsräte nicht und wollen sie auch gar nicht kennen.

Max Moser weiter: »Die Inhaberschaft an diesen liechtensteinischen Anstalten wurde durch eine Blankozessionserklärung, die in der Urkunde verbrieft ist, übertragen. Diese Blankozessionserklärung erzeugt eine ähnliche Rechtswirkung wie Inhaberaktien. Sie muß deshalb sorgfältig verwahrt und depotmäßig verwaltet werden.«

Halten wir weiter fest: Die Schweiz hat ihr Bankgeheimnis, Liechtenstein seines – und als Zugabe bis 1990 die »Blankozessionserklärungen«. Das klingt kompliziert, ist aber im Kern einfach: Die Firmenfabrik in Liechtenstein stellte Blankoformulare für die Firmengründung aus. Wer die Urkunde in seinem Besitz hatte, konnte darin als Eigentümer und Firmenzweck eintragen, wen und was er wollte. Er war faktisch der Inhaber. Im Fall Max Moser – und er ist ja nur ein Beispiel von vielen – lagen diese Zessionserklärungen für einen beträchtlichen Teil des Schalckschen Firmengeflechts in Max Mosers Tresor in Zürich. Der Schweizer Bankier war somit Besitzer dieser DDR-Firmen. Das wußte nur er allein und wahrscheinlich drei DDR-Funktionäre mit ihm – eine verschworene Bruderschaft.

Der Sinn dieser nach hiesigem Recht legalen Operationen war es einzig und allein, Spuren zu tilgen und Anonymität zu wahren. Ob sie nun italo-russischen Mafiosi, kommunistischen Diktatoren, faschistischen Potentaten und von ihrem Staat ruchlos unterdrückten Steuerhinterziehern dienen oder nur Erblassern, die ungeliebte Pflichterben nasführen, Scheidungsmännern, die ihre Scheidungsfrauen austricksen, und Ehegatten, die zwecks Versorgung ihrer Geliebten ein diskretes Geldpolster anlegen: allen stehen die gleichen Dschungelpfade via Schweiz/Liechtenstein offen. Gern wird von offizieller Seite darauf verwiesen, die beschriebenen Wege seien »unter altem, sehr liberalem Liechtensteiner Firmenrecht« leichter begehbar gewesen. Heute werde schärfer kontrolliert, mit einem Koffer voller Bargeld käme hier angeblich keiner weit. Aber das heißt es nach jeder kleinen Modifizierung des schweizerischen Bankgeheimnisses auch – seit Jahrzehnten. Die Besitzer jener vielen schweren Limousinen mit exotischen Nationalkennzeichen wie Rußland, Estland, Litauen, die in den engen Straßen von Vaduz parken, fürchten die Gnadenlosigkeit der verschärften Gesetze jedenfalls nicht sehr.

Wenn es keine Firma sein soll, tut's auch eine »Stiftung«. Vorteil: Stiftungen sind steuerfrei. Ein aus persönlicher Erfahrung mit dieser Art des Wirtschaftens vertrauter Schweizer Rechtsanwalt beschreibt es so: »Der ausländische Kapitaleigner, eine natürliche oder juristische Person, läßt in Zusammenarbeit mit einer Schweizer Bank, einer Treuhandgesellschaft oder einem dem Berufsgeheimnis unterstellten Vermögensverwalter eine formell in Liechtenstein ansässige und nach Liechtensteiner Recht pro forma organisierte ›Verbandsperson‹ (so heißen dort die Vermögensverwalter bzw. Stiftungen) errichten. Auf den Namen solcher Verbandspersonen werden in der Schweiz Bankkonten eingerichtet; die auf diese Weise aus dem Ausland legal oder illegal eingeführten Vermögenswerte werden darauf übertragen. Als Organ der ›Verbandsperson‹ steht eine von der Bank vorgeschlagene Person zur Verfügung, die alle nötigen Formalitäten abwickelt. Die wirklich wirtschaftlich Berechtigten treten also auch hier nach außen nicht in Erscheinung.«

Niederungen dieser Art läßt weit unter sich, wer die Straße nimmt, die, vorbei an idyllischen Weinbergen, sich steil den Hang über Vaduz hochwindet zum Schloß des Fürsten von Liechtenstein und Schirmherrn der heimischen Briefkastenindustrie. Zu Füßen der mit allem Komfort zum stattlichen Refugium ausgebauten mittelalterlichen Burg weitet sich das Tal, träge wälzt sich der Rhein dem Bodensee zu. Gegenüber, auf der Schweizer Seite, glänzen die Bergkuppen des St. Galler- und Appenzellerlandes. Staunenden Geschäftspartnern aus den USA, von klein auf an Disney World gewöhnt, muß Hans-Adam II. regelmäßig erklären, daß Schloß samt Zugbrücke und alles andere echt sei wie er selber auch: regierender Fürst, Großgrundbesitzer, Schweinezüchter, Bankier, Reishändler, Milliardär. Sein Büro an der westlichen Außenmauer, überraschend eng, wirkt durch die kleinen Fenster vor tiefen Nischen etwas düster, aber passend zu dem mittelalterlichen Ambiente. Nur eine Sekretärin im Vorzimmer überwacht den Zugang zur Bürostube des Managerfürsten.

Der hochgewachsene, schlaksige Herrscher über 31 000 Untertanen ist unkompliziert im Umgang. Sein gemächliches Wiener Sprachmelos hebt sich vom etwas derben Dialekt der Liechtensteiner ab. Sein Vater, Franz Josef, ein Patenkind des österreichischen Kaisers Franz Josef und Sohn von Elisabeth Amalie von Österreich, war der erste der Familie, der den Liechtensteinern die Ehre erwies, im Land zu residieren – gezwungenermaßen, weil Hitler »Ostmark« und Sudetenland samt den dortigen liechtensteinischen Latifundien besetzt hatte. Alle andern Vorfahren zogen ihre Wiener Stadtpalais oder die Schlösser in Mähren dem spröden Landstreifen am Oberrhein vor.

Der Vater des Fürsten galt als »volksnah«, weil er sich nicht in die Geschäfte seiner Untertanen mischte und sich weitgehend auf die Repräsentation beschränkte. Das läßt sich von seinem Sohn nicht behaupten. Als regierender Fürst mit weitgehenden Kompetenzen – er kann gegen jeden Beschluß des Landtags sein Veto einlegen und in Gerichtsverfahren eingreifen – hat er eine weniger gemächliche Gangart angeschlagen. Zur Überraschung der bürgerlichen Familienclans, die es seit Generationen gewohnt waren, sich Posten zuzuschieben und Eigeninteressen zu schützen, versucht Hans-Adam seit seinem Regierungsantritt im Jahr 1989 hartnäckig, diese »Oligarchie«, wie er das resistente Machtgefüge selber nennt, aufzubrechen. Er setzt dabei seinen Thron aufs Spiel, denn die Vorbehalte dieses eigenwilligen Bergstamms gegen seinen ebenso eigenwilligen Stammesfürsten sind beträchtlich. Entgegen den Interessen einflußreicher Anwälte und Treuhänder gliederte der Fürst, abgesegnet von einer Volksabstimmung, das Land in den Europäischen Wirtschaftsraum (EWR) ein, eine Vorstufe zur Europäischen Union.

Im Gespräch redet Hans-Adam offen über die Schwierigkeiten, denen er in seinem alles andere als operettenhaften Kleinstaat begegnet. Interessen werden unter einer Decke vordergründiger Betulichkeit knallhart ausgefochten. Und es geht um viel. Das kleine Land ist nicht nur ein Bankenparadies (Bilanzsumme der fünf Banken: 27 Milliarden Franken), sondern auch ein moderner Industriestaat, der jährlich für über zwei Milliarden Franken Waren exportiert, von Heizkesseln bis zu High-Tech-Beschichtungsanlagen für CDs – und das bei einer Einwohnerzahl, die der eines verträumten Ortes wie Buxtehude entspricht.

Über die wirtschaftlichen Verflechtungen seiner Familie in diesem alpenländischen Mikrokosmos hält sich Hans-Adam weitgehend bedeckt. Der Wert des Fürstenvermögens dürfte näher bei drei als bei zwei Milliarden Franken liegen. Neben ausgedehntem Grundbesitz vor allem in Österreich sind es die 50prozentige Beteiligung an dem US-Konzern RiceTec, einem der größten Reishändler der Welt. Die einträglichste Fürstenbastion ist jedoch die Bank in Liechtenstein, die größte der fünf Banken des Landes. Sie gehört über eine Stiftung der Familie. In der Entwicklung der Bank spiegelt sich der märchenhafte Aufstieg Liechtensteins vom ärmlichen Landstrich zum Wohlstandsparadies mit statistischem Pro-Kopf-Jahreseinkommen von 50 000 Franken – einem der höchsten der Welt. 1950 schafften die elf Angestellten der Bank gerade eine Bilanz von 15 Millionen Franken. Heute sind es über elf Milliarden, bei einem Reingewinn von 93 Millionen Franken. Die Steuern, die der fürstliche Geldkonzern bei diesen runden Zahlen an die Staatskasse liefert, sind landesüblich bescheiden: sieben Millionen Franken. Zum 75jährigen Jubiläum seiner Bank setzte der Eigentümer durch, daß an der Internationalen Akademie des Landes mit 500 000 Franken ein neuer Lehrstuhl eingerichtet wurde – für Ethik. Die Bank weiß, was sie ihrem langjährigen Vizepräsidenten im Aufsichtsrat schuldig ist. Seit 1996 nennt sich das prosperierende Geldhaus LGT Liechtenstein Global Trust AG, ein Name, den man getrost auf das ganze Land übertragen könnte. Die neue Struktur in Verbindung mit der britischen Finanzgruppe GT – sie gehört gleichfalls den Liechtensteins – »ist maßgeblich von S. D. geprägt«, vermeldet der Geschäftsbericht.

S. D. (Seine Durchlaucht) – ein Titel, der Fürstlichen Räten leichter über die Lippen kommt als eingefleischten Republikanern – lacht beim Interview herzlich über die Einstiegsfrage, ob er denn einverstanden sei, wenn man den ihm vom Protokoll her zustehenden Ehrentitel weglasse, obwohl sein Pressechef mehrfach und mit Nachdruck auf diese einzige korrekte Anrede hingewiesen habe: »Damit habe ich nun wirklich kein Problem.«

»Laut Liechtensteiner Verfassung ist die Person des Fürsten nicht nur ›unverletzlich‹, sondern auch ›geheiligt‹. Das klingt beinahe nach Vatikan.«

»Diese Formeln sind halt Überbleibsel aus dem Gottesgnadentum des Absolutismus.«

»Warum schaffen Sie sie nicht ab?«

»Ich hänge nicht an solchen Förmlichkeiten.«

»Was steht in Ihrem Paß als Berufsbezeichnung?«

»Keine. Er trägt übrigens auch nicht die Nummer 1.«

»Was verdienen Sie als regierender Monarch? Beziehen Sie eine Apanage, ein Gehalt?«

»Nichts davon. Das Amt kostet Zeit und Geld. Zwar erhält der Fürst eine Aufwandsentschädigung aus der Staatskasse von jährlich 250 000 Franken, aber diese deckt die laufenden Kosten bei weitem nicht. Allein die jährlichen Spenden, die man von einem Fürsten nun einmal erwartet, sind wesentlich höher.«

»Das steht auch so in der Liechtensteiner Verfassung: Der Fürst gelobt, ›den Bedrängten und Armen ein Hüter zu sein‹. Jeder Liechtensteiner verdient im Schnitt soviel wie 500 Moçambiquaner. Spielt das Bekenntnis zu den Armen noch eine Rolle?«

»Aber sicher. Ich bekomme viele Bittgesuche.«

»Kann jeder Liechtensteiner bei Ihrer Sekretärin anrufen und sagen: Ich muß unbedingt den Fürsten sprechen, es ist ganz dringend?«

»Ja, aber das geht meistens ohne Audienz. Normalerweise versuche ich das via Telefon zu klären.«

»Bezahlen Sie Steuern?«

»Nein. Das Vermögen des Fürstenhauses ist in eine Stiftung eingebracht, und die ist wie jede andere Stiftung in Liechtenstein von der Steuer befreit.«

»Was macht für Sie den wesentlichen Unterschied zwischen Republik und Monarchie aus?«

»Je kleiner der Staat ist, um so langfristiger muß man denken. Ich muß nicht auf die nächsten Wahlen schielen. Das gibt eine größere Gelassenheit, längerfristige Entwicklungen im Auge zu haben.«

»Ist eine Monarchie noch zeitgemäß?«

»Wäre sie das nicht, wäre ich kein Monarch mehr. Wir haben hier als Gegengewicht zum Monarchen eine gut ausgebaute direkte Demokratie. Als Republik gäbe es Liechtenstein als souveränen Staat vermutlich nicht mehr. Im übrigen habe ich als Fürst den Vorteil, einerseits Staatsoberhaupt zu sein, andererseits bin ich in der Wirtschaft tätig. Das kann ein Präsident nicht. Ich glaube, durch diese Mischung bin ich der Realität näher als viele Berufspolitiker.«

»Ihr Fürstentum ist eins der reichsten Länder der Welt mit dem Höchststand an Arbeitslosigkeit von zwei Prozent. Ist in Ihrem Land Sozialabbau ein Thema?«

»Nicht wirklich, aber ich bin der Meinung, daß sich der Staat für eine soziale Marktwirtschaft einsetzen muß, auch wenn das altmodisch klingt. Man muß vorsichtig sein, wie und wo man den Einfluß des Staates reduziert. Das soziale Gleichgewicht ist etwas Fundamentales für jeden Staat.«

»Löst sich dieses Gleichgewicht auf?«

»Die Gefahr besteht. Der Minderheitenschutz für die, die es nicht mehr schaffen, ist gefährdet.«

»Weil die Mehrheit nichts mehr abgeben will?«

»Ja. Ein großes Problem demokratischer Staaten ist es, daß sie in eine Diktatur der satten Mehrheiten abzuleiten drohen.«

»Sie sind von Ihren Befugnissen her der mächtigste Monarch Europas. Wenn Sie wollten, könnten Sie eine legale Diktatur errichten.«

»In der Vergangenheit wäre das sicher einfacher gewesen, heute aber haben wir in der Familie ein neues Hausgesetz. Es sieht vor, daß der Fürst in einem Rechtsverfahren von der Familie abgesetzt werden kann.«

»Was muß ein Fürst anstellen, damit ihn die eigene Familie absetzt?«

»Bei Straftatbeständen, Machtmißbrauch oder wenn er psychisch oder physisch nicht mehr in der Lage ist, seine Aufgabe zu erfüllen. Da man die einzelnen Situationen nicht genau vorhersehen kann, haben wir es im Hausgesetz nicht näher definiert. Die Verantwortung, ob ein Verfahren gegen den Fürsten eingeleitet wird, liegt im wesentlichen bei einem Familienrat.«

»Wie groß ist dieser Rat?«

»Er besteht aus drei Mitgliedern. Im Hausgesetz sind drei Instanzen vorgesehen: der Fürst, der Familienrat und die stimmberechtigten Familienmitglieder, insgesamt etwa 50 Personen.«

»Das ist dann der Verwaltungsrat der Fürst von Liechtenstein AG?«

»In etwa, aber die Liechtenstein AG, wie Sie es bezeichnen, besteht nicht nur aus der Familie. Liechtenstein ist ja ein moderner Rechtsstaat. Deshalb habe ich von mir aus vorgeschlagen, eine weitere Sicherung einzubauen, die es dem Volk ermöglicht, dem Fürsten durch Mehrheitsbeschluß das Mißtrauen auszusprechen.«

»Und wenn der Fürst nicht will?«

»Es liegt nicht am Fürsten, es abzulehnen, sondern an der Familie. Diese muß aber in Rechnung stellen, daß das Volk die Möglichkeit hat, in einer weiteren Abstimmung die Monarchie abzuschaffen.«

»Zu andern Zeiten wären das theoretische Erörterungen. Sie selbst sprechen von einem Machtkampf der Regierung mit dem Fürsten. Sie riefen in einer Thronrede das Volk dazu auf, sich mit dem Fürsten gegen die herrschende Oligarchie zu verbünden. Wankt der Thron Liechtensteins?«

»Ich glaube nicht, daß der Thron wankt, aber es gab den ernsthaften Versuch, den Fürsten in der Praxis auf reine Repräsentationsaufgaben zu beschränken. Es war eine Entwicklung, die sich über Jahre hinzog.«

»Wer ist die Oligarchie?«

»Oligarchie bedeutet die Herrschaft von wenigen.«

»Eine Cliquenwirtschaft?«

»Wenn man es hart ausdrücken will: Ja. Es gibt institutionalisierte Oligarchien: Regierung, Parlament, Gerichte. Sie sind Bestandteil jeder Demokratie und jedes Rechtsstaats. Daneben gibt es die privaten und halbstaatlichen Oligarchien. Das sind Parteien, Wirtschaftsverbände, Unternehmen, Gewerkschaften, Medien.«

»Ist es der Geldadel in Verbindung mit den Parteien, der sich in Liechtenstein des Staates bemächtigt?«

»Ich glaube nicht, daß diese Beschreibung auf Liechtenstein zutrifft. Ich will, daß dem Geist der Verfassung entsprochen wird.«

»Brach die vorhergehende Regierung, die Sie entlassen haben, die Verfassung?«

»Es kam vor, daß Gesetze publiziert und in Kraft gesetzt wurden, ohne daß sie vom Fürsten unterschrieben waren, was gegen die Verfassung ist. Seit den sechziger Jahren wurde kein Beamter mehr verfassungsmäßig ernannt. Und jede Entscheidung, die von einem Beamten gefällt wird, der nicht verfassungsgemäß ernannt wurde, könnte grundsätzlich vor Gericht angefochten werden.«

»Bemächtigen sich Gruppen und Kräfte des Staates und setzen damit die Demokratie teilweise außer Kraft, ist es das, was Sie mit dem Hinweis auf die Oligarchie meinen?«

»Jedenfalls sind das nicht nur Formsachen. Durch ein solches Vorgehen wird sowohl der Rechtsstaat als auch die Demokratie in Frage gestellt.«

»Ist das, was Sie in Liechtenstein registrieren, auf republikanische Staaten übertragbar?«

»Sicher, ähnliche Probleme kennen auch Republiken: In vielen Bereichen entfernt sich die Verfassungswirklichkeit vom Buchstaben und vom Geist der Verfassung immer weiter. Als Fürst habe ich die Möglichkeit, ohne Rücksicht auf die Parteien, immer wieder darauf hinzuweisen.«

»Spielt das ausländische Kapital, das sich in Form von Finanzgesellschaften in Liechtenstein etabliert, dabei eine Rolle?«

»Das Auslandskapital hat bei uns einen sehr geringen direkten Einfluß auf die Politik.«

»Dafür aber haben liechtensteinische Juristen mit ihren unzähligen Briefkastenfirmen, die sie verwalten, enormen Einfluß auf Justiz und Gesetzgebung. Ist das der wundeste Punkt?«

»Ihr Einfluß ist nicht größer als jener der ausländischen Juristen in deren eigenem Land. Sicher war ein Teil unserer Juristen nicht sehr glücklich darüber, daß ich mich für eine stärkere Integration unseres Landes in Europa eingesetzt habe, speziell für den Beitritt zum Europäischen Wirtschaftsraum. Sie haben ebenso wie die Ärzte, Banken und einige andere Kreise befürchtet, daß die Konkurrenz hier größer wird. Aber das sind Partikularinteressen und nicht die Interessen der gesamten Bevölkerung. Und die haben in meinen Augen Vorrang.«

»Liechtensteins Justiz ist dafür bekannt, daß man mit ihr handeln kann.«

»Ich glaube nicht, daß man es so ausdrücken kann. In einem Kleinstaat ist vielleicht das rechtsstaatliche Prinzip nicht so ausgeprägt wie in einem großen Staat. Es geht eben auch vor Gericht recht menschlich zu, wobei wir auch in diesem Bereich sehr viel professioneller geworden sind.«

»Glücklich, wer in Liechtenstein vor Gericht kommt?«

»Ja.«

»Wie wird man Liechtensteiner, wenn man nicht die Gnade des Geburtsscheins hat?«

»Da kann ich Ihnen keine Hoffnungen machen. Wir haben einen Ausländeranteil von 37,5 Prozent, unser Aufnahmevermögen ist sehr begrenzt. Um einen Antrag zu stellen, müssen Sie zehn Jahre hier leben. Danach müssen die Gemeinde, der Landtag und zuletzt der Fürst die Einwilligung geben.«

»Wie viele Einbürgerungen haben Sie schon abgelehnt?«

»Es war bisher nie nötig.«

»Kann man sich das Bürgerrecht kaufen?«

»Heute nicht mehr, dafür ist das Land zu reich. In den zwanziger Jahren, als das Land noch sehr arm war, ging das. Man nannte es Finanzeinbürgerung. Die Leute mußten nicht einmal in Liechtenstein wohnen.«

»Auf der einen Seite grenzt Ihr Land an Österreich, das zur EU gehört, mit dem Euro als neuer Währung. Liechtenstein selber ist im EWR. Mit der Schweiz auf der andern Seite haben Sie eine Zoll- und Währungsunion. Ihr Zahlungsmittel ist der Schweizer Franken. Eine idealere Lage kann ein Land kaum haben.«

»Das ist in der Tat eine günstige Ausgangslage für unsern Weg nach Europa. Das mußte aber erkämpft werden, auch gegen Widerstände im eigenen Land. In der Bevölkerung habe ich das viel weniger stark gespürt als in gewissen Kreisen von Politik und Wirtschaft. Auch in der Außenpolitik braucht es die direkte Demokratie. Man kann Europa nicht von oben verordnen.«

»Pro Haushalt zählt Liechtenstein 1,7 Pkws, vermutlich der höchste Motorisierungsgrad der Welt. Drückt der fürstliche Fuhrpark den Anteil noch höher?«

»Kaum. Meine Frau und ich fahren jeder einen roten Audi 80, für offizielle Anlässe benützen wir einen blauen 100, und dann haben wir noch einen Kombi für den Schloßhaushalt.«

»Wie viele Leute beschäftigt der Hof?«

»Etwa 20. Bei den landesüblich hohen Löhnen geht das ganz schön ins Geld.«

»Sie haben ja auch einen milliardenschweren Hintergrund. Die Bank in Liechtenstein, die Ihnen persönlich gehört, hat nach Analystenmeinung einen Wert von 1,5 bis zwei Milliarden Franken und wirft eine Dividende von rund 100 Millionen Franken ab.«

»Die Bank gehört nicht mir persönlich, sondern einer Stiftung, in die ein Teil des Familienvermögens eingebracht wurde. Aber auch dieses Vermögen mußte neu aufgebaut werden, nachdem durch den Zweiten Weltkrieg und die Enteignung in Osteuropa der größte Teil verlorenging. Von 1945 bis 1970 hat mein Vater seine Ausgaben als regierender Fürst zu einem wesentlichen Teil aus Verkäufen von Kunst und Grundbesitz abgedeckt.«

»Sie gelten aber noch immer als größter Grundbesitzer Österreichs.«

»Aus altem Vermögen haben wir noch 20000 Hektar Land- und Forstwirtschaft mit einer allerdings geringen Rendite.«

»Sie sind auch Besitzer von RiceTec in Houston/USA.«

»Ein Joint-venture zu je 50 Prozent mit dem US-Konzern International Paper. Wir waren tatsächlich mal die größten Reisproduzenten der USA.«

»Ihre Beteiligung an RiceTec halten Sie aber noch immer.«

»Ja, aber in einer neuen Struktur. Wir waren nicht sehr glücklich, als die US-Regierung auch den Reis in das staatliche Förderungsprogramm aufgenommen hat. In den Medien wurden wir als einer der größten Bezieher von Landwirtschaftssubventionen erwähnt. Der Fürst von Liechtenstein – ein Subventionsreiter! Eine schöne Schlagzeile! Dabei hat man uns diese Subventionen geradezu aufgedrängt. Seit diesem Wirbel sind wir aus dem Landwirtschaftsgeschäft ausgestiegen. Wir konzentrieren uns auf Saatgutforschung und den Großhandel mit Reis.«

»Sehen Sie keinen Konflikt zwischen Unternehmer, Bankier, oberstem Gerichtsherrn und regierendem Staatsoberhaupt, alles in einer Person?«

»Natürlich gibt es diesen Konflikt. Er muß letztlich immer im Interesse des Staates entschieden werden. Ich habe mich ja auch gegen die

Interessen meiner eigenen Bank für eine Liberalisierung entschieden. Als Bankier hätte ich froh sein müssen, möglichst wenig Konkurrenz im eigenen Land zu bekommen.«

»Zwei Seelen in einer Brust?«

»Eigentlich nicht. Es ist das Eigeninteresse des Fürsten, die Staatsinteressen in den Vordergrund zu setzen. Wir möchten ja noch lange eine Monarchie bleiben.«

»Als Bankier haben Sie vor einigen Jahren den Generalbevollmächtigten Ihrer Bank, Christian Norgren, wegen Insidergeschäften entlassen. Er kam vorübergehend bei der Westdeutschen Landesbank unter. Gelten solche Vergehen unter Bankern halt doch mehr als harmlose Kavaliersdelikte, die man nicht so ernst nimmt, obwohl die Banken gern das Gegenteil behaupten?«

»Ich hoffe, daß dies nicht mehr der Fall ist. Allerdings war ich ein ziemlich einsamer Rufer in der Wüste, als ich vor Jahren auf die Problematik von Insidergeschäften hier im eigenen Land hingewiesen habe. In der eigenen Bank haben wir entsprechende Richtlinien durchgesetzt mit dem Erfolg, daß Herr Norgren besagte Geschäfte nicht über unsere, sondern über eine andere Bank abgewickelt hat.«

»Sie haben 1989 die britische GT-Gruppe für Fonds- und Vermögensverwaltung übernommen. Es kam zu heftigen Turbulenzen, dem GT-Management behagte die Übernahme gar nicht.«

»Wir haben GT relativ günstig kaufen können, aber die Integration war etwas schwieriger, als wir uns das vorgestellt haben, vielleicht auch, weil sich GT nach dem Kauf sehr erfolgreich entwickelte, was bei manchen den Appetit anregte.«

»Sie zahlten für GT 100 Millionen Pfund und hätten sie wenig später für über 200 Millionen als Management-buy-out wieder verkaufen können.«

»In etwa, ja. Den Integrationsprozeß haben wir aber inzwischen gut überstanden.«

»Dem Haus Liechtenstein ist offenbar eine sehr geschäftstüchtige Ader eigen. Einer Ihrer Vorfahren kaufte das ganze Land vor über 300 Jahren in mausarmem Zustand.«

»Das stimmt. Es war damals das ärmste aller deutschen Fürstentümer, und für die Familie spielte Liechtenstein zunächst nur eine sehr untergeordnete Rolle. Die großen Besitztümer lagen in Mähren.«

»Ihre Familie war auch der größte Grundeigentümer im österreichischen Kaiserreich.«

»Ja? Ich glaube, die Esterházys und die Habsburger waren größer.«

»In der Tschechischen Republik gibt es 160 000 Hektar an ehemals liechtensteinischem Besitz. Rechnen Sie damit, etwas zurückzubekommen?«

»Die Wahrscheinlichkeit ist nicht sehr hoch. Bereits 1918 hat sich die Tschechoslowakische Republik geweigert, das Fürstentum Liechtenstein diplomatisch anzuerkennen. Dabei spielten die guten Beziehungen zwischen Habsburg und Liechtenstein sicher auch eine Rolle.«

»Ist Ihre Familie mit den Habsburgern verwandt?«

»Die Mutter meines Vaters war die Halbschwester des ermordeten Kronprinzen Franz Ferdinand.«

»Liechtenstein ist vermutlich das einzige Land in Europa, das von Tschechien nicht als souveräner Staat anerkannt, sondern als deutsches Staatsgebilde angesehen wird. Geht es in diesem Rechtsstreit um alte Rechnungen?«

»1938, als die Tschechoslowakei von ihren westlichen Verbündeten im Stich gelassen wurde – Liechtenstein war einer der ganz wenigen Staaten, die das Münchner Abkommen mit Hitler nicht anerkannten –, hat Prag Liechtenstein als unabhängigen Staat zwar akzeptiert, aber 1945 hat sich die tschechoslowakische Regierung das wieder anders überlegt. Für sie existiert unser Staat nicht mehr. Alle liechtensteinischen Staatsbürger wurden nach dem Zweiten Weltkrieg kurzerhand zu Deutschen erklärt, enteignet und des Landes verwiesen. Diese eindeutig völkerrechtswidrige Entscheidung will auch die neue tschechische Regierung nicht ändern, und sie ist auch nicht bereit, unseren Vorschlägen zuzustimmen, diese Frage einem internationalen Gerichtshof vorzulegen.«

»Warum laden Sie nicht Präsident Havel privat auf Ihr Schloß ein, um die Sache bei ein oder zwei Flaschen aus eigenem Weinbau zu befördern?«

»Mit dem Präsidenten habe ich schon privat darüber gesprochen, aber ich glaube nicht, daß er irgend etwas ändern kann.«

»Sie könnten ihm in Goodwill anbieten, die Ländereien auf eigene Rechnung in Schwung zu bringen und Industriebetriebe anzusiedeln.«

»Allein die Herrichtung der Schlösser würde uns zwischen 50 und

100 Millionen Franken kosten. Die Land- und Forstwirtschaft ist in einem bedenklichen Zustand und würde erhebliche Investitionen erfordern. Bei einer Regelung des bilateralen Problems wären sicher auch bedeutende Investitionen im Dienstleistungsbereich oder in der Industrie denkbar.«

»Der größte Teil der umfangreichen fürstlichen Kunstsammlung ruht seit Jahrzehnten in Depots des Schlosses Vaduz. Warum hängen Sie die Bilder nicht als Morgengabe in den böhmischen und mährischen Schlössern der Liechtensteins auf?«

»Das könnte ich mir unter bestimmten Voraussetzungen vorstellen.«

»Sie sagten einmal, Ihr Sohn werde in jeder Beziehung der bessere Fürst sein als Sie. Was kann er besser?«

»Das wird sich dann herausstellen. Er wird sich voraussichtlich auch mit anderen Problemen auseinandersetzen müssen als ich.«

»Denken Sie an Rücktritt?«

»Die Doppelbelastung als Staatsoberhaupt und Verwalter des fürstlichen Vermögens ist groß. Ich möchte diese Aufgaben nicht erst im hohen Alter abgeben, sondern dann, wenn mein Sohn in der Lage ist, sie zu übernehmen.«

»Wenn man das Alter Ihres Regierungschefs zum Maßstab nimmt – sie haben ihn als damals 28jährigen ernannt –, wird das schon bald der Fall sein.«

»Ja, mein Sohn wird das sehr gut machen.«

»Wann?«

»Um das Jahr 2000. Dann ist er 30 und hat seine Erfahrungen gesammelt. Ich habe ihn schon als Schüler in alle wichtigen Entscheidungen mit einbezogen.«

»Der Kronprinz hat in der britischen Eliteakademie Sandhurst eine Offiziersausbildung hinter sich gebracht, obwohl Liechtenstein in der glücklichen Lage ist, keine Armee bezahlen zu müssen. Haben Sie ihm dazu geraten?«

»Nein, er hat das allein entschieden. Zwischen der Matura und dem Jurastudium in Salzburg war das sicher ein sehr wertvolles Jahr für ihn. Er fand es jedenfalls toll.«

»Viele Bankdirektoren fänden es toll, wie Sie Bankier zu sein, politische Macht direkt auszuüben und nebenher auch noch im eigenen Schloß als Staatsoberhaupt repräsentieren zu dürfen …«

»Ach, schaun S', der Mensch strebt immer an, was er nicht hat. Wenn's nach mir gegangen wär', hätte ich Naturwissenschaften studiert oder Archäologie. Ich wäre nicht ins Bankfach gegangen, auch nicht in die Politik.«

Dieses Spannungsfeld zwischen dörflicher Enge im Fürstentum und der Weltläufigkeit seiner Wirtschaft und seines Monarchen wird in dem Gespräch greifbar. Auch in seinen Thronreden, die Hans-Adam im Gegensatz zu allen andern gekrönten Branchenkolleginnen und -kollegen Europas selbst verfaßt, klingt diese latente Spannung immer wieder an. Seit einigen Jahren eröffnet er regelmäßig zur Parlamentseinführung seinen Landeskindern unverblümt, er sei keineswegs geneigt, mehr Macht abzugeben. Andernfalls sollten sie sich gefälligst ein anderes Staatsoberhaupt suchen. Aus seiner Familie stehe dann keiner mehr zur Verfügung. Die nachhaltigen Bemühungen der Parteien, ihren eigenwilligen Regenten mit seinem ausgeprägten Gespür für die Interessen des Staates auf Repräsentationspflichten zu reduzieren, bekämpft der Fürst offensiv und, wie es scheint, erfolgreich. Selbst einer der mächtigsten Oligarchen im Land, Anwalt und »Briefkastenonkel« Professor Dr. Dr. Herbert Batliner (10 000 Firmen und Stiftungen), der auch im Auftrag des Fürsten Jubelfeste des Herrscherhauses organisiert, räumt ein, ohne die Liechtensteins wäre das Land vermutlich heute nicht mehr souverän – und die Geschäfte des doppelten Doktor-Professors nicht so lukrativ.

Die Geschichte des Fürstentums erscheint tatsächlich als eine Verkettung historischer Zufälligkeiten, aus denen Fürsten wie Untertanen jeweils ihren Vorteil zu ziehen verstanden und verstehen. Beide Seiten wissen um die gegenseitige Abhängigkeit, und darum wird in Liechtenstein nicht die Republik ausgerufen werden, obwohl in der Bevölkerung heute mehr Stimmen raunen, man könnte es ja mal ohne S. D. probieren. Die Volksrechte sind breit ausgebaut. Die Referendumsdemokratie bildet einen von beiden Seiten gewollten Gegenpol zu den weitreichenden Kompetenzen des Fürsten. Eine Festschrift der »Bank in Liechtenstein« – sie gehört S. D. – streicht die Tatsache heraus, es sei doch »bemerkenswert, daß es Fürst und Volk immer wieder gelungen ist, Kompetenzen so auszumargen, wie es sich für die Prosperität der Eigenstaatlichkeit am besten erwies«.

Die Liechtensteins, seit 1140 im Geschäft, haben ihren Erwerbssinn während Generationen weiterentwickelt. Ihre Schule blieb durch die Jahrhunderte das höfische Wien mit seinem intrigenreichen Dienstadel. In dessen Händen baumelte mancher schwache Habsburger-Herrscher wie eine Marionette an den Fäden der Puppenspieler. Familien und dominante Figuren wie Prinz Eugen von Savoyen (in den Türkenkriegen), die Piccolomini, Dietrichstein, Portia (im Dreißigjährigen Krieg), die Schwarzenbergs (in den Napoleonischen Kriegen), Klemens Wenzel Nepomuk Lothar Fürst von Metternich (in der ersten Hälfte des 19. Jahrhunderts) übten weit mehr Macht aus, als ihr Adelsrang vermuten läßt. Die mährischen Liechtenstein-Nikolsburg – die Linie Liechtenstein-Murau erlosch bereits 1619 – woben an diesem Macht- und Intrigengeflecht jahrhundertelang kräftig mit, meist aus der zweiten und dritten Reihe, aber keineswegs weniger ertragreich. Ein Urahn, Josef Wenzel, brachte es als Feldmarschall zum Ehrentitel »Vater der österreichischen Artillerie« und zu entsprechendem Vermögen. Ein anderer, Johann I., war ein Spezi Napoleons I. und Österreichs Botschafter in Paris, was beides nicht ohne pekuniäre Vorteile blieb. Der Grundstein zum heutigen Fürstenimperium wurde aber viel früher gelegt.

Johann Adam Andreas kaufte 1699 die verarmte reichsfreie Herrschaft Schellenberg, 13 Jahre später die noch ärmere Reichsgrafschaft Vaduz. Beide wurden 1719 zum Fürstentum vereinigt, was der einzige Zweck der wenig attraktiven Erwerbungen war: Die Liechtensteins durften nun als Landesfürsten samt eigenem Staatsterritorium und Sitz im Reichstag auftreten; sie konnten mit der einschlägigen Konkurrenz am Wiener Hof wieder Schritt halten. Ansonsten interessierte die Fürstenfamilie der Landstrich im Oberrheintal lange Zeit herzlich wenig, weil dieser nichts abwarf. Es dauerte 123 Jahre, bis der erste Liechtenstein überhaupt einen Fuß in sein Fürstentum setzte. Bis 1938 residierten die Staatsoberhäupter – wenn sie es denn besonders lange aushielten – gerade mal zwei Wochen im Jahr in ihrem Land. Viel lieber hielten sie in ihren Palais und Schlössern in Niederösterreich und Mähren hof und ließen das komplette Parlament anreisen, wenn dieser demokratische Firlefanz denn nicht ganz zu vermeiden war. Das Interesse an dem Bauernländchen wuchs erst, als die Familie immer stärker in die Mühlen der historischen Umbrüche geriet.

Einer dieser Mühlsteine der Geschichte hätte beinahe das ganze Land unter sich zermalmt, ohne daß es jemand außerhalb Liechtensteins gemerkt hätte. Zugrunde lag dem Ereignis ein Fehler mit bis in die Gegenwart reichenden Folgen. Er passierte am 28. August 1866. Preußen und Österreicher verhandelten über den Frieden von Prag. Mit Hilfe seiner Kürassiere und Kanonen hatte Bismarck Österreich soeben aus dem Reichsverbund geworfen und die mitteleuropäische Landkarte zugunsten Berlins drastisch verändert: Holstein, Hannover, Kurhessen, Nassau, auch die freie Reichsstadt Frankfurt und andere beträchtliche Zwangserbschaften kamen unter die Fuchtel Preußens. Bei dieser Expansion fiel das kleine Liechtenstein, bis dahin ein deutscher Staat mit starker Anlehnung an Österreich, buchstäblich unter den Verhandlungstisch: Man hatte es schlicht vergessen. Das Ländchen war noch 1866 Mitglied des Deutschen Bundes, bevor dieser sich im selben Jahr zwangsweise auflöste. Da es nach der Schlacht von Königgrätz nicht zu einem Friedensvertrag gekommen war, befand sich Liechtenstein formell weiterhin im Kriegszustand mit Preußen, was kurios klingt, aber noch nach dem Ersten Weltkrieg eine Rolle spielte. Im Vertrag von St. Germain vom September 1919, in dem sich Österreich mit der Entente verglich, wurde Liechtensteins Zwitterdasein speziell erwähnt: Man wollte das Ländchen einfachheitshalber der Interessensphäre Österreichs zuschlagen. Doch was sollte das geschäftstüchtige, aber bis dahin ziemlich arme Bergvölklein am Fuß der Alpen mit einem Rumpfösterreich, wo doch gleich nebenan die vom Krieg kaum versehrte Schweiz mit einer intakten Währung lockte?

Daß auch nach den Zoll- und Währungsverträgen mit der Schweiz in den zwanziger Jahren der Status des Landes völkerrechtlich nie einwandfrei geklärt wurde, hat die Herrscherfamilie mit der Schlamperei im 19. Jahrhundert in Prag zu verantworten. So kommt es, daß heute jeder Drittstaat frei ist in der Interpretation, Liechtenstein als unabhängigen Staat oder als fortbestehenden Teil des untergegangenen Deutschen Reiches und damit des Rechtsnachfolgers, der Bundesrepublik Deutschland, zu betrachten. Den meisten Staaten sind diese juristischen Spitzfindigkeiten egal. Nur einem Staat nicht: Tschechien. Der Casus Haus Liechtenstein versus Tschechische Republik beschäftigt sporadisch mehrere gutbezahlte Anwaltskanzleien. Und je reicher Land und Fürst werden, um so verschlungener fallen die Antworten der Juristen aus.

Noch immer hoffen die Liechtensteins, einen Teil ihrer 160 000 Hektar umfassenden ehemaligen Ostgüter – rund zehnmal die Fläche des Fürstentums – zurückzubekommen, wenn nicht heute, dann vielleicht morgen. Ein wichtiger Streitpunkt dabei ist, ob Franz Josef II., der Vater des Fürsten, sich 1930 unvorsichtigerweise bei einer Volkszählung zur deutschen Nationalität bekannt hat. Falls ja – was wahrscheinlich ist –, wäre es der zweite gravierende Fehler in der sonst ökonomisch und politisch höchst erfolgreichen Unternehmensgeschichte des Geschlechts. Denn damit würden die Ostbesitzungen der Familie unter das »Benesch-Dekret« fallen, wonach deutsches Eigentum in der Tschechoslowakei 1945 enteignet wurde. Natürlich ist auch dieses Dekret umstritten, aber nach wie vor gilt es als Rechtsgrundlage.

Die tschechische Partei weiß einige Trümpfe auf ihrer Seite: Die Deutschen haben nach der Einverleibung des Sudetenlandes 1938 die liechtensteinischen Besitzungen besonders fürsorglich behandelt und weitreichende Sonderregelungen erlassen, wie sie sonst für niemanden galten. Der Fürst durfte sogar seine Erträge außerhalb der üblichen Zwangsbewirtschaftung nach Vaduz transferieren.*

---

* Der bisher kaum bekannte, möglicherweise aber in der Angelegenheit entscheidende Notenwechsel zwischen der Schweiz (sie nimmt Liechtensteins diplomatische Interessen wahr) und dem Deutschen Reich trägt das Datum vom 1. Oktober 1943. Der Direktor der Handelspolitischen Abteilung im Auswärtigen Amt, Emil Wiehl, verständigte sich mit dem Chef der schweizerischen Delegation, Jean Hotz, wie folgt: »Gemäß Ziffer 1 Absatz 2 des Zeichnungsprotokolls zur Anlage C und Ziffer 7 der Vereinbarung vom 1. Oktober 1943 über die Anwendung der deutsch-schweizerischen Transfervereinbarung vom 1. Oktober 1943 auf das Protektorat Böhmen und Mähren ist vorbehalten, über die Erträgnisse des fürstlichen liechtensteinischen Vermögens eine Sonderregelung zu treffen. Die zuständigen schweizerischen Stellen haben die Anträge der fürstlich liechtensteinischen Vermögensverwaltung auf Transfer von Vermögenserträgnissen aus Deutschland, einschließlich Protektorat Böhmen und Mähren, überprüft und schlagen vor, Erträgnisse bis zu einer Beanspruchung in Höhe von 1 000 000 Franken für die Zeit vom 1. Januar 1943 bis einschließlich 31. Dezember 1943 zuzulassen. Vorbehaltlich der Nachprüfung der noch einzureichenden Anträge der fürstlich liechtensteinischen Vermögensverwaltung beehre ich mich Ihnen mitzuteilen, daß deutscherseits der beabsichtigten Beanspruchung des Transferfonds zugestimmt wird. gez. Wiehl«.

Sein Sohn Hans-Adam, kämpferischer, als seine meist bedächtig ausschauenden Repräsentationsauftritte vermuten lassen, erwirkte 1992 zwecks Erzwingung eines Grundsatzurteils – es geht immerhin um Milliardenwerte – die Beschlagnahme eines Gemäldes aus ehemaligem Familienbesitz. Der niederländische Meister Pieter van Laer hat die »Szene um einen römischen Kalkofen« in der ersten Hälfte des 17. Jahrhunderts gemalt; heutiger Schätzwert: 500 000 DM. Bis zum August 1991 hing das Bild im ehemaligen Liechtenstein-Schloß Valtice in Südmähren. Arglose tschechische Kustoden liehen es mit dem Vermerk »Aus der Sammlung des Fürsten von Liechtenstein« für eine Ausstellung nach Deutschland aus. Die fürstlichen Vermögensverwalter schlugen sofort zu. Das deutsche Bundesverfassungsgericht tat sich in der Folge schwer mit dem äußerst vielschichtigen Rechtsfall. Die obersten Richter wiesen die Klage aus Vaduz nach langer Bedenkzeit schließlich ab mit der Begründung, nach dem Ende der DDR habe sich die Bundesrepublik gegenüber den drei Westmächten im Überleitungsvertrag verpflichtet, auf Urteile beziehungsweise Klagen wegen kriegsbedingter Maßnahmen gegen Deutschland zu verzichten. Welch ein Glück, daß der Rechtsfall nicht vor dem Untergang der DDR auf den Tischen der Richter landete! Dann hätten sie ziemlich lange nach einem anderen Hintertürchen suchen müssen, um diese juristische Altlast des Sacrum Romanum Imperium Nationis Germanicae, des Heiligen Römischen Reiches Deutscher Nation, auf die gleiche elegante Weise zu entsorgen.

So niedlich, friedlich und betulich das Ländchen sich Touristen präsentiert, so bewegt ist sein vor Landesfremden sorgsam verborgenes Innenleben. Die Vorstellung, daß sich in dieser Geranienidylle jemals ein Putsch ereignen könnte, schiene jedem Besucher absurd. Und doch ist es passiert – beinahe. Die genauen Hintergründe eines veritablen Putschversuchs im Land der Briefkästen wurden erst durch eine 1998 erschienene Forschungsarbeit des Historischen Vereins für das Fürstentum Liechtenstein bekannt. Der Liechtensteiner Heimatdienst (die örtliche Nazipartei) schloß sich in den dreißiger Jahren mit den bürgerlichen Monarchisten der Christlich-sozialen Volkspartei zur Vaterländischen Union (VU) zusammen; die VU ist bis heute Regierungspartei. Auch wenn sich Einzelheiten vom Putschversuch des

Heimatdienstes wie die verunglückte Skriptversion zu einem Film der fünfziger Jahre mit Wörthersee und Sisi-Ambiente lesen, steckt doch beträchtliche politische Brisanz darin.

Am 24. März 1938 wollten Aktivisten der heimischen Nazipartei Unruhe provozieren, um 600 jenseits der Grenze, in Feldkirch, samt Lkws bereitstehende SA-Männer »zur Befriedung« ins Land rufen zu können. In Liechtenstein zählte man gerade sieben Polizisten und 19 Hilfspolizisten. Für eine überraschende Aufgabe wie die Niederschlagung eines Umsturzes waren sie wirklich nicht gewappnet. Aber auch die Putschisten waren keine Profis. So genügte ein Pfarrer mit Autorität, zugleich Vorsitzender des Landtags, der in der Putschnacht mit Sensen und Prügeln bewaffnete Pfadfinder als Gegenbewegung aufbot. Die Umstürzler verließ der Mut, weil Berlin keine Anstalten machte, den Minianschluß zu sanktionieren. Dabei war der Zeitpunkt mit Bedacht gewählt. Der liechtensteinische Regierungschef, ein schöngeistiger Orientalist, der mehrere arabische Dialekte beherrschte und eine Dissertation über »Die sumerischen Fremdwörter im Akkadischen« verfaßt hatte, weilte in den Ferien im Tessin; Franz Josef II. kurierte in Zürich ein Magengeschwür aus. Der Putsch, so dilettantisch er auch angezettelt war (die Gegenwehr funktionierte ja auch nur zufällig), hätte den Fürsten leicht den Thron, sein Land die Freiheit kosten und die Bevölkerung ins Kriegschaos stürzen können.

Die juristische Aufarbeitung wirft ein Licht auf die Verfilzung in dem Bilderbuchstaat. Die zwielichtige Rolle des Vizeregierungschefs, der sich danach als Held des Widerstands feiern ließ, wurde Jahrzehnte im dunkeln gehalten. Von den hundert direkt Beteiligten verhörte die Polizei 76, sechs Anführer kamen unter Verdacht auf Hochverrat und Aufruhr in Haft, sogar ein nebenamtlicher Richter des Staatsgerichtshofs. Die Affäre endete echt liechtensteinisch. Zunächst redete die Regierung mit dem Staatsanwalt ein ernstes Wort; er hatte sogar die Todesstrafe erwogen, wußte aber nach dem Gespräch von nichts mehr. Dann bot man den Hochverrätern sofortige Freiheit an, sofern sie bereit wären, das Land zu verlassen – was sie auch freudig taten. Zwar nahm die formbare Justiz nach dem Krieg die Prozesse noch einmal auf, aber es blieb bei milden Strafen.

Mit Überraschungen dieser Art hatte Franz Josef II., gerade 32jährig und kaum auf dem Thron, nicht gerechnet, und auch später hat er die

Bedeutung dieser Vorgänge nie richtig erfaßt. Noch unerfahren in Staatsgeschäften, sah er sich mit seinem kleinen Ländchen auf einmal im Zentrum des Weltgeschehens. Sein Vorgänger und Großonkel Franz I. war 1938 auf seinem mährischen Schloß Feldsberg gestorben. In der Erbfolge hatte die geschäftstüchtige Familie einfach zwei Stufen von legitimen Thronanwärtern übersprungen, um Steuern zu sparen. Auch so wurden noch 2 827 057 Reichsmark »Erbgebühren« fällig. Zudem hatte der notorische Junggeselle Franz, dem man ein oder zwei illegitime Kinder nachsagte, in einer »Notehe« die junge Elsa von Erös von Bethlenfalva, geborene Gutman, geheiratet, eine Tochter aus mährisch-jüdischem Industrieadel – nichts Standesgemäßes, wie der Liechtensteiner Heimatdienst stänkerte. Die Witwe, die sich nur kurz im Land aufhielt, mußte ins Schweizer Exil. Von da an galt Liechtenstein als mehr oder weniger »judenfrei«.

Derweil bemühte sich der Nachfolger von Fürst Franz, Großneffe Franz Josef, um gut Wetter in Berlin. Zum Münchner Abkommen – Sudetenland und damit Liechtensteiner Grund und Boden kamen »heim ins Reich« – gratulierte der junge Staatschef per Telegramm Adolf Hitler und unterschrieb mit »Euer Exzellenz *ergebener* Franz Josef Fürst von Liechtenstein«. Nach einem angeblich »privaten« Besuch ein halbes Jahr später in Berlin, samt Abschreiten von Ehrenkompanie, Kranzniederlegung mit militärischem Vorbeimarsch Unter den Linden und Audienz bei Hitler in der Reichskanzlei, leistete sich der Fürst einen noch etwas tieferen Bückling: »Euer Exzellenz *ergebenster* Franz Josef Fürst von Liechtenstein«, telegrafierte er seinem Gastgeber noch vom Schlafwagen aus. Hermann Göring erhielt bei dem privaten Staatsbesuch ein kostbares Kleinod aus der fürstlichen Schatztruhe überreicht: den Original-Marschallstab Albrechts von Wallenstein. Außenminister Joachim von Ribbentrop durfte einen Prunkdegen in Empfang nehmen. Die Deutschen ließen in der Folge denn auch – es war ganz offensichtlich der Hintergrund der fürstlichen Ergebenheitsadressen und Geschenke gewesen – die Hände vom liechtensteinischen Privatvermögen.

Als Herrscher eines Minilandes mußte Franz Josef sich ohnehin rasch ans Lavieren in alle Himmelsrichtungen gewöhnen. An die zwei öffentlich zugänglichen Parkportale des privaten Palais Liechtenstein in der Wiener Rossau ließ sein Hofamt vorsorglich Tafeln anbringen, auf denen in höflicher Sprache ein derbes Verbot prangte: »Zur Vermeidung von weiteren Unzukömmlichkeiten wird im Sinne einer Zuschrift der Politischen Behörde der Eintritt für Juden gesperrt.« Das galt auch für die Fürstin-Witwe.

Gegen Kriegsende geriet Liechtenstein noch einmal kurzfristig in die große Politik. Wie schon im Ersten Weltkrieg tauchten in Berlin ernsthafte Pläne auf, den Heiligen Stuhl vorübergehend nach Vaduz zu verlegen. Im deutsch besetzten Rom hatte SS-General Karl Wolff von Hitler den Auftrag erhalten, die Aktion vorzubereiten. Pius XII. sprach darauf den deutschen Botschafter beim Vatikan, Ernst von Weizsäkker, an; dem irritierten Heiligen Vater schien der Umzugsplan keineswegs so unwahrscheinlich wie später dargestellt. Tatsächlich wurde aus liechtensteinischen Schlössern im Protektorat Böhmen und Mähren kostbares Mobiliar in beträchtlichem Umfang nach Liechtenstein geschafft. Später hieß es abwiegelnd, die Möbel hätten lediglich der bequemeren Ausstattung der Fürstenwohnung in Vaduz gedient.

Jedenfalls ist bis heute der Draht von Vaduz zum Vatikan überraschend kurz, wobei im Hintergrund alte habsburgische Verbindungen nach Rom noch immer mitspielen. Und wenn nicht der Papst, so fand doch zumindest ein Bischof in dem kleinen Land Asyl. 1997 graulten die Schweizer Nachbarn den wegen autoritären Gebarens ungeliebten katholischen Bischof von Chur nach jahrelangen Grabenkämpfen aus Residenz und Land. Seitdem darf der vom Kirchenvolk davongejagte und vom Vatikan bis zuletzt mit allen Mitteln verteidigte Bischof nur wenige Kilometer weiter weg, jenseits der Staatsgrenze, im Schatten von Schloß Vaduz über das Heil von 30 000 gar nicht begeisterten Seelen wachen – eine besonders milde Variante von Flüchtlingsasyl.

Sich nebenbei um solche heiklen diplomatischen Missionen persönlich zu kümmern gehört droben auf dem Schloß zum täglichen Arbeitspensum des Hausherrn. Gelegentlich muß der Fürst sich auch mit profaneren Dingen des Lebens herumschlagen, wie mit der Beschaffenheit von Schweineboxen. Im österreichischen Dorf Bernhardstal an der tschechischen Grenze, wo 20 fürstliche Angestellte jährlich 10 000 Jungtiere aufziehen, gebe es schwere Mängel, monierte ein militanter Tierschützer aus der Schweiz und führte bei Nacht und Nebel ein Team von »stern-TV« zwecks Beweises in die Ställe, wo die Tiere mit traurigen Augen in die Kamera glotzten. Als der Fürst nicht in die organisierte Empörung einstimmen mochte, warf der Tierschützer am offiziellen Geburtstag des Landesherrn, dem Valentinstag, Tausende Flugblätter über dem Schloß Vaduz ab. Bedienstete mußten die Flugpost mühsam zusammenklauben. Lakonischer Kommentar von S. D.: »Schad' um die viele Müh', schad' um die Landschaft.«

Man kann verstehen, daß ihm sein Adelsprädikat, für das mancher Bankchef mehr als nur ein Vermögen springen ließe, nicht mehr gar soviel Spaß bereitet. Anderseits dürfte ihn eine so erbauliche Lektüre wie beispielsweise die Jubiläumsschrift zum 75jährigen Bestehen seiner Bank (1996) rasch wieder mit dem Schicksal versöhnen, nicht allein wegen der runden Zahlen, auch wegen der vielen prächtigen Illustrationen. Die abgebildeten Originale stammen ausschließlich aus der fürstlichen Privatsammlung: »Die Venus vor dem Spiegel« von Peter Paul Rubens, Prunkhumpen aus Elfenbein von Mathias Rauchmüller (1676), Anthonis van Dycks »Bildnis der Maria Louise de Tassis« (1630) und viele andere Raritäten. Die Sammlung Liechtenstein gilt als eine der bedeutendsten privaten Europas. Ihr Buchwert ist unbekannt. Zum Teil ist sie öffentlich im Museum des Hauptorts zugänglich, zum Teil lagert sie in modernen Magazinen im Hauptturm des Schlosses. Sonst ist von Kultur in der edlen Bankbroschüre nicht die Rede, es sei denn von Unternehmenskultur und -philosophie, von Innovationsgeist und globaler Strategie. Der Generaldirektor lobt seinen – anonymen – »Großaktionär«, der die Grundlage zu der zukünftigen internationalen Ausrichtung der Bank schon 1980 gelegt habe. Hans-Adam saß von 1972 bis 1983 im Verwaltungsrat. Seitdem wacht sein jüngerer Bruder, Prinz Philipp, als Verwaltungsrat über die Bank und als Präsident über die ersprießliche Entwicklung des Global Trust, owned by S. D. & Family.

Der Fürst denkt noch in ganz anderen Dimensionen, von denen seine Untertanen bisher kaum etwas wissen. Sein 50-Prozent-Jointventure mit International Paper an dem Reismulti RiceTec mit Sitz in Houston/Texas verspricht langfristige Perspektiven, die alle übrigen fürstlichen Unternehmungen irgendwann in den Schatten stellen könnten – auch den Nebenerwerbszweig Präsidial-Anstalt und deren Firmenfabrik. RiceTec, einer der größten Reis- und Saatguthändler der Welt, meldete im September 1997 die Reissorte American Basmati erfolgreich zum US-Patent an. Schafft es der Konzern, das Patent weltweit durchzusetzen, eröffnen sich unabsehbare Chancen. Bereits heute

wird der Weltmarkt an Saatgut von wenigen Agrokonzernen zu großen Teilen kontrolliert. Grundlage ist das indische Basmati-Korn, ein
beliebter Edelreis, mit dem sich hohe Preise und satte Erträge erzielen
lassen. RiceTec liefert das genetisch weiterentwickelte Saatgut, worin
beispielsweise die Resistenz gegen bestimmte Schädlinge bereits »ein-
gebaut« ist. Reisbauern, die American Basmati anbauen wollen, ob in
den weiten Flußtälern Südchinas oder in der italienischen Poebene,
werden künftig am Fürsten von Liechtenstein und seiner RiceTec
nicht vorbei kommen.

Was das in Zahlen bedeuten kann, macht eine Studie des World
Watch Institute deutlich, einer anerkannten Forschungsinstitution,
hinter der neben anderen die Rockefeller Foundation steht. Die weltweit beachtete Studie von Lester R. Brown rechnet den Getreidever-
brauch Chinas hoch und kommt zum Schluß, daß das im Prozeß der
rasenden Industrialisierung begriffene Riesenreich (innerhalb von drei
Jahren ein Wachstum von 40 Prozent) im Jahr 2030 ein Getreidedefizit
(und das heißt vor allem: Reis!) von über 300 Millionen Tonnen auf-
weisen wird. Dabei sind die zu erwartenden Fortschritte in den An-
baumethoden bereits einkalkuliert. Beispiel: Der Eierverbrauch der
1,3 Milliarden Chinesen wird sich in den nächsten zehn Jahren verdop-
peln. Allein um diesen Bedarf zu decken, werden zusätzlich 1,3 Billionen Legehühner benötigt – und die futtern 24 Millionen Tonnen Getreide weg. Das entspricht dem gesamten jährlichen Getreideexport
Kanadas. Die Deckung des Bedarfs an Tierproteinen Chinas und anderer volkreicher und aufstrebender Staaten wie Mexiko, Indien oder
Ägypten wird alles Bisherige in den Schatten stellen. Auf dem gesamten Weltmarkt sind heute aber höchstens 200 Millionen Tonnen Getreide im Jahr verfügbar. Die Hälfte davon produzieren die USA – und
der Fürst von Liechtenstein ist wacker mit dabei. Was jetzt schon vor-
aussehbar ist: Getreide wird zum weltpolitischen Machtfaktor werden, wie es Erdöl oder die Mikrochips geworden sind. Das alles ist
noch Zukunftsmusik. Aber was sagte doch der clevere Managerfürst
in seinem Märchenschloß hoch über dem Oberrheintal? »Als Monarch ist man gezwungen, in Generationen zu denken.«

10

Milliardäre – wozu?

Millionär, na und? Franz Steinkühler neigte leicht spöttisch den Kopf. »Millionär kann heute doch schon ein Arbeiter werden, der sein Häuschen am Stadtrand gebaut hat und abwartet, bis es zentral in der Stadt liegt. Ich kenne Gewerkschaftskollegen, die aus Frankfurt wegzogen und ihr Haus für weit über eine Million DM verkaufen konnten. Ein bißchen ein schlechtes Gewissen hatten sie schon. Aber warum eigentlich?« Schließlich gibt es in Deutschland 950000 Vermögensmillionäre, allerdings haben nur 87 mehr als 200 Millionen DM auf der hohen Kante (Quelle: Statistisches Bundesamt).

Eine Million schaffte Steinkühler in seinen aktiven Jahren als Gewerkschafter zwar nicht, aber er kam wohl recht nahe heran. Über Reichtum – und wie man ihn erwirbt – hat sich Franz Steinkühler durchaus seine Gedanken gemacht. Zeit dazu besaß er ja im Überfluß, seit er am 24. Mai 1993 von einem Tag auf den andern von seinem Amt zurücktrat: Der gelernte Werkzeugmacher, der in Rattenbach in Niederbayern zur Schule gegangen war – in einem Raum acht Klassen, das Holz zum Heizen mußten die Kinder selbst mitbringen –, stieg zum mächtigsten Gewerkschaftsboß Europas auf. Seine IG Metall galt viele Jahre lang als größte Gewerkschaft der Welt. Zudem saß Steinkühler im Aufsichtsrat von Konzernen wie VW und Daimler-Benz.

»Ein absoluter Blödsinn, eine im nachhinein schwer erklärbare Fehlleistung«, als das erscheint ihm die Eingebung, auf eigene Rechnung einen Packen Daimler-Aktien zu ordern. Das Telefonat mit seiner Bank, es dauerte 90 Sekunden, beendete abrupt seine jahrzehntelang zielstrebig aufgebaute Karriere, die ihn früher oder später wohl zum Minister oder zum EU-Kommissar hätte werden lassen. Als sein Aktienkauf bekannt wurde, geriet er in Verdacht, ein verbotenes Insider-geschäft getätigt zu haben. Innerhalb von drei Wochen machte er einen Börsengewinn von 67 000 DM. Das Geld spendete er nach dem Rücktritt bis zum letzten Pfennig der Streikkasse-Ost. Dort konnte man es gut gebrauchen. Arbeiter in Hennigsdorf und anderswo streikten gerade für eine Erhöhung des Jahreslohnes um 234 DM. Eine Untersuchung ergab später keinerlei Hinweise auf einen unlauteren Aktiendeal. Aber da war es längst zu spät. Das Urteil war gesprochen. Die Affäre kam manchem seiner Gegner gerade recht. »Wenn ein Vorstandsvorsitzender Mist baut, geht der mit fünf, sechs Millionen Ablöse raus. Das kann einer zwei-, dreimal hintereinander machen ... Da stimmen die Maßstäbe nicht.« Steinkühler kennt derlei Fälle aus seiner Zeit als Aufsichtsrat. Der Zorn bebt noch sichtbar nach.

Drei Wochen lang ist er nach dem Sturz von ganz oben wie betäubt herumgelaufen. Dann fiel er in das große schwarze Loch. Hat er sich jemals gefragt: Wozu? Lohnt sich in der Gesamtbilanz die Rackerei, häufig am Rand des psychisch und physisch Verkraftbaren, denn wirklich? Als er im Amt war, hätte er die Frage niemals zugelassen. Nicht einmal, als er wegen Erschöpfung und mit akuter Thrombose im Krankenhaus lag. Solchen Regungen nachzugeben wäre ihm als Schwäche vorgekommen.

Als wir uns trafen, fiel ihm das Erzählen über persönliche Befindlichkeiten nicht so schwer wie früher, als er dauernd auf dem Sprung war, immer auf Fallen lauernd, die auf ihn warteten, wie er meinte. Ein schlechter Verlierer sei er immer gewesen. Aber klar, das Spiel mit der Macht, der Flirt mit dem Geld, dem ganz großen Geld, diesen Reiz verspürte auch er. Im Grenzbereich zwischen den zwei Welten kam er sich manchmal »wie eine buntgescheckte Kuh« vor. Wir saßen bei »seinem Italiener« in Frankfurt. Steinkühler erzählte davon, wie er aus purem Übermut einmal mit einem vom Werk ausgeliehenen Porsche von Stuttgart nach Frankfurt zu einer Vorstandssitzung seiner Gewerkschaft gedüst war. Den brausenden Auftritt haben ihm viele Kollegen nie verziehen. »Sind denn das noch Maßstäbe am Ende des 20. Jahrhunderts?« fragte er, dabei prüfend das Grappa-Glas vor der Nase schwenkend.

Ein Gewerkschafter, der etwas von der Börse versteht, der Armani-Pullover schätzt und Havanna raucht? Was fünf Jahre zuvor noch als gouvernantenhaft geahndeter Fehltritt galt, würde heute als Vorzug gelobt werden. Müßte ich als Journalist den Wandel in der deutschen Wirtschaft der letzten fünf Jahren griffig beschreiben – das Grappa-Gespräch gehörte unbedingt dazu. Die Maßstäbe ändern sich.

»Ein Arbeitgeberchef in Süddeutschland besitzt ein von außen sehr bescheiden wirkendes Haus«, erzählte Steinkühler. »Dahinter öffnet sich, von außen nicht einsehbar, eine Villa mit Park, Wasserfall und allem Drum und Dran. Ein anderer hat eine Yacht mit zwölf Mann ständiger Besatzung im Mittelmeer liegen, von der niemand wissen darf. Das stört mich alles überhaupt nicht. Ehrlich! Erst dann, wenn wieder argumentiert wird, wie sehr die Arbeitnehmer die Arbeitgeber schröpfen. Diese Kulissen werden aufrechterhalten, vermutlich aus schlechtem Gewissen.«

Maßstäbe? Wahrscheinlich war sein kleiner Börsencoup eine logische Folge dieses permanenten Spannungsfeldes, in dem einer sich bewegt, der da oben immer dabei ist, aber nie dazugehört. Steinkühler kam mir als einer vor, der an seinen eigenen Maßstäben gescheitert ist. Aufrecht, aber mit Zorn im Bauch.

»Vielleicht der Würth«, sagte er beim Abschied, »fragen Sie doch den Würth, wenn Sie sich für Milliardäre interessieren.«

Würth? Den Namen kannte ich irgendwoher. Schrauben! Mehr wußte ich nicht. Kein Problem, in der baden-württembergischen Kleinstadt ist Reinhold Würth leicht zu finden. Alles ist Würth. Sein Unternehmen steht an der Reinhold-Würth-Straße, Nummer 1. Es gibt einen Alma-Würth-Saal (benannt nach seiner Mutter), einen mit 10 000 DM dotierten Würth-Preis. Eine Akademie trägt den Namen Würth, ebenso eine Stiftung, eine Gemäldesammlung mit 2600 Werken und ein Museum. Betritt man das Foyer seiner postmodernen Konzernzentrale, begegnet man Reinhold Würths enormem Bronzekopf auf einer Marmorstele. Es läßt sich nicht behaupten, daß Herr Würth unter übertriebenem Understatement leidet.

Und einmal mehr rede ich mit einem Milliardär nicht über Geld, sondern über Kunst. Er hatte Christo und Jeanne-Claude gewinnen können, seine Konzernzentrale zu verpacken. Reiche Leute, wirklich reiche, ziehen solche Einstiege zur Konversation brachialen Fragen nach Kapitalrendite und Gewinn vor. Das eine hat man und übergeht es im Normalfall schweigend, das andere pflegt man und redet gern darüber. Reinhold Würth, 63jährig, freundlich, asketisch, ein agiler Mann mit luftigem Kraushaar, wirkt nicht wie ein Tag und Nacht sich mit Börsenkursen quälender Geldmensch. Eher wie ein Mittelschullehrer, der aus reinem Vergnügen noch unterrichtet, obwohl er es nicht mehr nötig hätte. Kunst vielleicht, Musik oder Mathematik, früher sicher auch einmal Sport. Man ist versucht, ihm zu glauben, wenn er sagt:»Eigentlich betrachte ich das Ganze hier als mein Hobby.« Alles ist eine Frage des Maßstabs, da hatte Franz Steinkühler schon recht. Mit»dem Ganzen hier« ist ein Konzern mit über 24000 Menschen gemeint. Er gehört ihm ganz allein.

Begonnen hatte Würth mit einem einzigen Mitarbeiter. Jetzt erzielt er sechs Milliarden DM Umsatz, im Jahr 2000 wird er zehn Milliarden geschafft haben, acht bis zehn Jahre später 20 Milliarden. So steht es in seiner langfristigen, durchaus realistischen Planung. Allein 1996 hat die Würth GmbH 20 Unternehmen gekauft oder neu gegründet. 152 sind es insgesamt, in 61 Ländern, 72 davon tragen seinen Namen. In den 53 Jahren der Firma gab es nur zwei, in denen keine zweistelligen Umsatzsteigerungen erzielt wurden. Dabei produziert er nichts Spektakuläres, sondern Alltagsware für Handwerk und Industrie: Schrauben, Dübel, Wasserpumpenzangen, Umschaltknarren (eine Art Schraubenzieher»um die Ecke«), Wärmeschrumpfschläuche, Dichtungsschäume, Schmiermittel, Bohrmaschinen. Ein ausgefeiltes Marketingsystem hat aus dem kaufmännischen Lehrling Reinhold Würth einen Milliardär gemacht. Das Eigenkapital des Unternehmens beträgt 1,2 Milliarden DM (1996). Wie geht so etwas?

»Die entscheidende Königsidee fiel meinem Vater ein. Er dehnte den Schraubenhandel auf die Autowerkstätten aus. Später kam die Automobilindustrie hinzu. In der Flaute werden mehr alte Autos repariert, in der Hochkonjunktur mehr neue Autos gebaut. Beides ist gut für uns. Man braucht viele Schrauben …«

»Sie übernahmen die Schraubenhandlung als 19jähriger von Ihrem verstorbenen Vater. Woher wußten Sie, wie man einen Betrieb mit tausend, dann mit zehntausend Mitarbeitern aufbaut und führt?«

»In Künzelsau, auf der Kaufmännischen Schule, hatte ich einen tüchtigen Lehrer. 65 bis 70 Prozent von dem, was ich brauchte, um ein großes Unternehmen zu führen, lernte ich von diesem Mann. In geschäftlichen Dingen bin ich ein altmodischer Mensch. Meine Grundthese heißt: Langfristig hast du nur Erfolg, wenn dein Unternehmen berechenbar ist, geradlinig nach innen und nach außen. Du kannst noch so viel Marketing-Trara drum herum machen, es wird dir im Notfall gar nichts nützen, wenn nicht eine Grundehrlichkeit da ist, die von den Kunden akzeptiert wird. Und den Notfall erlebt jeder früher oder später. Jeder!«

»So redet ein Patriarch alter Schule.«

»Vielleicht haben Sie recht, vielleicht auch nicht. Die Eigenschaft, die ich am wenigsten mag, ist Arroganz. Im Unternehmen predige ich immer wieder, bescheiden zu bleiben, sich von der Macht des Erfolgs nicht das Hirn benebeln lassen, sich nicht korrumpieren lassen. Ich habe in meinen 48 Berufsjahren viele Menschen erlebt, die über Nacht ihren Charakter drastisch geändert haben, wenn sie mit Macht in Berührung kamen. Ich lernte Menschen kennen, die schämten sich dann ihrer Eltern, weil der Vater noch Eisenbahner gewesen ist.«

»Demut ist eine schöne Zier, doch weiter ...«

»Ich denke, sie zahlt sich auf die Dauer noch immer aus. Die Welt ist voller arroganter Zyniker. Sie werden keinen Bestand haben. Nüchtern, berechenbar, rational, objektiv, freiheitlich, liberal: klingt alles altmodisch, aber für mich sind das Essentials der Unternehmensführung. Ich führe dezentral, lasse vieles gehen, sehe das Ganze wie einen Sportverein, hobbyhaft und fröhlich. Und man kann erst noch viel Geld damit verdienen.«

»Das Unternehmen ist Ihr Privateigentum. Kann man heute noch einfach so ein milliardenschweres Unternehmen vererben, mit allem Drum und Dran?«

»Schon seit ich 40 bin, habe ich mich mit dieser Frage befaßt. Ich sah um mich herum zu viele Familienunternehmen untergehen, weil sich die Erben zerstritten oder weil sie unfähig waren; aber auch, weil die Altvorderen nicht loslassen konnten. Ich will nicht im Altersstarrsinn einreißen, was ich aufgebaut habe. Das habe ich bei zu vielen Kollegen erlebt.«

»Wie regelt man eine Milliardenerbschaft?«

»Ich machte vor zehn Jahren einen vorgezogenen Erbgang und gründete vier Familienstiftungen. Deren Aufsichtsrat ist das Machtzentrum.«

»Ließ sich Ihre Familie einfach so entmachten?«

»Wieso entmachten? Es ist ganz wichtig, die Balance zu erreichen zwischen Familieneinfluß und der Sicherung der Zukunft des Unternehmens. Das aktive Geschäft betreibt ein Beirat aus neun Mitgliedern. Fünf davon ernennt der Stiftungsrat, vier bestimmt die Familie. Ich möchte der Familie einen starken Einfluß belassen, will aber gleichzeitig vermeiden, daß irgendein verrückter Enkel mit dem Ferrari rumsaust und das Unternehmen als ›cash-cow‹ betrachtet.«

»Fließen die gesamten Erträge des Unternehmens in die Familienstiftungen?«

»Die Familienmitglieder bekommen Destinatärleistungen, sie sind gut versorgt. Meine beiden Töchter erhalten jedes Jahr je zwei Millionen DM. Bei einem Gesamtertrag von 440 Millionen ist das bescheiden.«

»Steht Ihr Nachfolger schon fest?«

»Einer meiner fünf Enkel wird es sein.«

»Das klingt nach Prinzenerziehung bei Hofe.«

»So ist das nicht. Den, den ich heute für den Geeignetsten halte – er ist zwölf Jahre alt –, bereite ich gezielt vor, aber nicht verkrampft.«

»Wie macht man so etwas?«

»Zum Beispiel, indem ich ihn auf einen dreiwöchigen Bootstrip mitnehme. Nur er und ich. Dann reden wir miteinander über tausend Dinge. Aber es ist nicht so, daß er in Ehrfurcht versinken würde vor mir. Letzthin sagte er mir: Opa, wenn du abklappst und die ersten Blumen auf deinem Grab wachsen, ziehe ich dir noch immer das Geld aus der Tasch'. Der Bub hat schon viel vom Leben begriffen.«

Während des Gesprächs wanderte sein Blick hin und wieder auf die Staffelei, die er vor seinem Schreibtisch aufgebaut hatte. Eine kurz zuvor erworbene Spitzweg-Miniatur stand darauf. Vieles an Reinhold Würth wirkt schöngeistig, spielerisch, ja beiläufig. Aber das täuscht. Aus Zufall wird keiner Milliardär, wie auch keiner zufällig an die Spitze einer großen Gewerkschaft gerät. Was mir der Künzelsauer Milliardär nicht sagte: Seine öffentlich zugängliche Kunstsammlung, von Pisarro über Sisley bis Nolde, ist Eigentum des Konzerns. Eine fest einkalkulierte Rücklage für den Fall der Fälle. Sie wird zugleich gezielt und erfolgreich als Marketinginstrument eingesetzt. Soll sein Markenname 1,2 Milliarden Chinesen nahegebracht werden, wird in Shanghai eine Wanderausstellung seiner Kollektion veranstaltet. Das öffnet Türen, Herzen – und vor allem Kassen. Würden solche Strategien einem an-

386

gestellten Konzernchef einfallen? Manchmal erklären vermeintlich unscheinbare Details mehr als ganze Abhandlungen.

Milliardäre – wozu? Braucht am Ende des 20. Jahrhunderts die Wirtschaft wirklich noch Milliardäre als Individuen? Sind Megareiche nicht eine anachronistische Erscheinung aus einer anderen Zeit, als es nicht ohne sie ging? Leben wir auch nur eine Spur besser, weil es Milliardäre gibt? Ich habe Reinhold Würth diese Fragen nicht gestellt, er hätte sie vermutlich ebensowenig beantwortet wie der Gewerkschafter Franz Steinkühler. Nicht direkt jedenfalls. Würth sagte:»Die Welt ist voller Wissensriesen und voller Realisierungszwerge.« In acht Wörtern zusammengefaßt, worüber andere ein ganzes Buch schreiben! Dann wandte sich Würth zufrieden wieder seinem Spitzweg zu.

Anhang

Bibliographie

Abs, Hermann J.: Entscheidungen. Mainz 1991.

Achterberg, Erich: Kleine Hamburger Bankgeschichte. Hamburg 1964.

Arnsberg, Paul: Jakob H. Schiff. Von der Frankfurter Judengasse zur Wall Street. Frankfurt/Main 1969.

Balzli, Beat: Treuhänder des Reichs. Die Schweiz und die Vermögen der Naziopfer: Eine Spurensuche. Zürich 1997.

Blatter, Niklaus, u.a. (Hg.): Das Vermögensverwaltungsgeschäft der Banken in der Schweiz. Bern 1996.

Blumenberg, Werner: Karl Marx. In Selbstzeugnissen und Bilddokumenten. Hamburg 1973.

Bodin, Manfred/Hübl, Lothar (Hg.): Banken in gesamtwirtschaflicher Verantwortung. Stuttgart 1994.

Boelcke, Willi A.: Millionäre in Württemberg. Herkunft–Aufstieg–Tradition. Stuttgart 1997.

Born, Karl-Erich: Die deutsche Bankenkrise 1931. München 1967.

–: Geld und Banken im 19. und 20. Jahrhundert. Stuttgart 1977.

Bower, Tom: Bloody Money. The Swiss, the Nazis, and the looted Billions. London 1997.

Bratz, Maria: Der deutsche Privatbankierstand in der Nachkriegszeit 1918–1933. Berlin 1973.

Brüning, Heinrich: Memoiren 1918–1934. Stuttgart 1970.

Castell-Castell, Albrecht Fürst zu: Standpunkte. Würzburg 1995.

Chernow, Ron: Die Warburgs. Odyssee einer Familie. Berlin 1994.

Corti, Egon Caesar Conte: Die Rothschilds. Des Hauses Aufstieg, Blütezeit und Erbe. Frankfurt/Main 1962.

Eichhorn, Franz-Josef: Die Renaissance der Privatbankiers. Zwischen Tradition und Fortschritt. Wiesbaden 1996.

Eisfeld, Rainer/Müller, Ingo (Hg.): Gegen Barbarei. Frankfurt/Main 1989.

Feder, Ernst: Heute sprach ich mit ... Tagebücher eines Berliner Publizisten; 1926–1932. Stuttgart 1971.

Fürstenberg, Hans: Erinnerungen. Mein Weg als Bankier und Carl Fürstenbergs Altersjahre. Wiesbaden 1965.

Gall, Lothar: Bismarck. Der weiße Revolutionär. Berlin 1993.

–, u.a. (Hg.): Die Deutsche Bank 1870–1995. München 1995.

Geiger, Peter: Krisenzeit. Liechtenstein in den dreißiger Jahren 1928 bis 1939. Zürich 1998.

Götz, Christiane/Weimer, Wolfram: Pleiten und Profite. Porträts Deutscher Nachkriegsbanker. Frankfurt/Main 1995.

Halbing, Claus: Die Bethmanns. Aus der Geschichte eines Alten Handelshauses Zu Frankfurt Am Main. Wiesbaden 1925.

Herstatt, Iwan David: Die Vernichtung. Glanz und Ende des Kölner Bankhauses I. D. Herstatt oder Wie ich um mein Lebenswerk betrogen wurde. Berlin 1992.

Institut für bankhistorische Forschung e.V.: Deutsche Bankengeschichte, I–III. Frankfurt 1983.

James, Harold, u.a. (Hg.): The role of banks in the interwar economy. Cambridge 1991.

Jurk, Michael: Jakob Goldschmidt. Zum Leben und Wirken eines jüdischen Bankiers 1882–1955. Mainz 1984.

Kellenbenz, Hermann: The Rise of the European Economy 1500–1750. London 1976.

Kilz, Hans Werner/Preuß, Joachim: Flick. Die gekaufte Republik. Hamburg 1983.

Klingaman, William: Der Crash. Chronik und Psychogramm einer Epoche, die im Börsenkrach von 1929 zusammenbrach. München 1970.

Köhler, Manfred/Ulrich, Keith (Hg.): Banken, Konjunktur und Politik. Beiträge zur Geschichte deutscher Banken im 19. und 20. Jahrhundert. Koblenz 1995.

Kopper, Christopher: Zwischen Marktwirtschaft und Dirigismus. Bankenpolitik im »Dritten Reich« 1933–1939. Bonn 1995.

Lewinsohn, Richard: Die Umschichtung der europäischen Vermögen. Berlin 1925.

Lotze, Gerd: Karl Wienand. Der Drahtzieher. Köln 1995.

Ludendorff, Erich von: Kriegführung und Politik. Berlin 1922.

Marsh, David: Die Bundesbank. Geschäfte mit der Macht. München 1992.

Mendelssohn, Peter de: Zeitungsstadt Berlin. Berlin 1982.

Nöhbauer, Hans F.: Die Wittelsbacher. Eine europäische Dynastie – eine deutsche Chronik. München 1979.

Ogger, Günter: Friedrich Flick der Große. München 1971.

Pechlaner, Harald: Private Banking. Zürich 1993.

Pohl, Manfred: Hamburger Bankengeschichte. Mainz 1986.

Pölnitz, Götz Freiherr von: Die Fugger. Frankfurt 1960.

–: Anton Fugger, I–III. Tübingen 1958–71.

Press, Volker/Willoweit, Dietmar: Liechtenstein – Fürstliches Haus und staatliche Ordnung. Geschichtliche Grundlagen und moderne Perspektiven. Wien 1988.

Priester, Hans E.: Das Geheimnis des 13. Juli. Berlin 1932.

Riebartsch, Joachim: Augsburger Handelsgesellschaften des 15. und 16. Jahrhunderts. Eine vergleichende Darstellung ihres Eigenkapitals und ihrer Verfassung. Bergisch Gladbach/Köln 1987.

Rosenbaum, E./Sherman, A. J.: Das Bankhaus M. M. Warburg & Co. 1798–1938. Hamburg/London 1962.

Schacht, Hjalmar: Nationalsozialistische Bankenreform. Berlin 1934.

–: 1933. Wie eine Demokratie stirbt. Düsseldorf 1968.

Scheuch, Erwin K. und Ute: Cliquen, Klüngel und Karrieren. Hamburg 1992.

Schlegelmilch, Klaus: Die Entwicklung des Privatbankiergewerbes seit 1900 unter besonderer Berücksichtigung der Liquidationsursachen. Frankfurt/Main 1964.

Schwarzschild, Leopold: Die letzten Jahre vor Hitler. Hamburg 1966.

Schwemer, Richard (Hg.): Der Briefwechsel König Friedrich Wilhelms II. mit Sophie von Bethmann-Metzler 1793–1796. Frankfurt/Main 1929.

Solmssen, Georg: Beiträge zur deutschen Politik und Wirtschaft 1900–1933, I u. II. München/Leipzig 1934.

Somary, Felix: Erinnerungen aus meinem Leben. Zürich 1955.

Strieder, Jakob: Jakob Fugger der Reiche. Leipzig 1926.

Stürmer, Michael (Hg.): Wägen und Wagen; Sal. Oppenheim jr. & Cie. Geschichte einer Bank und einer Familie. München 1989.

Trepp, Gian: Swiss Connection. Zürich 1996.

Treue, Wilhelm: Das Schicksal des Bankhauses Sal. Oppenheim jr. & Cie. und seiner Inhaber im Dritten Reich. Wiesbaden 1983.

Turner, Henry Ashby Jr.: German Big Business and the Rise of Hitler. Oxford 1985.

Viereck, Stefanie von: Hinter Weißen Fassaden. Alwin Münchmeyer – Ein Bankier betrachtet sein Leben. Hamburg 1988.

Wilson, Derek: Die Rothschild-Dynastie. Eine Geschichte von Ruhm und Macht. Wien 1987.

Wolff von Amerongen, Otto: Der Weg nach Osten. München 1992.

Zippe, Herbert: Große Unternehmer. Lebensbilder aus fünf Jahrhunderten. Innsbruck 1954.

Register

Fugger, Fam. 15, *19ff.*, 27, *31–52*, 62,
66, 68, 84; –, Anton 20f., 42–49,
63; –, Georg 35, 37; –, Hans 40; –,
Jakob 20, 31–38, 41f., 45, 49, 63; –,
Ulrich 35ff.
Fugger-Babenhausen, Hubertus Fürst
(XVIII.) 19ff., 31, 50ff., 54, 60
Fugger von Glött, Joseph Ernst 33
Funk, Walther 179f.
Fürstenberg, Fam. 183; –, Carl 182; –,
Hans (jr.) 178

Galbraith, John Kenneth 220
Galen, Anita Gräfin 301f., 310f.
Galen, Bernhard, Graf von 313
Galen, Ferdinand Graf von 301f.,
305–314
Georg III., Kg. v. Engl. 89
Gerling, Fam. 263–293; –, Hans 161,
246, 252, 256f., 259, 262, 265ff.,
269–274, 276f., 279f., 283f., 286,
288, 292f.; –, Irene 266; –, Katharina
287; –, Robert (sen.) 270, 272; –,
Robert 263, 272; –, Rolf 266f.,
286–293; –, Tessa 287
Goebbels, Joseph 253
Goebbels, Magda 253
Goerdeler, Carl Friedrich 201
Goethe, Friedrich Georg 88
Goethe, Johann Wolfgang von 83, 100
Goetz, Carl 163
Goldenberg, Simon 343, 348
Goldschmidt, Alfred Erwin 219
Goldschmidt, Jakob 16, 147, 152, 159,
163–179, 181–198, 200, *202–206,*
209–222, 257, 281, 326
Goldschmidt, Julius 178, 222
Goldschmidt, Louis 222
Goltz, Bernhard von der 244, 248f.,
253, 276f.
Goltz, Hans Graf von der 253
Gontard, Fam. 91
Gorbatschow, Michail S. 30
Göring, Hermann 123, 142, 148, 184,
332, 377
Graupner, Karl 259f.
Grynszpan, Herschel 143
Gutmann, Herbert 205

Habsburg, Haus 23, 31ff., 41f., 47f.,
61, 79, 97, 237, 369, 372; –, Otto
von 237f.
Haldane, Richard 232
Halder, Franz 236
Haniel, Fam. 116–119; –, Karl 122
Hans Adam II., Fürst v. Liechtenstein
s. L.
Hansemann, Adolph von 182
Hansemann, David 129
Havel, Václav 369
Hearst, William Randolph 269
Heereman von Zuydtwyck, Constantin
Frhr. 311
Henckel von Donnersmarck, Fam. 28
Hengst, Fam. 301–306; –, Anita s.
Galen, A.
Henkell, Anneliese 332
Henkels, Walter 160
Hermann, Gerda 344
Hermann, Ottokar 344f.
Herrhausen, Alfred 239
Herstatt, Fam. 262ff., 268ff.; –, Fried-
rich Johann David 263; –, Ilse 268f.;
–, Isaak 262; –, Iwan David 15–112,
161, *239–253*, 256, *262–265*, 267f.,
273–280, 287, 293f., 296ff.
Herwegh, Georg 125
Herzfeld, Hugo J. 165
Heyden, von der, Fam. 66
Heydt, Karl von der 329
Heydt, Peter von der, Baron v. Massen-
bach 324, 329
Himmler, Heinrich 71, 131, 281
Hindenburg, Paul von 184
Hinderling, Paul von 184
Hirschland, Georg Simon 140, 145f.
Hirt, Willi 59
Hitler, Adolf 122f., 131, 137–142, 147,
156, 180, 183f., 188, 190, 199,
201f., 219, 225, 235, 237, 255, 270,
303, 319, 332, 360, 369, 377f.
Hoegner, Wilhelm 237
Hoffmann von Fallersleben, August
Heinrich 125
Hohenlohe-Oehringen, Haus 28
Hohenzollern, Haus 79, 97, 124, 130

Stauß, Emil Georg von 184–189, 203, 218
Stein, Johann Heinrich von 320
Stein, Karl Freiherr vom 96
Stein Lewinson, Thea 155
Steinkühler, Franz 381–384, 387
Stern, Joseph Isaak 128
Stinnes, Fam. 152, 164, 194f.; –, Cläre 194; –, Hugo 172, 192ff., 257; –, Mathias 193
Strasoldo, Nikolaus Graf 161
Strauß, Franz Josef 312, 346
Strauß, Ottmar 257f.
Struensee, Johann Friedrich Graf von 89
Stryj, Wolfgang 308f.
Stürmer, Michael 127, 136
Suharto, Hadji Mohamed 355

Tasso, Fam. s.a. Dachs, Taxis; –, Francesco di (Franz von Taxis) 63f.; –, Janetto 63; –, Johannes Baptista 63; –, Ruggiero (di) 62f.; s.a. Dachs, Roger
Taxis, Fam. 62–66; –, Alexander 65; –, Alexandrine von 65; –, Franz von 64
Thurn und Taxis, Fam. 15, 24, 26f., *53–56, 60–68*, 98, 103; s.a. Dachs, Tasso, Taxis, de la Torre; –, Albert (8.) Fürst von 67; –, Albert Prinz 68; –, Albert (12.) Prinz 54, *56*, 60; –, Alexander Ferdinand von 65f.; –, Johannes (11.) Fürst von *53–56*; –, Marie Gloria Fürstin von, geb. Gräfin von Schönburg-Glauchau 53ff., 60ff.
Thyssen, Fam. 122ff.; –, Amélie 124; –, Ernst 193; –, Fritz 121–124, 180, 193
Toepfer, Heinrich 319
Torre, de la, später: Thurm/Thurn, Fam. 65; s.a. Thurn und Taxis
Trump, Donald 163
Turner, Henry A. 138

Ullmann, Karin von 161

Valois, Haus 41
Vögler, Albert 122, 180, 211
Volpert, Heinz 342f.

Wagner, Cosima 99
Waldeck u. Pyrmont, Josias, Erbprinz (später Fürst) zu 71
Waldeck u. Pyrmont, Marie-Luise zu 71
Wallenberg, Fam. 178
Wallenstein, Albrecht von 377
Warburg, Fam. 14, 132, 140, *146–156*, 178, 228, 230f., 298, 305, 317, 319; –, Erich 147f., 152; –, Felix 149ff.; –, George 154; –, James 152; –, Juspa-Joseph 148; –, Max (sen.) 14, 147–151, 156, 178, 211ff., 230, 232, 234, 238; –, Max (jun.) 156; –, Paul 150f.; –, Siegmund George 14, 152–156, 178
Wassermann, Oscar 182, 205, 212, 216
Weber, Max 223, 227
Weizsäcker, Ernst von 378
Weizsäcker, Richard von 69
Welles, Orson 269
Welser, Fam. 45; –, Bartholomäus 41f.
Werhahn, Fam. *116f.*, 118; –, Anton 116; –, Franz 116; –, Guillaume (Wilhelm) 116f.; –, Hermann Josef 117; –, Michael 116; –, Peter 116; –, Wilhelm 116
Widman(n), Johannes 41
Wiehl, Emil 374
Wilhelm I., dt. Ks. 93f.
Wilhelm II., dt. Ks. 82, 132, 147f., 230ff., 234, 299
Wilhelm I., Landgraf von Hessen-Kassel 89f., 98
Wilhelm II., Kg. v. Württ. 67
Winkhaus, Fritz 122
Wirtz, Paul 147
Wittelsbach, Haus 28, 54, 61
Wolff, Karl 378
Wolff, Otto 257f., 260f.
Wolff von Amerongen, Otto 161, 256, 258–262, 264, 276
Wrede, Clemens Frhr. von 161
Wrede, Karl Philipp Fürst von 96
Würth, Reinhold 383–387

Zichy, Anita Gräfin 124
Zwanziger, Adolph von 69
Zwirlein, Johann 85